Thermal Management Technology and Key Materials
for Power Batteries

动力电池热管理
技术及关键材料

张国庆　主编
饶中浩　文玉良　梁锐　副主编

化学工业出版社
·北京·

内容简介

《动力电池热管理技术及关键材料》一书重点介绍了动力电池热管理技术的策略和方法，具体围绕动力电池热管理的基本情况、动力电池热－电化学特性、动力电池量热方法及测试设备、动力电池风冷系统、动力电池液冷系统、相变冷却技术及材料、电池低温加热技术和材料、电池热安全中的传感器技术、多物理场耦合仿真技术与方法、热管理及隔热防护材料、热管理系统中的换热器组件、整车热管理运行及实践、其他动力运载工具等内容展开，旨在通过跨学科、跨专业的知识和方法剖析热管理技术，为实现动力电池安全性提供理论与技术支持。

本书注重理论联系实际，充实理论，加强应用，不仅可作为高等学校能源与动力工程、新能源科学与工程、储能科学与工程、材料工程等专业的教材，还可作为动力电池、新能源汽车等相关行业的工程技术人员、科研人员和管理人员的参考书。

图书在版编目（CIP）数据

动力电池热管理技术及关键材料/张国庆主编；饶中浩，文玉良，梁锐副主编 . —北京：化学工业出版社，2023.12

ISBN 978-7-122-44785-2

Ⅰ.①动… Ⅱ.①张…②饶…③文…④梁… Ⅲ.①电动汽车-蓄电池-研究 Ⅳ.①U469.720.3

中国国家版本馆CIP数据核字（2023）第232767号

责任编辑：卢萌萌　　　　　　　文字编辑：王云霞
责任校对：李　爽　　　　　　　装帧设计：史利平

出版发行：化学工业出版社
　　　　　（北京市东城区青年湖南街13号　邮政编码100011）
印　　装：北京缤索印刷有限公司
787mm×1092mm　1/16　印张19¹/₂　字数500千字
2024年6月北京第1版第1次印刷

购书咨询：010-64518888　　　　售后服务：010-64518899
网　　址：http://www.cip.com.cn
凡购买本书，如有缺损质量问题，本社销售中心负责调换。

定　　价：168.00元　　　　　　　版权所有　违者必究

全球环境污染、能源短缺和气候变化问题日益加剧，这关乎着人类社会的可持续发展。我国能源结构调整和可再生能源发电占比的大幅度提升是实现"双碳"目标的重要路径，同时将无可置疑地发挥出电动汽车所具备的环境友好、节能减排等优势。近几年来，我国电动汽车产销量呈现爆发式的增长，新能源汽车市场渗透率已经超过了四分之一，2030年有望超过二分之一。然而，考虑到电动汽车最本质的技术特征和各类电动车辆复杂的运行工况，目前的电动汽车仍然存在一些重大瓶颈问题需要尽快解决，比如安全性差、续驶里程短、充电慢、低温启动困难、造价及运维成本高等。其中，安全性是国内外广泛研究和关注的热点问题。

动力电池作为电动汽车的核心部件，其热安全性能直接影响整车安全运行。随着MTP（module to pack）、CTP（cell to pack）和CTC（cell to chassis）技术以及高压快充等新技术的出现，热安全成为现实的挑战。实现动力电池的低温加热、控制充电时温度快速升高并始终保持良好的温度一致性是实现电池安全的重要技术路径，这正需要本书重点涉及的动力电池的热管理技术策略和方法。

动力电池体系是高度关联的电化学、热学、机械、电学的耦合体系，动力电池的热管理技术同样需要跨学科、跨专业的知识和方法。本书共13章。第1章概论部分对高效热管理系统的功能、实现方法、性能要求以及热管理和热安全领域的技术标准进行了简要归纳和总结。第2章介绍了动力电池热-电化学特性。动力电池的电化学特性、产热行为、传热的边界条件及传热效果等问题是相互关联、相互影响的跨学科问题，不能采用单一的、割裂开来的研究方法。基于此认识，业界需要做出的最重要、简单的认知转变是，不能把电池简化为内热元的传热学问题。为做好电池热管理工作，动力电池的基本电化学性能参数（电压、电流、容量、比容量、能量以及比能量）及其测量计算方法是基础性的工作；而温度对电池性能的影响规律和机理、电池的产热机理及产热量的计算方法是电池热管理中的重要科学问题。对于不同电化学体系构成的已经产业化的动力锂电池及新型电池（钠离子电池、固态电池）的产热行为及电化学特性的交互关系研究和描述是丰富多彩的知识贡献。第3章对电芯量热测试设备和相应的测试方法进行了介绍。电池产热测量仪器的原理、功能特征、技术参数和测试案例的介绍，希望能对热设计工程师和研究者具有帮助作用。

第4～6章系统介绍了风冷、液冷和相变材料冷却基本原理、结构分类及工程应用案例。第7章介绍了电池低温加热技术和材料。第8章介绍了电池热管理中涉及的传感技术。

近年来，动力电池仿真技术在电池参数计算和性能预测方面得到了广泛应用。作为一个多尺度和多物理场共存的系统，锂离子电池的性能表现与多种物理/化学过程相关，致使其仿真模拟被进一步复杂化。因此，基于多物理场耦合构建高效精确的锂离子电池模型对于电池技术开发和工程应用具有重要意义。第9章介绍了多物理场耦合仿真技术与方法。

第10章的热管理及隔热防护材料部分，涉及了整车电池包热管理系统中运用到的导热材料、防火阻燃材料、防水密封材料以及结构支撑材料等。换热器作为新能源电动整车热管理系统中的核心组件，其结构设计、制造工艺及质量管控水平会直接影响到热管理系统的综合性能，是整车热管理系统开发设计中的关键核心技术。第11章主要从换热器组件、换热器制造及典型失效模式方面进行了详细介绍。

整车行业技术迭代速度空前加快，电动化和智能化趋势催生出对热管理系统的更高要求。新的电子电气架构使得热管理系统必须与之适应，包括更多元的管理对象、更精细的控制等，以应对持续革新的产业链。在这种背景下，热管理系统不仅要保证座舱舒适性，还要提高能效、延长续驶里程、保证热安全、强化散热、满足高性能需求等。诊断功能是整车热管理功能安全设计的重要组成部分，应能及时发现和处理系统故障，保证系统的可靠性和安全性。第12章对整车热管理运行及实践展开了具体描述。为使读者了解电动汽车热管理系统的测试标准和市场趋势，介绍了特斯拉、比亚迪以及大众ID车系的热管理系统设计思路和性能表现，并列举了部分品牌之间或车型之间在不同工况下的测试对比。

第13章对其他动力运载工具热管理系统的特点及热管理材料进行了详细介绍。

本书编写人员来自整车企业、电池企业、热管理材料企业、高等院校及测试机构。各章具体分工是：第1～3章由张江云、刘新健、齐创、林春景编写；第4～5章由吴伟雄、马瑞鑫编写；第6章由杨晓青、徐涵编写；第7章由李孟涵、杨晓青、莫崇茂编写；第8章由李新喜、刘俊源编写；第9章由吕培召、谢捷凯编写；第10章由王婷玉、杨晓青编写；第11章由黄新波、吕又付、孙博林、于吉乐编写；第12章由马书寒、王晓非、冯朝晖、聂昌达、吕又付、钱渊清编写；第13章由聂昌达、王婷玉、马书寒编写。吕培召和孙博林进行了统稿和校对工作。最后由张国庆、饶中浩、文玉良、梁锐进行定稿。

在编写过程中，东莞市硅翔绝缘材料有限公司戴智特、广州晖能新材料有限公司袁江涛、山东鲁阳节能材料股份有限公司鹿晓琨、杭州仰仪科技有限公司邱文泽、巩义市泛锐熠辉复合材料有限公司张继承、广东海之澜新材料科技有限公司李振平等提供了各自细分领域的最新的知识。王晓勇、黄艇、冯旭宁、邵丹、蒋立琴审阅和修改了部分章节。在此表示真诚的感谢！

　　本书涉及的部分研究内容和成果，许多来自编委会成员团队多年的工作积累，这些工作最早可追溯到2010年，国际铜业协会从此开始了对我们长达12年的持续支持和厚爱。感谢科学技术部、国家自然科学基金委、广东省发展改革委、广东省科学技术厅、江苏省科学技术厅等对我们在电池热管理和热安全研究方向的持续支持。真诚感谢化学工业出版社编辑及相关人员在本书出版过程中付出的辛勤劳动。

　　尽管我们初心很完美，希望有能力使该书达到高的质量，但由于本书涉及跨学科领域的知识和技术很多，而我们自身的知识和能力有限，本书很多最新资料收集总结还不够完善，特别是对实际工程经验的总结不够全面，书中存在不足和疏漏之处在所难免，敬请有关专家与广大读者不吝赐教。

编者

Contents

第1章　001
概论

第2章　011
动力电池热-电化学特性

第3章 　045

动力电池量热方法及测试设备

第4章 　061

动力电池风冷系统

第5章　　　　　　　　　　　　075

动力电池液冷系统

第6章 099

相变冷却技术及材料

第7章 114

电池低温加热技术和材料

第8章　　　　　　　　　　　　　　134

电池热安全中的传感器技术

第9章　　　　　　　　　　　　　　149

多物理场耦合仿真技术与方法

第10章

212

热管理及隔热防护材料

Chapter

第1章

概论

1.1 动力电池热管理的必要性

1.1.1 电动汽车发展的必然性

碳达峰、碳中和已经成为全球的共识。为早日实现"双碳"目标，近年来，已有多个国家提出禁售传统燃油车的声明（表1-1），发展新能源汽车已成为必然趋势。为加速新能源汽车行业的发展，我国也相继出台了多项利好政策。据公安部最新统计，截至2023年1月11日，我国新能源汽车保有量达1310万辆，同比增长67.13%，呈高速增长态势。

表1-1 部分国家禁售燃油车时间表

国家或地区	颁布年份	预计执行年份	禁售车型
中国	2017	2040	汽油车、柴油车
英国	2017	2040	汽油车、柴油车
法国	2017	2040	汽油车、柴油车
西班牙	2017	2040	汽油车、柴油车
德国	2016	2030	燃油引擎
荷兰	2017	2030	汽油车、柴油车
爱尔兰	2018	2030	汽油车、柴油车
以色列	2018	2030	汽油车、柴油车
印度	2017	2030	汽油车、柴油车

1.1.2 电动汽车发展面临的技术瓶颈

在实际应用中，电动汽车仍然面临一些技术瓶颈问题。作为核心部件的动力电池，其热安全已经成为制约行业发展的关键、共性技术难题。动力电池需要在合适的温度范围内才能实现性能和寿命的最佳平衡，温度过高或者过低将会导致其性能衰退。温度过高时，如果热量不能及时散出，当积聚到一定程度，甚至会引起着火、燃烧、爆炸等现象。温度过低时，需对电池进行快速均衡的预热。此外，当电池处于滥用工况（电/热/机械滥用）时，发生热失控的风险等级更高。

根据应急管理部消防救援局的统计，2022年第一季度，新能源车辆发生火灾的次数为640次。随着电动汽车保有量的增加，发生事故的概率呈现上升趋势，具体如图1-1所示。同时，由于热安全隐患，电动汽车被召回事件也频发。2021年3月，北汽新能源召回3万多辆电动汽车，原因是动力电池系统在高温环境下长期连续频繁快充，极端情况存在起火风险。

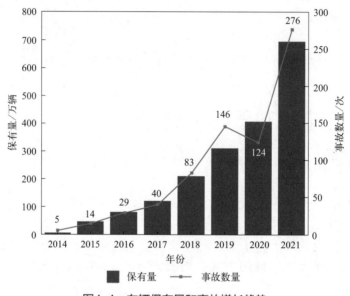

图1-1　车辆保有量和事故增长趋势

1.1.3　动力电池热管理技术

电池热管理相关工作最早可追溯到20世纪80年代。随着移动通信、笔记本电脑等电子产品的普及，电池开始被广泛应用并逐渐得到重视。1999年之后，动力电池热问题日益突出，电池热管理相关工作开始系统化。美国国家可再生能源实验室以及伊利诺伊理工大学都将电池热管理作为重点研究方向之一。2001年，Al-Hallaj和Selman等成立专门为各种电动汽车提供电池热管理解决方案的AllCell公司。近年的实践证明，热管理对于电池及整车的价值是至关重要的。它几乎对整车及电池的多方面性能保障、发挥和提升起到不可或缺的作用。

广义的电池热管理，可以做如下理解：它是人们基于温度对电池性能影响的深刻理解而开展的基础研究活动、技术开发及工程运用的集合。其核心是把电池的电化学特性和产热机理及传热机制有机地结合起来，运用跨材料学、电化学、传热学以及机械结构等多学科、多领域知识及方法的创新活动。工程上的目的是解决锂离子电池在高温或低温运行时所产生的性能下降、热量散逸局限以及热失控等问题，最终提高锂离子电池的服役性能和安全性能。除了热管理技术层面上的不断升级，国家在标准层面，对热管理和热安全的要求也是愈加严格。2021年1月，首个电动汽车用动力蓄电池强制性国家标准《电动汽车用动力蓄电池安全要求》（GB 38031—2020）实施，替代了 GB/T 31485—2015 和 GB/T 31467.3—2015。除此之外，与 GB 38031—2020 一起发布的还有《电动汽车安全要求》（GB 18384—2020）和《电动客车安全要求》（GB 38032—2020）2 项强制性国家标准。这 3 项标准是我国新能源汽车行业首批强制性国家标准。我国牵头参与《电动汽车安全全球技术法规》（Electric Vehicle Safety Global Technical Regulation，EVS-GTR）的制定，我国专家作为小组负责人，主要负责电动汽车防水安全（TF1）、动力电池热扩散（TF5）和电动商用车（TF8）3 方面的研究工作。目前，我国牵头制定的电动汽车安全全球技术法规 UN GTR 20 完成发布。EVS-GTR 第二阶段工作关于热安全领域主要涉及 5 个议题：热扩散、振动、海水浸泡、毒气分析和整车高压安全。EVS-GTR 在我国的一些主要内容如表 1-2 所示。

表 1-2　EVS-GTR 在我国的一些主要内容

电动汽车安全全球技术法规	EVS-GTR 在我国的一些主要内容
EVS-GTR No.1：电池系统安全	电池系统的设计、制造、安装和使用要求；安全管理和监测；防火和防爆要求；电池容量、充电速度和放电要求
EVS-GTR No.2：碰撞安全	电动汽车在碰撞情况下的车身结构强度和刚度要求；碰撞试验标准和程序；车辆内部保护和乘员安全要求
EVS-GTR No.3：火灾安全	防火材料和阻燃要求；火灾探测和灭火系统要求；火灾事故中的车辆疏散和乘员安全
EVS-GTR No.4：高压安全	高压系统的绝缘性能要求；防触电保护和维护要求；高压部件的标识和警示要求
EVS-GTR No.5：充电安全	充电器设计和制造要求；充电设备的电气安全要求；充电设备的标识、警示和用户指南要求

　　动力电池热管理技术主要包括以下几方面：①以空气为介质的电池热管理系统；②以液体为介质的电池热管理系统；③基于相变传热介质 / 材料的电池热管理系统；④热管、热电、直冷等其他基于制冷制热原理的热管理系统；⑤上述两种或多种方式的耦合热管理系统。

　　早期对于电池热管理的研究更多聚焦在高温散热领域，对于低温条件下的电池预热和加热重视不够。在低温工况下，电动汽车动力电池的性能急剧下降。此外，锂离子电池电极材料低温下易发生金属锂的沉积，如果形成锂枝晶，还会伴随其生长将穿透隔膜，引起电池内短路，不但会对电池带来永久的不可逆破坏，还可能引发热失控，极大地影响电池的服役安全性。包括日产聆风、特斯拉初代 Model S、广汽埃安 S、大众高尔夫电动版、丰田 bZ4X 等在内的多款纯电动车，在超低温工况下的续航、充电、放电等性能都曾经面临着严峻的考验。为提高电池在低温环境下的性能，开展加热策略研发具有重要意义。以东莞市硅翔绝缘材料有限公司、河南泛锐复合材料研究院有限公司、广州晖能新材料有限公司为代表的企业的持续创新活动对此领域贡献颇多。

　　根据电池加热过程中加热源所处位置的不同，加热方法主要分为两种，一种是电池外部加热法，另一种是电池内部加热法，如图 1-2 所示。

　　利用正温度系数（PTC）加热器加热、膜加热、电机加热、热泵加热等方式可实现外部加热；利用电池的放电加热方式可实现内加热。在制定电池的低温加热方案时，应参照评价指标综合考虑加热系统的费用和效果，选用单一或组合的预热方式。对于不同类型的电动汽车，其加热方案可能会有所不同。因此，在设计电池加热方案时，需要综合考虑电池性能、车型特点以及用户应用场景等多方面因素。

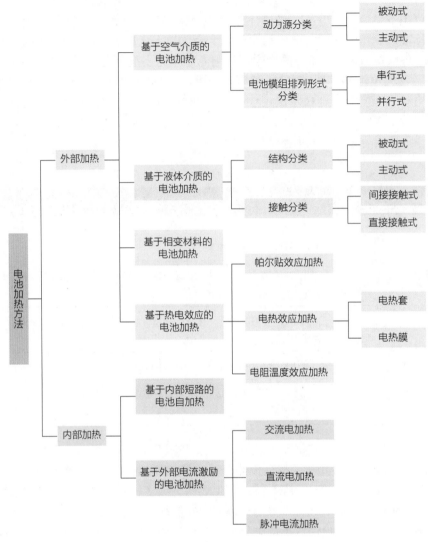

图1-2　电池加热方法

1.2　动力电池热管理功能要求

随着新能源汽车的快速发展，对车辆的安全性、续驶里程等指标提出了越来越高的要求，这些目标的实现都与车辆的热管理系统密切相关。热管理系统需具备如下功能：

① 确保单体电池在最适当的温度范围内工作，以避免单体电池、模组和电池包的局部温度过高，可以让电池在高温环境中进行有效散热，在低温环境中进行快速加热或保温。

② 减小电芯特别是大容量单体电芯内部各部分的温差，确保单芯的温度一致性。

③ 减小电池包内部不同电池模块之间的温度差异，保证内部的温度分布均匀。

④ 满足电动汽车轻型化、紧凑型的具体要求，安装与维护简便，可靠性高且成本低廉。

⑤ 当有毒气体产生时，可有效地排出，并根据温度等有关参数对热量进行测量。

1.3　动力电池热管理技术分类

1.3.1　以空气为介质的电池热管理系统

空气冷却也称风冷，主要是以空气作为传热介质。当空气掠过动力电池时，带走电池工作中所产生的热量，从而达到对电池进行降温的目的，是目前采用最早、最成熟的一种电池热管理技术。常见的风冷有两种方式：①自然对流冷却，指不加装任何辅助通风设备，仅通过空气的自由流动来带走电池的热量，也称为被动式风冷；②强制对流冷却，指借助辅助设备如风扇或专门设计的风管等设备，通过强制对流对动力电池进行散热，也称为主动式风冷。空冷技术具有成本低廉、系统结构简单、维护方便等优点。风冷技术在电动汽车发展早期被多家企业采用，例如日产聆风（Nissan Leaf）、起亚 Soul EV 等。日产聆风早期风冷技术的成功运用还在于其电芯具备的轻薄化带来的垂直于厚度方向的短的散热路径以及高导热铝板的采用。

但是风冷技术效果发挥往往会受到外部环境温度的影响，特别是在高温环境下，这种热管理技术的散热效率受到很大制约。可以通过增大散热面积、优化电池排列方式和风道设计等途径来实现在一定程度上提高风冷技术的散热效率，Kirad 等通过改变电池之间的横向和纵向间距，优化电池模组，提高散热性能；或是在电池组底部加装散热片来增大电池组的散热面积，通过对各种形状、厚度、排布方式翅片的优化分析来提升风冷技术的散热效果。Sahin 等通过在电池模块中增加各种挡板的方式既增大了散热面积，也改变了空冷的路径，提高了风冷电池模块的冷却性能。Yu 等设计了一种分层风冷式热管理系统，每一层电池组上交错排列的锂离子电池单元有自然风冷和强制风冷两种冷却方式，使电池组的温度一致性得到了提升。但是随着动力电池组性能要求的不断提升，风冷技术已无法满足动力电池的散热需求，尤其是在均温方面，因此液体冷却技术逐渐成为主流。

1.3.2　以液体为介质的电池热管理系统

液体冷却采用水、矿物油、乙二醇等液体作为传热介质对动力电池进行冷却。这种系统利用了液体介质的对流换热系数高的优势，在循环过程中能够带走电池产生的热量，从而控制电池包处于最佳工作温度范围。

液体热管理技术一般分为浸没式冷却（即直接冷却）和间接冷却。直接接触式是将整个电池模组直接浸没在介电流体（电子氟化液、碳氢化合物、酯类、硅油类和水基流体等）中，通过介电流体直接带走热量；间接接触式是将冷却介质送入预设在电池组周围的管道中来达到换热的目的。相比于间接冷却，使用介电流体的浸没式冷却有以下优势：①介电流体直接与电池接触，热阻小、传热面积大、冷却效率高、温度均匀性好；②结构紧凑，不需要设置复杂的冷板；③可作为被动式方案，能耗低，尤其是使用相变流体时；④介电流体具有阻燃性时，浸没式冷却可以有效降低电池热失控风险。锂离子电池浸没式冷却是目前新兴的研究领域。在液体冷却中，还需要关注冷媒直冷，即使用制冷剂（R134a 等）来对动力电池进行冷却，在和电池进行热量交换的过程中，由于其自身沸点较低的物理性质，会发生汽化，导致冷却部件中液体的流动呈现出气液两相流的形式。使用制冷剂作为冷却介质直接进行冷却的方式具有其独特的优势，这种方式不仅能利用温差传热，还有制冷剂在冷板中蒸发过程的相变潜热，冷却能力很强，系统换热高效，结构紧凑。

液体热管理技术已经成为目前行业主要的技术路线之一。比如特斯拉公司的蛇形冷板、小鹏P7公司的双功能冷却器、通用汽车在Volt车型金属散热片上的流道。提高液体冷却效率的主要方式有改进液冷板和流道布置。到现在为止业内已经进行了大量研究来提高各种冷却通道的传热性能，例如平行流道、蛇形流道、树形流道、U形流道和波浪形流道等。Ren等通过对传统直流道和新型非均匀流道设计的冷却板进行热管理研究，提出了一种基于Z形微热管阵列（micro heat pipe array，MHPA）的顶部液冷，可以显著降低温差；Mansour等提出了一种夹层冷板设计，通过调整通道高度、通道数量等参数以减小电池组温差，降低系统功耗；Akbarzadeh等将主动和被动冷却方法结合，设计了一种嵌入相变材料（phase change materials，PCM）的新型液体冷却板，有效地提高了电池模组温度一致性。Choi等提出了单通道隔板和石墨翅片的混合浸入式冷却结构，并通过实验和仿真，对关键设计参数进行优化，降低了压降和功耗，同时其安全性是可靠的，不仅适用于电池正常工作条件，在电池热滥用时也能有效降低电池温度。Lian等提出了一种基于制冷剂的电池热管理系统，可以在不借助外力辅助的条件下加热或冷却电池，设计的热管理系统将电池的温度保持在46℃以内，温差保持在5℃以内，在环境温度下，与传统制冷剂系统相比能耗降低了40%左右。

与空气冷却系统相比，液体冷却系统可以提供更好的热交换能力和温度均衡性。然而，液冷系统存在系统复杂度高、成本高、维护困难等不利因素，并且管路材料的电化学腐蚀有带来泄漏的潜在风险，此时如果不能及时断开电路连接，系统内的高电压环境必然会影响到整车系统的安全。对于液体热管理技术而言，如何使高的散热效率和电动汽车的轻量化趋势相协调，是需要慎重平衡和考虑的问题。

1.3.3　以相变材料为介质的电池热管理系统

PCM是指随温度变化而在气、液、固三相之间形态进行改变并能提供潜热的物质。根据相变形式的不同特点，PCM可以被划分为固-液、固-固、液-气以及固-气PCM。电池热管理领域多数情况下所使用的PCM为固-液和固-固PCM。PCM还可以根据其材料成分进行分类，分为有机类和无机类，也可以分为水合和蜡质PCM。常见的无机类PCM包括金属、熔融盐以及结晶水合盐等，而有机类PCM则包括石蜡、脂肪酸等。有机类PCM通常具有无相分离现象、熔化后蒸气压低、化学性质稳定、热稳定性较好、过冷度较低、无毒、无腐蚀等优势。石蜡在电池热管理领域应用最为广泛，但纯石蜡的热导率只有$0.2W \cdot m^{-1} \cdot K^{-1}$，热导率偏低，很难满足电池快速吸/放热的要求。为了弥补这一缺陷，主要采用添加高导热添加剂来提高石蜡的热导率。这些高导热添加剂包括碳基材料和金属基材料等。用于电池热管理理想的相变储能材料，不仅需要具有较高潜热和热导率，而且其熔点还应在电池运行合理范围之内，还需要具有较小的过冷度、良好的化学稳定性、无毒、无腐蚀性、价格低廉等特点。

PCM热管理作为一种新型的被动式热管理方式，其核心是利用PCM作为传热介质，PCM在相变过程中利用自身的潜热吸收或者释放热量并能维持在一定温度范围内，从而达到控温和均温的目的。相变潜热和热导率大小直接反映PCM传热性能的优良与否。PCM热管理作为一种新型高效的动力电池组散热方式，近些年引起了越来越多的专业人士进行深入研究。该技术无需消耗额外的系统能量，结构简单紧凑且易维护，同时也减少了运动部件和刚性连接件。但是对于具有频繁吸/放热要求的电池热管理系统，必须配备用于PCM的二次散热结构。PCM电池模组的装配流程如图1-3所示。

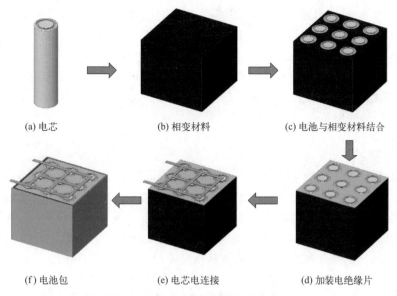

(a) 电芯	(b) 相变材料	(c) 电池与相变材料结合
(f) 电池包	(e) 电芯电连接	(d) 加装电绝缘片

图1-3　PCM电池模组的装配流程

1.3.4　其他热管理系统

（1）热电制冷

热电制冷技术是一种利用塞贝克（Seebeck）效应、帕尔帖（Peltier）效应和汤姆逊（Thomson）效应的固态制冷技术。它可以在两种物质间施加一个电压来制造温度差用于传热。利用直流电源为热电组件（TEM）供电，可实现从一端到另一端的热传递，从而降低温度，达到制冷的目的。与常规制冷相比，热电制冷不需要使用任何压缩机，也不需要任何制冷剂、节流阀等。不仅解决了由于工质泄漏而导致的环保和绝缘失效问题，而且还可以有效地解决工质在节流阀中由于低温冷凝而导致的堵塞问题。另外，由于没有压缩机等运动元件，所以热电制冷技术的故障概率很低，可靠性和稳定性得到提高。近年来，新型高效的半导体热电材料的出现，给热电制冷技术的发展带来了新的机遇。热电制冷技术在动力电池热管理领域的应用值得深入探索。

（2）采用热管的热管理系统

热管，又称作热导管或超导管，是一种以气液相变原理为基础的高效传热元件，通常分为蒸发段、冷凝段和绝热段三部分。对热管的汽化部分加热，使毛细管内的液滴汽化为水蒸气，并在微小的压差下流向另一端，汽化过程中的液滴向另一方向流动，然后释放热量并再次凝结成液体，同时在毛细作用力及重力的影响下，液体又回流到蒸发区。该热管利用毛细效应产生的虹吸力，实现了在非重力作用下各个表面均匀散热，保证温度一致性。通过合理的空间设计，热管可拥有高热导率、小型化以及轻质化等优点，同时还可以耦合风冷、液冷技术实现集中高效散热。

与常规风冷式冷却系统相比，热管热管理系统可以更好地辅助电池散热。另外，在较低温度下，热管的加热效率可达到直接PTC（positive temperature coefficient）加热效率的1.5倍以上。Feng等设计复合PCM与扁平热管相结合的混合冷却系统，最高温度比复合PCM系统低10℃，比风冷系统低15℃，可见热管具有优异的辅助散热性能。Liang等通过弯曲扁平微热管阵列实现模块预热和冷却一体化，节省空间，兼顾预热和散热性能。在电池发生热失控或热短路等异常情况时，Chombo等分析了正常工况下多因素对电池热行为的影响，其中热管更高的热容量和导热性的优点可以辅助其他冷却方式，提高散热性能。同时在电池热失控仿真方面，热管式冷却电池模组虽然无法阻止单个电池的热失控，但却可以防止热失控的扩散，即可以避免热失控从单个电芯蔓延至其他电芯。

（3）混合式热管理系统

随着电池系统能量密度的不断升级，CTP（cell to pack）、CTC（cell to chassis）以及高压快充技术的出现，单一的热管理技术已经无法满足其散热需求。由以上两种或者两种以上热管理技术耦合的混合式热管理系统将成为行业主要的选择。混合式热管理系统主要包括热电耦合液冷的热管理系统、PCM耦合风冷的热管理系统、PCM耦合液冷的热管理系统、热管耦合PCM的热管理系统等。热电耦合液冷热管理系统是在液冷热管理系统的基础上，在电池底部安装与液冷组件相连的热电冷却器，各接触面均粘贴导热硅胶垫片。同时为了保证电池、热电制冷器（thermoeletric cooler, TEC）及液冷板在有限的空间中不受外力的影响，需要对电池箱体采用合适的设计，包括但不限于对结构进行布置和固定。对于PCM耦合风冷技术，PCM与电池直接接触，能快速吸收电池的发热量，使其迅速降温。风冷将PCM中的热量带走。这种设计能降低PCM的用量与体积，使系统更加轻便和紧凑。在PCM耦合液冷的热管理系统中，通过对PCM与液冷系统进行耦合，从而达到控温和均温的目的。目前主要在电芯中间放置PCM，液冷板位于电池包底部（图1-4），以更好地满足底盘一体化的需求。热管耦合PCM热管理系统，可发挥热管的小型尺寸优势，将积聚之处的热量快速导出，以实现对局部较高热负荷的有效释放。

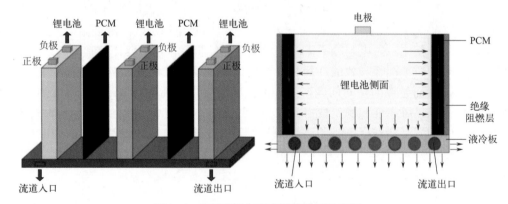

图1-4　PCM耦合液冷散热途径及原理

1.4　电池热管理关键材料

对于由"电芯—模组—电池包"三个层级构成的动力电池系统，热管理系统设计及实际应用中涉及多种功能材料。根据其功能主要可分为导热材料、隔热材料、防火阻燃材料以及结构支撑材料等。由于结构支撑材料与热管理技术的关联度较弱，不在本书讨论范围内。

电池热管理用导热材料常见的有金属导热片、石墨以及石墨烯复合高分子材料导热垫片、导热凝胶、导热硅脂等。市面上导热高分子材料热导率通常在$2.0 \sim 9.0 \mathrm{W} \cdot \mathrm{m}^{-1} \cdot \mathrm{K}^{-1}$范围内，因其绝缘性、黏弹性以及低热膨胀性等优异性能而被应用于电池模组。电动汽车电池包的防火阻燃材料主要为铺设防火毡材料，如高硅氧棉毡、云母板、超细玻璃棉和气凝胶片等。这类材料通常具有良好的绝缘、阻燃特性，能够在某个电芯发生热失控时，有效地隔离高温和热量并抑制火焰蔓延。同时，这些防火毡材料还具有较好的抗压性和耐久性，能够长期保持其防火性能。防火阻燃材料根据成分主要分为卤素和非卤、有机和无机这四类。根据国际环保法规要求，当前汽车采用的基本为非卤防火阻燃材料。在电动汽车锂电池的固定支架设计中，防火阻燃材料的选择对于保证电池组的安全性至关重要。

　　除了隔热和防火阻燃材料，还有密封、灭火材料等对热管理效果发挥重要作用。多种材料的科学合理运用，可共同应对动力电池面临的热管理挑战，对高效的热安全管理技术做出贡献。

1.5　涉及的传感器技术

　　在动力电池的热管理中，通过传感器来实时监控电池各参数变化规律，也是目前热安全研究领域的重要技术工作。使用高精度、微型化、高性能的各类传感器成为保证电池安全使用的必要条件。传感器用于如下物理量的检测，包括电池运行过程中，与电化学反应相关的电流、电压、功率以及衍生出的电池健康状态的反馈和调节；与电池工作环境相关的温度、湿度以及使用过程中带来的应力、应变等参数监测；与安全问题相关的温度过高、气压过大、气体（CO、NO_2、H_2、烷烃气体）产物产生等监测。关于电池热管理用常见传感器如图1-5所示，具体见本书第8章。

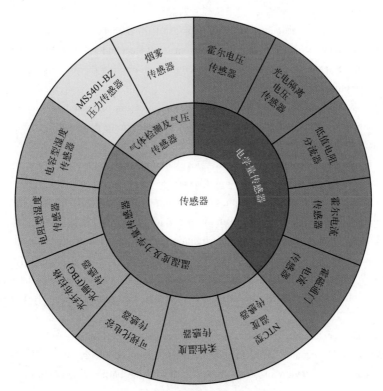

图1-5　电池热管理用常见传感器

参考文献

[1] Zhang X, Li Z, Luo L, et al. A review on thermal management of lithium-ion batteries for electric vehicles[J]. Energy, 2022, 238: 121652.

[2] Lyu P, Liu X, Liu C, et al. The influence of tab overheating on thermal runaway propagation of pouch-type lithium-ion battery module with different tab connections[J]. International Journal of Heat and Mass Transfer, 2023, 211: 124279.

[3] 赵文君. 三项强制性国标公示电动汽车安全有"底线"了[J]. 安全与健康, 2019(5): 36-37.

[4] Patel J R, Rathod M K. Recent developments in the passive and hybrid thermal management techniques of lithium-ion batteries[J]. Journal of Power Sources, 2020, 480: 228820.

[5] Lei S, Xin S, Liu S. Separate and integrated thermal management solutions for electric vehicles: A review[J]. Journal of Power Sources, 2022, 550: 232133.

[6] Qiao Y, Zhao H, Shen Y, et al. Recycling of graphite anode from spent lithium‐ion batteries: Advances and perspectives[J]. EcoMat, 2023, 5(4): e12321.

[7] Ruan H, Jiang J, Sun B, et al. An optimal internal-heating strategy for lithium-ion batteries at low temperature considering both heating time and lifetime reduction[J]. Applied energy, 2019, 256: 113797.

[8] Hu X, Zheng Y, Howey D A, et al. Battery warm-up methodologies at subzero temperatures for automotive applications: Recent advances and perspectives[J]. Progress in Energy and Combustion Science, 2020, 77: 100806.

[9] Kirad K, Chaudhari M. Design of cell spacing in lithium-ion battery module for improvement in cooling performance of the battery thermal management system[J]. Journal of Power Sources, 2021, 481: 229016.

[10] Liang L, Zhao Y, Diao Y, et al. Optimum cooling surface for prismatic lithium battery with metal shell based on anisotropic thermal conductivity and dimensions[J]. Journal of Power Sources, 2021, 506: 230182.

[11] Sahin R C, Gocmen S, Cetkin E. Thermal management system for air-cooled battery packs with flow-disturbing structures[J]. Journal of Power Sources, 2022, 551: 232214.

[12] Yu X, Lu Z, Zhang L, et al. Experimental study on transient thermal characteristics of staggerarranged lithiumion battery pack with air cooling strategy[J]. International Journal of Heat and Mass Transfer, 2019, 143: 118576.

[13] Ren R, Diao Y, Zhao Y, et al. Experimental study on top liquid-cooling thermal management system based on Z-shaped micro heat pipe array[J]. Energy, 2023: 128321.

[14] Mansour S, Jalali A, Ashjaee M, et al. Multi-objective optimization of a sandwich rectangularchannel liquid cooling plate battery thermal management system: A deep-learning approach[J]. Energy Conversion and Management, 2023, 290: 117200.

[15] Akbarzadeh M, Jaguemont J, Kalogiannis T, et al. A novel liquid cooling plate concept for thermal management of lithium-ion batteries in electric vehicles[J]. Energy Conversion and Management, 2021, 231: 113862.

[16] Choi H, Lee H, Kim J, et al. Hybrid single-phase immersion cooling structure for battery thermal management under fast-charging conditions[J]. Energy Conversion and Management, 2023, 287: 117053.

[17] Lian Y, Ling H, Song G, et al. Experimental investigation on a heating-and-cooling difunctional battery thermal management system based on refrigerant[J]. Applied Thermal Engineering, 2023, 225: 120138.

[18] Feng R, Huang P, Tang Z, et al. Experimental and numerical study on the cooling performance of heat pipe assisted composite phase change material-based battery thermal management system[J]. Energy Conversion and Management, 2022, 272: 116359.

[19] Liang L, Zhao Y, Diao Y, et al. Experimental investigation of preheating performance of lithiumion battery modules in electric vehicles enhanced by bending flat micro heat pipe array[J]. Applied Energy, 2023, 337: 120896.

[20] Chombo P V, Laoonual Y. A review of safety strategies of a Li-ion battery[J]. Journal of Power Sources, 2020, 478: 228649.

第2章

动力电池热－电化学特性

2.1 动力电池的电化学特性

2.1.1 动力电池基础电化学性能参数

（1）电压参数

① 电动势　电动势是电池在理论上输出能量大小的度量之一。如果其他条件相同，那么电动势越高，理论上能输出的能量就越多。电池的电动势是热力学的两极平衡电极电位之差。

② 开路电压　开路电压（open-circuit voltage，OCV）是指在开路状态下（几乎没有电流通过时），电池两极之间的电势差，一般用 U_{oc} 表示。

③ 额定电压　额定电压也称公称电压或标称电压，指的是在规定条件下电池工作的标准电压。

④ 工作电压　工作电压是指电池接通负载后在放电过程中显示的电压，又称负荷电压或放电电压。在电池放电初始时刻（开始有工作电流）的电压称为初始电压，如式（2-1）所示。

$$V = E - IR_{内} = E - I(R_{\Omega} + R_{f}) \tag{2-1}$$

式中　I ——电池的工作电流，A；

V ——电池的工作电压，V；

$R_{内}$ ——电池的内阻，Ω；

E ——电池的电动势，V；

R_{f} ——极化内阻，Ω；

R_{Ω} ——欧姆内阻，Ω。

⑤ 放电终止电压　对于所有二次电池，放电终止电压都是必须严格规定的重要指标。放电终止电压也称为放电截止电压，是指电池放电时，电压下降到不宜再继续放电的最低工作电压值。

（2）容量参数

电池在一定的放电条件下所能放出的电量称为电池容量，以符号 C 表示。其单位常用

A·h或mA·h表示。

① 理论容量（C_0）　指假定活性物质全部参加电池的电化学反应所能提供的电量。理论容量可根据电池反应式中电极活性物质的用量，按法拉第定律计算的活性物质的电化学当量求出。

② 额定容量（C_g）　指按国家或有关部门规定的标准，保证电池在一定的放电条件（如温度、放电率、放电终止电压等）下应该放出的最低限度的容量。

③ 实际容量（C）　指在实际工作情况下电池实际放出的电量。它等于放电电流与放电时间的积分。实际容量的计算方法如式（2-2）和式（2-3）所示。

恒电流放电时：

$$C = It \qquad (2\text{-}2)$$

变电流放电时：

$$C = \int_0^t I(t)\mathrm{d}t \qquad (2\text{-}3)$$

式中　I——放电电流，是放电时间t的函数，A；

　　　t——放电至放电终止电压的时间，s。

由于内阻的存在，以及其他各种原因，活性物质不可能完全被利用。因此化学电源的实际容量、额定容量总是低于理论容量。

④ 剩余容量　是指在一定放电倍率下放电后，电池剩余的可用容量。剩余容量的估计和计算受到电池前期使用过程中的放电率、放电时间等因素以及电池老化程度、应用环境等多种因素影响。

（3）内阻参数

电流通过电池内部时受到阻力，使电池的工作电压降低，该阻力称为电池内阻。电池内阻是化学电源的一个极为重要的参数。电池的内阻包括欧姆内阻（R_Ω）和电极在化学反应时所表现出的极化内阻（R_f）。

（4）能量与能量密度

电池的能量是指电池在一定放电制度下所能释放出的能量，通常用W·h或kW·h表示。电池的能量分为理论能量和实际能量。

① 理论能量　假设电池在放电过程中始终处于平衡状态，其放电电压保持电动势（E）的数值，而且活性物质的利用率为100%，即放电容量为理论容量（C_0），则在此条件下电池所输出的能量为理论能量W_0，如式（2-4）所示。

$$W_0 = C_0 E \qquad (2\text{-}4)$$

② 实际能量　指电池放电时实际输出的能量。它在数值上等于电池实际放电电压、放电电流与放电时间的积分，如式（2-5）所示。

$$W = \int V(t)I(t)\mathrm{d}t \qquad (2\text{-}5)$$

在实际工程应用中，也常采用电池组额定容量（C_g）与电池放电平均电压（$V_平$）乘积进行电池实际能量的计算，如式（2-6）所示。

$$W = C_g V_平 \qquad (2\text{-}6)$$

电池的能量密度是指单位质量或单位体积的电池所能输出的能量，相应地称为质量能量密度（$W \cdot h \cdot kg^{-1}$）或体积能量密度（$W \cdot h \cdot L^{-1}$），也称质量比能量或体积比能量。能量密度是评价动力电池能否满足电动汽车续行能力的重要指标。

（5）功率与功率密度

① 功率　电池的功率是指电池在一定的放电制度下，单位时间内电池输出的能量，单位为 W 或 kW。理论上电池的功率（P_0）如式（2-7）所示。

$$P_0 = \frac{W_0}{t} = \frac{C_0 E}{t} = IE \tag{2-7}$$

式中　t——放电时间，s；

$\quad C_0$——电池的理论容量，$A \cdot h$；

$\quad I$——恒定的放电电流，A。

② 功率密度　单位质量或单位体积电池输出的功率称为功率密度，又称比功率，单位为 $kW \cdot kg^{-1}$ 或 $W \cdot g^{-1}$。功率密度是评价电池及电池组是否满足电动汽车加速和爬坡能力的重要指标。

（6）荷电状态

电池荷电状态（state of charge，SOC）描述了电池的剩余电量，是电池使用过程中的重要参数。此参数与电池的充放电历史和充放电电流大小有关。

荷电状态值是个相对量，一般用百分比的方式来表示，SOC 的取值为 $0\% \leqslant SOC \leqslant 100\%$。目前较统一的是从电量角度定义 SOC，如美国先进电池联合会在其《电动汽车电池测试手册》中定义 SOC 为电池在一定放电倍率下，剩余电量与相同条件下额定容量的比值，如式（2-8）所示。

$$SOC = \frac{C_\mu}{C_g} \tag{2-8}$$

式中　C_g——额定容量，$A \cdot h$；

$\quad C_\mu$——电池剩余的按额定电流放电的可用容量，$A \cdot h$。

（7）放电深度

放电深度（depth of discharge，DOD）是放电容量与额定容量之比的百分数，与 SOC 之间存在如下数学计算关系，如式（2-9）所示。

$$DOD = 1 - SOC \tag{2-9}$$

（8）循环寿命

循环寿命是评价蓄电池使用经济性的重要参数。动力电池单体在充放电循环使用过程中，由于一些不可避免的副反应存在，电池可用活性物质逐步减少，性能逐步退化。其退化程度通常随着充放电循环次数的增加而加剧。

（9）自放电率

自放电率是电池在存放一定时间内，在没有负荷的条件下自身放电，使得电池容量损失的速度，自放电率采用单位时间（月或年）内电池容量下降的百分数来表示，如式（2-10）所示。

$$自放电率 = \frac{C_a - C_b}{C_a t} \times 100\%$$ （2-10）

式中　C_a——电池储存开始时的容量，$A \cdot h$；

　　　C_b——电池储存以后的容量，$A \cdot h$；

　　　t——电池储存的时间，月或年。

（10）不一致性

指同一规格、同一型号的单体电池组成电池组后，在电压、内阻及其变化率、荷电量、容量、充电接受能力、循环寿命、温度影响、自放电率等参数方面存在的差别。根据使用中电池组不一致性扩大的原因和对电池组性能的影响方式，可以把电池的不一致性分为容量不一致性、电压不一致性和内阻不一致性。

（11）放电制度

放电制度是电池放电时所规定的各种条件，主要包括放电速率（放电电流）、放电终止电压、温度等。

① 放电电流　指电池放电时的电流大小。放电电流的大小直接影响到电池的各项性能指标。放电电流通常用放电率表示，放电率是指电池放电时的速率，有时率和倍率两种表示形式。

时率是以放电时间（h）表示的放电速率，即以一定的放电电流放完额定容量所需的时间。倍率实际上是指电池在规定的时间内放出其额定容量所输出的电流值，它在数值上等于额定容量的倍数。

② 放电终止电压　与电池材料直接相关，并受到电池结构、放电电流、环境温度等多种因素影响。

2.1.2　动力电池性能衰退机理及影响因素分析

2.1.2.1　动力电池容量衰退机制

锂离子电池的服役状态、环境温度、充/放电速率、放电深度等因素都会对其性能造成影响。电池性能衰退最明显的变化就是容量降低。根据最近几年的研究结果，当前影响锂离子电池容量衰减的主要因素有固体电解质界面（solid electrolyte interface, SEI）膜的生长、电解液的分解、锂离子电池的自放电、正极材料的溶解及相变、正负极集流体的腐蚀等，接下来的章节将对这几种因素进行详细介绍。锂离子电池综合老化机理如图2-1所示。

（1）析锂导致的容量损失

析锂是指电解液中的锂离子沉积在电极表面的过程。在负极表面发生的析锂，不仅是锂离子电池的一个重要老化原因，还会影响电池的安全。关于析锂和锂枝晶生长造成电池容量衰减的原理如图2-2和图2-3所示。如图2-2所示，在负极电势小于0V（与Li/Li⁺相比）阈值的情况下，会在负极表面产生锂离子沉积，负极析锂会造成活性锂离子的不可逆流失，降低了可利用的容量。Kabir等发现在老化后期电池析锂会加速，是电池容量衰退拐点出现的主要原因之一。在电池处于放电状态的时候，枝晶上的锂有可能会溶出，但是这一部分物质因为没有接触集流

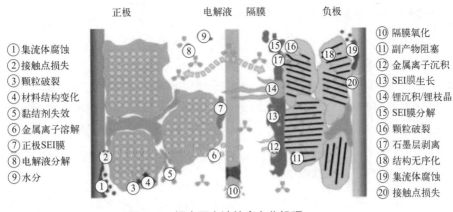

① 集流体腐蚀
② 接触点损失
③ 颗粒破裂
④ 材料结构变化
⑤ 黏结剂失效
⑥ 金属离子溶解
⑦ 正极SEI膜
⑧ 电解液分解
⑨ 水分

⑩ 隔膜氧化
⑪ 副产物阻塞
⑫ 金属离子沉积
⑬ SEI膜生长
⑭ 锂沉积/锂枝晶
⑮ SEI膜分解
⑯ 颗粒破裂
⑰ 石墨层剥离
⑱ 结构无序化
⑲ 集流体腐蚀
⑳ 接触点损失

正极　　　电解液　隔膜　　负极

图2-1　锂离子电池综合老化机理

体，所以不能得到电子，不能在充放电过程中参与电极反应，从而形成死锂，如图2-3所示。

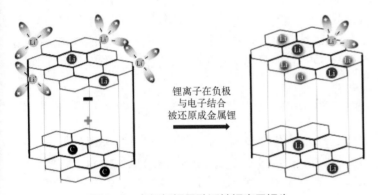

图2-2　负极析锂导致活性锂离子损失

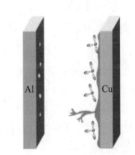

图2-3　锂枝晶生长导致活性锂离子损失

（2）SEI膜生长导致的容量损失

SEI膜是一种在锂离子电池负极表面形成的稳定性钝化膜，它具有离子导电特性，同时对电子具有阻挡作用，因而能够将电解质和负极隔离开。SEI膜的形成与稳定性是影响锂离子电池寿命和安全性的重要因素之一。SEI膜的生长是锂离子电池负极/电解液界面发生的重要副反应之一，由此造成的活性锂损失具有不可逆性，会直接影响电池的容量、倍率、寿命和安全性。在典型工况下，SEI膜的形成与演化是导致活性锂流失的主要原因之一。与新电池和常温充放电循环下形成的SEI膜相比，较高温度下（45℃）形成的SEI膜具有更好的热稳定性，并且具有高致密程度，可以减缓电池老化速度。

（3）集流体腐蚀导致的容量损失

集流体作为锂离子电池的核心组件，承担着负载、聚集和输出等功能。集流体被腐蚀后，不仅会缩短电池的使用寿命，而且还会影响电池的稳定性和安全性。在过放电等极端环境下，如电压低于1.5V，会导致Cu在电解液中发生氧化，导致Cu的集液溶蚀。在过放电滥用下，铜离子会被氧化，并在后续的充电过程中以金属铜的形式沉积到正极材料表面。与此同时，沉积在正极表面的铜会阻碍正极的嵌锂和脱锂，并导致SEI膜增厚，最终导致锂离子电池容量的降低。

（4）电极活性材料损失导致的容量损失

在锂离子电池的充放电过程中，电极材料会因嵌脱锂离子而发生体积变化，从而引起机械应力的产生。这种体积变化和机械应力可能会损害电池的结构和性能，并且导致电池的失效。因此，需要采取有效措施来减轻电极材料的体积变化和机械应力变化，比如通过设计合适的电极结构、优化电解液配方、控制充放电速率、采用高性能材料和精细的工艺等。在充放电条件下，石墨电极的体积膨胀均在10%以下，但由体积膨胀所引起的应力，仍然有可能导致电极材料的破坏，最终导致容量衰减。

（5）电解液分解导致的容量损失

电解液作为离子导体，在锂离子电池中发挥着在正负极之间传递锂离子的重要作用。然而，随着电池循环次数的增加和时间的推移，电解液会发生一定程度的氧化或分解，从而导致其传质能力减弱，电池内阻增大，进而会降低电池的功率输出和容量，并在高功率应用中损害电池的性能。Beltran等的调查结果显示，在工作电压超过电解质的稳定范围后，电解质和正极之间就会发生氧化和分解。Xu等对五大汽车厂商的锂离子电池电解液进行了老化情况的分析。结果表明，无论是能量型电池还是动力型电池，锂离子电池的电解液都会出现一定的损耗。这种电解液的变化可能会导致电池内阻增加、容量下降以及安全性降低等问题。

（6）隔膜老化导致的容量损失

隔膜作为锂离子电池的核心部件之一，具有隔离电子、分离正负极等关键功能，对保证电池安全性等性能起着至关重要的作用。隔膜的老化主要表现为隔膜孔堵塞，进而阻碍电极间离子传输，最终导致功率衰减及阻抗上升。Norin等认为隔膜的老化主要是由电解质的分解产物、活性物质沉积或分布等造成的。另外，电解液分解产物在隔膜表面的不均匀沉积也会降低隔膜的离子传导能力。Wu等对隔膜的损伤及老化机理进行了分析，发现锂离子在负极表面析出时形成的树枝状晶体会刺穿隔膜，造成电池容量衰减和内部短路等问题。

2.1.2.2　动力电池内阻增大机理及影响因素

动力电池内阻增大的原因包括离子扩散阻力的增加、电极极化层的形成、导电材料失效、电解质损耗以及温度变化等。这些因素限制了电子和离子的传输，导致电池内部阻力增加，进而降低了电池的性能和功率输出能力。造成欧姆内阻中离子阻抗增大的主要原因有正负极材料和电解液不具有良好的浸润性、电解质黏度过高、隔膜中电解质分布不均匀、隔膜的面积和厚度设计不合理等。而正负极活性材料自身的孔隙度、粒子表面的副产物以及粒子与导电材料之间的不均匀混合都会引起电子阻抗的改变。总而言之，动力电池的正负极活性物质、隔膜及电解液、集流体、加工生产工艺以及使用工况和条件都会影响动力电池的内阻。维护电池健康和采取适当的温度管理措施可以减缓内阻增大的速度。

2.1.2.3　动力电池功率下降机理

锂离子电池在低温工况下，由于内部电阻增加和锂离子析出而导致的能量损失是影响电池性能的主要因素。在电池进行多次的充放电过程中，电池内的电流会使电池主体材料电极产生结晶，导致锂离子的活性降低从而造成其阻值增大，最终会影响到电池的能量衰减。从电动汽车使用的角度来看，电池的性能衰退主要是由于车辆在使用的过程中，为了满足不同的驾驶工况，采用了不同的充放电倍率，充放电倍率越大，电池的性能衰退就越快。在锂离子电池中，由于正负极发生嵌合反应而产生的嵌合能量相差较大，因此要获得最优的性能，就必须使正负极间的嵌合能量达到均衡。

2.2 动力电池产热特性

2.2.1 温度对电池产热的影响

在锂离子电池充放电过程中，会发生一系列化学反应，这些化学反应与温度密切相关，无论是在高温还是低温环境下，都会对电池的性能造成一定程度的影响。因此，锂离子电池只有在合适的温度范围内才能实现性能和寿命的最佳平衡。接下来将具体说明高温、低温不同环境条件对电池产热特性的影响。

（1）高温运行工况

一方面，电池模块在高倍率或长期放电时所产生的热，势必会导致其内部温度持续升高，而高温进一步导致高热，最终形成系统"高热—高温—高热"恶性循环，而在电池模组运行期间，电芯各项特性尤其是温度一致性的差异将进一步加大，进而造成电池的服役性能恶化；另一方面，恶性环境加剧电芯内部电极材料、SEI膜和电解液分解以及隔膜失效等剧烈的化学反应，进而产生大量的热。在热量不断升高的过程中，会发生一系列的反应，如隔膜被烧穿、正负电极短路、胶黏剂分解、负极材料分解、集流体熔化等现象，最终可能导致电池发生热失控，热失控的触发机制如图2-4所示。目前，相关学者针对高温工况对电池发生热失控进行了研究。Pastor等通过实验得出副反应中的SEI膜的分解会导致电池温度急剧上升。Back等对关于碳负极材料在电解液中的四项安全稳定性问题开展了实验研究，结果表明电解液组成结构对热失控的初始温度具有至关重要的影响。Zhu等深入研究了各种电极材质对锂离子动力电池热失控行为的作用，并提出电极材质的热稳定性越高，动力电池热失控事件发生的初始温度就越高。

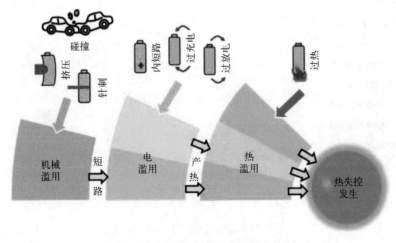

图2-4　锂离子电池热失控触发机制

（2）低温运行工况

锂离子电池低温下性能的衰退主要体现在可用容量减少、不可逆容量损失和内阻增加等方面。Ji等研究3.6V/2.2A·h的18650型三元锂电池在-10℃时的放电性能，该锂离子电池在1C放电倍率下能保留的放电容量约为1.7A·h，在同样的温度条件下，该锂离子电池在4.6C高放电倍率下的放电容量仅有0.9A·h。表2-1是Jaguemont等用3.2V/35A·h方形磷酸铁锂电池在不同温度和放电倍率下的可用容量比（电池放电容量与标称容量的比值），从表中可以看出，随着温度的降低和放电电流的增大，锂离子电池可用容量比减小。

表2-1　3.2V/35A·h方形磷酸铁锂电池在不同温度和放电倍率下的电池可用容量比 单位：%

温度	0.286C	1C	2C	4C
20℃	100.93	100.53	97.18	94.35
0℃	95.19	92.24	92.78	90.04
-10℃	87.50	88.46	88.631	83.75
-20℃	83.05	82.32	81.27	1.09
-30℃	60.33	63.45	0.17	0.00

低温环境下电池充放电或存放均可能会引起不可逆容量损失。容量为11.5A·h的磷酸铁锂电池在-10℃下进行50次充放电循环后，在较高的充电截止电压和较大的恒流充电电流下，电池容量损失可达25%以上；在恒压充电阶段截止电流为0.05C时，电池容量损失可达27.23%。将容量为7.5A·h的三元锂电池在-80℃下进行100次高倍率（5C）充放电循环后，在0℃、-20℃、-80℃下长时间静置的三元锂电池容量损失比常温下分别多1.4%、6.8%、6.0%。Nagasubramanian等通过试验测试发现，容量为1.4A·h的18650型锂离子电池的欧姆电阻在环境温度从35℃降低至-20℃时变化不大，但在-40℃时快速增长；环境温度从35℃降低至-40℃，锂离子电池的总阻抗可增加10倍以上。锂离子电池低温下的性能下降与微观尺度上的材料特性变化密切相关。图2-5所示为低温下导致电池性能衰退的各种材料因素。

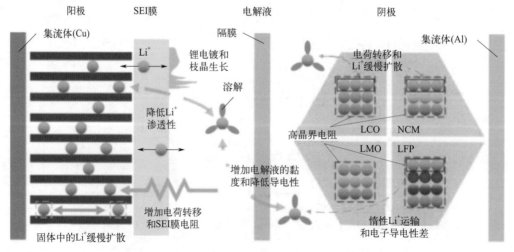

图2-5　从材料角度探讨低温下电池性能衰退机理

LCO—钴酸锂；NCM—镍钴锰；LMO—锰酸锂；LFP—磷酸铁锂

锂离子电池长期放置在-40℃以下的极限低温工况，会对锂离子电池造成永久的破坏。主要原因如下：在-40℃以下的极限低温工况对锂离子电池进行充放电时，会在负极产生不可逆的金属锂沉淀。这一现象将对电池造成永久性的损害，同时也会使电池的安全性能下降。为了解决这个问题，许多汽车制造商都会采取低温提前预热措施。另外，在电池加热过程中能耗是关键评价指标，因此，需要综合设计电池传热路径和模式，以减少不必要的热损失。图2-6揭示了动力电池在低温加热过程中存在的热问题。

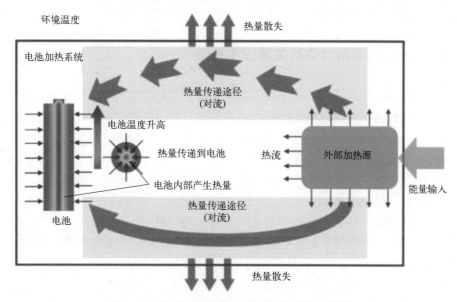

图2-6 动力电池在低温下加热过程中的热问题

2.2.2 动力电池产热量来源

动力电池产热量主要包括不可逆热、可逆热、电子传输热、离子传输热、接触热阻产热五部分。

不可逆热指在电池充放电过程中不可避免地产生的热能，其中一部分将被转化为有用的电能，但另一部分则会散失到周围环境中，由锂离子电池的电流和过电势决定。电池的可逆热是指在可逆电化学反应中，电池所吸收或放出的热量。在可逆电化学反应中，电池的电势可以通过改变温度来调节。当电池从正向反应转变为逆向反应时，电池所吸收或放出的热量也会发生相反的变化。电子传输热是指在电池工作过程中，由于电极材料的电子在电化学反应中的转移和扩散过程中发生的热传递。当电子从一种电极材料传输到另一种电极材料时，它们可以带走一定量的热量，这种热量的大小取决于电子传输的速度、距离和温度差等因素。此外，电子的传输还会导致电极材料的局部温度升高或降低，从而影响电池的性能和寿命。当离子在电解液中运动时，它们会带走或吸收一定量的热量，即为离子传输热。这种热量的大小取决于离子的扩散速度、距离和温度差等因素。在电池与电路之间的接触面上，由于接触不完全或者表面粗糙等原因，会存在一定的接触热阻，导致在该区域产生热量，即为接触热阻产热。关于动力电池产热量的计算见本书第9.3.1节。

在动力电池产热量估算或预测方面，会涉及产热模型的搭建。根据电池产热原理，可以划分为三种类型：电化学-热耦合模型、电-热耦合模型以及热滥用模型。而按照维度的不同，则可划分为零维模型（集中质量模型）、一维模型、二维模型以及三维模型等。锂离子电池在充放电过程中会产生复杂的热量变化。这是由于锂离子电池内部在不同时间、不同温度下的各种化学反应、焦耳热效应等都会影响电池的热量。为了准确模拟锂离子电池的热量变化，需要考虑这些因素在不同时间和温度下对电池发热量的影响。

2.3 动力电池热–电化学特性关联性

2.3.1 热–电化学特性交互关系理论基础

关于商业化主流化学体系动力电池的研究，主要采用宏观电学仪器设备或者微观表征方法集中在电极材料和电化学工程领域，所涉及的化学热力学问题很少。此外，对电池热行为的研究仅在运行参数限定范围内开展，所得热力学数据也以电池总的热效应为主，即电化学性能或产热行为相对各自独立研究。动力电池体系是涉及电化学、材料学、微电子以及机械设计等学科的高度耦合体系。但目前涉及化学、热力学及电化学的关联性研究未能引起足够重视，且更大跨度的跨学科、高度耦合的关联研究一直未曾有所进展。由学科各自局限所造成的电池热-电关联性相互剥离研究的研究思路和固有方法，难以搭建热-电化学特性与电池热管理需求的桥梁，更无法形成对电池热管理系统的设计进行有效指导的理论和认识依据。在动力电池的充放电电化学反应中，热-电化学关联性是相互依存的。

可逆热是在电池中发生的电化学反应，通过可逆的熵变来产生热量；不可逆热是由欧姆内阻产生的热量，以及极化引起的过电位产生的热量。不可逆热和可逆热产热速率如式（2-11）和式（2-12）所示。

$$q_i = \frac{I^2 R}{m} = \frac{I^2(R_\Omega + R_p)}{m} = \frac{I^2 R_\Omega}{m} + \frac{I\eta}{m} \tag{2-11}$$

式中　q_i ——电池单位质量不可逆产热功率，W/kg；

　　　R ——电池内阻，Ω；

　　　I ——电池电流，A；

　　　m ——电池质量，kg；

　　　R_Ω ——电池欧姆内阻，Ω；

　　　R_p ——电池极化内阻，Ω；

　　　η ——电池过电势，V。

$$q_r = \frac{Q_r}{\Delta t} = \frac{T\Delta S}{\Delta t} = \frac{TzF}{\Delta t}\left(\frac{\partial E_{ocv}}{\partial T}\right) = IT\left(\frac{\partial E_{ocv}}{\partial T}\right) \tag{2-12}$$

式中　q_r ——电池单位质量可逆产热功率，W/kg；

　　　Q_r ——可逆反应热，J；

　　　Δt ——电池工作时间，s；

　　　ΔS ——电池熵变值，J/mol；

　　　T ——恒温状态时电池温度，K；

　　　z ——电极反应转移的电子数，mol；

F ——法拉第常数，取值 9648534C/mol；

E_{ocv} ——电池开路电位，V；

$\dfrac{\partial E_{ocv}}{\partial T}$ ——电池熵变系数，V/K。

因此采用平衡电位法计算可逆热中不同荷电状态（SOC）、健康状态（SOH）下电芯的熵变系数，归纳出相应的函数关系式，可以借鉴直流内阻测试方法进行电池内部阻抗的测试，利用大电流充电结束至稳定后的压降计算电池内部总阻抗，进而计算不可逆热。最后可以计算电芯的总产热量、产热功率等。以上方法主要用于主流磷酸铁锂体系及三元体系动力电池的热 - 电化学关联性研究，均得出了一系列成熟且有价值的热行为与电化学不同反应进程的关联特性及工程热力学关键技术参数（化学反应焓变 $\Delta_r H_m$、熵变 $\Delta_r S_m$、吉布斯自由能变 $\Delta_r G_m$）随着 SOC、SOH、充放电倍率及温度的变化规律。相应的理论分析及测试方法依然可以迁移应用到其他动力电池体系，例如钠离子电池。

2.3.2　磷酸铁锂电池热 - 电化学特性关联性

（1）充/放电倍率与电池温度的关系

目前主要采用电化学量热法开展对动力电池的电化学 - 热耦合特性研究。21700 型电池在 20℃、30℃、40℃下，电池温度随放电倍率的增大而增高，而且放电电流越大，电池温度增长速率越大。不同充电倍率下磷酸铁锂电池的表面温度随时间的变化曲线如图 2-7 所示。当充电倍率为 0.5C 和 1C 时，充电初期电池的表面温度有一小部分出现降低的趋势，随后电池的表面温度以较大的速率不断升高。当充电倍率为 2C 时，电池的表面温度在整个充电过程以更大的速率快速升高。产生这种现象主要原因是电池产热包含着可逆热和不可逆反应热，可逆热是电池对外吸热，而不可逆热是电池对外放热。故在低倍率时，有时可逆热会占据较大的比重，对外吸收的热量大于放出的热量。而随着倍率的提高，电池内部不可逆反应愈发剧烈，当超过一定倍率后，就会造成不可逆反应放出的热量始终大于可逆热。

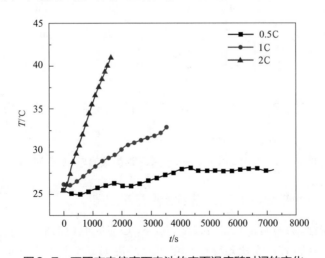

图 2-7　不同充电倍率下电池的表面温度随时间的变化

当放电倍率增大时，电池产热增加，电池温度上升，由于电池内部电流密度及外部散热系数不同，电池表面温差增大，为 1.2℃，负极极耳处温度最高，约为 32.6℃，温升约为 7℃，其他面温升约为6℃。电池其他面温度差距相比于极柱来说较小，趋势仍为大侧面温度略高于小侧面温度，小侧面温度略高于底面温度，三者温度差距较小。经过0.5C放电倍率与1C放电倍率对磷酸铁锂单体电池温度分布影响的分析，能够发现，在相同的环境温度下，放电倍率增大会导致电池产热增加，在相同的热传导与自然对流情况下，产热量增加会使电池温度升高，且电池表面温度差异也会增大。电池单体在0.5C和1.0C放电倍率下各个位置的温度曲线图分别如图2-8和图2-9所示。对于电池模组，也得到了上述和电芯相同的结论。随着放电倍率的增大，电池模组的最高温度和最大温差明显增加。空气冷却电池模组的最大温差分别在3C和5C放电倍率下达到了6℃和12℃。电池模组不同的放电倍率与温度的关系如图2-10所示。

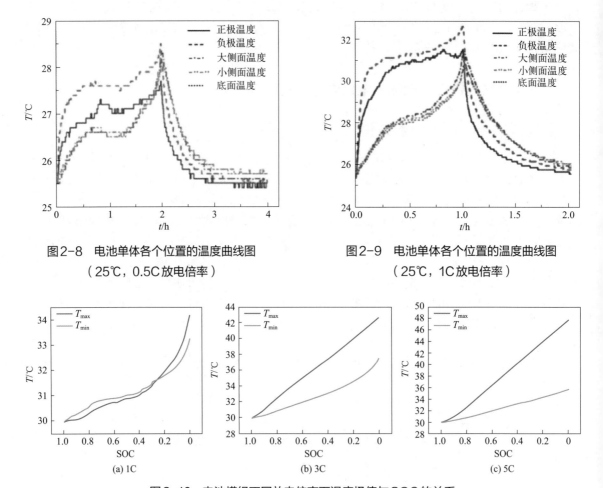

图2-8 电池单体各个位置的温度曲线图（25℃，0.5C放电倍率）

图2-9 电池单体各个位置的温度曲线图（25℃，1.0C放电倍率）

(a) 1C

(b) 3C

(c) 5C

图2-10 电池模组不同放电倍率下温度极值与SOC的关系

（2）不同SOC的磷酸铁锂动力电芯表面温度分布规律

方形软包磷酸铁锂动力电池（3.2V/42A·h）SOC与电池表面温度的分布规律如图2-11所示。当SOC为0%～10%时，使用足够小的电流时，电池放电时产生热量，充电时吸收热量；由于存在熵校正后的OCV在20℃处与正常OCV的偏差，当使用很小的放电电流且电池内阻较小时，可逆热占主导地位。在SOC为30%～75%范围内，熵校正后的OCV在20℃处明显低于正常OCV。这种差异是由于正熵变的贡献。在此SOC范围内按一定条件放电时，电池电压仅略低于熵校正的 OCV，可逆热占主导地位并发生吸热反应，电池此时温度下降。此外，当电池充电时，电池电压远高于熵校正的 OCV 并产生热量。在 SOC 为 30% ～ 75% 时，电池在充电方向上加热，在放电方向上冷却。

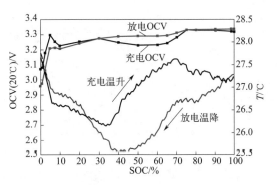

图 2-11　开路电压、电池容量和温度关系

（3）放电模式对电池表面温度的影响

环境温度为 25℃时，不同倍率下电池表面温度和电池恒功率放电的表面温度与恒流放电的表面温度之差随放电深度（DOD）的变化如图 2-12 所示。两种放电模式下，电池的表面温度变化具有相同趋势。两种放电模式下，恒功率放电下电池的表面温度均高于恒流放电下电池的表面温度，这与两种放电模式下的放电电流差异有关，相比恒流放电，恒功率放电时的放电电流更大，因而电池的产热量越大，表面温度更高。此外，DOD 增大，两种放电模式下电池电流之差也增大，使得电池的产热量之差增大，表面温度的差值也增大，如图 2-12（a）所示。电池越大，恒功率与恒流放电下的电池表面温度差越大。在倍率大到一定程度时，电池表面温度有可能会超过安全的工作温度。且随着电池 DOD 的增大，电池表面温度也越高，如图 2-12（b）所示。

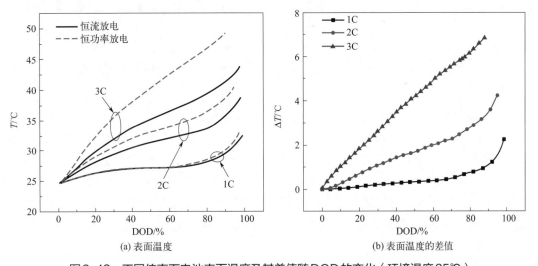

(a) 表面温度　　　　　　　　　　(b) 表面温度的差值

图 2-12　不同倍率下电池表面温度及其差值随 DOD 的变化（环境温度 25℃）

（4）退役电池和新电池的热 - 电化学特性对比

80% SOH 的退役磷酸铁锂电池与 100% SOH 的新电池在 5℃之前，两者的库仑效率差异显著 [图 2-13（a）]，在 25 ～ 50℃时，两者的库仑效率基本一致。在环境温度高于 5℃之后，电池的充电与放电容量基本一致 [图 2-13（b）]，库仑效率达到了 90% 以上。而 100% SOH 的磷酸铁锂电池在 -5℃时，其库仑效率便达到了 90% 以上，在 5℃时超过了 95%。

退役电池随着充放电倍率的增加，在低温环境下电池的效率仍然很低，但和新电池的充放电能力有所接近 [图 2-13（c）]。当环境温度在 5℃以上时，和新电池的库仑效率基本达到一致，较低倍率的工况温度有所提升 [图 2-13（d）]。80% SOH 退役电池适当增大运行功率，电池的产热会有所增加，导致电池温度上升，使得电池材料的活化能提升，使退役电池的库仑效率提高。

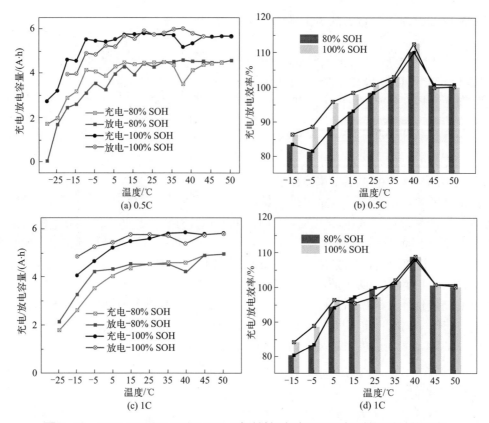

图2-13　80% SOH和100% SOH磷酸铁锂电池不同温度环境下的性能测试

　　100% SOH的新电池和80% SOH的退役电池在放电倍率由0.5C增大至2.0C过程中，其库仑效率依然能保持在100%左右[图2-14（a）]。然而，70% SOH和60% SOH退役电池在放电倍率增加之后，又呈现下降的趋势。在25℃以上时[图2-14（b）]，新电池始终保持着100%容量比电效率。而80% SOH以下的退役电池分别从高倍率至低倍率开始下降，并且SOH较低的退役电池下降速度较快。如图2-14（c）所示，低温条件下，四种SOH状态电池的库仑效率都表现出了一定程度的下降，这可能是因为低温导致电池材料活化能下降，离子脱嵌过程较弱。

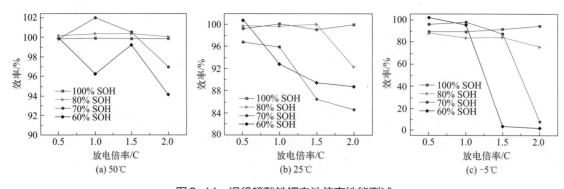

图2-14　退役磷酸铁锂电池倍率性能测试

（5）滥用工况对磷酸铁锂电池内部结构的不可逆损害

　　滥用（机械/热/电）会造成电池电化学性能的衰退和产热的加剧。宏观性能的严重衰退的本质原因是内部结构及形貌的不可逆损害。本书主编及其所在团队在电滥用（过充/放）对正负极导电性活性物质微观形貌的损坏方面做了大量的研究工作。过充对于进口/国产18650型磷酸铁锂电芯（3.3V/1.1A·h）正极活性物质微观结构的影响如图2-15所示。正常电池用NB（normal battery）表示，对于18650型电芯，在室温（25℃）工况下，以10C恒流充电至截止电压3.9V，当电压达到3.9V时，恒压充电至截止电流239mA，如此反复循环10次，电芯被标记为过充电池，用OB（overcharged battery）表示。

(a) 进口A款的NB　　　　　　　　(b) 进口A款的OB

(c) 国产O款的NB　　　　　　　　(d) 国产O款的OB

图2-15　电芯解剖后正极材料的SEM图像

对于两款电芯的正极材料，过充后都出现团聚现象（图2-15），原本均匀分布的活性物质都团聚成大球或者块状，会严重阻碍锂离子的正常脱嵌和迁移，并影响电解质的扩散和转移，进一步导致电池的电化学储能能力减弱，电芯的产热量上升，最终会影响电池组乃至整车的安全性能。

除了上述的扫描电子显微镜（scanning electron microscope, SEM）测试，对两款磷酸铁锂系NB和OB的正负极活性物质用X射线衍射仪（XRD，Rigaku D/max-2550）进行测试。对于进口以及国产18650型磷酸铁锂动力电芯，过充行为无论对于正极材料还是负极材料，都会导致XRD的峰强度下降，但并没有多余的杂峰出现（如图2-16所示）。这表明过充过后，其晶格

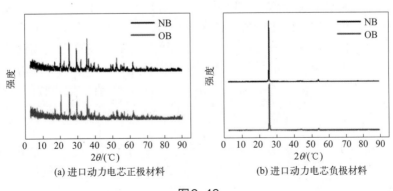

(a) 进口动力电芯正极材料　　　　　　(b) 进口动力电芯负极材料

图2-16

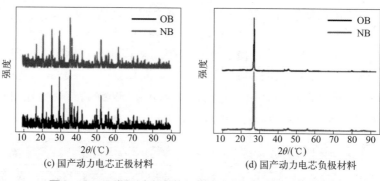

图2-16 正常和过充电芯解剖后电极材料的XRD图像

结构受到一定程度的破坏，阻碍锂离子的正常迁移，使电芯的电化学储能能力下降。

2.3.3 三元系动力锂电池热-电化学特性关联性

2.3.3.1 三元/石墨电池热-电化学特性关联性

（1）电化学特性参数与产热行为的规律

温度和倍率对电池的性能有很大的影响，随着温度和倍率的提高，电池的首次放电比容量会下降，电压平台也会下降，电池放热量会增加。锂离子脱嵌和嵌入的电势差越大，电极极化作用越大。在循环过程中电池氧化峰的转移导致电池极化作用增大，从而导致放电比容量逐渐减小。某三元高镍电池放电比容量和环境温度的关系如表2-2所示。

表2-2 某三元高镍电池放电比容量和环境温度的关系 单位：$mA \cdot h \cdot g^{-1}$

项目	30℃	40℃	50℃
0.2C放电比容量	192.9	190.4	182.9
0.5C放电比容量	178.8	174.0	164.3
1.0C放电比容量	175.5	169.0	162.7
2.0C放电比容量	168.5	164.2	155.2

根据测试结果，$Li[Ni_{0.5}Co_{0.2}Mn_{0.3}]O_2/C$电池的性能会受到多种因素的影响。如图2-17所示，在不同的充放电倍率和温度下，电池的热流和电压特性有不同的表现。研究表明，电池的放热现象在所有测试条件下都非常明显，而且在较高倍率下放热峰会急剧增大。相比之下，在较低倍率下，电池的充放电阶段会出现多个较弱的放热峰。倍率的增加会导致电池极化作用增大，进而极化热产生的峰逐渐覆盖反应热产生的峰，使得在较高倍率下观察到的实际上是电极极化热和电池反应热的叠加。在所有测试条件下，均观察到电池的放热峰，而极化产生的热占据了主导地位。此外，经过充放电测试后，电池正极极片的XRD衍射峰位置与标准图谱相符合（如图2-18所示），但其强度明显减弱，原因可能是在一定的倍率测试后，极片产生一定的损坏。

$Li[Ni_{1/3}Co_{1/3}Mn_{1/3}]O_2/C$三元电池放电容量受制于倍率与环境温度，大倍率及低温都将导致放电容量下降，这是由于该工况下电池内阻和极化增大，故合适的工作条件对电池使用显得至关重要。通过进一步研究发现，倍率1C常温25℃时电池放电容量较大且温度增量最小，因此

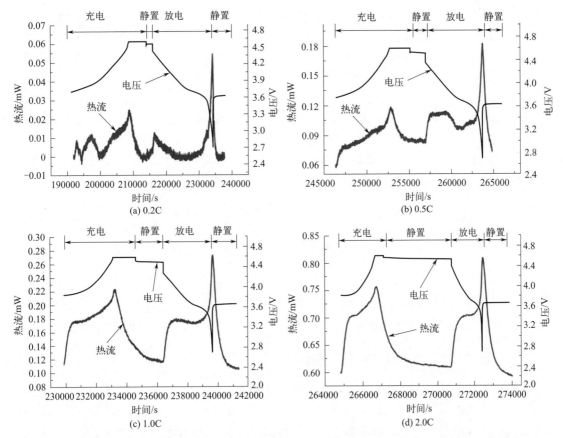

图2-17　Li[Ni$_{0.5}$Co$_{0.2}$Mn$_{0.3}$]O$_2$/C电池在30℃、不同倍率下充放电过程中的热流、电压随时间的变化曲线

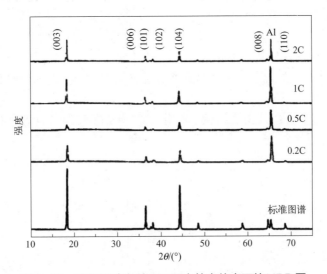

图2-18　50℃温度条件下不同充放电倍率下的XRD图

该工况可作为电池长期稳定的工作条件。当放电倍率增大时，电池欧姆阻抗会增大，从而使电池的起始工作电压降低，放电电压平台降低。在放电末期，小倍率下的工作电压下降更快，因为锂离子传输速率受到多种因素的影响，锂离子传输速率微小的变化就会引起电压的急剧变化，倍率增大会使电池放电容量减小，如图2-19所示。在不同环境温度下，低温会导致电池

材料活性低、内阻高，使电池放电容量减小。随着环境温度的升高（-15℃升至25℃），电池材料活性和放电容量都会增加，如图2-20所示。值得注意的是，在-15℃下，电池的电压曲线会先下降后上升，这是因为低温会导致电池极化严重，电压下降明显，但随着放电过程的进行，电池产热使其自身温度上升，削弱了极化，从而使工作电压出现回升。

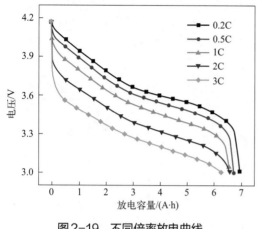

图2-19　不同倍率放电曲线　　　　　　图2-20　不同环境温度放电曲线

（2）过充对电芯的热-电化学特性的影响

张江云等讨论了过充电滥用对三元/石墨锂电芯（3.6V/2.2A·h）的危害和影响。根据测试结果，当放电倍率逐渐提高时，室温下过充电芯的最高温度也依次提升，分别为28.61℃、30.40℃、43.55℃和61.20℃，而高温条件下的最高温度分别为56.70℃、59.01℃、71.12℃和79.58℃，如图2-21所示。随着温度的升高，电池更容易发生热失控，降低电池的热安全性能。在极端环境条件下，过充会导致电池的放电时间和容量衰退更加严重。当放电倍率为0.5C、1.0C、3.0C和4.5C时，电池的放电容量呈现显著的衰退，而放电时间的衰退率与放电容量相同，如图2-22所示。在-20℃的低温环境下，电池的储能能力下降更加明显，高倍率的放电已经无法顺利实验。同时，过充还会导致锂离子的脱嵌能力减弱，进一步引起能量储存能力的衰退和电极材料的循环性能下降。

三元/石墨电芯滥用后，其微观结构的变化规律和磷酸铁锂电池滥用的微观结构变化规律相似，这里不做过多解释。

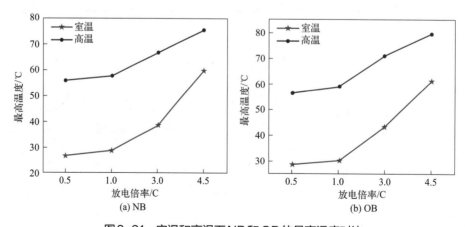

图2-21　室温和高温下NB和OB的最高温度对比

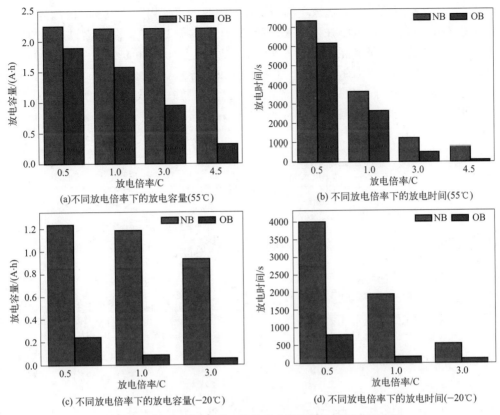

(a) 不同放电倍率下的放电容量(55℃)

(b) 不同放电倍率下的放电时间(55℃)

(c) 不同放电倍率下的放电容量(−20℃)

(d) 不同放电倍率下的放电时间(−20℃)

图2-22　极端环境条件下的放电容量和放电时间衰退分析

2.3.3.2　三元/硅碳锂离子电池热－电化学特性关联性

（1）电池放电性能、环境温度、放电倍率与产热特性之间的关系

NB和ODB（过放电池）放电电压平台和放电容量的对比（25℃）如图2-23所示。测试数据说明过放电滥用引起放电电压平台的下降，而且随着放电倍率的增加，这种现象会愈加明显，进一步引起放电时间的缩短和放电容量的减小。高温工况将会加剧以上电化学性能的衰退现象。高温和高倍率运行工况下ODB电化学性能衰退尤为显著。

高温下三元/硅碳电池的直流内阻比常温下的直流内阻大。将过放电池和正常电池对比，

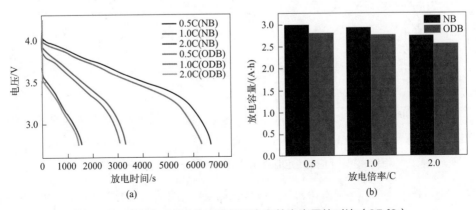

(a)

(b)

图2-23　NB和ODB放电电压平台和放电容量的对比（25℃）

发现无论室温还是高温条件下，过放电滥用均导致电芯的直流内阻呈现上升的趋势（图2-24）。对不同SOC（0%～100%）的NB和ODB在25℃和55℃测试直流内阻并对过放后SOH=0%的电池和正常电池进行交流阻抗的对比，发现当SOC分别为100%和0%时，ODB的直流内阻分别增加9.05%和5.02%。内阻的增加进一步表明过放电导致锂离子的嵌入/脱出能力和电解质的扩散能力受到严重制约。不仅仅是直流内阻，交流阻抗在过放电后也明显增加（图2-25），直流内阻和交流阻抗的增加会直接引起电池产热行为的加剧。

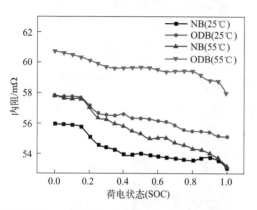

图2-24　NB和ODB直流内阻随着SOC的变化规律

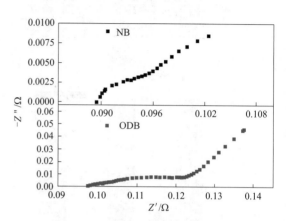

图2-25　NB和ODB交流阻抗对比（SOH=0%）

在充电过程中电池表面温度在高温下比在常温下要高，且过放电池的温升梯度比正常电池的梯度更高（图2-26）。电池表面在室温条件下随着充电时间的增加（1.5C快速充电，在1500s之前），NB和ODB的温度持续增加，而且ODB的温升梯度较高。NB和ODB在1500s时达到最高值，分别是50.44℃和55.56℃。而高温条件下ODB在1275s达到最高值85.67℃。高倍率快速充电将会直接影响电芯的运行热安全，缩短循环寿命和降低电池的健康状态，使电池更容易发生热失控。之后，电芯温度开始下降，主要原因是电芯由恒流充电变为恒压充电，电流逐渐减小。

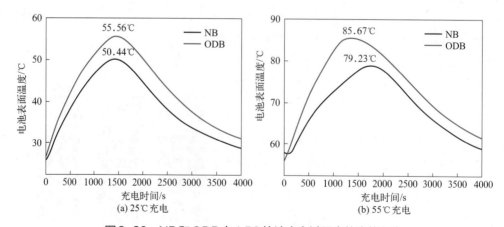

图2-26　NB和ODB在1.5C快速充电过程中的产热行为

同样，放电倍率对三元/硅碳电池的影响和对其他电池的影响规律基本相同，在倍率越大的情况下，电池表面温度越高。ODB和NB对比发现，过放电滥用不仅导致电芯最高温度的升高，而且引起电芯内部温度分布严重不均匀（图2-27）。随着放电电流的增大，电芯的最大温差越来越大，这将会直接影响电芯的热安全性能。

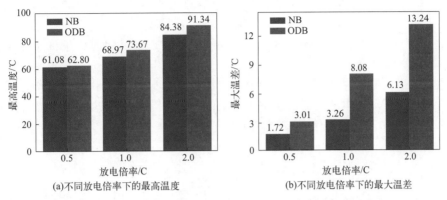

(a) 不同放电倍率下的最高温度

(b) 不同放电倍率下的最大温差

图2-27　NB和ODB放电过程（55℃）中的最高温度和最大温差

（2）过放电滥用对三元/硅碳锂电池微观结构的影响

过放电滥用对高能量密度的三元/硅碳锂电池的正负极活性物质的形貌和晶格结构影响如图2-28所示。所得相关规律与上述LFP和三元/石墨电池一致。对三元/硅碳锂电池的正负极集流体也分析了其微观形貌和结构，用于说明过放电滥用引起电池内部结构的本质性破坏。

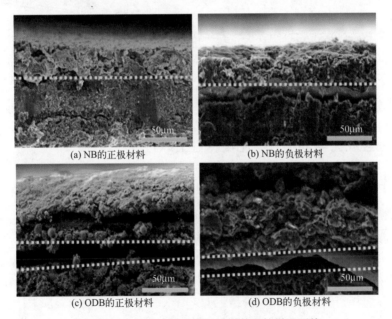

(a) NB的正极材料

(b) NB的负极材料

(c) ODB的正极材料

(d) ODB的负极材料

图2-28　NB和ODB电极片横截面的微观形貌

由图2-28可以看出正负极材料与正负极片紧密均匀的排布结构出现严重的剥离现象，尤其是负极材料，而极片上的导电物质也由均匀有序的排布被破坏为疏松坍塌的毫无秩序的外部结构。电极材料结构的严重损坏将会直接恶化其电化学性能。

（3）三元/硅碳电池与三元/石墨电池的热－电化学特性对比

图2-29为三元/硅碳电池与三元/石墨电池在不同温度下的充放电性能对比。结果发现

两款电池在高温和低温时的充电容量都有着相同趋势和不同程度的降低，在高温和低温条件下的容量保持率都要比常温25℃条件下低。在常温25℃到高温45℃温度区间内，两款电池的容量保持率都在90%以上，温度的升高也会导致电池容量保持率的降低。而在10℃及以下，硅碳材料锂离子动力电池的容量衰减到81.88%及以下。石墨材料锂离子动力电池在低于常温条件下，容量保持率随着温度降低而降低，在0℃以上的温度条件下，电池容量可以保持在90%以上。

在满电状态下，硅碳材料锂离子动力电池的热稳定性要比石墨材料锂离子动力电池稍差一些。硅碳材料锂离子动力电池的荷电状态越高，自产热反应温度越低，到达热失控最高温度的时间越短，热失控最高温度越高，安全隐患也越大，如图2-30所示。并且荷电状态超过50%的电池发生热失控反应时有爆炸的危险。

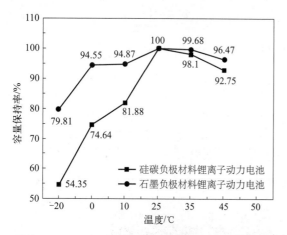

图2-29　三元/硅碳与三元/石墨电池在不同温度
下的充放电性能对比

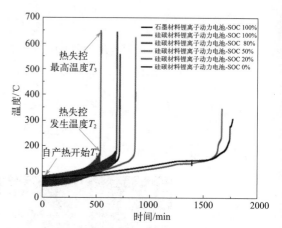

图2-30　热失控实验中电池温度变化曲线

2.3.4　新型动力电池热-电化学特性关联性

（1）钠离子电池热-电化学特性关联性

钠离子电池具有安全性高、应用潜力大、储量丰富、成本低廉等特点，因此受到了广泛的关注。

基于加速量热仪（ARC）实验结果（图2-31），将钠离子电池的热行为分三个阶段，分别对应三个特征温度（T_1、T_2、T_3），这三个温度常被用来作为表征电池热失控的关键参数。由表2-3可以看出，新电池（SOH=100%）与老化电池（SOH<80%）放热反应起始温度和最高温度存在明显差异，且由于SEI膜稳定性较差，老化电池的 T_1 明显低于新电池的 T_1，表明随着电池SOH的降低，其内部热稳定性显著下降。

在电池老化过程中负极表面会发生金属钠的

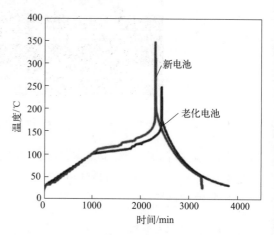

图2-31　新电池和老化电池ARC实验时的温度
随时间变化曲线

沉积，也会导致在较低的温度下发生放热反应。此外，电池的隔膜熔化温度为135 ～ 165℃。这说明电池老化对隔膜的热稳定性影响不大。热失控的最高温度在一定程度上代表了电池最大能量释放量，老化电池的T_3低于新电池。这是由于老化电池的存储能量比新电池的要低。与采用石墨作为负极的锂离子电池（$T_1<100℃$，$T_3>400℃$）相比，钠离子电池具有更高的放热反应的起始温度和更低的最高温度，当然更低的最高温度主要是由其较低的能量密度所致。

表2-3　热失控过程中的电池关键温度参数

电池	T_1/℃	T_2/℃	T_3/℃
新电池	110.14	198.46	349.87
老化电池	101.82	186.53	276.15

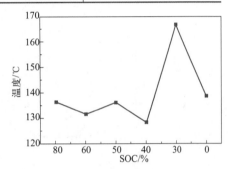

杨馨蓉等对钠离子电池进行不同SOC的ARC测试，得出电芯初始自放热温度（如图2-32）并不会随着SOC的减小而单调降低，最高的初始自放热温度是30% SOC的电芯，为166.6℃。综合热失控因素，发现和锂离子电池运输SOC的规则有些许不同，钠离子电池最佳的运输SOC是30%，而锂离子电池的SOC应低于30%。

图2-32　钠离子电池初始自放热温度随SOC的变化关系

（2）半/全固态电池热－电化学特性关联性

如图2-33和图2-34所示，对室温（RT）、45℃、60℃和80℃下电化学性能对比发现，NCA@LNO/LGPS/Li电池的首圈充放电容量和首圈库仑效率随着温度的升高而提升。但其电池在60℃下具有最优异的循环性能。此外，从循环伏安法测试结果可知，随着温度的升高，直至80℃，电池的首个氧化峰越来越低，这表明随着温度的升高，电池的极化减弱。

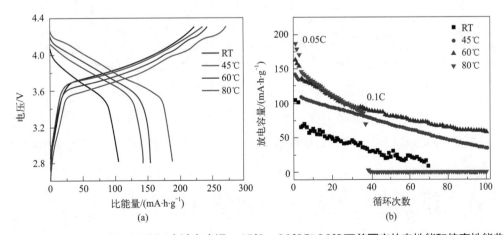

图2-33　NCA@LNO/LGPS/Li电池在室温、45℃、60℃和80℃下首圈充放电性能和倍率性能曲线

全固态电池的Nyquist图的特征不会随温度变化而变化，具有唯一性。闭环输入电阻在充放电过程中一直在增大，这可能因为电极与电解质是固-固接触，锂离子在电极晶粒表面进行

嵌锂时，晶粒会发生形变，造成包覆层损坏，导致电极与电解质之间接触变差，进而导致界面阻抗增大。此外，硫化物固态电解质与过渡金属氧化物正极材料界面存在较严重空间电荷层，导致较大的界面阻抗。虽然随着温度的升高，Li$^+$穿过界面层时，需克服空间电荷层的影响在减弱，但界面也会随温度升高而变差。R_{ct}（电荷转移电阻）随电极电位的变化规律如图2-35所示，R_{ct}随温度的升高而减小，这表明适当提高全固态电池的工作温度，能够提升其电化学性能。

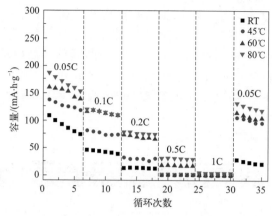

图2-34　NCA@LNO/LGPS/Li电池在室温、45℃、60℃和80℃下变倍率循环曲线

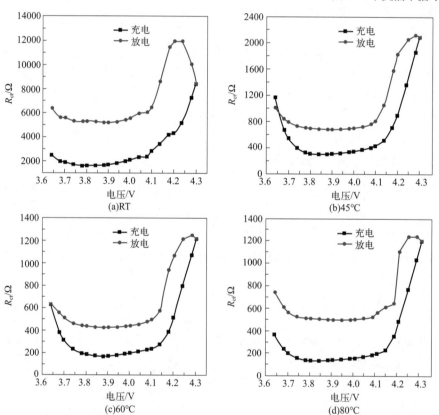

图2-35　NCA@LNO/LGPS/Li电池在室温、45℃、60℃和80℃下R_{ct}随电极电位的变化

2.4　超级电容器热－电化学特性

超级电容器是一种新型且性能优越的电化学储能装置。这种器件发展于20世纪70～80年代，具有高功率密度、低内阻、长循环寿命、宽温域、快速充放电速率和环保等特点。其优越特性使其成为储能解决方案的热门选择之一。本节主要介绍超级电容器的分类及电化学参数、

产热机制、热 - 电化学特性。

2.4.1 超级电容器简介

（1）超级电容器分类

根据电荷存储原理，超级电容器主要可分为双电层电容器、赝电容器和混合超级电容器三大类，如表 2-4 所示。双电层电容器具有高功率密度、快速充放电特性，但是能量密度相对较低，循环寿命较短；赝电容器具备高的动态可逆性、更高的能量密度、相对较长的循环寿命，但是功率密度较低；混合超级电容器可以保持循环稳定性且有更高的耐用性，但是能量密度相对较低。

表2-4 超级电容器的分类

类别		具体分类
超级电容器	双电层电容器	活性炭电极双电层电容器
		碳纳米电极双电层电容器
		碳气凝胶电极双电层电容器
		石墨烯电极双电层电容器
	赝电容器	欠电位沉积型赝电容器
		氧化还原型赝电容器
		夹层型赝电容器
	混合超级电容器	非对称混合超级电容器
		对称复合型混合超级电容器
		电池型混合超级电容器

（2）超级电容器的电化学参数

① 工作电压　超级电容器具有一个推荐的工作电压或者最佳工作电压，这个值是根据电容器在最高设定温度下最长工作时间来确定的。如果应用电压高于推荐电压，将缩短电容器的寿命，如果过压比较长的时间，电容器内部的电解液将会分解形成气体，当气体的压力逐渐升高时，电容器的安全孔将会破裂或者被冲破。短时间的过压对电容器而言是可以容忍的。

② 漏电流　对超级电容器进行充电后，为使电容器在某一电压处于稳定状态而从外部施加的电流。根据超级电容器的结构，相当于在电容器内部的正极和负极之间有一条高阻电流通道，从而使得内部会有一个等效的寄生并联电阻，也就是电容器有一个内部回路，产生漏电流，所以充满电的电容器在长期放置后也会因漏电而失去储存的电荷。

③ 等效串联内阻（equivalent series resistance，ESR）　是超级电容器的一个重要参数，在应用中它直接影响超级电容器的滤波效率和功率密度。同时在超级电容器的串联应用中它会影响充放电的效率，如果这些电容器的 ESR 不一致，还可能导致电容器过压失效或充电不足。超级电容器的 ESR 相比传统电容器要大，在双电层电容器中主要原因之一是活性炭粒子中有很多的空洞。

④ 脉动电流　虽然超级电容器具有比较低的内阻，但相对于电解电容器而言，它的内阻

还是比较大，当应用于脉动电流场合下，容易引起电容器内部发热，从而导致电容器内部电解液分解、内阻增大，并引起电容器寿命缩短。为了保证电容器的使用寿命，在应用于脉动场合时，最好保证电容器表面的温度上升不超过5℃。

⑤ 放电容量　超级电容器在放电过程中可以放出的全部容量，具体计算方法是将放电过程中每一个瞬间的电压与电流的乘积对放电时间进行积分。

2.4.2　超级电容器产热

（1）温度对超级电容器的影响

超级电容器工作电流较大，但使用空间较小，因此在进行长时间的工作后，热量会累积，导致超级电容器升温和温度不一致性明显。超级电容器的正常工作温度范围为233.15～343.15K。温度的上升会对超级电容的性能和寿命造成一定程度的影响，尤其是对超级电容内阻和电容值均有影响，从而导致性能衰退和老化。

图2-36（a）为Maxwell超级电容器内阻和容量随温度变化的曲线，可以看出低温对超级电容器内阻与容量造成的影响更大。当温度低于0℃时，超级电容器的容量衰减越快，每下降20℃容量约衰减5%。此外，当温度越低，超级电容器内阻升高越快，从0℃降低至-20℃，内阻升高了约20%；而从-20℃降低至-40℃，内阻升高了约55%。当温度大于0℃时，容量随温度升高略有降低。在0～20℃范围内，超级电容器内阻随温度升高先降低再升高，当温度高于20℃后，内阻随温度升高几乎没有变化。

此外，还有许多学者进行了深入的研究，探究温度对混合超级电容器的电化学性能的影响。如图2-36（b）所示，混合超级电容器的等效串联内阻和电容随温度的变化呈现出明显的规律性。值得注意的是，当温度低于273.15K时，混合超级电容器的电容衰减速度加快，而内阻则会随着温度的降低而逐渐增大，瞬时电压降也会随之增大。这会导致混合超级电容器的功率密度急剧下降，从而影响其实际应用。

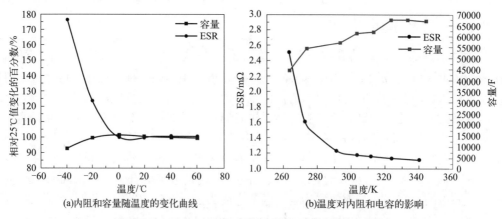

(a)内阻和容量随温度的变化曲线

(b)温度对内阻和电容的影响

图2-36　超级电容器温度与内阻和容值的变化关系

图2-37反映了混合超级电容器在不同环境温度（273.15K、293.15K和313.15K）和不同充放电电流（300A、100A和50A）下的阴极电极厚度变化对内部最高温度的影响。图中列出了混合超级电容器在经过6000s的充放电循环时间后的温度情况。以充放电电流I=300A为例，图2-37（a）、（b）和（c）中的最大温差分别为0.57K、0.54K和0.62K。当充放电电流I=50A时，

最大温差分别为0.145K、0.132K和0.141K。可以看出，阴极电极厚度的增加导致散热能力降低，尤其是在高负载条件下，散热能力的降低更为显著。图2-38为混合式超级电容器的平均温度随充放电循环次数的变化。可以观察到，当循环次数少于30次时，平均温度随着循环次数的增加而迅速升高。然而，当周期数超过43次时，平均温度的上升趋势明显减缓。特别是温度达到328K后趋于稳定，最终稳定在328.7K左右。

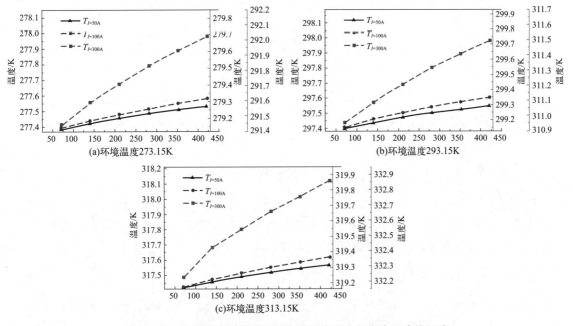

图2-37　混合超级电容器阴极电极厚度对内部最高温度的影响

从低温对超级电容器性能的影响来看，低温条件下超级电容器的瞬时压降非常明显，甚至出现了电压在放电过程中不断回升的现象，在放电结束时刻电压还会迅速上升。这使得超级电容器难以将电量完全放出，需要更低的放电截止电压才能达到常温同条件下的放电量。低温会降低超级电容器的电压窗口，并削弱其放电功率。

闵等利用BT3562A电池测试仪研究了软包锂离子电容器的温度特性。正极材料为活性炭与镍钴锰氧化物按1:3的比例混合，负极材料为硬炭。电解质溶剂为含锂盐LiPF$_6$/LiFSi的碳酸乙烯酯（EC）、碳酸丙烯酯（PC）和碳酸二甲酯（DMC）

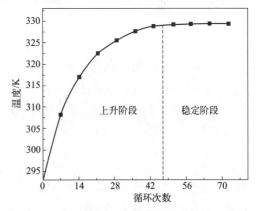

图2-38　混合超级电容器的平均温度随充放电循环次数的变化

有机溶剂的混合物。研究人员使用加速量热仪（ARC）和直流电源，以恒定功率将电容器加热至45℃，并根据加热时间和温度变化率计算比热容。此外，他们还使用瞬态平面源（TPS）方法和热盘探针测量了电容器的热导率。电容器的隔离采用Celgard2325，并且在100% SOC下测试了其内阻值。这些实验结果对锂离子电容器的性能评估和设计优化具有重要的指导意义。

图2-39为上述锂离子电容器在环境温度为20℃时，分别以1C、5C、10C、15C、20C的倍率进行充放电绘制的温度曲线。在5C、10C、15C、20C进行充放电时，锂离子电容器充电

时的温升分别为1.1℃、3.3℃、4.9℃和6.5℃，放电时的温升分别为5.5℃、8.3℃、10.6℃和12.3℃。可以看出，在相同速率下，锂离子电容器放电时的温升高于充电时的温升。随着升温速率的增大，锂离子电容器的升温幅度和升温速率也增大。

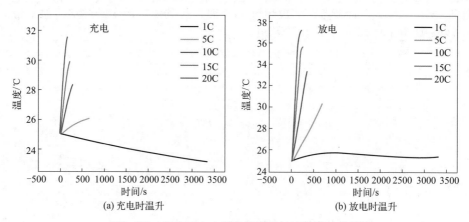

(a) 充电时温升　　　　　　　　　(b) 放电时温升

图2-39　锂离子电容器多倍率充放电的温度曲线

以图2-39所示的锂离子电容器为例，在不同倍率（1C、5C、10C、15C、20C）条件下，充放电实验中的温升曲线清晰地表明，锂离子电容器的温升幅度以及速率都会随着倍率的增加而升高，而在放电条件下的温升比充电条件下高。

（2）超级电容器产热机制

以锂离子电容器为例，其产热主要有充放电过程中由极化产生的极化热、由内阻引起的焦耳热以及在充放电过程中由化学反应产生的可逆热。理论上锂离子电容器在充放电过程中的化学反应可逆热数值大小相等，因此其计算公式为：

$$Q_R = \frac{Q_{T,cha} - Q_{T,dis}}{2} \tag{2-13}$$

式中　Q_R——化学反应产生的可逆热，J；

　　　$Q_{T,cha}$——充电过程中锂离子电容器的产热量，J；

　　　$Q_{T,dis}$——放电过程中锂离子电容器的产热量，J。

锂离子电容器充放电过程中由内阻引起的焦耳热计算公式为：

$$Q_J = I^2 R t \tag{2-14}$$

式中　Q_J——锂离子电容器内阻引起的焦耳热，J；

　　　I——充放电的电流，A；

　　　R——内阻，Ω；

　　　t——充放电的时间，s。

锂离子电容器充放电过程中由极化产生的极化热计算公式为：

$$Q_P = Q_T - Q_R - Q_J \tag{2-15}$$

式中　Q_P——锂离子电容器极化热，J；

　　　Q_T——锂离子电容器总产热，J。

根据式（2-13）～式（2-15），可以计算出锂离子电容器在充放电过程中不同组分产生的热量。如表2-5所示，充电时对应的可逆热为负值，放电时对应的可逆热为正值。这说明充电过程的化学反应是吸热的，而放电过程的化学反应是放热。此外，在1C充电倍率下，所有的产热量都是负值。随着放电倍率的增加，锂离子电容器各部件产生的热量也随之增加，与温度升高的趋势一致。

表2-5　锂离子电容器在不同充放电倍率下的发热量

实验条件	温升/℃	总发热/J	可逆热/J	焦耳热/J	极化热/J
1C充电	-1.800	-876.4	-535.6	149.0	—
5C充电	1.100	535.6	-1018.8	677.4	877.0
10C充电	3.300	1606.8	-1217.3	1244.1	1580.0
15C充电	4.900	2385.8	-1387.7	1749.0	2024.5
20C充电	6.500	3164.9	-1412.0	2165.6	2411.3
1C放电	0.400	194.8	535.6	147.0	—
5C放电	5.285	2573.3	1018.8	698.8	855.7
10C放电	8.300	4041.3	1217.3	1346.7	1477.3
15C放电	10.600	5161.2	1387.7	1960.4	1813.1
20C放电	12.300	5988.9	1412.0	2557.8	2019.1

2.4.3　超级电容器热－电化学特性

超级电容器的电化学性能和热性能之间相互影响，又相互制约，共同决定了超级电容器的电气性能和使用寿命。通过建立超级电容器的一维电化学和三维传热模型，实现电-热耦合计算，分析超级电容器的热-电特性，图2-40（a）为超级电容器电-热耦合原理。

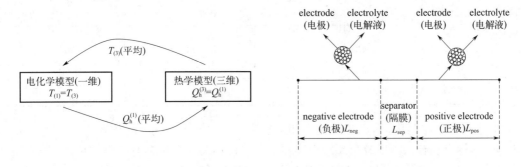

(a) 超级电容器电-热耦合原理　　　(b) 超级电容器一维电化学模型

图2-40　超级电容器电－热耦合及电化学模型

超级电容器的一维电化学模型如图2-40（b）所示。混合超级电容器的电化学参数如表2-6所示。它包括正极、负极、电解质和隔膜。集流体的影响可以忽略不计，因为它具有良好的导电性，不参与反应。超级电容器遵循电荷守恒、质量守恒和电中性的基本电化学原理。固相电流转换为液相电流的过程遵循电荷守恒定律，如式（2-16）所示。固相电流中电荷的运动状态是遵循欧姆定律的，如式（2-17）所示。液相电流则可分为离子对流、扩散和迁移等。由于混合式超级电容器正负极之间的距离较短，因此可以忽略液相电流的对流，如式（2-18）所示。

$$\nabla i_s + \nabla i_l = 0 \tag{2-16}$$

$$i_s = \delta \nabla \theta_s \tag{2-17}$$

$$i_l = -F^2 \nabla \varphi_1 \sum z_i^2 u_i c_i - F \sum z_i D_i \nabla c_i + Fv \sum z_i c_i = F \sum z_i N_i \tag{2-18}$$

式中　i_s——固相电流；

　　　i_l——液相电流；

　　　δ——电导率；

　　　φ_1——液相电势；

　　　z_i——液相占比；

　　　u_i——液相流速；

　　　c_i——液相浓度；

　　　θ_s——固相电位；

　　　F——法拉第常数；

　　　D_i——离子的扩散系数；

　　　v——电解质的对流速度；

　　　N_i——离子的通量密度。

表2-6　混合超级电容器电化学模型的物性参数

项目	阳极	阴极	隔膜	集流体
厚度/μm	270	70～420	40	25
密度/(kg·m⁻³)	3600.00	2260.00	0.48	2750.00
热导率/(W·m⁻¹·K⁻¹)	1.00	1.04	0.50	170.00
比热容/(J·kg⁻¹·K⁻¹)	881	1400	1000	896
孔隙率/%	50	50	68	—
交换电流密度/(A·m⁻²)	16	16	—	—
双电层电容器单位面积电容/(F·m⁻²)	无	0.093	—	—

　　如上所述，建立超级电容器的电化学和传热模型，并通过多物理场仿真软件实现了超级电容器的电-热行为耦合，可以分析超级电容器的局部温度分布。图2-41（a）为超级电容器工作时的局部温度分布，环境温度为293.15K，正负电极质量比为1.5，循环电流为100A，共循环50次。超级电容器截面上的温度分布等值线如图2-41（b）所示。从图2-41（b）中可以看出，温度最高的区域出现在核心区域，温度逐渐向外铝壳降低。这是因为铝壳与环境自然对流散热良好，而核心区域散热差，导致内部热量积聚。为了在实际应用中获得最佳性能，应适当增加正极质量，以提高功率密度和高温重载环境下的散热能力。相反，在低温和轻负荷应用中，负极质量应该增加，以达到更高的能量密度。

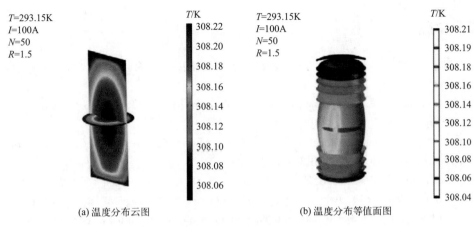

T=293.15K
I=100A
N=50
R=1.5

(a) 温度分布云图

T=293.15K
I=100A
N=50
R=1.5

(b) 温度分布等值面图

图2-41　超级电容器温度分布图

从对流系数对单体最高温度的影响来看，环境温度 T_a=298.15K，将单体表面对流系数 h 分别设为5W·m^{-2}·K^{-1}、15W·m^{-2}·K^{-1}、30W·m^{-2}·K^{-1}、50W·m^{-2}·K^{-1}、70W·m^{-2}·K^{-1}，采用参数化扫描的方法对超级电容器瞬时温度进行求解，对解集处理后得到如图2-42（a）所示的结果。由图可知，随着对流系数的增大，超级电容器的散热性能增强，其最高温度越低；h =5W·m^{-2}·K^{-1}时，表面对流换热情况极差，单体最高温度不到8000s就达到338.15K（65℃）；h > 30W·m^{-2}·K^{-1}时，单体具有较好散热特性。因此，在实际应用中，尤其在大电流或者恶劣环境温度条件下，通常采取强制对流、液冷等增大表面对流系数的措施，对超级电容器模块进行有效热管理。

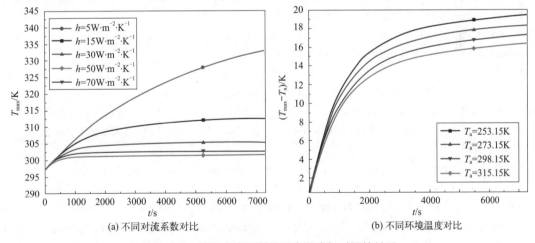

(a) 不同对流系数对比

(b) 不同环境温度对比

图2-42　超级电容器单体最高温度与时间的关系

从不同环境温度对单体温度的影响来看，取单体表面对流系数 h=15W·m^{-2}·K^{-1}，将环境温度 T_a 分别设为253.15K、273.15K、298.15K、315.15K，同样采用参数化扫描的方法对超级电容器瞬时温度进行求解，研究不同环境温度对单体最高温度的影响，对解集处理后得到如图2-42（b）所示的结果。纵坐标表示最高温度与环境温度的差值。由图可知，在不同环境温度下单体温度变化趋势相同，都是先后经历了上升阶段和稳态阶段，最大温差数值接近。由于低温环境下，超级电容器内阻显著增大，导致温差变大。在高温环境下，要使得超级电容器在适宜温度范围内工作，显然必须对其进行有效热管理。

参考文献

[1] 闫啸宇，周思达，卢宇，等. 锂离子电池容量衰退机理与影响因素[J]. 北京航空航天大学学报，2022, 49(6): 1402-1413.

[2] Kabir M M, Demirocak D E. Degradation mechanisms in Li-ion batteries: a state-of-the-art review [J]. International Journal of Energy Research, 2017, 41: 1963-1986.

[3] Waldmann T, Hogg B I, Wohlfahrt-Mehrens M. Li plating as unwanted side reaction in commercial Li-ion cells: A review [J]. Journal of Power Sources, 2018, 384: 107-124.

[4] 张立强. 锂离子电池多物理模型参数辨识及健康特征提取[D]. 哈尔滨：哈尔滨工业大学，2015.

[5] Röder P, Stiaszny B, Ziegler J C, Baba N, Lagaly P, Wiemhöfer H D. The impact of calendar aging on the thermal stability of a $LiMn_2O_4$-$Li(Ni_{1/3}Mn_{1/3}Co_{1/3})O_2$/graphite lithium-ion cell [J]. Journal of Power Sources, 2014, 268: 315-325.

[6] Xu H, Han C, Li W, et al. Quantification of lithium dendrite and solid electrolyte interphase (SEI) in lithium-ion batteries [J]. Journal of Power Sources, 2022, 529: 231219.

[7] 郑会元. 锂离子电池容量衰退机理及抑制方法研究[D]. 苏州：苏州大学，2017.

[8] Beltran S P, Balbuena P B. SEI formation mechanisms and Li^+ dissolution in lithium metal anodes: Impact of the electrolyte composition and the electrolyte-to-anode ratio [J]. Journal of Power Sources, 2022, 551: 232203.

[9] Xu R, Lei S, Wang T, et al. Lithium recovery and solvent reuse from electrolyte of spent lithium-ion battery [J]. Waste Management, 2023, 167: 135-140.

[10] Norin L, Kostecki R, McLarnon F. Study of membrane degradation in high-power lithium-ion cells [J]. Electrochemical and Solid-State Letters, 2002, 5(4): A67-A69.

[11] Wu X, Liu N, Guo Z, et al. Constructing multi-functional Janus separator toward highly stable lithium batteries [J]. Energy Storage Materials, 2020, 28: 153-159.

[12] Pradhan S K, Chakraborty B. Battery management strategies: An essential review for battery state of health monitoring techniques [J]. Journal of Energy Storage, 2022, 51: 104427.

[13] Duh Y S, Sun Y, Lin X, et al. Characterization on thermal runaway of commercial 18650 lithium-ion batteries used in electric vehicles: A review [J]. Journal of Energy Storage, 2021, 41: 102888.

[14] Pastor J V, García A, Monsalve-Serrano J, et al. Analysis of the aging effects on the thermal runaway characteristics of lithium-ion cells through stepwise reactions [J]. Applied Thermal Engineering, 2023, 230: 120685.

[15] Back C K, Prakash J. Consideration of carbon structure effect on thermal stability of carbon anode for Li ion rechargeable batteries [J]. Thermochimica acta, 2011, 520(1-2): 93-98.

[16] Zhu X, Sun Z, Wang Z, et al. Thermal runaway in commercial lithium-ion cells under overheating condition and the safety assessment method: Effects of SoCs, cathode materials and packaging forms [J]. Journal of Energy Storage, 2023, 68: 107768.

[17] 冯旭宁. 车用锂离子动力电池热失控诱发与扩展机理、建模与防控[D]. 北京：清华大学，2016.

[18] Ji Y, Zhang Y, Wang C Y. Li-ion cell operation at low temperatures [J]. J Electrochem Soc 2013,160:A636-A649.

[19] Jaguemont J, Boulon L, Dubé Y, et al. Low temperature discharge cycle tests for a lithium-ion cell [C]. 2014 IEEE Vehicle Power and Propulsion Conference (VPPC), 2014.

[20] Ouyang M, Chu Z, Lu L, et al. Low temperature aging mechanism identification and lithium deposition in a large format lithium-iron phosphate battery for different charge profiles [J]. J Power Sources, 2015, 286: 309-320.

[21] Campbell I D, Marzook M, Marinescu M, et al. How observable is lithium plating? Differential voltage analysis to identify and quantify lithium plating following fast charging of cold lithium-ion batteries [J]. Journal of the

electrochemical society, 2019, 166(4): A725-A739.

[22] Nagasubramanian G. Electrical characteristics of 18650 Li-ion cells at low temperatures [J]. Journal of applied electrochemistry, 2001, 31: 99-104.

[23] Rodrigues M T F, Babu G, Gullapalli H, et al. A materials perspective on Li-ion batteries at extreme temperatures [J]. Nature Energy, 2017, 2: 1-14.

[24] Hu X, Zheng Y, Howey D A, et al. Battery warm-up methodologies at subzero temperatures for automotive applications: Recent advances and perspectives [J]. Progress in Energy and Combustion Science, 2020, 77: 100806.

[25] 饶中浩. 基于固液相变传热介质的动力电池热管理研究 [D]. 广州：华南理工大学，2013.

[26] Zhao R, Zhang S J, Gu J J, et al. Modeling the electrochemical behaviors of charging Li-ion batteries with different initial electrolyte salt concentrations [J]. International Journal of Energy Research, 2016,40:1085-1092.

[27] Yang X Q, Li C F, Fu R W. Nitrogen-enriched carbon with extremely high mesoporosity and tunable mesopore size for high-performance supercapacitors [J]. Journal of Power Sources, 2016, 319: 66-72.

[28] 谭梅鲜. 磷酸铁锂电池充放电过程的电化学与热特性研究 [D]. 广州：华南理工大学，2020.

[29] 孙祺明. 基于电化学 - 热耦合模型的大容量磷酸铁锂电池热特性分析 [D]. 武汉：武汉理工大学，2021.

[30] 黄启秋. 热致柔性复合相变材料在电池热管理的应用研究 [D]. 广州：广东工业大学，2022.

[31] Jalkanen K, Aho T, Vuorilehto K. Entropy change effects on the thermal behavior of a $LiFePO_4$/graphite lithium-ion cell at different states of charge [J]. Journal of Power Sources, 2013, 243: 354-360.

[32] 吕又付. 退役磷酸铁锂动力电池的热 - 电化学特性及其热安全性研究 [D]. 广州：广东工业大学，2020.

[33] 张江云. 18650 型动力电芯热 - 电特性及模组热管理技术研究 [D]. 广州：广东工业大学，2018.

[34] He J, Meng J, Huang Y. Challenges and recent progress in fast-charging lithium-ion battery materials [J]. Journal of Power Sources, 2023, 570: 232965.

[35] 王仁杰，赵兰萍，杨志刚. 电动车用动力电池热特性对比 [J]. 汽车工程学报，2020, 10(1): 66-71.

[36] Yang X, Li C, Fu R. Nitrogen-enriched carbon with extremely high mesoporosity and tunable mesopore size for high-performance supercapacitors [J]. Journal of Power Sources, 2016, 319: 66-72.

[37] Duh Y S, Kao C S, Ou W J, et al. Thermal instabilities of organic carbonates with charged cathode materials in lithium-ion batteries [J]. Journal of thermal Analysis and Calorimetry, 2014, 116: 1105-1110.

[38] Zhao Y, Liu M, Deng X, et al. Nitrogen-functionalized microporous carbon nanoparticles for high performance supercapacitor electrode [J]. Electrochimica Acta, 2015, 153: 448-455.

[39] Ou W J, Kao C S, Duh Y S, et al. Thermal instabilities of organic carbonates with discharged cathode materials in lithium-ion batteries [J]. Journal of thermal Analysis and Calorimetry, 2014, 116: 1111-1116.

[40] Yi T F, Chen B, Shen H Y, et al. Spinel $Li_4Ti_{5-x}Zr_xO_{12}$ ($0 \leqslant x \leqslant 0.25$) materials as high-performance anode materials for lithium-ion batteries [J]. Journal of alloys and compounds, 2013, 558: 11-17.

[41] Zhang J, Yang X, Zhang G, et al. Investigation on the root cause of the decreased performances in the overcharged lithium iron phosphate battery [J]. International Journal of Energy Research, 2018, 42(7): 2448-2455.

[42] 周清清. 富镍 Li-Ni-Co-Mn-O 复合锂离子电池正极材料热电化学性质研究 [D]. 长沙：长沙理工大学，2016.

[43] 王亢亢. 车用三元圆柱锂离子电池电化学 - 热特性研究 [D]. 镇江：江苏大学，2019.

[44] 柳春成. 一款以硅碳为负极材料的锂离子动力电池电化学性能与热特性研究 [D]. 北京：北京理工大学，2017.

[45] 周权. 高功率高安全钠离子电池研究及失效分析 [D]. 北京：中国科学院大学 (中国科学院物理研究所)，2021.

[46] 杨馨蓉，车海英，杨轲，等. 硬碳负极材料的热稳定性及其钠离子电池安全性能评测 [J]. 过程工程学报，2022, 22(4): 552-560.

[47] 李红亮. $Li_{10}GeP_2S_{12}$ 全固态电池的制备及其电化学性能的研究 [D]. 徐州：中国矿业大学，2021.

[48] Xiong C, Zhang Y, Ni Y. Recent progress on development of electrolyte and aerogel electrodes applied in supercapacitors [J]. Journal of Power Sources, 2023, 560: 232698.

[49] 叶宇驰. 超级电容器管理系统研制 [D]. 北京：北方工业大学，2022.

[50] He X, Zhang X. A comprehensive review of supercapacitors: Properties, electrodes, electrolytes and thermal management systems based on phase change materials [J]. Journal of Energy Storage, 2022, 56: 106023.

[51] Liu J, Ahmed S, Wang T, et al. Flexible thermotolerant Zn-ion hybrid supercapacitors enabled by heat-resistant polymer electrolyte [J]. Chemical Engineering Journal, 2023, 451: 138512.

[52] Liu W, Dong C, Zhang B, et al. Thermal characteristic and performance influence of a hybrid supercapacitor [J]. Journal of Energy Storage, 2022, 53: 105188.

[53] 戴朝华，傅雪婷，杜云，等. 不同空间结构的有轨电车超级电容热行为 [J]. 成都：西南交通大学学报，2020, 55(5): 920-927.

[54] 乔亮波，张晓虎，孙现众，等. 电池-超级电容器混合储能系统研究进展 [J]. 储能科学与技术，2022, 11(1): 98-106.

[55] 陈化博. 有轨电车用超级电容热管理研究 [D]. 成都：西南交通大学，2019.

[56] 闵凡奇，吕桃林，付诗意，等. 锂离子电容器的热特性及热模型 [J]. 储能科学与技术，2022, 11(8): 2629-2636.

[57] Liu H, Liu X, Wang S, et al. Transition metal based battery-type electrodes in hybrid supercapacitors: A review [J]. Energy Storage Materials, 2020, 28: 122-145.

[58] 傅雪婷. 有轨电车用超级电容电-热耦合建模与热管理系统优化 [D]. 成都：西南交通大学，2020.

[59] Muzaffar A, Ahamed M B, Deshmukh K, et al. A review on recent advances in hybrid supercapacitors: Design, fabrication and applications [J]. Renewable and sustainable energy reviews, 2019, 101: 123-145.

[60] Querne C, Vignal T, Pinault M, et al. A comparative study of high density Vertically Aligned Carbon Nanotubes grown onto different grades of aluminum—Application to supercapacitors [J]. Journal of Power Sources, 2023, 553: 232258.

[61] 刘万琦，董聪，乔志军，等. 混合型超级电容电热耦合特性研究 [J]. 电源技术，2022, 46(7): 769-773.

第3章

动力电池量热方法及测试设备

3.1 加速量热仪

3.1.1 设备介绍

加速量热仪（accelerating rate calorimeter, ARC）是一种基于绝热原理设计的热分析仪器，最初由美国Dow化学公司在20世纪70年代开发。ARC能够将试样保持在控制精确的绝热环境中，测得放热反应过程中的时间、温度、压力等数据，从而获得化学反应重要的基础热力学和动力学参数。ARC具有较高的灵敏度和精确度，能够检测差热分析仪（DTA）和示差扫描量热仪（DSC）等无法给出的物质在热分解初期的温度和压力缓慢变化过程。该技术最初应用于聚合物材料的热稳定性研究，并逐渐应用于化学品和化学反应的热安全性评估。随着时间的推移，ARC技术不断升级和改进，测试精度、数据处理能力和仪器稳定性得到了显著提高。

1988年，美国研究人员发明了一种名为adiabatic scanning calorimeter（ASC）的绝热扫描量热仪，可用于测量化学反应的活化能、反应级数、频率因子、反应热等重要参数。1992年，英国THT公司推出了第一台ARC，称为EV-ARC，专门用于测量电池的热特性。随后该公司陆续开发了分别适用于电池材料和小型电池单体的ES-ARC以及适用于大型动力电池和储能电池单体的EV+-ARC，上述仪器在EV-ARC基础上进一步提高了测试精度和安全性。2017年，杭州仰仪科技有限公司（简称仰仪科技）推出BAC-420A大型电池绝热量热仪，成功实现了高端电池ARC的国产替代，并成为当前市场上最安全、可控、多功能化的ARC之一，在测定大容量高镍三元等高能电芯方面相较国外仪器具有明显优势，并能够提供精确和详细的电池绝热热失控热力学与动力学分析数据。

近年来，随着国内外锂电池行业的发展，为了实现降低电池系统综合成本、提升电动汽车续驶里程等目的，电芯朝着大尺寸、大容量和高比能量的趋势发展，传统电池ARC存在腔体体积小、抗爆性/耐压性不足、不兼容热失控产热和产气过程同步分析等缺点，已无法满足大尺寸刀片电池、大容量高镍三元电池和锂金属全固态电池等未来主流电池的测试需求。针对上述问题，仰仪科技于2023年推出新一代电池ARC产品——BAC系列全尺寸电池绝热量热仪［图3-1（a）］，创造性地将ARC和定容燃烧弹功能合二为一，腔体抗爆性和产气测试能力显著提升，能够承受大容量、高比能量电芯热失控所产生的温压冲击。同时，腔体直径达到了420～1000mm。除上述进展外，电池ARC的最新的技术进步方向还包括更高分辨率的多点测量、更精细的数据处理和更先进的控制算法等。

3.1.2 测试原理

如图3-1（b）所示，ARC采用热电偶来收集温度信息，并采用温度跟踪模式进行热量补偿。为了避免被测样品与环境之间的热量交换，需要使用密闭腔体来确保近似绝热的环境。ARC能够模拟电池内部热量不能及时散失时电池放热反应过程的热特性，使反应更接近真实反应过程，从而能够获取热失控条件下表观放热反应的动力学参数。

如图3-1（c）和（d）所示，ARC工作时采用H-W-S模式，即"加热（heat）-等待（wait）-搜寻（seek）"模式来探测样品的放热反应。在这个模式中，ARC首先从起始温度开始对样品进行加热，当温度升高一个步阶后，系统会进入等待模式。等待模式的目的是让样品、样品容器和量热腔三者达到热平衡，以确保系统可以更精确探测样品的自放热反应。等待过程结束后，系统会自动进入搜寻模式，开始对样品的升温速率进行探测。不同ARC系统灵敏度（单位：℃·min^{-1}）不同，如果样品的升温速率超过系统的灵敏度，会判定样品发生了自放热反应，并会进入绝热模式。在绝热模式下，系统会记录样品的自放热速率（self-heating rate, SHR），并且始终保持ARC的温度与样品温度同步，以避免样品热散失，并提供绝热环境，以

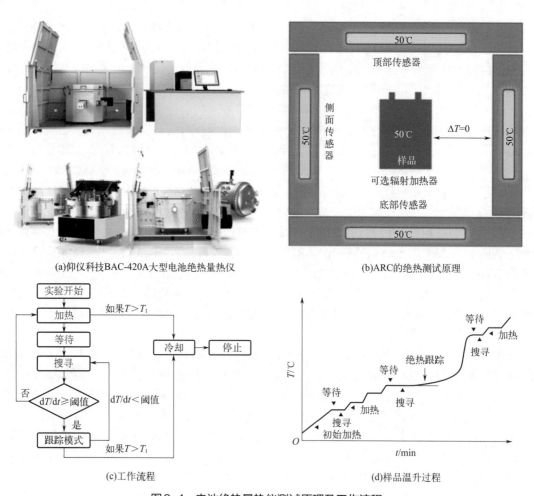

(a)仰仪科技BAC-420A大型电池绝热量热仪

(b)ARC的绝热测试原理

(c)工作流程

(d)样品温升过程

图3-1 电池绝热量热仪测试原理及工作流程

跟踪样品的放热反应。此时，样品温度的升降只与自身的反应有关。如果样品的升温速率小于系统灵敏度，ARC将会按设定的升温步阶继续对样品加热，继续运行H-W-S模式，直到在某个温度下出现了自放热的情况，或者加热达到了终止温度。在进行测试之前，需要首先在待测样品上固定好热电偶。热电偶的位置可以根据测试的目的来确定。然后将待测样品放入量热腔内，并对量热腔进行密闭处理。在测试前，需要设定好起始温度、升温步阶、等待时间、终止温度等参数，之后即可启动测试。

3.1.3 测试案例

加速量热仪作为一种实验设备，主要用于测量样品在升温或降温过程中吸收或释放的热量，以评估物质的热稳定性和反应动力学参数。该设备广泛应用于化学、材料、食品和制药等领域。它可以用于评估各种材料的热稳定性，包括高分子材料、粉末冶金材料和电池材料等。此外，它还可以用于研究化学反应的动力学参数，如反应速率常数、活化能和反应级数等。

ARC在锂离子电池领域具有多种应用场景。首先，ARC可以帮助研究人员选择适合的电极材料和电解液，以提高电池的性能。其次，ARC可以用于研究电极材料的分解机理，以了解电池在长时间使用过程中可能出现的问题。此外，ARC还可以评估单个电芯的热稳定性，并研究电池在不同充电状态下的热稳定性，以确保电池在各种工作条件下的安全性。另外，ARC还可以模拟电池在滥用状态下的热失控机制，帮助研究人员预测和优化电池的使用寿命。此外，ARC还可以帮助研究人员确定电池的爆炸极限条件，优化车载电池的热管理性能，并进行动力电池"温度冲击"试验，以提高电池的可靠性和安全性。总之，ARC在锂离子电池领域具有广泛的应用价值。以下为ARC的一些典型应用案例。

清华大学Feng等依据不同体系、不同形状电池的大量ARC实验测试数据，总结并定义了热失控过程中的三个特征温度：自产热温度T_1，热失控触发温度T_2，热失控最高温度T_3。可用于定量对比不同种类电池的热安全特性，也决定了电池热失控蔓延行为。图3-2为电池单体在绝热热失控过程中的温度及升温速率的曲线图。从图中可以看出，在绝热环境下，电池在达到自产热温度T_1后内部副反应会自发地进行，同时这些内部副反应会缓慢放热，将电池本身逐渐加热到温度T_2，在温度升高过程中会进一步引发更多的副反应；当温度到达T_2之后，电池内部会发生剧烈的链式放热反应，使温度骤然上升，其中最大的升温速率反映了热失控时刻能量释放的速率。目前认为，锂离子电池热失控发生后其内部机理遵循"锂离子电池热失控时序图"（如图3-3所示），在多种链式放热反应中，电池正负极之间剧烈的氧化还原反应是热失控过程的主反应。

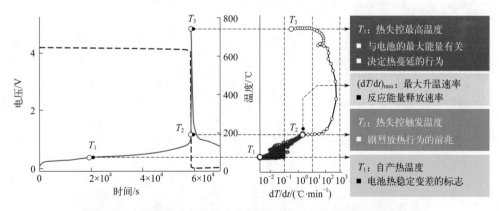

图3-2 电池单体在绝热热失控过程中的温度及升温速率的曲线图

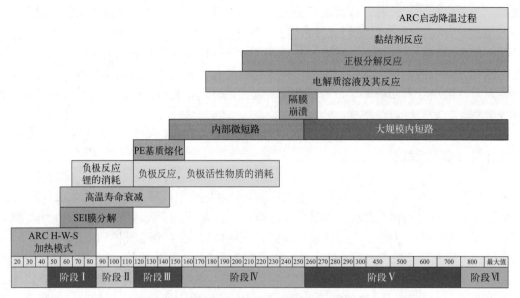

图3-3　锂离子电池热失控时序图（单位：℃）

中国科学技术大学宋来丰使用仰仪科技BAC-420A大型电池绝热量热仪测定容量为280A·h的储能用磷酸铁锂电池。电池样品如图3-4（a）所示，正极材料为磷酸铁锂（LiFePO₄），负极材料为石墨。因电池尺寸较大，该实验一共布置7个温度测点，包括1个主要温度测点（T_0）和6个附加温度测点，如图3-4（b）、（c）所示，T_0位于样品电池大面正面的中心处，T_{b1}、T_{b2}、T_{b3}沿背面对角线均匀布置，T_s位于电池侧表面中心处，T_+布置在样品电池正极，T_{up}布置在安全阀泄放口。在实验开始之前，需要设置起始温度、结束温度以及温度梯度等。实验中采用了"加热-等待-搜寻"模式对样品电池进行加热。在电池热失控过程中，ARC获得了一些特征参数，例如自产热初始温度、热失控触发温度、热失控最高温度和升温速率等。这些参数可以用于计算电池释放的热量以及电池自产热阶段的动力学参数等。

Qin等选取商用18650型三元锂离子电池，采用气密性压力罐与ARC联用的方式，开展了一系列锂离子电池热失控压力测试实验，如图3-5所示，系统研究了电池热失控产气过程随温度变化的多阶段特性，厘清了产热过程与产气过程间的内在联系，并建立了产气动力学模型。

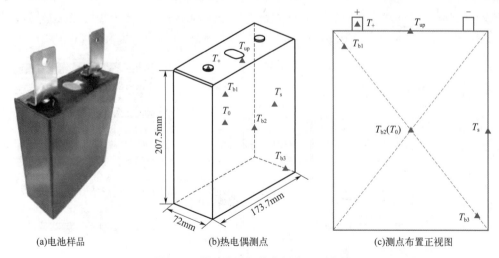

(a)电池样品　　　　　(b)热电偶测点　　　　　(c)测点布置正视图

图3-4　样品电池及热电偶布置示意图

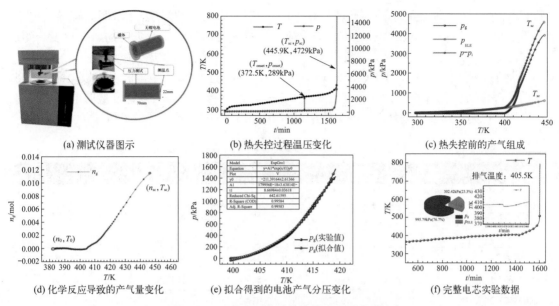

(a) 测试仪器图示　　(b) 热失控过程温压变化　　(c) 热失控前的产气组成

(d) 化学反应导致的产气量变化　　(e) 拟合得到的电池产气分压变化　　(f) 完整电芯实验数据

图3-5　18650型电池热失控产气历程研究

　　Lamb等利用ARC测试10节2.2A·h的18650型电池组成的简易串并联模块进行针刺触发热失控蔓延实验，结果显示串联模块没有发生热失控蔓延，而并联模块发生了热失控蔓延。这是因为在并联模块中，热失控单体处会发生短路，其他电池向其放电，导致热失控电池温度升高更多，同时，靠近热失控触发单体的电池相比远端电池以更大功率放电，导致其温度升高更多。这样，并联模组中热失控单体及其周围单体温度升高更多，从而促进了热失控的蔓延。

　　贾隆舟等利用ARC对比使用3种高镍三元正极材料［Li(Ni$_{0.8}$Co$_{0.1}$Mn$_{0.1}$)O$_2$(NCM811)、Li(Ni$_{0.5}$Co$_{0.2}$Mn$_{0.3}$)O$_2$(NCM523)和Li(Ni$_{0.8}$Co$_{0.15}$Al$_{0.5}$)O$_2$(NCA)］的锂离子电池在热失控过程中的行为，3组NCM811电池在热失控过程中的特征参数变化见表3-1。由图3-6可知，在100% SOC

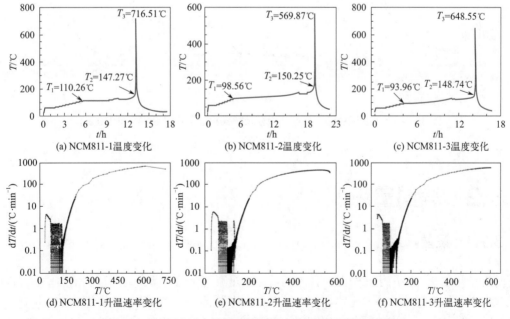

(a) NCM811-1温度变化　　(b) NCM811-2温度变化　　(c) NCM811-3温度变化

(d) NCM811-1升温速率变化　　(e) NCM811-2升温速率变化　　(f) NCM811-3升温速率变化

图3-6　NCM811电池热失控过程中的温度及升温速率变化

（荷电状态）下，电池达到了固体电解质相界面（SEI）膜的分解温度，SEI膜分解导致电池自产热。之后，电池中的负极材料与电解液反应，使得电池温度达到热失控的触发温度。随后，电池表面温度迅速上升并发生了剧烈的爆炸燃烧。如图3-7所示，在热失控过程中，NCM811和NCA电池的升温速率一直大于NCM523电池，并且NCM811和NCA电池的温度极差比NCM523电池的大，说明镍含量的升高导致电池高温下热失控的一致性变差。高镍含量的电池热失控触发温度低，说明较易发生危险。这些实验结果对电池使用的安全预警提供了指导。

表3-1　3组电池在热失控过程中的特征参数变化

电池	质量损失率/%	T_1/℃	T_2/℃	T_3/℃	$dT/dt/$（℃·min^{-1}）
NCM811-1	59.2	110.26	147.27	716.51	679.68
NCM811-2	62.3	98.56	150.25	569.87	424.27
NCM811-3	61.5	93.96	148.74	648.55	586.24
均值	61.0	100.93	148.75	644.98	563.40
NCM523-1	62.8	96.49	155.84	561.88	406.20
NCM523-2	51.3	94.22	161.02	561.82	366.73
NCM523-3	57.2	92.30	163.64	556.85	388.89
均值	57.1	94.34	160.17	560.18	387.27
NCA-1	58.5	81.95	155.35	600.48	498.40
NCA-2	50.6	81.39	148.62	670.69	557.69
NCA-3	59.1	83.10	151.51	633.85	537.28
均值	56.1	82.15	151.83	635.01	531.12

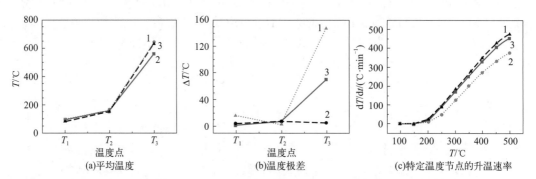

图3-7　各个温度点的平均值、极差及热失控过程中特定温度的升温速率

1—NCM811；2—NCM523；3—NCA

3.2　等温量热仪

3.2.1　设备介绍

等温量热仪是一种用于在恒温条件下测量样品热流变化的仪器。它通过测量热量和时间的关系来确定样品的热特性，例如比热容、热导率和热化学反应等。该仪器通常由一个热量计和一个温度控制系统组成，可以精确地控制样品的温度，并以高灵敏度和高分辨率检测微小的热变化。

等温量热仪最早出现在20世纪50年代，当时主要用于研究材料的相变和热化学反应。随着20世纪70年代和80年代电子技术、计算机技术和传感器技术等新兴技术的发展，等温量热仪的性能和功能得到了明显提升。引入多通道技术使得等温量热仪可以同时测量多个样品，应用自动化控制技术大大简化了操作流程，新型传感器技术使得等温量热仪响应速度更快、噪声更小，并且能够在广泛的温度范围内进行准确的测量。2000年以后，随着信息技术的发展和普及，数据采集与处理技术在等温量热仪中的应用也越来越广泛。例如利用微卡计量技术提高等温量热仪的灵敏度和分辨率，通过快速扫描技术缩短测试时间，使用低噪声电子学技术减少噪声和干扰，从而提高测试的准确性和可靠性。现代化的等温量热仪已经具备高灵敏度、高分辨率、高精度和高稳定性等优点，能够精确地测量各种样品的热特性，并实现对测量结果的实时监控和分析。

3.2.2　测试原理

等温量热是一种将样品温度保持恒定，并测量样品在该温度下吸/放热功率的量热方法。其测量方法可以分为功率补偿法与热流法两种。功率补偿法是等温量热仪最常规的测试方法，其采用电功率补偿电池产热功率，通过反馈控制粘贴于电池表面的电加热器的发热功率使电池温度保持恒定，电加热器发热功率对比基准功率的变化量可等效于电池发热功率。功率补偿法测量准确性高，适用于尺寸较大、产热功率较大的电池样品。热流法根据电池充放电时向外流失的热流得到产热功率，仪器测定操作过程中样品与参比之间的温差变化，并根据温差与热流之间的增益系数计算得到实时发热功率。该方法基线噪声小，灵敏度高，适用于尺寸较小、产热功率较小的电池样品。杭州仰仪科技有限公司研发的BIC-400A电池等温量热仪是唯一一款兼容功率补偿法和热流法的面向各型号单体电池产热特性测试的量热仪，能够为研究电池特性随温度变化规律、建立电池热模型、开发电池热管理系统以及电池安全性能评估提供稳定、可靠的数据来源。等温量热仪示意图如3-8（a）和（b）所示，其腔体结构及热流法原理示意图如图3-8（c）和（d）所示。

TAM Air等温量热仪如图3-8（b）所示，是一种传导式等温量热仪，可同时测量多个样品的热特性。该仪器基于热流传感器的工作原理进行测试。它由控温系统和测量系统两部分构成。控温系统通过循环恒温空气来控制系统温度，并能够将仪器的温度设定在5～60℃之间

(a) BIC-400A等温量热仪

(b) TAM Air等温量热仪

图3-8

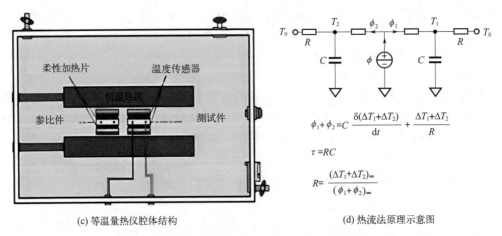

$$\phi_1 + \phi_2 = C\frac{\delta(\Delta T_1 + \Delta T_2)}{\mathrm{d}t} + \frac{\Delta T_1 + \Delta T_2}{R}$$

$$\tau = RC$$

$$R = \frac{(\Delta T_1 + \Delta T_2)_\infty}{(\phi_1 + \phi_2)_\infty}$$

(c) 等温量热仪腔体结构   (d) 热流法原理示意图

图3-8　等温量热仪及其腔体结构与热流法原理示意

的任意值。测量系统由样品池、参比池、塞贝克热流传感器和电标定装置组成。样品池和参比池下方各配有一个塞贝克热流传感器，整个样品池和参比池被铝制散热装置包围。样品和其周围环境之间的温差引起的热交换主要通过热流传感器来测量，从而产生一个与热流速率成正比的电势信号。测量系统将样品池和参比池进行孪生式对接，以减少外界温度波动对仪器的影响，从而保证了仪器的灵敏度和稳定性。

3.2.3　测试案例

等温量热仪是一种广泛应用于消费类电子、储能、新能源汽车和航空航天等重要行业及领域的仪器。它可以在等温条件下监测生命科学、化学、冶金学、材料科学、环境科学和食品科学等领域中发生的各种慢过程。在动力电池领域，等温量热仪也被广泛运用。它可以测试动力电池材料的热特性、电化学反应动力学、催化剂活性与稳定性、合金相变行为和化学反应热效应等关键参数。通过使用等温量热仪，研究人员可以更好地了解材料和反应的性能，从而为相关行业的发展提供支持。

通过等温量热仪的测试，可以深入了解电池材料的热学性质，如比热容、热导率和热膨胀系数等。同时，还可以精确测量电池中产生的热量，以及充放电过程中的温度变化和热效应，从而确定电池的能量密度、功率密度和循环寿命等关键性能指标。这些数据可以为电池及电池热管理的优化设计和生产提供重要参考，帮助提高电池的性能和稳定性。

张志超等使用等温量热仪和充放电柜等设备对18650型$LiCoO_2$软包电池进行了实验。他们测量了电池在不同条件下的吸放热特性，并对比分析了环境温度和充放电倍率对电池吸放热特性的影响。从图3-9可以看出，在相同条件下，当电池充电时，恒流充电阶段电池的最大产热速率要高于恒压阶段。而当电池放电时，由于放电后期极化内阻不断增加，导致电池的最大产热速率出现在放电末期。此外，环境温度越低，锂离子电池在充放电过程中的放热量越大，而温度降低对电池产热速率的影响更为显著。因此，在低温充电时，可适当对电池进行预热以提高其充电性能。另外，充放电倍率对锂离子电池的放热速率也具有显著影响，充放电倍率越大，电池放热速率峰值也越高。这些研究结果为$LiCoO_2$体系电池的建模提供了理论依据，而采用的实验方法也可为其他类型锂电池的相关研究提供参考。

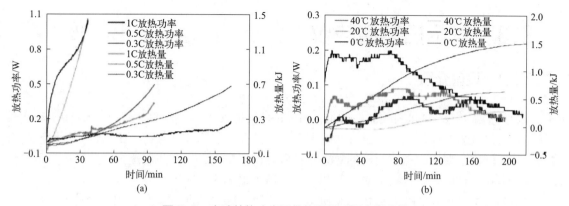

图3-9　电池放热功率及放热量与时间变化曲线

刘雯等针对锂/氟化碳电池放电过程的产热问题,选用了3种不同型号的氟化碳材料,对材料的微观形貌、晶型和键型进行了分析,并使用等温量热仪测试了不同倍率下锂/氟化碳软包电池放电的产热功率和积分产热量,如图3-10所示,表明放电电位越高,极化越小,放电过程中产热越少;锂/氟化碳电池的放电倍率越大,电池的产热功率越大。该研究通过合理地选择氟化碳材料的种类,构建高比能量、安全的锂/氟化碳电池,为载人航天器中应急电源、返回电源等提供选择。

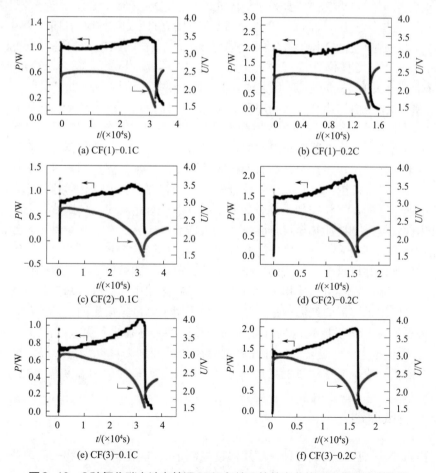

图3-10　3种氟化碳电池在等温25℃条件下的放电曲线和产热量功率曲线

3.3 差示扫描量热仪

3.3.1 设备介绍

差示扫描量热仪（differential scanning calorimetry, DSC）如图 3-11（a）所示，是一种能够测量材料吸热性质的仪器。它通过加热速率和温度的关系来测定样品与参比物达到相同温度所需的能量。DSC 主要用于探测材料的热力学性质，例如熔点、相变和比热容，并广泛应用于化学反应、催化剂性能、聚合物降解以及药物稳定性等领域的研究。

差示扫描量热法最早由 E. S. 沃森和 M. J. 奥尼尔于 1962 年发明。他们提出了一种同时对两个样品（测试样品和参比样品）进行加热，并通过比较它们的温度差异来计算样品的热效应的方法。这一方法有效地解决了之前使用单一热源加热时难以精确测量小热效应的问题。在 1963 年的匹兹堡分析化学和应用光谱学会议上，差示扫描量热法首次被介绍给商业界。同时，在 1964 年，第一台用于生物化学研究的差示扫描量热仪也问世。近年来，调制差示扫描量热法（modulated DSC）的出现进一步提高了差示扫描量热仪的分辨率和灵敏度。它在传统的线性加热方式上增加了正弦振荡加热方式，从而减小了仪器背景噪声，并提高了信噪比，使得对微小热效应的检测更加精确。

随着技术的不断进步，差示扫描量热仪的温度分辨率、精度和稳定性不断提高。同时，这种仪器还提供了更多的样品处理方式，如差示扫描量热电镜（DSC-EM）、差示扫描量热显微镜（DSC-microscopy）等。这些改进使得我们能够更加详细地研究物质的热力学性质。目前市场上有一些知名的差示扫描量热仪品牌，包括美国 TA 仪器公司的 Q2000 系列、德国 NETZSCH 公司的 DSC 214 Polyma 和 STA 449 F1 Jupiter 等。这些仪器广泛应用于化学、材料、环境、生物医学等多个领域。它们具备精准度高、可靠性强和灵敏度高的特点，因此成为实验室研究中不可或缺的分析工具之一。

差示扫描量热仪是由加热系统、程序控温系统、气体控制系统和制冷设备等几个部分组成的。加热系统采用电阻元件、红外线辐射和高频振动等多种方式，其中电阻元件是最常用的。炉腔内有一个传感器，它被放置在防腐蚀的银质炉体的中央。DSC 传感器采用星形排列的热电偶，而且可以单独更换。程序控温系统有两个主要特点：一是程序控制器可以实现线性温度控制，适用于不同的温度范围；二是要求在线性输送电压和周围温度变化时保持稳定，并且与不同类型的热电偶相匹配。气体控制系统分为两个部分：一个是反应气体路线，通常使用空气或氧气作为氧化性气氛，在被加热至仪器温度后进入样品池；另一个是吹扫气体路线，常使用氮气，必须在炉体和炉盖之间注入吹扫气体，以防止水分凝结在 DSC 仪器上。气体控制系统可以手动或自动控制，并可以配备传统的转子流量计、电磁阀或精度更高、自动化程度更高的质量流量计等设备。制冷设备可以采用液氮制冷、机械制冷和压缩空气冷却三种方式。压缩空气冷却相对简单，适用于不需要低温应用的场合，也可用于测量结束后的自动冷却，最低冷却温度为常温。液氮制冷相比机械制冷具有更快的冷却速度，可以达到更低的温度（约 $-180\,℃$），但其缺点是液氮本身是一种消耗品，存在耗材费用。机械制冷可以满足一般情况下的使用需求。此外，制冷机一般不能在超过 $32\,℃$ 的室温条件下工作，最佳使用温度约为 $22\,℃$。

3.3.2 测试原理

差示扫描量热法（DSC）是一种在程序温度控制下测量物质与参比物之间单位时间能量差（或功率差）随温度变化的技术。它是在差热分析的基础上发展而来的，克服了差热分析只能定性或半定量的缺点。DSC可以恒定的升温速率对待测样品进行扫描。通过比较待测样品的加热量与参比样品的加热量之差，可以得到待测样品在该恒定升温速率下的放热量或吸热量。尽管样品本身受到外部加热，但其放热速率与恒定升温速率的设定值有关。这种方法能获得较准确的定量数据，对于测定化学反应的动力学参数具有帮助。然而，当温度较高时，基线可能会发生偏差，导致无法继续测量。

DSC广泛应用于测量固体、液体材料（包括高分子材料）的熔点、沸点、玻璃化转变温度、比热容、结晶温度、结晶度、纯度、反应温度和反应热等性质。根据测量方法的不同，DSC可以分为热流型、功率补偿型和温度调制型三种。这些不同的类型在实际应用中提供了更多的选择和适应性。通过DSC技术，我们可以更加准确地了解样品的热性能和热行为，为材料研究、新材料开发和化学反应分析提供了重要的数据支持。这种技术的出现和发展为热学分析研究带来了更多的可能性。

热流型DSC是一种在给予试样和参比物相同功率的条件下，测定样品和参比物两端的温差（DT），然后根据热流方程将温差（DT）转换为热量差（DQ）作为信号输出的技术。热流型DSC与DTA非常相似，但其不同之处在于，在试样与参比物托架之间放置了一块电热片（通常是康铜），加热器在程序控制下对加热块进行加热，通过电热片将热量均匀地传递给试样和参比物。仪器测量的是通过电热片流向试样和参比物的热量之差。这种热流型DSC的原理如图3-11（b）所示。通过热流型DSC技术，我们可以测量样品和参比物的热量差异，从而获得关于样品的热性质和热行为的信息。

功率补偿型DSC是一种根据试样和参比物间温差的方向提供电功率来使两者的温差趋于零（通常小于0.01K），并直接测定试样和参比物两端所需的DQ（热量差）作为信号输出的技术。功率补偿型DSC在试样和参比物下方放置一组差示热电偶。当试样和参比物存在温度差时，热电偶会产生电势差，并经过差热放大器放大后输入功率补偿放大器中，通过调节补偿加热丝的电流，使试样和参比物之间的温差趋于零。功率补偿型DSC的工作原理如图3-11（c）所示。功率补偿型DSC具有精确的温度控制和测量能力、更快的响应速度和冷却速度以及高分辨率等优点。通过该技术，我们可以实现对样品热性能和热行为的精确测量，为热分析提供更加准确和可靠的数据。

温度调制型DSC是在普通DSC的基础上采用了在线性升/降温的同时叠加一个正弦振荡控温程序的方法，以产生循环热流［图3-11（d）］。这种方法可以同时测量热容变化和热流量，并通过傅里叶变换将热流量分解为可逆的比热成分和不可逆的动力学成分。调制DSC与传统DSC的热流传感装置相同，但升温方式不同。温度调制型DSC在线性升温的基础上叠加一个

(a)差示扫描量热仪示意图

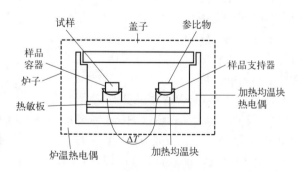

(b)热流型DCS原理图

图3-11

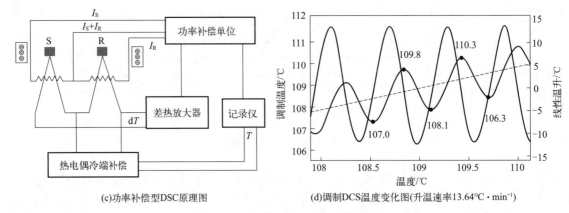

(c)功率补偿型DSC原理图　　(d)调制DCS温度变化图(升温速率13.64℃·min⁻¹)

图3-11　差示扫描量热仪及其原理图

正弦振荡控温程序，使温度随时间连续升高，但并非线性升温。相比于传统DSC，温度调制型DSC具有优越性。与传统DSC在灵敏度和分辨率之间存在矛盾，即提高灵敏度需要快速升温，但这会降低分辨率；提高分辨率需要慢速升温，但这会降低灵敏度。温度调制型DSC通过更复杂的锯齿形升温方法，相当于同时进行两个实验：一个是按传统的基础线性升温速率进行的实验，另一个是在更快速的正弦升温速率下进行的实验。这种方法可以改善分辨率和提高灵敏度，实现了高分辨率和高灵敏度的巧妙结合。

3.3.3　测试案例

差示扫描量热仪广泛应用于材料科学、化学、生物医药、药物开发、食品科学和环境监测等领域。在动力电池领域的应用包括检测电池正负极材料、电解液、隔膜等材料的热稳定性和热安全性；研究电池材料的热化学性能，如反应热、活化能等热力学参数；评估电池的循环寿命和可靠性；等等。

差示扫描量热仪记录到的曲线称为DSC曲线，表示样品吸热或放热的速率，即以热流率dQ/dt为纵坐标，以温度T或时间t为横坐标，可以测定多种热力学和动力学参数，例如比热容、反应热、相变热等。该法使用温度范围宽（$-175 \sim 725℃$）、分辨率高、试样用量少。对于应用于电池热管理材料性能测试极具价值。

张志豪利用差示扫描量热仪（DSC）在$10 \sim 90℃$的范围内对4种柔性复合相变材料的相变温度和相变潜热进行测试，测试结果如图3-12所示。通过DSC测试，一方面可以获得相变潜热的具体数值，另一方面可以对比不同材料之间的潜热值。

上海交通大学ITEWA团队采用差示扫描量热仪(DSC)对石蜡、石蜡-OBC（烯烃嵌段共聚物）混合物及不同膨胀石墨含量的三元复合材料进行相变性能表征，如图3-13所示，发现纯OBC的相变温度在120℃左右，且相变潜热极低（小于$20J \cdot g^{-1}$），纯石蜡的熔化

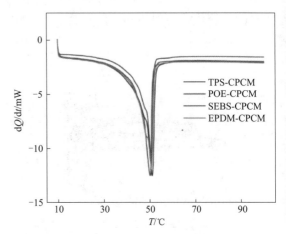

图3-12　不同柔性复合相变材料的DSC曲线

起始温度约为45℃，熔化潜热达到180J·g⁻¹，并且过冷度较小。对于石蜡-OBC混合物(S1)，DSC结果显示与纯石蜡相比，其熔化温度略微升高，凝固温度大幅度降低。这是由于OBC对石蜡起到封装限制作用，影响石蜡的相变动力学。与二元混合物相比，三元复合材料(S3)的熔化温度降低、凝固温度升高，整体与纯石蜡的相变温度接近。论证兼具柔性和高导热的定形石蜡-OBC-膨胀石墨三元复合相变材料为电子器件、动力电池等的散热控温的新材料支撑。

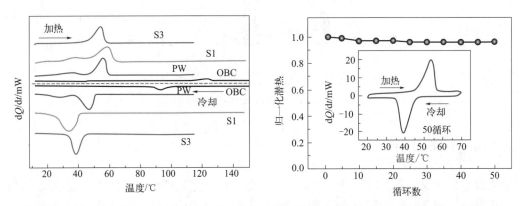

图3-13　纯石蜡（PW）、石蜡-OBC混合物及不同膨胀石墨含量的三元复合材料DSC曲线

3.4　其他量热测试设备

3.4.1　水量热仪

水量热法是一种通过测试水的温度变化来评估物质热性质的方法，可以用于测定电池等物质的热性能。该方法基于绝热条件下水的吸热量与物质产生的热量相等的原理。在测试中，将待测物质放置于绝热容器中，并将其与固定数量的水混合，根据水温的变化计算出物质产生的热量。然后与焦耳定律法、瞬时功率积分法等常用方法进行对比及误差评估，以获得更准确的结果。

水量热仪的发展历史可以追溯到18世纪末期发明的第一台凝固热仪，用于测量冰的融化和凝固过程中释放或吸收的热量。19世纪，随着热力学理论的发展，人们对热性质的研究越来越深入，水量热仪也得到了进一步改进和完善。20世纪初，出现了新型的热电偶和精密温控技术，使得水量热仪的精度和稳定性得到了大幅提升。目前技术进步包括自动化技术、微型化技术、多功能化技术和高压高温技术等。其中，自动化技术利用计算机控制和数据采集技术，实现了自动化的数据处理和分析；微型化技术采用微型热电偶和微型控制器等技术，使得水量热仪体积更小、重量更轻，并且便于携带和使用；多功能化技术结合其他分析技术，如差示扫描量热法、微流控技术等，实现了多种热参数的测量；高压高温技术则是针对一些高温高压下的特殊材料，设计了高压高温水量热仪，可以在更极端的条件下进行测量，满足不同领域的需求。

王坤等通过研制密封式量热芯，建立4℃恒温水模体及交流电桥装置，搭建完成了水量热计系统（图3-14），实现了加速器光子束水吸收剂量绝对测量，并参加国际计量局关键比对，取得了国际等效和互认。

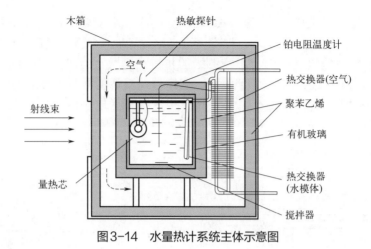

图3-14　水量热计系统主体示意图

3.4.2　锥形量热仪

电池锥形量热仪（图3-15）是一种实验室设备，用于测试电池材料的火灾安全性。该设备通过加热电池材料来模拟可能发生的故障情况，并测量产生的热量、温度变化和气体释放等参数，以评估电池的安全性能。主要组件包括量热池、温控系统和数据采集系统。量热池用于容纳电池样品并测量产生的热量，温控系统用于控制量热池的温度以保持稳定的实验环境，数据采集系统用于监测和记录电池样品产生的热量数据。使用电池锥形量热仪可以进行各种电池性能测试，并通过分析电池在充放电过程中产生的热量变化来评估电池的热稳定性、能量效率和安全性能，为电池设计和优化提供参考数据。

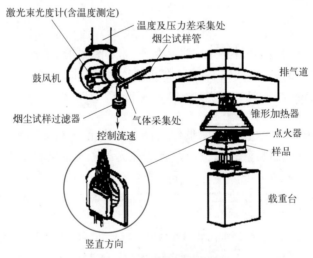

图3-15　电池锥形量热仪

该技术的原理是将待测试的电池样品放置在一个锥形容器中，容器下方有一个点火器（电线发热丝）。通过调整点火器的功率，可以控制电池样品的升温速率。一旦电池样品被加热，就会发生放热反应，产生一定量的热量，并有可能释放出有害气体。该设备可以通过测量电池样品与锥形容器之间的接触热流、容器外壁的温度以及底部气体的组分和流量等参数，在实验过程中记录下电池样品失效的各项参数，并根据这些数据进行性能评估。

电池锥形量热仪在电池材料的研究、产品开发和性能测试等方面具有重要意义。该技术可以快速准确地评估电池材料的安全性能，为电池研发提供重要参考。同时，在电动汽车等领域，电池的安全性问题也备受关注，电池锥形量热仪则是相应进行安全性评估和监测的重要工具之一。

不同量热仪器的对比分析见表3-2。

表3-2 不同量热仪器的对比分析

量热仪器	原理	准确度	应用领域	优缺点
加速量热仪	绝热环境下热电偶对温度信息进行采集，并通过热量补偿法对被测样品的放热行为进行测试分析。模拟电池内部热量不能及时散失时放热反应过程的热特性，从而获得热失控条件下表观放热反应的动力学参数	控温精度能达到±0.001℃，测量灵敏度高、准确度高。因绝热环境电池温升较大，会导致比热容数据偏低，电池充放电产热数据偏高	广泛应用于研究电池热安全与热失控测试以及锂离子电池的仿真模拟	① 测试灵活。不同尺寸的量热腔可以分别实现对材料、电池、模组的热特性测试 ② 能同步获得多种数据。如直观地给出温度、压力、电压、电阻随时间变化的曲线，得到可靠的动态测试数据 ③ 无法实现通过制冷对降温过程进行追踪，即无法检测电池吸热过程
等温量热仪	维持恒温状态，利用高灵敏度的热电元件测出样品与环境之间的温差并转化为一定的电压	测温范围-40 ～ 200℃，等温精度可达±0.005℃，精密度可达1%	锂离子电池性能测试领域	① 恒定温度下进行实验，消除了温度变化对实验影响；无需预处理，操作简单 ② 实验时间较长；需要消耗大量试剂和样品
差示扫描量热仪	当样品发生相变、玻璃化转变和化学反应时，会吸收和释放热量，补偿器就可以测量出如何增加或减少热流	温度精度能达到±0.01℃，量热精度达到±0.05%	电池热容量测量；电池放热/吸热行为研究；电池反应动力学分析；电池材料熔融点测量；电池热稳定性评估	① 测量小样品的热效应，对样品的消耗较少 ② 需多次扫描，实验时间较长；样品量过少，测试结果可能没有代表性
水量热仪	绝热条件下水的吸热量与电池产热量等同	标准偏差小于0.1%，合成标准不确定度为0.30%	应用于电子物理学以及电池产热研究	① 重复性好；操作简单；成本低 ② 只能测量反应的终点；需要消耗大量试剂
锥形量热仪	通过测量电池充放电过程中的温度变化和吸收或放出的热量，来分析电池的热性质并生成热谱图	精度通常在0.1% ～ 1%之间	电池材料研究、电池安全性研究、测试材料在不同温度下的性能变化、电池制造工艺优化	① 精度高；安全性高；材料适用性广；一次测试可以得到大量的信息 ② 成本高；在测试条件下，一些反应或降解的副产物可能会影响测试结果，从而影响数据的准确性

参考文献

[1] 王莉，冯旭宁，薛钢，等. 锂离子电池安全性评估的 ARC 测试方法和数据分析 [J]. 储能科学与技术，2018，7(6): 1261-1270.

[2] Feng X, Zheng S, Ren D, et al. Investigating the thermal runaway mechanisms of lithium-ion batteries based on thermal analysis database[J]. Applied Energy, 2019, 246: 53-64.

[3] Feng X, Ren D, He X, et al. Mitigating thermal runaway of lithium-ion batteries[J]. Joule, 2020, 4(4): 743-770.

[4] 冯旭宁. 车用锂离子动力电池热失控诱发与扩展机理、建模与防控 [D]. 北京：清华大学，2016.

[5] 宋来丰，梅文昕，贾壮壮，等. 绝热条件下 280Ah 大型磷酸铁锂电池热失控特性分析 [J]. 分储能科学与技术，2022，11(8): 2411-2417.

[6] Qin P, Sun J, Wang Q. A new method to explore thermal and venting behavior of lithium-ion battery thermal runaway[J]. Journal of power sources, 2021, 486: 229357.

[7] Lamb J, Orendorff C J, Steele L A M, et al. Failure propagation in multi-cell lithium ion batteries[J]. Journal of Power Sources, 2015, 283: 517-523.

[8] 贾隆舟，郑莉莉，王栋，等. 高镍三元正极材料锂离子电池的热失控分析 [J]. 电池，2022, 52(1): 58-62.

[9] 电池等温量热仪 BIC-400A-杭州仰仪科技有限公司 [EB/OL]. 2023-07-04. http://www.hzyangyi.cn/Products-36127242.html.

[10] 张志超，郑莉莉，戴作强，等. 锂离子电池充放电过程中的热特性研究 [J]. 青岛大学学报（工程技术版），2019, 4: 48-52.

[11] 刘雯，李永，白清友，等. 锂/氟化碳电池热特性研究 [J]. 载人航天，2019, 25(4): 475-480.

[12] 张志豪. 柔性相变材料电池热管理系统的传-储热性能研究 [D]. 广州：广东工业大学，2022.

[13] Wu S, Li T, Wu M, et al. Highly thermally conductive and flexible phase change composites enabled by polymer/graphite nanoplatelet-based dual networks for efficient thermal management[J]. Journal of Materials Chemistry A, 2020, 8(38): 20011-20020.

[14] 王坤，张健，王志鹏，等. 水量热法加速器光子水吸收剂量绝对测量与国际比对 [J]. 计量学报，2020, 41(12): 1552-1558.

[15] 张雯霞. 锂离子电池电解液的锥形量热仪研究 [D]. 合肥：中国科学技术大学，2015.

第4章

动力电池风冷系统

4.1 风冷系统分类与应用

4.1.1 被动/主动式风冷系统

根据空气在电池组中的流动成因，可以将其分为被动式风冷系统和主动式风冷系统。被动式风冷系统不依靠任何外部辅助动力，而是直接利用车速形成的自然风带走电池组的热量。该系统相对于主动式风冷系统而言，不仅易于维护，而且减少了风机对动力电池能量的消耗。但被动式风冷受车速、环境温度等外在因素的影响，效果极不稳定。故目前该热管理策略较少被采用。

主动式风冷系统的传热方式以强制对流为主。在工程上，通常在电池组周围安装局部散热器或风扇，也可利用汽车自带的蒸发器提供冷风，如图4-1所示。该系统相对于被动式风冷系统而言，散热性能有了一定程度的提升，可满足更高能量密度动力电池的散热需求。虽然该系统会消耗掉一部分动力电池的能量，但相较于其他主动式热管理系统而言，这部分代价仍处在可接受的范围内，本章以主动式风冷系统为基础展开介绍。

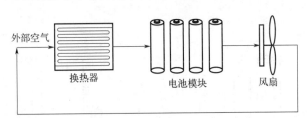

图4-1 主动式风冷系统原理图

主动式风冷系统采用引入空气流动的方式满足电池的散热，提高电池热性能和可靠性。2020年4月，广汽丰田的新能源车C-HR EV上市，出于成本方面考虑，该车型搭载的三元锂电池配置主动式风冷系统。该系统经过技术改良可以获得与液冷系统相近的散热性能。C-HR EV以车载电动压缩机作为唯一的制冷源，通过阀门和管路将驾驶舱制冷系统与电池制冷系统的循环管路设定在一个既可单独运行又可同时运行的大循环架构下。如图4-2所示，虚线内为一个主动式风冷系统，蒸发器外侧的冷风与电池进行热量交换，而内部传热介质吸收热量后通过管道循环至驾驶舱外的冷凝器排出。如此往复，电芯产生的热量在动力电池总成壳体内的风扇、管路、承载冷量的空气交互作用下，可以使三元锂电池维持在合理的温度区间内。

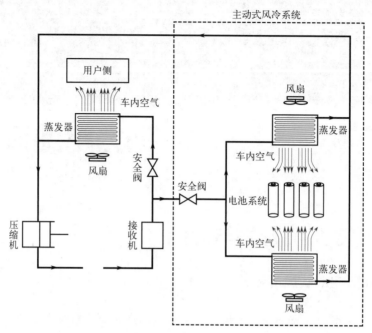

图4-2　丰田C-HR EV主动式风冷系统原理图

4.1.2　串行/并行式风冷系统

根据流体在电池模组内的流动方式，可将风冷系统分为串行式和并行式，如图4-3所示。对于串行式风冷系统，串联流道将多个流道连接在一起，使其按照顺序依次通过电池模块。低温空气从一侧进入，经过电池模块后从另一侧出口排出，空气在流动的过程中温度不断升高。由于空气在运动过程中不断地积累热量，使得空气通过后排模块时的温度较通过前排时高，导致电池组温度一致性较差。

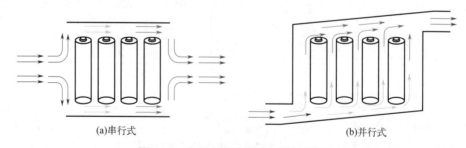

图4-3　串行/并行式风冷系统示意图

对于并行式风冷系统，并联流道将多个流道并联连接在一起，使其同时通过电池模块。空气从动力电池一端的进气道流入，均匀地流经各电池单体或电池模组后从另一端流出。该设计使得各电池单体或模块之间的气流均匀通过，有利于保证不同电芯间温度的一致性。Pesaran等通过有限元方法分析了串行式和并行式风冷系统的冷却性能，在其设计的对比案例中，与串行式风冷系统相比，并行式风冷系统模型的最高温度和最大温差分别降低了4℃和10℃。这表明并行式风冷系统的冷却性能优于串行式风冷系统。

4.2 风冷系统前沿研究现状

研究人员通过不断探索和改进风冷系统的性能和效率，以满足电动汽车等应用对高效热管理的需求。风冷系统在电池热管理领域一直是一个活跃的研究方向，目前的研究主要集中在电池布局方式、设置扰流结构、优化流道形状、风冷耦合方式等，下面将依次介绍这几种方式的前沿研究现状。

4.2.1 电池布局方式

在风冷系统中，通过合理的电池布局方式可实现热流均衡、提高散热效率、增加系统能量密度，且便于维护和检修。因此，在设计电池热管理系统时，应综合考虑电池分布的影响，并做出适当的决策。电池的排布方式有顺排排列、错位排列及交叉排列三种方式，如图4-4所示。从流动传热理论的角度来看，顺排排列时，气体的流动阻力较小，但气体流动时不易产生湍流旋涡，换热效果较差。错位排列时，气体在电池间交替收缩和扩张的弯曲通道中流动，气体扰动剧烈，换热效果较好。交叉排列方式将电池交错放置，形成交叉的通道，这种排列方式可以在一定程度上引入错位排列的效果，使气体在通道中产生一定程度的湍流和扰动，提高换热效果。圆柱形电池阵列排布类似于换热器中的管束换热过程，因此可以借鉴相关实验关联式和优化方法。在电池热管理风冷系统的研究中，还需考虑单体电池形状、单体间距等因素，综合考虑换热效果和阻力损失，对不同布局方式全面权衡，以提高热管理系统综合性能。

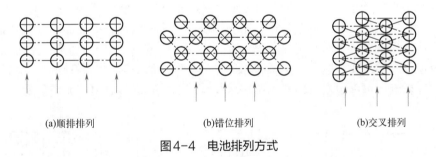

(a)顺排排列　　　　　(b)错位排列　　　　　(b)交叉排列

图4-4 电池排列方式

4.2.2 设置扰流结构

在电池热管理风冷系统中，设置扰流结构是一种常见的优化方法。扰流结构可以改变气流流动速度与方向，增大气流与电池之间的接触面积，从而增强换热效果。常见的扰流结构有：①分流板，一般平行于气流方向设置，将气流切割成多个通道，减少气流的侧向波动，提高气流稳定性；②挡板，一般垂直或倾斜于气流方向设置，改变气流的流向和速度；③翅片，一般固定于电池壁面设置，翅片的存在可以改变气流的速度和方向，形成湍流，且增大了电池表面换热面积；④其他扰流结构，如蜂窝结构、凹槽结构等。

扰流结构的设计需要综合考虑风冷系统的特定要求和限制，不同的应用场景可能需要不同形状、类型和尺寸的扰流结构。研究人员在这方面做了大量的研究，Sahin等评估了各种扰流结构（圆柱形、三角形、菱形和小翼形）对风冷电池模块的冷却性能和压降的影响。结果表明，小翼形扰流结构在改善冷却性能方面最有优势，且强化效果会受到其高度和迎角大小的影响。综合考虑功耗等多方面因素，确定最佳小翼高度为20mm，迎角为45°。王雨研究了扰流板的数量、位置、高度、长度和倾斜角度对其冷却性能的影响，与无扰流板的情况相比，带有三块扰流板的电池组的均温、控温性能最佳，将最高温度和最大温差分别降低了4.22℃和4.17℃。此外，当扰流板的倾斜角度为40°时，其冷却性能最佳。Zhuang等也探究了菱形扰流结构对电池热管理系统性能的影响，并对扰流板的尺寸进行了优化，当菱形对角线均为8mm时，系统的散热性能最优，此时模组内电池的平均温度为22.86℃，与未加扰流结构相比，降低了0.54℃。

4.2.3 优化流道形状

在电池热管理风冷系统中，流道形状同样会影响冷却风的流动速度和方向，进而影响冷却效率和温度均匀性。不当的流道设计可能导致压降增加、局部温度过高以及能量损失等问题。因此，通过数值模拟和实际测试确定最佳形状，进行精细的流道形状设计和优化以提高冷却性能，并避免不必要的能量损失和压降，在电池热管理风冷系统中十分关键。

根据流道的外观和几何形状，可对流道形状进行命名，便于更好地描述和区分不同的流道设计。Z形流道是一种在电池热管理风冷系统广泛使用的流道形状，根据其形状类似于字母"Z"而命名，Z形流道呈现连续的波浪形状，使得流体在流道中的流动方向多次改变。这种设计能够产生多个流体旋涡和湍流区域，促进流体的混合和热量的均匀分布。U形流道是另一种常见且经典的流道设计形式，U形流道的设计使得流体在流道中沿着弯曲的路径流动，从而增加了流体的流动路径长度。较长的路径长度有助于增强热传导和对流传热的效果，提高热量的传递效率。流道形状随进/出口位置的改变而变化，通过优化进/出口位置以增强热管理性能，主要优化指标包括换热效率、流量分布、阻力和压降。不同流道设计能够改变流体的流动方式和路径，实现热量的传递和分散，从而提高热管理效果。图4-5给出了系列典型的单进单出流道形状，流道形状的改变，即入口区域和出口区域位置的改变对电池温升、温度均匀性、流道压降等均产生影响，可以根据具体的应用需求和系统的特点选择合适的流道形状。

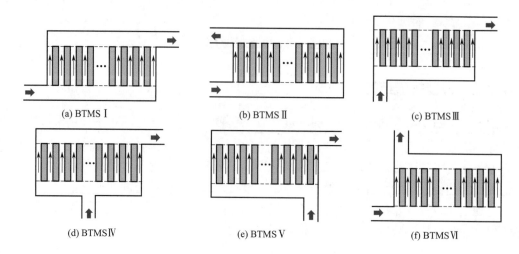

(a) BTMS Ⅰ   (b) BTMS Ⅱ   (c) BTMS Ⅲ

(d) BTMS Ⅳ   (e) BTMS Ⅴ   (f) BTMS Ⅵ

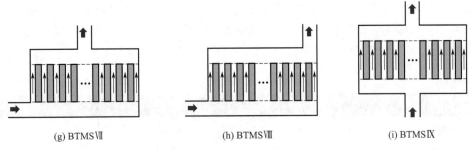

(g) BTMS Ⅶ   (h) BTMS Ⅷ   (i) BTMS Ⅸ

图4-5 典型的单进单出流道形状

通过多进/出口的优化搭配,可改善单进单出流道流量分布不均、温差较大等问题。如图 4-6所示,通过对称方式设计形成多进/出口形式的流道,在流量相同的条件下,电池的温度峰值和均温性均得到优化。此外,当流道形状固定时,改变进出口歧管形状,能够进一步改善空气流速和流量分配,从而提高风冷系统热管理性能。进出口歧管的设计同样是个重要且复杂的工程问题,图4-7展示了多种形式的进出口歧管设计,在该研究中发现进/出口布置在电池包同一侧时,渐缩型歧管散热效果更佳。此外,在出风歧管外侧开设通孔,可利用减压通风提高

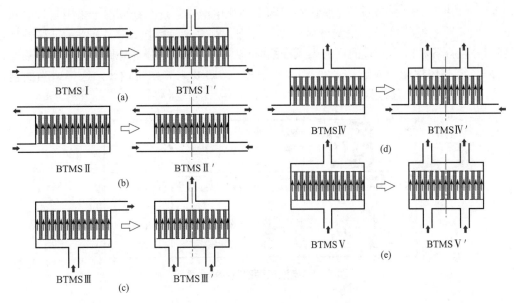

图4-6 含多进/出口的对称流道形状

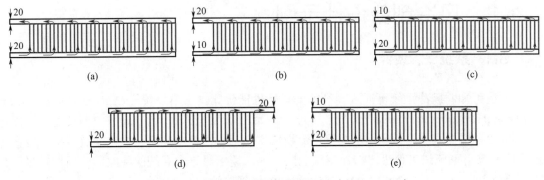

图4-7 多种形式的进出口歧管设计(单位:mm)

歧管内部空气流动速度，从而降低特定电池单体的温度。因此，在设计强制空冷系统时，考虑到气流配置的限制影响，所需的优良冷却性能可通过渐缩型歧管和减压通风来实现，但是，开设通孔会破坏电池包的密封性。表4-1总结了系列流道形状的研究工作。

表4-1　流道种类

流道类型	作者	研究方法	最大放电倍率/C
T形流道	Zhang F R, et al.	模拟仿真	2.5
U形流道	Wu M S	模拟仿真	2
U/Z形反向分层流道	Lan X, et al.	模拟仿真	3
J形流道	Liu Y Z, et al.	模拟仿真	3

4.2.4　风冷耦合方式

电池系统的功率密度和能量密度不断提高，对散热的要求也随之升高。然而，单独采用风冷的方式在电池热管理中的应用逐渐减少。这是因为风冷方式存在一些局限性和挑战，如散热能力不足、散热不均匀等。为了克服这些问题，现代电池热管理系统倾向于采用多种散热方式的组合，如风冷系统与液冷、相变材料、热管等进行耦合，示意图如图4-8所示。这种耦合方式能够充分发挥各种散热方式的优势，风冷系统作为辅助方法增强与外界空气环境的热交换能力，提高系统整体性能。通过综合考虑应用需求、散热要求和系统设计，选择适当的耦合方式，可以实现最佳的散热效果和系统性能。

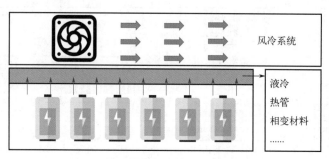

图4-8　电池热管理风冷耦合系统

4.3　风冷创新设计示例

4.3.1　系统概念设计

由前述可知，风冷系统可通过多种方式进行性能优化，本节以论文 *Optimization of an air-cooled battery module with novel cooling channels based on silica cooling plates* 中提及的风冷优化流程，给读者提供风冷设计的示例，优化流程依次包括引入耦合介质、优化流道结构、设置扰流结构。U形并联流道可使进出口流道位于同一侧，便于热管理系统的装配，该工作以U形空冷模组为基础，研究对象为12A·h的方壳型磷酸铁锂电池。

（1）步骤1：引入耦合介质

导热硅胶板是一种具有高回弹性的导热介质材料，一般以硅胶为基材，配以导热粉、阻燃剂、固化剂等辅助材料合成。导热硅胶在电池系统领域有着广泛的应用，具有以下优点：①良好的导热性，提高换热效率；②回弹性好，降低热接触阻力，有效避免电池间晃动和摩擦造成的损坏；③绝缘性好，减少电池间短路隐患。因此，该设计利用夹在电池之间的导热硅胶板，不仅可以提高机械安全性和电气安全性，还可以在运行过程中起到储热和传递介质的作用，装配示意见图4-9（a）。图4-9（b）和（c）给出了模组集成示意图，进出口流道的尺寸为90mm×100mm×20mm（长×宽×高）。电池模组包含8个电池，依次命名为1号～8号电池，电池尺寸为70mm×27mm×90mm（长×宽×高）。电池yz表面两侧设置硅胶板，硅胶板依次命名为g1～g9，其中g1和g9的尺寸为90mm×2.5mm×90mm，g2～g8的尺寸为90mm×5mm×90mm，即模组两端硅胶板的宽度为其余硅胶板的一半。根据尺寸信息可知，硅胶板的长度比电池长20mm，可完全覆盖电池表面，且在电池两侧边缘各保留10mm的长度。该设计目的为在电池小侧面形成上下开口的封闭空冷流道。流道以相邻两个导热硅胶板进行命名，如硅胶板g1和g2之间的流道命名为C1-2，共有8个流道。将空气/硅胶板模组（air/SCP

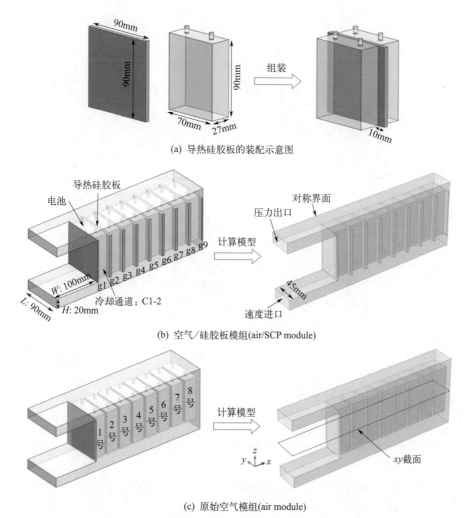

(a) 导热硅胶板的装配示意图

(b) 空气/硅胶板模组(air/SCP module)

(c) 原始空气模组(air module)

图4-9　风冷电池模块示意图（一）

module）中的硅胶板去除，即为原始空气模组（air module），为节约计算资源，考虑对称性，后续计算只考虑一半计算域。

由于流体通道中的空气流量分布直接影响电池系统的温控性能，因此针对流体流动分布的结构优化设计至关重要。

（2）步骤2：优化流道结构

由于通过硅胶板构建的流道在电池两侧，与进出口形成的流动路径容易在底部形成流体滞留区。因此，在流道方面，基于空气/硅胶板模组，对底部进口流道的两侧收缩10mm，形成由中心到两侧收缩的锥形流道，命名为空气/硅胶板模组Ⅰ（air/SCP module-Ⅰ）。

（3）步骤3：设置扰流结构

由于进口和出口位于同一侧，离进出口较远区域的流道不可避免地出现高压区域，空气流量显著降低。因此，在硅胶板结构方面，基于空气/硅胶板模组Ⅰ，针对靠近进口区域的硅胶板g1～g4，对构成流道的硅胶板部分（即电池两侧边缘保留的10mm部分）向下延伸一定长度，形成挡流板，延伸长度为L。该模组命名为空气/硅胶板模组Ⅱ（air/SCP module-Ⅱ），相应结构示意图见图4-10。

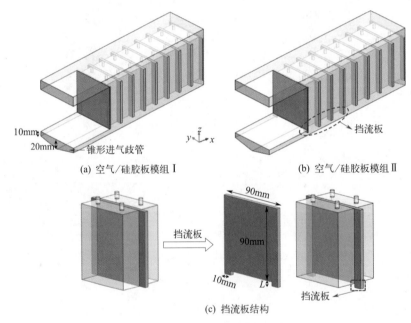

图4-10　风冷电池模块示意图（二）

4.3.2　系统模型构建

本小节简要介绍所设计的电池模块三维流动与传热耦合模型的建立过程，更多关于电池内部多物理场模型的内容见第9章。为了降低模型复杂度，电池只考虑电芯结构，被认为是一个热物理性质除导热外各向一致的整体，同时忽略温度对电池材料、硅胶板和空气的热物理性质的影响。由于设置的进口流体雷诺数大于5000，模型中的流动状态被认为是湍流，流体流动计算采用k-epsilion湍流模型。模型中的温度场随时间变化，因此引入非稳态导热方程来计算温度变化。

以电池5C倍率放电工况研究热管理性能。电池放电时间为720s，采用体平均产热率对电池的产热进行描述，经实验验证，该电池的产热取值为$12.7\times10^4W\cdot m^{-3}$。对于模型初始条件，固体域和流体域的初始温度均为298.15K。模型边界条件采用速度进口和压力出口，流体进口速度为$0.0054m^3\cdot s^{-1}$，流体出口相对压力为0Pa。忽略电池壁面与导热硅胶板之间的接触热阻，流体域的外壁面采用绝热边界条件。模型采用商业软件COMSOL Multiphyslics对流动进行稳态求解，对传热进行瞬态求解。模型所需参数如表4-2所示。

表4-2 材料特性

物理性质	空气	电池	导热硅胶板
密度/(kg·m^{-3})	1.165	2335	2255.85
比热容/(J·kg^{-1}·K^{-1})	1005	950	2684
热导率/(W·m^{-1}·K^{-1})	0.0267	0.9, 2.6, 2.6 (k_x, k_y, k_z)	1.4
动力黏度/(Pa·s)	1.86×10^{-5}	—	—

为保证计算结果的准确性，进行了网格独立性验证。如图4-11给出了以空气/硅胶板模组为例的网格独立性验证结果。共划分了5组数量不同的网格，网格单元质量（网格单元质量是介于0和1之间的无量纲量，其中1表示在选择的质量度量中的完全规则元素，0表示退化元素，越接近1，质量越高）在0.9以上，以电池单体平均温度T_{ave}衡量网格变化的影响，其中网格变化对1号电池的T_{ave}计算结果影响最大。当网格数量达到688376时，各个电池的T_{ave}趋于稳定，因此选择网格数为688376的模型作为空气/硅胶板模组的计算模型。其余模组同样进行了网格独立性验证。

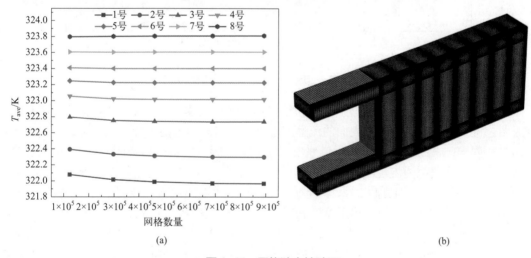

(a) (b)

图4-11 网格独立性验证

4.3.3 温控性能优化

（1）引入耦合介质的性能

定义模组温差ΔT为电池模组中单体平均温度T_{ave}的最大值与最小值之差。图4-12为经过720s放电结束时各个电池单体平均温度的分布情况。可以看到，对于空气模组，1号～8号电池，温度先下降，后上升，然后趋于稳定，最低温度出现在 2 号电池，最高温度出现在 8 号电池，模组温差 ΔT 为 4.29K。对于空气/硅胶板模组，1 号～8 号电池，电池单体平均温度 T_{ave} 呈现小幅度升高，最高温度出现在 8 号电池，最低温度出现在 1 号电池，模组温差 ΔT 为 1.84K。通过设置导热硅胶板，电池单体平均温度和模组温差均出现明显下降。其中，6 号电池单体 T_{ave} 下降幅度最大，降低了 10.35K，而模组温差减小 2.45K，相对空气模组降低了 57%。原因如下：由于硅胶板的比热容较大，在电池模组工作过程中可充当热沉，快速吸收热量，避免电池内部热量堆积造成温度过高；此外，电池通过硅板连接形成整体，减小了流体分布不均引起的散热不均问题，从而降低模组温差。

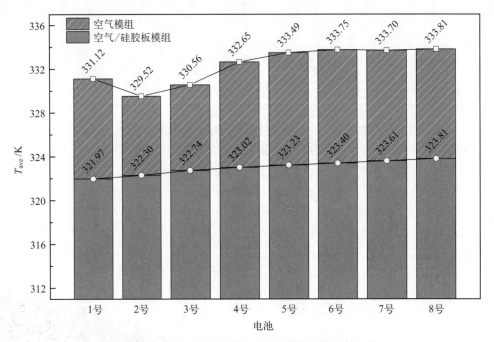

图4-12 空气模组和空气/硅胶板模组的温度分布

图4-13（a）和（b）分别给出了空气模组和空气/硅胶板模组的电池表面温度云图和流体速度云图。可以看出，靠近电池表面的流体速度越大，对应的电池表面区域温度越低。由于流体进出口在同一侧，高压条件不可避免地出现在 4 号～8 号电池区域，随着压力的增大，流体流动条件变差，导致电池温度上升。特别地，在空气模组中，1 号电池侧面出现了大尺度的涡流，导致 1 号电池的平均温度较 2 号、3 号电池更高，与图4-12结果一致。

图4-13（c）和（d）分别给出了空气模组和空气/硅胶板模组在 xy 中间高度截面的电池温度云图和流体速度云图。由于电池内部导热具有各向异性，y 轴方向的热导率高于 x 轴方向的热导率。从速度云图可以看出，在电池间隙填充导热硅胶板，将对流换热面调整为各向异性热导率较大的小侧面，提高了电池小侧面流道的流速。因此利用该流道结构能加快电池内部热量导出，提升系统冷却性能。

图4-13（e）和（f）分别给出了空气模组和空气/硅胶板模组在 xz 中间长度截面的电池温度云图和流体速度云图。在空气模组中，电池在 xz 截面的温度分布并不是上下对称的，底部的散热效果明显优于顶部，最高温度区域向顶部偏移。而对于空气/硅胶板模组，电池间隙填充导热硅胶板的热导率约是空气的 52 倍（硅胶板：1.4W·m^{-1}·K^{-1}；空气：0.0267W·m^{-1}·K^{-1}），可改善电池单体的温度分布，使电池上下端的温度分布更加一致。

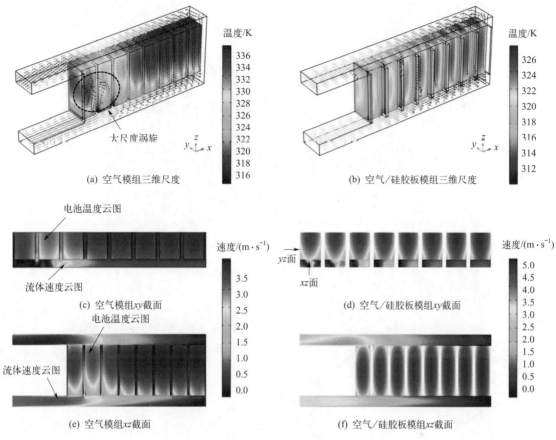

图4-13　电池温度场与流体流场分布特征

（2）流道优化的性能

对空气/硅胶板模组底部流道的两侧收缩10mm，形成由中心到两侧具有锥形流道的空气/硅胶板模组Ⅰ，空气/硅胶板模组Ⅰ的进口流体流量与空气/硅胶板模组保持一致。图4-14给出了空气/硅胶板模组与空气/硅胶板模组Ⅰ中各电池单体T_{ave}的分布情况。从图4-14可以看出，空气/硅胶板模组Ⅰ电池平均温度的分布与空气/硅胶板模组类似，1号～8号电池，电池单体平均温度呈小幅度升高。但空气/硅胶板模组Ⅰ中各电池单体的平均温度相较于空气/硅胶板模组均有小幅度下降，且下降幅度从1号到8号电池逐渐增大，8号电池的平均温度下降最大，降低了0.51K。空气/硅胶板模组Ⅰ的模组温差ΔT为1.37K，相对于空气/硅胶板模组的1.84K，进一步减小0.47K，降低了26%。这说明空气/硅胶板模组Ⅰ锥形流道的改进，能够有效增强流体散热效果及其一致性。

图4-15（a）和（b）分别给出了空气/硅胶板模组与空气/硅胶板模组Ⅰ在xy三等分高度截面的流体速度云图。从速度云图可以看出，在各流道中，右侧的速度要大于左侧的速度，沿着进口流体方向，这一现象逐渐减弱。图4-15（c）和（d）分别给出了空气/硅胶板模组与空气/硅胶板模组Ⅰ中流道C6-7在yz中间距离截面的流线图。在空气/硅胶板模组的底部流道中出现了明显的流动分离现象，而锥形流道能够很好地改善这一现象。同时，通过锥形流道的改进，底部流道的速度得到明显提高，流动滞留区明显减小，因此空气/硅胶板模组Ⅰ能够进一步提高电池的散热效果。

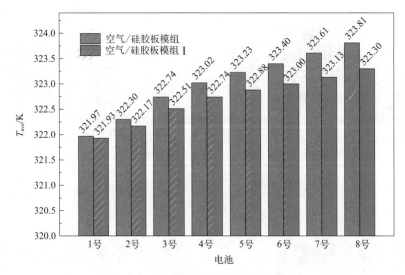

图4-14 有无锥形流道模组的温度分布

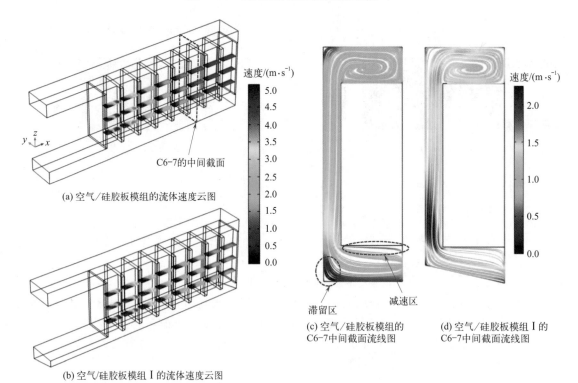

图4-15 流道流动特性

（3）扰流板的性能

在空气/硅胶板模组Ⅰ的基础上，进一步优化电池模组的温度均匀性。根据前述结果可以发现，靠近进口侧的气流速度较高，因此仅在g1～g4上形成挡流板。基于全面试验设计了20个组合，挡流板数量为1～4个，延伸长度为3～7mm。表4-3给出了空气/硅胶板模组Ⅱ在这20个组合下的ΔT。与前述结果相比，空气/硅胶板模组Ⅱ的ΔT明显低于空气/硅胶板模组和空气/硅胶板模组Ⅰ。当L在4～6mm之间时，设置3个挡流板时ΔT保持在较低的值，小于

0.7K。在所有组合中，挡流板3个，L为6mm的电池模组ΔT最小，比空气/硅胶板模组降低了67%，显示出优异的温度均匀性。

表4-3　不同数量和长度挡流板空气/硅胶板模组Ⅱ的ΔT

挡流板数量	不同长度时的ΔT/K				
	3mm	4mm	5mm	6mm	7mm
1	1.01	0.80	0.73	0.71	0.73
2	0.88	0.76	0.70	0.71	0.74
3	0.91	0.66	0.65	0.61	0.79
4	0.91	0.67	0.70	0.63	0.70

图4-16为挡流板长度固定为5mm时不同挡流板数时中间高度截面（xy截面，如图4-15所示）冷却通道平均流速。与空气/硅胶板模组Ⅰ相比，在空气/硅胶板模组Ⅱ中设置挡流板可以提高后段冷却通道的平均气流速度。虽然C1-2的平均气流速度被明显抑制，但1号电池的上下区域是进出口的聚集区域，从而提高了1号电池的整体冷却性能，保持在可接受的温度范围内。

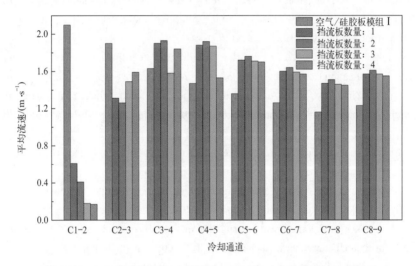

图4-16　不同数量挡流板（长度为5mm）时冷却通道的平均流速

 参考文献

[1] 饶中浩. 锂离子动力电池强化传热关键技术研究[D]. 广州：广东工业大学，2010.

[2] Pesaran Ahmad A. Battery thermal models for hybrid vehicle simulations[J]. Journal of Power Sources, 2002, 110(2): 377-382.

[3] Yang W X, Wang Y, Guo F N, et al. Optimization study of air-cooled stagger-arranged battery pack with reverse-layered airflow[J]. Journal of Energy Storage, 2022, 55: 105524.

[4] Sahin R C, Gocmen S, Cetkin E. Thermal management system for air-cooled battery packs with flow-disturbing structures[J]. Journal of Power Sources, 2022, 551: 232214.

[5] 王雨，唐豪，龚振. 扰流板对电池热管理系统冷却性能的影响研究[J]. 电源技术，2022, 46(12): 1393-1397.

[6] Zhuang W C, Liu Z T, Su H Y, et al. An intelligent thermal management system for optimized lithium-ion battery pack[J]. Applied Thermal Engineering, 2021, 189: 116767.

[7] Chen K, Song M X, Wei W, et al. Design of the structure of battery pack in parallel air-cooled battery thermal management system for cooling efficiency improvement[J]. International Journal of Heat and Mass Transfer, 2019, 132: 309-321.

[8] Park H. A design of air flow configuration for cooling lithium-ion battery in hybrid electric vehicles[J]. Journal of Power Sources, 2013, 239: 30-36.

[9] Chen K, Wu W X, Yuan F, et al. Cooling efficiency improvement of air-cooled battery thermal management system through designing the flow pattern[J]. Energy, 2019, 167: 781-790.

[10] Chen K, Chen Y M, She Y Q, et al. Construction of effective symmetrical air-cooled system for battery thermal management[J]. Applied Thermal Engineering, 2020, 166: 114679.

[11] Zhang F R, Yi M F, Wang P W, et al. Optimization design for improving thermal performance of T-type air-cooled lithium-ion battery pack[J]. Journal of Energy Storage, 2021, 44: 103464.

[12] Wu M S. Multi-objective optimization of U-type air-cooled thermal management system for enhanced cooling behavior of lithium-ion battery pack[J]. Journal of Energy Storage, 2022, 56: 106004.

[13] Lan X, Li X R, Ji S B, et al. Design and optimization of a novel reverse layered air-cooling battery management system using U and Z type flow patterns[J]. International Journal of Energy Research, 2022, 46(10): 14206-14226.

[14] Liu Y Z, Zhang J. Design a J-type air-based battery thermal management system through surrogate-based optimization[J]. Applied Energy, 2019, 252: 113426.

[15] Hirano H, Tajima T, Hasegawa T, et al. Boiling liquid battery cooling for electric vehicle[C]. 2014 IEEE Transportation Electrification Conference and Expo, Asia-Pacific, 2014.

[16] Wu W X, Yang X Q, Zhang G Q, et al. An experimental study of thermal management system using copper mesh-enhanced composite phase change materials for power battery pack[J]. Energy, 2016, 113: 909-916.

[17] Wu W X, Yang X Q, Zhang G Q, et al. Experimental investigation on the thermal performance of heat pipe-assisted phase change material based battery thermal management system[J]. Energy Conversion and Management, 2017, 138: 486-492.

[18] Ma R X, Ren Y M, Wu Z, et al. Optimization of an air-cooled battery module with novel cooling channels based on silica cooling plates[J]. Applied Thermal Engineering, 2022, 213: 118650.

[19] Xu Y R, Li X X, Liu X Y, et al. Experiment investigation on a novel composite silica gel plate coupled with liquid-cooling system for square battery thermal management[J]. Applied Thermal Engineering, 2021, 184: 116217.

[20] Li X X, Zhou D Q, Zhang G Q, et al. Experimental investigation of the thermal performance of silicon cold plate for battery thermal management system[J]. Applied Thermal Engineering, 2019, 155: 331-340.

[21] Wu W X, Wu W, Wang S F. Thermal management optimization of a prismatic battery with shape-stabilized phase change material[J]. International Journal of Heat and Mass Transfer, 2018, 121: 967-977.

[22] Li X X, He F Q, Zhang G Q, et al. Experiment and simulation for pouch battery with silica cooling plates and copper mesh based air cooling thermal management system[J]. Applied Thermal Engineering, 2019, 146: 866-880.

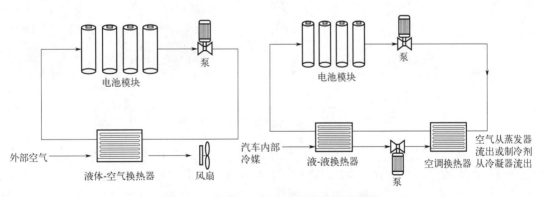

第5章

动力电池液冷系统

5.1 液冷系统分类与应用

5.1.1 被动式与主动式液冷

动力电池液冷系统以液体为传热介质对电池进行热管理（包括冷却和加热）。如图5-1所示，被动式液冷系统与主动式液冷系统最大的区别是系统中是否设计了制冷模块，被动式液冷系统的功耗主要来自泵与风机，而主动式液冷系统的主要功耗来自泵与制冷系统，其中制冷系统对动力电池的能量消耗较大。故被动式液冷系统具有易维护、节能、成本低等优点。但如前所述，气体的传热性能一般，不能满足较大的热负荷需求，故被动式液冷系统仅适用于低能量密度的动力电池组，已无法适应目前新能源汽车发展的潮流，目前市场上配置该系统的新能源车型较少。

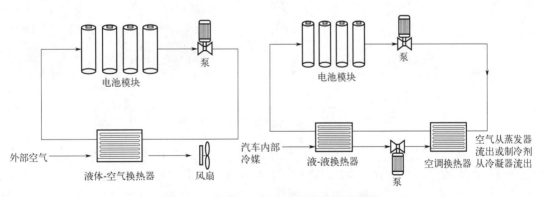

图5-1 被动式和主动式液冷系统原理图

目前，众多车企常将电池热管理系统、空调热泵系统及电机热管理系统结合起来，通过多路电磁阀和电子膨胀阀控制冷却液的流向、流量等，依靠复杂的控制策略实现电池、座舱、电机三个空间的热量合理分配。主动式液冷系统的缺点是结构非常复杂、维修难度高、能耗大、成本较高。但其仍是目前比较主流的热管理方式，可基本满足高功率密度动力电池的散热需求，并且工艺成熟，具有完整的产业链。

5.1.2 非接触式与接触式液冷

非接触式液冷系统是目前比较主流的动力电池热管理方式，技术成熟，并且有着完善的供应链体系。在非接触式液冷系统中，通过在管道中流动的传热介质来带走电池的热量，如图5-2（a）所示。管道的结构可根据电池的形状灵活设计，通常对于方形电池采用板式结构，圆柱形电池则采用套管式或蛇形管式结构。通道内工质一般采用水和乙二醇的混合物。此外，以BMW i3为代表的车型提出了一种新的选择——直冷式冷却，即将制冷剂作为冷却工质。直冷式冷却的主要优点有：系统结构紧凑，占用的空间更小且避免了乙二醇溶液在电池箱体内部流动，规避了因冷却液泄漏导致电池短路的风险；同时，直冷式冷却系统工作时，蒸发器中的制冷剂将蒸发并高效地将电池系统中的热量带走，冷却效率更高。相关内容见第5.4节。

接触式液冷技术包括浸没式冷却和喷雾式冷却两类。浸没式冷却探究始于20世纪60年代，IBM公司开始研究将氟化液应用于计算机散热。后来该技术逐步被运用至航天领域，而后再扩展到军事领域，当前很多民用领域（如高功率电子器件、数据中心等具有高热流密度散热需求的设备）也正在尝试向该技术拓展。将该项技术用于动力电池热管理领域，即让冷却液在电池包中形成一个液体池，使得电池组部分或全部浸没其中，如图5-2（b）所示。这样有助于扩大电池和冷却液的传热面积，减小接触热阻，在相同条件下会比非接触式液冷系统传热更加充分。与非接触式冷却相比，浸入式冷却还可以缓解正极和负极的局部加热效应，从而整体提高电池的温度均匀性。但这同样也引入一个新问题，冷却液必须具有良好的绝缘性以防止电池短路。浸没式冷却是一项有潜力的电池热管理技术，但该项技术还有许多技术难题尚未解决，详细内容见第5.5节。

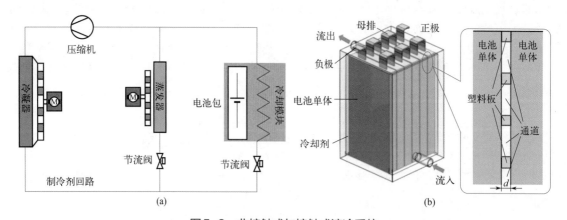

图5-2 非接触式与接触式液冷系统

除了将电池完全浸没在冷却介质中，喷雾式冷却也是一种新兴的冷却技术。虽然其在电池热管理领域尚未有过多的研究，但其已在航大、电子器件、金属加工等领域被证实是一种高效可靠的热管理策略。喷雾式冷却的工作原理就是通过高压将冷却介质雾化成大量的细小液滴，细小液滴随后以高动量冲击到待冷却物，在表面产生一层液体薄膜，以达到控温的目的。与浸没式冷却相同，它们都有助于增加冷却液与电池的接触面积，但喷雾式冷却可以节省冷却工质的用量，降低系统的重量。值得注意的是，细小液滴更容易发生相变，该冷却策略具备极高的热流密度（最高可达$10^3 \mathrm{W \cdot cm^{-2}}$）。然而，喷雾式冷却虽然可以提高热管理效率，但其也存在一些问题。例如，喷雾式冷却需要高压泵和喷嘴等额外的设备来实现，这增加了系统的复杂性和成本。此外，若喷雾式冷却不得当，可能会导致介质蒸发和液滴积聚等问题，从而影响冷却效果和系统可靠性。因此，在实际应用中，需要综合考虑各种冷却技术的优劣，选择最适合的热管理策略。

动力电池系统将热量输运至外部装置，该外部装置是否配有制冷系统是区分主动式或被动式液冷的关键，由于电池系统与外部装置的热交换属于整车热管理层面，相关内容参见第 12 章。对于非接触式与接触式液冷系统，其热量输运主要发生在动力电池系统内部，故本章主要对这两类液冷方式展开介绍。

5.1.3　液冷流体工质简介

液冷流体工质的物理参数对电池热管理系统性能有重要影响，可分为与温控性能相关的热物性参数和非热物性参数两类。热物性参数包括热导率、比热容、凝固点、汽化点等，而非热物性参数一般包括腐蚀性、挥发性、环境友好性等。非接触式液冷常用流体工质为水基流体，包括去离子水、水-乙二醇溶液、氧化铝纳米流体等。

针对低温环境，去离子水会遇到因冻结而无法工作的问题，一种有效的方法是向其加入防冻剂来降低凝固点。乙二醇与水具有很好的相容性，两者的混合物凝固点随乙二醇占的百分比变化而变化。如图 5-3 所示，当乙二醇比例达到 60%，混合溶液即使在 −45℃ 下也未出现冻结现象。在汽车领域，最常见的比例为 50∶50，特斯拉、通用等整车企业的电池热管理系统使用了乙二醇-水作为流体工质。

针对单一流体工质热导率低、换热效果不足的问题，一种有效的方法是制备纳米流体。纳米流体，即以一定的方式和比例在液体中添加纳米级金属或非金属氧化物粒子，形成一类新的传热冷却工质。纳米流体之所以能起到强化传热的作用，原因主要有以下几个方面：①纳米颗粒在流体的运动过程中会进行无规则运动，破坏流体边界层，起到强化传热效果；②纳米颗粒的热导率比流体大；③悬浮液中的纳米颗粒在流动时有可能起到润滑的作用；④纳米颗粒与液体的接触面

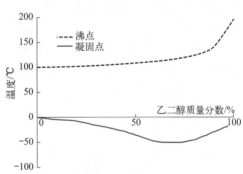

图 5-3　乙二醇-水混合物沸点和凝固点变化

积较大，有利于热量传递；⑤纳米颗粒的小尺寸效应使得其行为更接近于液体分子，强烈的布朗运动有利于纳米流体悬浮的稳定性。

5.2　板式液冷系统

5.2.1　液冷板类型

热量通过电池或者模组与板型金属器件表面接触的方式传递，最终被器件内部流道中通过的冷却液带走。液冷系统的主要部件由冷板及管道附件组成，核心部件冷板一般由热导率较高的铝、铜等金属加工而成，有多种结构。根据液冷板的工艺类型进行划分，主要有真空钎焊式水冷板、搅拌摩擦焊式水冷板、埋管式水冷板和深孔钻/腔体式水冷板等。表 5-1 列出了部分厂商的冷板形式，在特定冷板类型下，还需考虑冷板与电池包的结合方式、内部流道结构等。

表5-1　部分动力电池热管理系统冷板形式

车型	电池类型	冷板类型	放置形式	流道串并联形式
捷豹 F-PACE	软包	冲压+钎焊	电芯底部	1S7P
奥迪 Q4 e-tron	软包	冲压+钎焊	电芯底部	1S13P
通用 Bolt	软包	冲压+钎焊	电芯底部	1S2P
特斯拉 Model 3	圆柱	口琴管+高频焊	电芯圆柱面	1S28P
蔚来 ES8	方壳	挤出型材+FSW	电芯底部	1S8P

注：FSW表示摩擦搅拌焊；1S7P表示内部结构流道形式为1串7并，即1个流道做1个串联组，然后并联成7组，依此类推。

5.2.2　板式液冷放置形式

构建板式液冷系统首先要考虑液冷板与动力电池包之间的集成方式。集成方式如图5-4所示，主要有三类：①内置在单体电池内；②设置在单体电池间隙；③设置在模组或电池包外。第一种方式在单体电池内置冷板，实现方式类似于内置式热管理的微通道散热，这类形式虽然有较高的散热能力，但对电池本体制造要求高，仍停留在概念设计阶段。第二种方式是在电池间设置冷板，利用电池和冷板的大面积接触实现热量交换，随着电池单体电芯尺寸的增大，这类方式对于大侧面冷却方案亦可兼做结构件，受到学术界和工业界的关注。第三种方式是从模组或电池包的角度设置冷板，电池的热量可以通过热传导器件输送到冷板，而冷板又可以和电动汽车底盘结合，此种方式可以大幅提升空间利用率和降低系统复杂度。

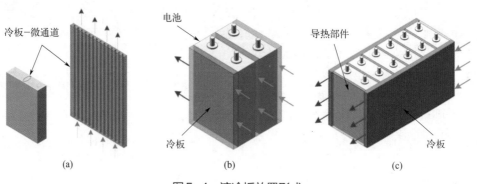

图5-4　液冷板放置形式

对于不同液冷板放置形式，热量从电芯到外部环境的传热路径不同。根据冷板及其导热界面材料的位置不同，大致可将传热路径分为以下6种（图5-5）。

① 有模组存在，冷板布置在箱体内部，导热界面材料会布置在模组壳体内、外表面，分别与电芯、冷板接触，这类方式是模组技术时期主要的方案，如上汽名爵、荣威Marvel X、通用雪佛兰Bolt EV、福特Mach-E、大众MEB、奥迪A6L PHEV等。

② 有模组存在，冷板布置在箱体之外、防护板之内，也称为箱体集成液冷，比如捷豹I-Pace、奥迪Q4 e-tron等。

③ 无模组存在，如比亚迪CTP刀片方案，冷板布置在顶部，导热界面材料布置在电芯与

冷板之间，代表案例是比亚迪汉 EV、一汽红旗 E-QM5。

④ 无模组存在，或存在无底板式模组，电芯直接与冷板接触，导热界面材料布置在二者之间；代表性的无模组案例如蔚来 75kW·h，有模组的代表方案为 Model 3 CATL 磷酸铁锂版本、宝马 iX、北汽 EU5；另外，对于特斯拉的圆柱电芯方案，Model 3/Y 蛇形水冷管与电芯之间布置有导热结构胶，也属于这种方案。

⑤ 有模组存在，液冷板与模组集成，这个方案代表是奔驰 EQC，导热界面材料布置在电芯和冷板之间。

⑥ 有模组存在，液体板与模组分开，但冷板与模组之间没有导热界面，全靠冷板与模组底部紧密接触（一般冷板底部有弹性支架），如宝马 i3、宝马 X1 PHEV 等。

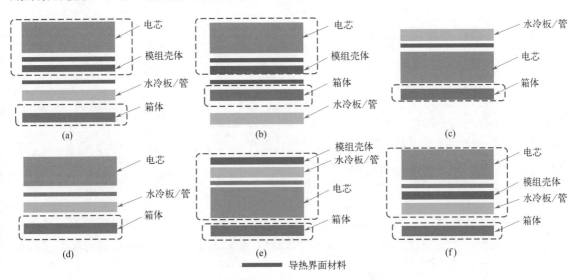

图5-5　不同液冷板放置传热路径示意图

5.2.3　板式液冷进出形式

（1）单进单出式流道

单进单出式流道冷板上仅有一个入口、一个出口，如图5-6（a）所示。其中管道的出入口可以分布在冷板的同侧，也可分布在冷板的异侧。单进单出式流道冷板的优点主要有结构简单、安装方便；缺点主要有管内流动阻力大，易增加泵功，在电池尺寸较大或冷却液流速较低时，进出口温差大，不利于电池温度的均衡分布。

（2）单进多出式与多进多出式流道

单进多出式流道冷板上有一个入口、两个及两个以上出口。张林设计了一种树叶脉络形状单进多出式流道，减小传热介质的流动阻力，并结合遗传算法对液冷板的通道宽度、通道夹角和冷却液流量进行了多目标优化，提高了液冷板的散热效率。多进多出式流道指冷板上有多个入口和多个出口，如图5-6（b）所示。李潇等设计了一种对角双向流道液冷板（两条流道的进出口分别位于液冷板的对角），该结构的液冷板能够对电池模组实施有效的热管理。单（多）进多出结构的液冷板的优点是冷却介质的流动阻力小，可以节省泵功；缺点是系统复杂度较高，存在漏液的风险。

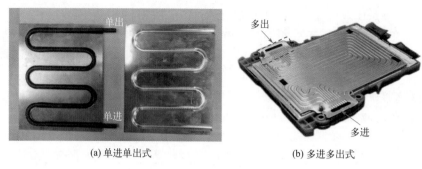

(a) 单进单出式   (b) 多进多出式

图5-6　液冷板进出形式

5.2.4　板式液冷流道形式

（1）平行流道

平行流道冷板内流道呈平行直线分布，如图5-7（a）和（b）所示。平行流道具有易加工、流动阻力小等优点，但是控温和均温性能较差。造成该现象的原因主要有两点：一是工质在管内流动的过程中，边界层逐渐变厚，使其传热性能变差；二是沿着工质流动的方向，工质的温度逐渐升高，故靠近出口处的电池温度高于入口处。

（2）蛇形流道

蛇形流道冷板内流道呈蛇形曲折环绕，如图5-7（c）和（d）所示。根据流道布置，进一步可细分为U形、Z形、L形等形式。相比平行流道，蛇形流道管道长，流动阻力大，优势在于均温性能。迂回的管道可以设计成低温流道靠近高温流道，电池与高低温流道换热可减小温度梯度，避免入口端温度过低，出口端温度过高。

（3）拓扑结构

拓扑结构是指经拓扑优化后自动形成的结构，拓扑优化是一种计算设计方法。拓扑优化在结构确定前进行，具有更大的设计自由度，往往可以得到独特的结构和优异的效果。拓扑优化不仅可以进行结构优化，还可以优化流体流动和传热性能。Chen对平行流道和蛇形流道进行拓扑优化设计，分别得到叶脉状和心脏血管状的新结构，如图5-7（e）所示。研究表明，叶

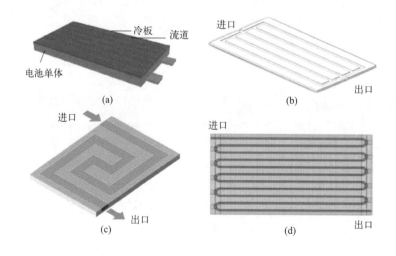

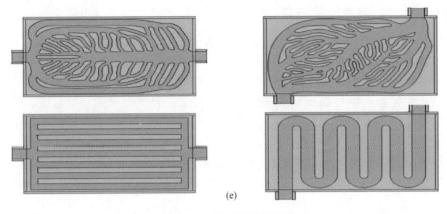

图5-7　液冷板流道形式

脉状流道电池的最高温度、温差和温度标准差比平行流道分别降低0.27%、19.50%和24.66%，心脏血管状流道电池比蛇形流道低1.08%、41.88%和49.14%。配置拓扑结构流道的电池具有更均匀的温度分布，最大的缺点为加工难度大、成本高。

5.2.5　板式液冷尺寸形式

为提高动力电池系统的整体能量和体积密度，在满足热管理性能前提下，液冷板向小空间尺寸方向发展。减小流道截面尺寸，构建具有微小通道的冷板是实现超薄化设计的有效手段。由于流道中流体介质传热过程可能涉及复杂的相变沸腾，对于微通道截面尺寸的临界直径尚未有统一定论。目前有两类划分方法，一类是按照水力半径D_h来划分，包括常规通道（$D_h \geqslant 6mm$）、紧凑型通道（$1mm \leqslant D_h \leqslant 6mm$）、过渡型通道（$100\mu m \leqslant D_h \leqslant 1mm$）、微通道（$1\mu m \leqslant D_h \leqslant 100\mu m$）。另一类是考虑物理机制影响的无量纲数划分方法，如采用描述浮升力和表面张力相对作用的邦德数（Bond number, Bd）：微通道，当重力的影响可忽略时，即$Bd < 0.05$；小通道，当表面张力占主导作用，而重力影响相对较小时，即$0.05 < Bd < 3.0$；大通道，当表面张力的作用相对于重力影响很小时，即$Bd > 3.0$。

对于汽车行业使用的微通道换热器，流道水力直径一般小于$0.6 \sim 1mm$。微通道换热器研究最早源于20世纪80年代高密度电子器件和90年代出现的微机电系统的散热问题。与传统的换热器相比，微通道换热器在换热效果方面有明显优势。微通道散热通过表面对流传热系数、努塞尔数以及单位面积能达到的最大热流密度等来进行表征。一般来说，传统风冷散热热流密度仅在$1W \cdot cm^{-2}$量级，传统液冷散热的热流密度也不超过$200W \cdot cm^{-2}$，而流体介质在微通道中流动传热能够达到更高的传热系数，如图5-8所示。因此，集成微通道技术的液冷板在动力电池热管理系统有巨大的应用潜力。

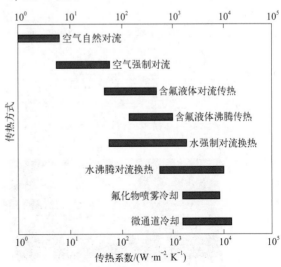

图5-8　各类散热技术对比

5.3 管式液冷系统

5.3.1 直管式冷却

对于圆柱形电池，可以考虑在电池成组时在径向空间外表面直接布置管道。冷却液从管道内流过带走电池产生的热量。直管式冷却系统如图5-9所示，可以利用圆柱形电池间固有空间，具有结构简单、流动阻力小、节约泵功等优点。但这类方式基本要对每个单体电池独立设置管路，导致模组层级的流量分配难度大，特别是对于尺寸较小的18650型电池，结构冗余过大。从散热角度来看，其内部流道传热面积较下文介绍的环绕式液冷系统小，因此目前还未有应用。

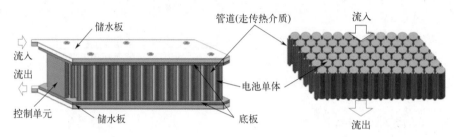

图5-9 直管式冷却系统

5.3.2 环绕式冷却

环绕式液冷系统的结构如图5-10所示。冷却液体在管道中多次改变行进方向，有助于削减流体的边界层厚度，强化换热效果。此外，环绕式液冷系统中电池的换热面积明显大于直管式液冷系统，故其换热效果较好。但是该系统结构复杂，对加工工艺要求较高，主要用于非平整表面壳体的圆柱形电池体系。另外，环绕式管路中冷却液体的流动阻力较大，需要配备更高扬程的水泵，增加了该系统的成本。目前，以特斯拉为首的使用圆柱形电池的车企对该系统重点部署。

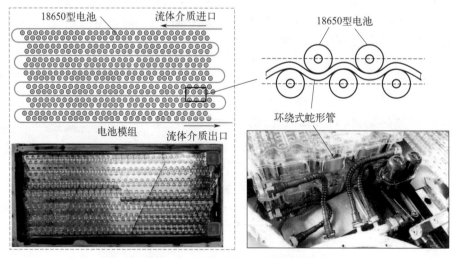

图5-10 环绕式液冷系统的结构

5.4　直冷式液冷系统

5.4.1　直冷式工作原理

直冷式液冷系统的工作原理（图5-11）是冷板内流动的液相或气液两相冷媒通过蒸发相变对电池系统进行直接冷却。冷媒直冷是一种高效的热管理方式，制冷剂在与电池组连接的液冷板或液冷管中流动，一定压力下液体制冷剂吸热蒸发为气体，相变过程的吸热恒温特性可以实现高效的电池降温。由于流体介质可采用与整车空调系统一致的制冷剂作为冷媒，所以电池冷板可以设计为蒸发器，通过调节不同的蒸发压力实现不同的冷却温度。整车热管理运行原理如图5-11中蓝色制冷剂流动路线所示，压缩机将气相制冷剂压缩成高温高压状态，随后进入冷凝器完成凝结放热变为高温中压液体，然后液体经过节流装置变为低温低压液体，低温低压液体进入电池包内的冷板式蒸发器，吸收电池产生的热量后蒸发，最后通过气液分离器回到压缩机完成整个循环。目前，直冷系统多用于插电混动系统，国内外整车厂包括宝马、奔驰、比亚迪等。直冷式系统属于空调制冷循环，与制热工况的热泵系统一样，其工作原理都遵循卡诺循环。因此，可将直冷和热泵两种技术集成在整车热管理中，实现冷却和加热双功能。对于直冷系统，公开资料显示主要方向为系统性能研究、冷板结构优化以及系统控制优化。由于本章节内容限于动力电池系统内部热量管理，与整车相关的运行控制策略参见第12章，后面重点介绍直冷系统热量管控过程涉及的流体工质和热管理应用研究进展。

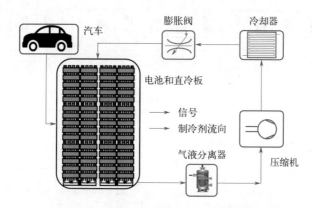

图5-11　直冷式液冷系统的工作原理图

冷板直冷式系统的主要换热过程发生在冷板通道内，即常见的管内流动沸腾现象。流动沸腾传热本质上是由沸腾和两相流两种物理现象耦合的热流体流动，整个过程涉及传热学中沸腾传热和流体力学中气液两相流。管内流动沸腾按通道截面形式主要有圆形和矩形；按流道尺寸主要有常规通道和微通道；而按流道内流向可分为竖直管和水平管。冷板直冷式系统通常为水平流向，截面形式和尺寸则根据电池包具体结构进行设计。管内流动沸腾传热特性与热流密度、质量流速、流向、工质、干度等因素相关，内在流动和传热机理复杂，在工程设计中常基于实验数据的经验或半经验模型。下面简要介绍冷板内制冷剂典型水平管内流动沸腾工作过程，可为动力电池直冷式系统的设计提供指导。

动力电池产生热量通过热界面材料传导至冷板，冷板内液相制冷剂吸热汽化，并沿着冷板流道方向出现流动形态、换热类型和传热系数的变化，对动力电池模组的传热和温度分布有重要影响。如图5-12所示，流入管内的未饱和单相液态制冷剂被冷板壁面加热，到达一定位置时壁面上开始产生气泡。此时液态制冷剂主流尚未达到饱和温度，处于过冷状态，这时的沸腾为过冷流动沸腾。继续加热使液体达到饱和温度时，即进入饱和流动沸腾。此时气泡汇合成气块，从泡状流发展到块状流。当制冷剂含气量逐步增加到一定程度时，大气块进一步合并，在管中心形成气芯，把液体排挤到壁面，呈环状液膜，称为环状流。随后，环状液膜受热蒸发，逐渐减薄，进而在壁面出现干涸。干涸区的出现会使传热性能快速恶化，雾状湿蒸气流直接与壁面接触，且随着湿蒸气流继续加热，制冷剂最后形成过热蒸气流出。可以看到，整个换热过程涉及复杂的气液相变流动传热机理，沿程传热系数随着制冷剂干度的增加，呈现明显的先增加后减小分布。所以，在设计直冷式冷板时要重点考虑均温、耐压、出口干度、气密性等问题。

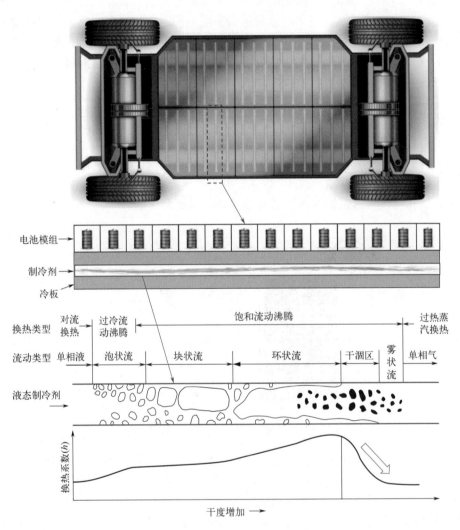

图5-12　冷板直冷流动传热特性

5.4.2　制冷剂物性参数

制冷剂是电池组与环境之间传递热量的介质，负责吸收电池中的热量，然后将其散发到外部。因此，系统的冷却效率与制冷剂的选择有关，其中沸点决定使用条件，热容量和热导率影响效率。此外，其他特性对制冷剂仍有限制，包括腐蚀性、相容性、经济性、环保性等因素。

选择适合实际工况的制冷剂是直接冷却系统的关键。

1939 年，第一辆搭载空调的汽车诞生于 Packard 公司，汽车空调的起步约比汽车的问世落后半个世纪，但它的发展速度却很快。流体工质的物性参数（表 5-2）对热管理系统的传热特性和温控性能有重要影响。因此，空调系统的冷却效率与制冷剂的选择直接相关。后来出现的氟利昂（常见的有 R22、R32、R134a 等）具有化学稳定性较强、气液两相变化容易、亲油、价廉等优势，成为汽车最主流的空调用制冷剂。1974 年，有学者发现氟利昂泄漏到空气中后会释放破坏大气臭氧层的氯，造成臭氧层空洞，进而加剧温室效应。有关氟利昂的一些负面声音开始涌现，进而引发了整个社会对于氟利昂的关注，这也促使制冷剂又一次变革的到来。国际社会于 2016 年达成的《蒙特利尔议定书（基加利修正案）》明确了包括 R134a 在内的氢氟碳化物（HFCs）的削减时间表，因此在汽车空调领域逐步削减甚至淘汰 R134a 制冷剂已经成为无法逃避的现实。

常规制冷剂替代品（包括 R1234yf、CO_2）的研制已成为近年来国际制冷界的研究重点。2007 年，杜邦公司和霍尼韦尔公司共同推出了第四代制冷剂——R1234yf，其全球增温潜能值（GWP）仅为 4。汽车制造商和国际汽车工程师学会（SAE）认定 R1234yf 兼具市场及环保效益。Mehmet Direk 等对比分析了以 R1234yf 和 R134a 为工质的汽车热泵在加热和冷却模式下的性能，认为 R1234yf 可用作 R134a 的替代品。于 2013 年推出的宝马 i3 已加注该制冷剂。但由于 R1234yf 易燃，包括奔驰在内的多家车企对其持观望态度。因此，有必要研究不同阻燃剂对 R1234yf 的可燃性的降低或抑制作用。天津大学的 Feng 等研究了 R227ea 和 R134a 对 R1234yf 可燃性的影响，得到 R227ea/R1234yf 和 R134a/R1234yf 的临界抑制比，此外，R227ea 可以更好地抑制 R1234yf 的燃烧。CO_2 在 19 世纪末到 20 世纪 30 年代得到了普遍的应用，但由于技术限制，CO_2 制冷剂很快被 R12 等取代，伴随着 CO_2 跨临界制冷循环的提出，CO_2 作为理想的制冷剂开始重新得到重视。Wang 等发现相较于正温度系数（PTC）加热器，使用 CO_2 热泵可以显著提高电动汽车行驶里程。Wang 等为了避免汽车座舱内的 CO_2 浓度过高，设计了一种二次回路系统，并有助于提高系统在制冷工况下的性能系数（COP）。

然而，前期研究均只考虑了用户的驾驶舒适性或能耗水平，为了适应电动汽车发展，需要将汽车的制冷系统与电池热管理系统有机地结合起来，这就使得后续研究需要把电池的温度控制也纳入考察范围内。

表 5-2　制冷剂典型物性参数

制冷剂	沸点/℃	临界温度/℃	临界压力/kPa	安全性	GWP	ODP
R134a	−26	101.6	4059	A1	1430	0
R1234yf	−29	94.7	3382	A2L	4	0
R1233zd	20	165.6	3770	A1	7	0
R152a	−25.7	113.5	4500	A2	124	0
R290	−42.2	96.7	4250	A3	20	0
R744	−78.5	30.9	7377	A1	1	0
R410a	−51.6	72.5	4920	A1	2100	0
CO_2	−78.5	31.1	7380	—	1	0

注：GWP—全球增温潜能值；ODP—消耗臭氧潜能值。

5.4.3 直冷式冷板设计

在过去几年，直冷式电池热管理系统的研究和应用取得了显著进展。针对电动汽车动力电池运行工况和环境，研究人员对冷却系统的结构和工作原理进行了改进和优化，以提高系统的效率和可靠性。常规工况直冷式冷却与传统单相液冷系统利用显热相比，制冷剂汽化热带来冷却效率提高，且省去了冷却液回路与二次换热过程，能够更好地满足动力电池包高比能量需求。由前述直冷式工作原理可知，该技术在工程热物理角度存在以下两方面问题：①电池过冷却和凝露，当电池直冷式冷板蒸发器与汽车乘员舱空调蒸发器以并联形式共用压缩机时，容易造成冷板蒸发器的蒸发温度低于电池最佳工作温度区间，而且温度过低可能造成电池包内空气到达露点，产生凝结水带来短路潜在风险；②电池均温性差，该问题表现在两个层面，一是单个流道内，制冷剂沿着流动方向存在压降和过热度，其沿程传热系数呈现非线性特征，出口附近过热容易造成传热恶化，并形成局部热点，二是多个流道间，当负荷变化时，流道间的并联结构容易造成流量分配不均，进而影响模组内散热边界条件，造成温度分布不稳定。

电池直冷式冷板结构最早是借鉴汽车空调换热器的口琴管设计。如图5-13为宝马采用的口琴管式直冷系统，运行状态下，高压液态制冷剂从电子膨胀阀高压口出来分为两个管路进入口琴管式冷板，到末端后折流回前端，汇聚后从膨胀阀低压口流出，完成一次循环。从口琴管截面图可见，冷板内有多个通孔，因其断面类似口琴而得名。在设计冷板时，需要两侧管路沿程阻力相同以确保制冷剂流量分配的均匀性。此外，口琴管方案衍生于传统换热器部件，存在换热面积小、流阻大、机械强度低等问题。针对电池包热管理场景，后续可以设计大面积换热结构的冷板（如冲压板），更好地应对大尺寸电池高功率充放电所需的冷却问题。对于口琴管为代表的直流式通道，亦可构建多类型流道冷板，以在同样空间下强化传热。例如，蜂窝型吹胀铝板实现通道间的互连，有利于减少制冷剂分流问题，且较传统口琴管流道增加了传热面积，能够快速响应动力电池侧的热需求，实现快速冷却。

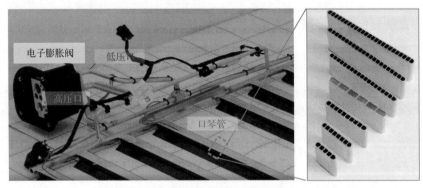

图5-13　典型口琴管式冷板示意图

除了在冷板结构上改进，另一个方法是采用附加部件对其流动传热特性进行优化。冷板蒸发器内的制冷剂质量流量及蒸发温度等参数一般是通过调节膨胀阀来控制。在制冷循环系统里，膨胀阀安装在蒸发器入口，主要起两个作用：一是节流降压，将高温高压液体制冷剂变为低温低压湿蒸气，为制冷剂在冷板内的蒸发创造条件；二是控制流量，通过控制阀门开度，以适应电池组热负荷的改变，保持温度稳定。因此，对于并联式蒸发器结构可采用二次节流技术，即在冷板蒸发器后、压缩机前增设膨胀阀。二次节流可以改善制冷剂在冷板内的气液相态分布，消除出口处过热现象，使直冷板表面温度更加均匀。已有研究表明，对冷板出口进行二次节流，有利于电池包最高温度和温差的控制。另外，二次节流能够很好地调节冷板处压降，从而提高冷板内蒸发压力，避免电池组的过冷却问题，同时容许直冷式冷板蒸发器和乘员舱蒸发器存在蒸发压力差，便于保持各自合适的蒸发温区。

5.4.4　直冷式应急冷却

目前针对直冷技术的研究不局限于常规工况下的温度控制，由于制冷剂相变沸腾的传热系数高，在深入理解电池直冷式技术工作原理和特性基础上，直冷式系统在热失控等极端工况下的应急冷却策略是值得探索的方向。

随着动力电池系统能量密度的增加，其发生热失控及传播的风险也越大。如图5-14所示，在动力电池系统发生热失控初期，系统监控到异常信号报警，将制冷剂喷射到模组对应位置进行应急冷却，防止热失控事故的发生。其工作过程涉及喷射冷却和雾化机理，启动直冷式

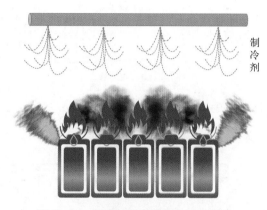

图5-14　制冷剂喷射应急冷却示意图

应急冷却时，制冷剂作为介质经喷管直接喷射到电池表面，利用制冷剂闪蒸过程和壁面液膜相变，制冷剂吸收大量热量汽化，并在短时间内将空气迅速压出，降低电池包内氧浓度，形成低氧环境进一步抑制热失控发生，具有热流量高、降温速度快、抑氧等优点。

应急喷射冷却通常是在常规直冷式系统上增加制冷剂支路实现。如图5-15（a）所示为直连式喷射冷却系统，常规工况下，应急冷却支路截止阀关闭，制冷剂进入冷板蒸发器对电池模组进行散热，当电池包出现异常过热时，打开应急冷却支路截止阀，储液罐内的制冷剂通过喷管喷射进电池包，实现应急冷却管理。此外，将应急冷却支路与常规直冷式系统独立开来，可以构成独立式应急冷却系统，如图5-15（b）所示。此时，制冷剂单独储存于储液罐，也就是说独立式应急冷却系统可以单独设置，不需要配置制冷循环系统，这样可以和消防系统联动，简化系统复杂度。

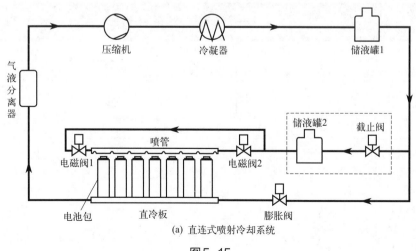

(a) 直连式喷射冷却系统

图5-15

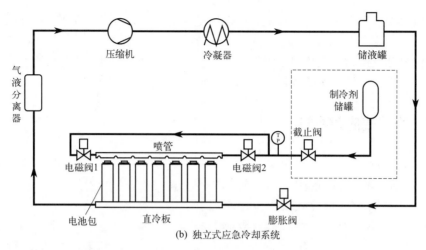

(b) 独立式应急冷却系统

图5-15　电池包应急喷射系统原理图

5.5　浸没式冷却系统

5.5.1　浸没工质

在浸没式动力电池热管理系统中，浸没工质是核心组成部分，浸没工质的热物理性质对整个动力电池系统的运行表现产生重要影响。本小节将浸没式热管理技术常用的五类浸没工质进行了系统概述，分别为电子氟化液、碳氢化合物、酯类、硅油类和水基流体类，其物性参数见表5-3。在选择浸没工质时，需要从以下多个方面进行考虑：①浸没工质应具有低介电常数，不导电；②浸没工质应具有高热导率与高比热容；③浸没工质应具有低凝固点和高闪点，在使用温度范围内应避免凝固或燃烧；④浸没工质对锂电池系统的材料不具有腐蚀作用；⑤浸没工质需环保，满足零消耗臭氧潜能值（ODP）和低全球增温潜能值（GWP）的要求。还需视具体应用场景考虑如低黏度、低密度、无毒害性、长寿命、经济性以及适宜的操作温度范围等因素。

表5-3　浸没式液冷工质的物理参数

种类	材料	商家来源	20℃时运动黏度/cSt	20℃时密度/（kg·m⁻³）	热导率/（W·m⁻¹·K⁻¹）	比热容/（J·kg⁻¹·K⁻¹）	介电常数
电子氟化液	Novec649	美国 3M	0.40	1600	0.059	1103	1.8
	Novec7000	美国 3M	0.32	1400	0.075	1300	7.4
	Novec7100，同 HFE-7100	美国 3M	0.27	1370.2	0.062	1255	7.39
	FC-72	美国 3M	0.38	1680	0.057	1100	1.75
	SF33	美国 Chemours	0.30	1383.5	0.077	1200	32
	HFE-6512	浙江辉凯鼎瑞	1.18	1600	0.23	1170	5.8
碳氢化合物	矿物油		56	924.1	0.13	1900	2.1
	E5 TM 410	荷兰壳牌	19.4	810	0.14	2100	
	AmpCool AC-110	美国 Engineered Fluids	8.11（40℃）	820	0.1403（40℃）	2212.1（40℃）	2.08

续表

种类	材料	商家来源	20℃时运动黏度/cSt	20℃时密度/(kg·m^{-3})	热导率/(W·m^{-1}·K^{-1})	比热容/(J·kg^{-1}·K^{-1})	介电常数
酯类	MIVOLT-DF7	英国M&I Materials	16.4	916	0.129	1907	
	MIVOLT-DFK	英国M&I Materials	75	968	0.147	1902	
硅油类	硅油	美国Superlube	100	965	0.16	1460	16
	二甲硅油		1500	968	0.16	1630	2.18
	乙基硅油		50	970	0.159	1810	
水基流体类	去离子水		1	998	0.5984	4182	80.2
	水乙二醇溶液（50%）		4.5	1082	0.402	3260	64.92
	氧化铝纳米流体（0.4%）		0.93（30℃）	1007（30℃）	0.6349（30℃）	4124（30℃）	

种类	材料	凝固点/倾点/℃	沸点/℃	汽化热/(kJ·kg^{-1})	闪点/℃	安全性	环保性
电子氟化液	Novec649	−108	49	88			ODP=0 GWP=1
	Novec7000	−122	34	142	无	不易燃	ODP=0 GWP=530
	Novec7100,同HFE-7100	−135	61	111.6	无		ODP=0 GWP=320
	FC-72	−90	56	88	无		ODP=0 高GWP
	SF33	−107	33.4	166	无		ODP=0 GWP=2
	HFE-6512	−120	135		无	不燃	ODP=0 GWP=1
碳氢化合物	矿物油		>218		>115	易燃	
	E5 TM 410				190	易燃	
	AmpCool AC-110	−57			193	易燃	GWP=0
酯类	MIVOLT-DF7	−75			194		ODP=0 GWP<1
	MIVOLT-DFK	<−50			>250		ODP=0 GWP<1
硅油类	硅油	−55			>300		
	二甲硅油	<−50			>155		
	乙基硅油	<−40	>205		80		
水基流体类	去离子水	0	100	2257	无		
	水乙二醇溶液（50%）	−36.8	107.2				
	氧化铝纳米流体（0.4%）						

注：1cSt = 10^{-6}m^2·s^{-1}。

（1）电子氟化液

浸没式冷却用电子氟化液包括氢氟醚（HFE）和氢氟烯烃（HFO）。该电子氟化液有不破坏臭氧层、低GWP的特点，常被用于制冷剂。这几年电子氟化液多被用于数据中心等电子设备浸没式冷却中。因这类工质具有低介电常数、不易燃、不腐蚀锂电池材料等特点，在电池热管理领域也备受关注。对于电子氟化液与电池系统材料的兼容性问题，美国3M公司的电子氟化液不腐蚀常见的金属、塑料和橡胶，但针对电动汽车行业中使用的特定材料，还需进行更多的材料兼容性验证。可进行长期储存实验来验证材料兼容性，如用金相显微镜观察接触材料表面是否腐蚀，用气相色谱-质谱法分析冷却液成分是否污染。值得注意的是，部分低沸点的电子氟化液可应用于电池极端高倍率充放电工况中，减小电池本体温差及在负载波动情况下的温度波动，例如沸点34℃的Novec7000和沸点49℃的Novec649。Koster等研究表明，基于Novec7200的电池老化实验中，经过600次充放电循环后浸没式电池组的容量保持率比风冷模组高3.3%。虽然目前研究发现电子氟化液冷却效果很好，但缺少对电子氟化液对电池寿命性能影响的系统研究，以及缺少在实现大规模应用上存在问题的研究，如材料成本和回收处理。

（2）碳氢化合物

碳氢化合物包括矿物油和合成碳氢化合物油。其中，矿物油由石油分馏提炼制成，该类化合物有低介电常数、良好的导热性能、低黏度和低成本等特性。矿物油是目前使用最广泛的冷却介质和绝缘介质，在各个领域的应用已有超过100年历史。近年来，有学者对基于矿物油的电池浸没式冷却开展了许多研究。尽管矿物油具有良好的温度控制能力，但典型矿物油的生物降解性不超过30%，矿物油泄漏后会对环境造成影响，同时清理难度很大。而且矿物油中的腐蚀性硫可能会与金属反应，影响设备正常工作。暂未有相关研究论证矿物油在电池热管理系统上应用的可靠性。相比矿物油，合成碳氢化合物油更加安全可靠。美国Engineered Fluids公司于2017年推出了"AmpCool AC-1XX"系列浸没工质。AmpCool不含硫、金属或其他杂质，而且是可降解的，无毒，无卤，不破坏臭氧层。荷兰壳牌公司于2019年推出"E-Thermal Fluids E5 TM"系列浸没工质，这款基于天然气制油（GTL）技术制成的不含硫流体专为电池、逆变器和快速充电器而设计，与许多常见的材料兼容，例如橡胶、塑料和金属。值得注意的是，E-Thermal Fluids与AmpCool的密度约为水的80%，可进一步减轻重量从而延长车辆续驶里程。然而，它们仍然存在易燃且闪点不高的问题，是易燃用品，有引起火灾和烧伤事故的隐患。

（3）酯类

酯类具有绝缘性强、可生物降解、高闪点等特点而受到电力设备行业的关注，可作为变压器中矿物油的替代品。酯类可分为天然酯和合成酯。天然酯是从植物油中提取出来的甘油三酯，合成酯是经过酯化反应生成的化合物。相比于天然酯，合成酯有着更优秀的氧化稳定性。截至2018年，全世界使用天然酯绝缘冷却的设备接近150万台。使用合成酯的设备正逐步推广，相关行业规范也在逐步制定。目前酯类在电子设备领域已日益成熟，但暂未公开酯类在浸没式电池热管理系统中的应用。

（4）硅油类

硅油具有无毒、高稳定性、润滑性能优越等特点，广泛用于润滑剂、电绝缘剂等领域。由于硅油有着高绝缘性以及其良好的导热性，因此也受到了浸没式冷却领域的关注。不同规格的硅油黏度不同，主要与硅油分子量和聚合物长度有关，聚合物链增长会使黏度增加。系统压降与流动工质的黏度成正比，黏度过高将导致循环功耗增加。

（5）水基流体类

相比于前面介绍的浸没工质，去离子水与水-乙二醇溶液、纳米流体等水基流体具有较高的冷却能力和低廉的成本。但是去离子水在0℃以下会凝固，限制其应用。而水-乙二醇溶液具有更低的凝固点，凝固点受到乙二醇占比的影响，如1：1水-乙二醇溶液的凝固点为−36.8℃。纳米流体是将一些高导热的纳米级颗粒添加入基础流体中，使得液体导热性能大大提高。纳米流体的热导率与纳米颗粒的种类以及溶液中纳米颗粒含量有关，纳米颗粒可以是金属或金属氧化物等材料。研究表明在水-乙二醇溶液中加入体积分数0.5%的氧化铝纳米颗粒时，纳米流体的热导率增加超过 $0.05 \mathrm{W \cdot m^{-1} \cdot K^{-1}}$。需要强调的是，水基流体不属于绝缘介质，因此在浸没式电池热管理系统中需考虑电绝缘问题，目前研究学者提出多种解决方案，包括绝缘涂层、硅胶密封、优化结构设计等。Birbarah利用具有电绝缘性质的聚对二甲苯碳涂层隔离印制电路板与水，如图5-16（a）所示，实验证明薄至1μm的涂层可以保护200V的系统。对这些涂层在80℃环境下进行10年可靠性试验，未出现电气、机械或热物理退化。Li使用掺混氮化硼的聚硅氧烷（硅酮）密封胶涂覆在18650型电池周围，如图5-16（b）所示，结果表明氮化硼质量占比10%的复合聚硅氧烷密封胶和纯聚硅氧烷均达到防水要求。将导电流体与带电的极耳隔离开，是浸没式电池结构优化的一种设计思路。Patil基于软包电池设计了一种极耳风冷和电芯液冷的电池模组，如图5-16（c）所示。Luo针对圆柱形锂电池，用带螺纹的密封圈和盖子防止冷却水从流道中泄漏，同时露出电池极耳，类似设计可拓展至电池模组，如图5-16(d)与（e）所示。

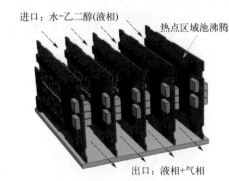

(a) 涂有聚对二甲苯碳涂层的电路板

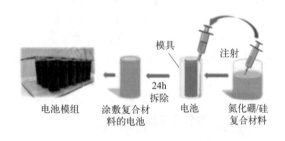

(b) 硅酮密封胶涂覆18650型电池

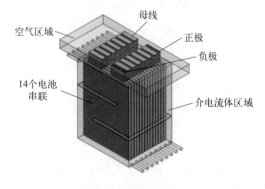

(c) 极耳风冷和电芯液冷的电池模组

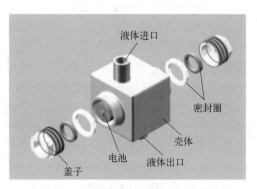

(d) 露出极耳的密封设计

图5-16

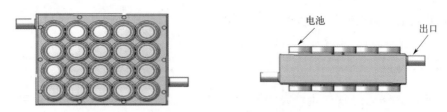

(e) 浸没工质与极耳不接触的模组设计

图5-16 水基流体电绝缘问题解决方案

另外，还应关注锂离子电池系统的密封性，如水基流体泄漏，可能会导致周围电力电子器件短路等危险。对于浸没式系统的封装可使用金属或更坚固的塑料，在其接合处用橡胶密封防止浸没工质泄漏，所使用的材料需要与浸没工质兼容性好。此外需对封装好的电池系统外部进行振动和碰撞测试，对内部进行液压加压测试，以确保其对液体或气体的密封性。

5.5.2 单相流体

目前关于电池浸没式冷却的研究，集中在单相流体冷却方向。相比于多相流体冷却，单相流体冷却实验简单且效果直观。单相流体冷却可以在新能源汽车上使用，而多相流体冷却涉及气体产生和压力变化，在新能源汽车等移动平台上使用的安全问题还需进一步研究论证。Wang 使用 10 号变压器油做浸没工质，设计了一种浸没式电池热管理系统，能在主被动模式下运行。研究表明，浸没深度为 13.2cm（全浸没高度）、流量为 0.8L·min⁻¹ 的冷却方案在 2C 放电倍率和 25℃环境温度下表现出最佳的热管理性能。与空气自然冷却条件相比，最高温度从 58.3℃下降到 39.4℃，下降了 32.4%，电池模组最大温差从 4.97℃降低到 1.23℃，降低了 75.3%。Wu 设计了由 840 个 18650 型电池组成的系统，对比了硅油浸没式冷却和环绕管式冷却。结果表明，浸没式冷却的最大温升和最大温差仅为环绕管式冷却的 20% ～ 30%。而且浸没式电池系统的质量和体积集成率分别为 91% 和 72%，分别是环绕管式系统的 1.1 倍和 1.5 倍。

5.5.3 多相流体

本小节所述多相流体指低沸点流体。沸腾传热过程强烈依赖温度并且是非线性的。沸腾传热过程如图5-17所示，在传热过程中不同阶段发生不同的物理过程。随着壁面过热度的增加，流场依次经历自然对流区、部分核态沸腾区、完全核态沸腾区、过渡沸腾区和膜态沸腾区。AC 区间称为核态沸腾区，具有温压小、传热强的特点，电池沸腾换热的研究集中在Ⅱ～Ⅲ区域（图5-17灰色区域）。

Novec7000 和 SF33 是典型的低沸点流体，沸点为 34℃。Van 将 Novec7000 应用到电池热管理系统中。结果表明，5C 大倍率放电的电池温度可维持在 34.5℃附近，同时液体沸腾可消除电池本体的温差 0.7℃以实现热均匀化。值得一提的是，可以通过主动调节气压来调节液体沸点，使沸腾维持在热通量较高的核态沸腾状态。沸腾换热在高充放电倍率下表现出优异的温控能力，可在减少系统浸没工质用量时实现与单相方式相等的控温效果，有利于电池系统的轻量化。Wu 针对大尺寸软包电池设计了基于 Novec7000 的间歇流动式沸腾冷却系统，在 2C 充放电循环中，每小时注入 24mL 的 Novec7000，可将电池表面温度控制在 36℃以下，温差小于 2℃。

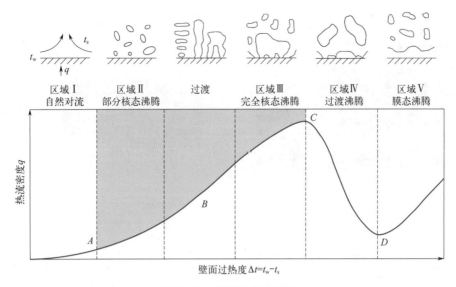

图5-17　沸腾传热示意图

5.5.4　浸没式设计示例

浸没式冷却技术是一项很有前景的电池热管理技术，学者致力于探索并提高其临界热流密度和均温能力。其中，浸没式流动沸腾拥有极高的临界热流密度和优异的均温能力，可以满足未来高能量密度电池在极端工况下的散热需求，也适用于电池热失控等更高热流密度的应用中。中国矿业大学的姜威搭建浸没式流动沸腾试验台［图5-18（a）和（b）］和动力电池模组［图5-18（c）和（d）］，基于非稳态Nürburgring工况，研究了电池模组在空气冷却、电子氟化液浸没式单相液冷、R141b浸没式流动沸腾热管理下的平均温度、最大温差、传热系数及温度云图。研究结果如图5-18（e）所示，显然空气冷却已无法满足高热流密度下的电池散热，浸没式单相液冷可以将模组温度稳定在313K，但模组温差达3.56K。而浸没式流动沸腾可以实现电池模组温度稳定在311K，温差维持在1.38K，并且此时沸腾处于部分核态沸腾阶段。在相同的壁面热流下，浸没式流动沸腾拥有更高的传热系数，其换热能力是浸没式单相液冷的2倍。浸没式流动沸腾热管理优越的控温机理在于，工质达到饱和温度后可以通过气液相变吸收电池模块局部高温区域产生的热量，并且汽化工质产生的气泡脱离壁面后在浮力驱动下迅速上浮，可以强化壁面的对流换热；而浸没式单相液冷则只通过对流换热带走热量，其换热温差相对固

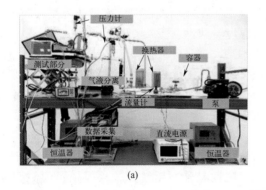

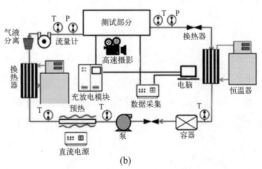

图5-18

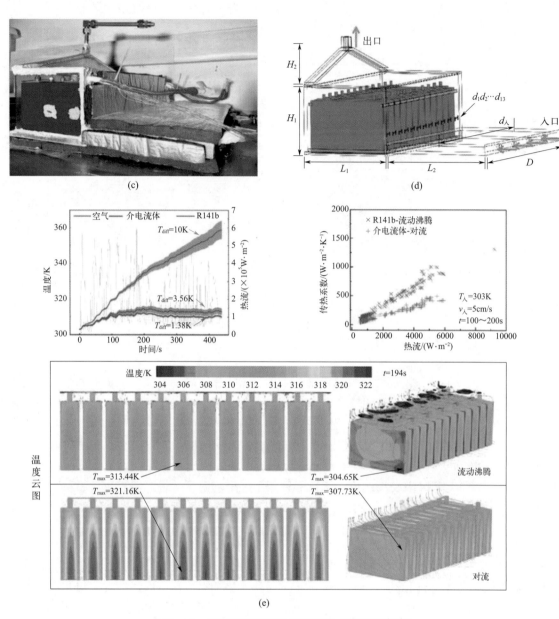

图5-18　非稳态工况电池模组浸没式流动沸腾研究

定，对电池的局部高温区域无法进行有效降温，并且工质在流动过程中持续吸热升温，使电池温度在流动方向上存在温度梯度，不利于提高电池温度一致性。

　　浸没式冷却技术在工程应用中存在浸没工质成本高、高黏度流体泵功高、电池系统重量增加、材料兼容性等问题，目前尚未实现大规模工业化应用，部分探索或示范性工业产品逐步推出。中国台湾XING Mobility公司推出浸没式冷却电池系统IMMERSIO XM25，XM25将电池组与电池管理系统和主动安全模块相结合。并表示该系统设计主要应用于大电池的商用车，可以1C充电和1.67C放电，使用寿命超3000次循环。储能电站领域也开始推出浸没式储能系统。2023年3月全球首个浸没式液冷储能电站——南方电网梅州宝湖储能电站正式投入运行。该电站采用预制舱式结构，每个电池舱容量5.2MW·h，电池温升不超过5℃，不同电池温差不超过2℃，年发电量近8100×10⁴kW·h，可减少二氧化碳排放超4.5×10⁴t。

5.6　工程实例

液冷系统是目前整车厂常用的电池热管理方式，下面对部分公开技术进行介绍，供读者参考。特斯拉汽车公司提供了一种用于汽车的双模式热管理系统，其结构如图5-19所示。早期一代的电动汽车经常使用多个独立的热管理子系统，每个子系统都需要独立的阀门、泵及冷却系统，这种方法本身是低效的。该双模式热管理系统设置有与电池系统热交换的第一冷却液回路和与驱动汽车部件热交换的第二冷却液回路，提供了在两个冷却液回路并联运行的模式和两个冷却液回路串联运行的模式之间进行选择的手段，并与车辆客舱暖通空调系统相结合，实现更为高效的双模式电池热管理。

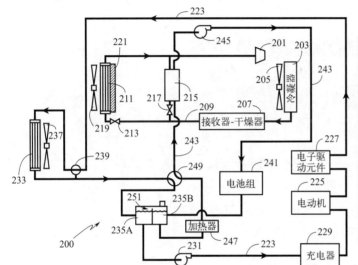

200	热管理系统	227	电子驱动元件
201	压缩机	229	充电器
203	冷凝器	231	泵
205	风扇	233	散热器
207	接收器-干燥器	235A	冷却剂蓄水池A
209	制冷剂管	235B	冷却剂蓄水池B
211	舱室蒸发器	237	风扇
213	感温式膨胀阀	239	阀门
215	逆流换热器	241	电池组
217	感温式膨胀阀	243	冷却液导管
219	风扇	245	泵
221	加热器	247	加热器
223	冷却回路	249	四通阀
225	电动机	251	冷却剂通道

图5-19　特斯拉整车热管理系统结构图

蜂巢能源科技股份有限公司于2022年发布新型液冷板专利，其结构如图5-20所示。现有技术中，液冷板制成工艺中的主要方法为冲压钎焊或者吹胀，液冷板的制成周期在15～45d（包含开模时间等）。而一旦设计的节流管的节流孔径不合适，就需要重新加工设计，且由于液冷板制样周期长等因素的限制，很容易错过项目节点，影响生产效率。除此之外，常规电池包中由于电池包的布置形式及结构的限制，往往会出现非对称结构的情况，也即液冷板左右两侧

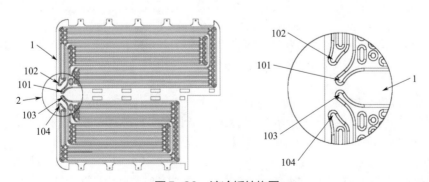

图5-20　液冷板结构图

1—液冷板本体；2—液冷板细节；101—第一流道进液口；102—第二流道进液口；
3—第三流道进液口；104—第四流道进液口

对应的热负荷不一致。在这种情况下，需要针对液冷板左右两侧设计流量不同的节流管来实现节流控制，以保证左右侧液冷板具有适宜的流量分配，此液冷板设计可在避免液冷板重新设计及加工的同时，获得匹配各连通管的适宜节流孔径，从而有效控制分配各流道的流量，并缩短制样周期及降低制样成本。

宁德时代新能源科技股份有限公司推出的麒麟电池采用电池大面冷却技术，水冷板置于单体电池间，全新的流道排列方式使得换热面积扩大了4倍，可以实现快充下的高效冷却。据报道，麒麟电池在2023年已量产交付吉利极氪，并宣布4C麒麟电池将在理想首个纯电动平台搭载。如图5-21所示，该设计将传统的横纵梁、水冷板与隔热垫合三为一，打造三效合一的多功能弹性夹层，并取消了模组结构，进一步提高了体积利用率。此外，电池泄压阀设置在底部空间，对应有云母板和泄压排烟孔，而电池小侧面间设置隔热材料阻断热失控传播，结合大面液冷板实现高效温控。

图5-21　麒麟电池液冷示意图

参考文献

[1] 饶中浩. 锂离子动力电池强化传热关键技术研究 [D]. 广州：广东工业大学，2010.

[2] 谢丽娜，郭亮. 对液冷技术及其发展的探讨 [J]. 信息通信技术与政策，2019, 296(2): 22-25.

[3] Xia G D, Cao L, Bi G L. A review on battery thermal management in electric vehicle application[J].Journal of Power Sources, 2017, 367(1): 90-105.

[4] Guo Z C, Xu J, Xu Z M, et al. A Lightweight multichannel direct contact liquid-cooling system and its optimization for lithium-ion batteries[J]. IEEE Transactions on Transportation Electrification, 2022, 8(2): 2334-2345.

[5] Hong S H, Dong S J, Park S, et al. Thermal performance of direct two-phase refrigerant cooling for lithium-ion batteries in electric vehicles[J]. Applied Thermal Engineering, 2020, 173: 115213.

[6] Wu W X, Wang S F, Chen K, et al. A critical review of battery thermal performance and liquid based battery thermal management[J]. Energy Conversion and Management, 2019, 182: 262-281.

[7] 眭艳辉，王文，夏保佳，等. 混合动力汽车动力电池组散热特性实验研究 [J]. 制冷技术，2009, 29(2): 16-21.

[8] 周科，柯秀芳，张国庆，等. 复合液冷板在电池热管理中的应用研究 [J]. 建筑热能通风空调，2021, 40(12): 59-62, 97.

[9] 张林. 基于新型液冷板的电池热管理系统多目标优化 [J]. 汽车电器，2022, 402(2): 6-11.

[10] 李潇，陈江英，李翔晟. 基于新型流道液冷板的动力电池热管理性能 [J]. 电源技术，2020, 44(10): 1438-1442.

[11] Chen F, Wang J, Yang X L. Topology optimization design and numerical analysis on cold plates for lithium-ion battery thermal management[J]. International Journal of Heat and Mass Transfer, 2022, 183: 122087.

[12] D Ansari, Kim K Y, Hotspot thermal management using a microchannel-pinfin hybrid heat sink[J]. International Journal of Thermal Sciences, 2018, 134: 27-39.

[13] 洪思慧. 超薄平板回路式热管的热传输性能研究 [D]. 广州：华南理工大学，2018.

[14] He Z Q, Yan Y F, et al. Thermal management and temperature uniformity enhancement of electronic devices by micro heat sinks: A review[J]. Energy, 2021, 216: 119223.

[15] Sotowa K, Sugiyama S, Nakagawa K, Flow uniformity in deep microchannel reactor under high throughput conditions[J]. Organic Process Research & Development, 2009, 13(5): 1026-1031.

[16] Liu X Q, Yu J L. Numerical study on performances of mini-channel heat sinks with non-uniform inlets[J]. Applied Thermal Engineering, 2016, 93:856-864.

[17] Jin L W, Lee P S, Kong X X, et al. Ultra-thin minichannel LCP for EV battery thermal management[J]. Applied Energy, 2014, 113: 1786-1794.

[18] Lai Y X, Wu W X, Chen K, et al. A compact and lightweight liquid-cooled thermal management solution for cylindrical lithium-ion power battery pack[J]. International Journal of Heat and Mass Transfer, 2019, 144: 118581.

[19] Tokozakura D. Cooling device for vehicle：US11518273B2[P]. 2022-12-06.

[20] Bray J A. Cooling system having dual independent refrigerant loops for providing cooling to a vehicle cabin and vehicle battery: US11511595B2[P]. 2022-11-29.

[21] Tesla Motors, INC. Thermal management system with dual mode coolant loop: US20120183815[P]. 2012-07-19.

[22] Jiang Y T, Zheng Q, Dong P, et al. Conjugate heat transfer analysis of leading edge and downstream mist-air film cooling on turbine vane[J]. International Journal of Heat and Mass Transfer, 2015, 90: 613-626.

[23] Jin S, Gao Q, Gao X, et al. Study on dual flow medium system for battery thermal management of electric vehicle[J]. Case Studies in Thermal Engineering, 35: 102023.

[24] Direk M, Yüksel F. Experimental evaluation of an automotive heat pump system with R1234yf as an alternative to R134a[J]. Arabian Journal for Science and Engineering, 2020, 45(2): 719-728.

[25] Feng B, Yang Z, Zhai R. Experimental study on the influence of the flame retardants on the flammability of R1234yf[J]. Energy, 2017, 143: 212-218.

[26] Wang A C, Yin X. Driving range evaluation based on different cabin thermal management goals of CO_2 heat pumps for electric vehicles[J]. Journal of Cleaner Production, 2023, 382: 135201.

[27] Wang H D, Cao F, Jia F, et al. Potential assessment of transcritical CO_2 secondary loop heat pump forelectric vehicles[J]. Applied Thermal Engineering, 2023, 224: 119921.

[28] 宋明浩，张铁臣，汪琳琳. 制冷剂R1234yf物性及应用发展研究 [J]. 汽车实用技术，2021, 46(12): 178-181.

[29] 霍二光，戴源德，耿平，等. R1234ze与R152a混合制冷剂替代R22的可行性 [J]. 化工学报，2015, 66(12): 4725-4729.

[30] Gao Q, Liu Y, Wang G,et al.An experimental investigation of refrigerant emergency spray on cooling and oxygen suppression for overheating power battery[J].Journal of Power Sources, 2019, 415: 33-43.

[31] Wang J, Zhang Y. Research on cooling characteristics of power battery fast-charging of refrigerant-based direct cooling system[J]. IOP Conference. Series: Earth and Environmental Science, 2021, 696(1): 012007.

[32] 聂磊. 基于吹胀冷板的直冷电池热管理系统研究 [D]. 上海：上海交通大学，2020.

[33] 刘玉彬. 动力电池过热应急冷却热管理系统研究 [D]. 长春：吉林大学，2021.

[34] 曾少鸿，吴伟雄，刘吉臻，等. 锂离子电池浸没式冷却技术研究综述 [J]. 储能科学与技术 2023,12(9): 2888-2903.

[35] Li X T, Zhou Z Y, Zhang M J, et al. A liquid cooling technology based on fluorocarbons for lithium-ion battery thermal safety[J]. Journal of Loss Prevention in the Process Industries, 2022, 78: 104818.

[36] Koster D, Marongiu A, Chahardahcherik D, et al. Degradation analysis of 18650 cylindrical cell batterypack with immersion liquid cooling system. Part 1: Aging assessment at pack level[J]. Journal of Energy Storage, 2023, 62: 106839.

[37] Oommen T V. Vegetable oils for liquid-filled transformers[J]. IEEE Electrical Insulation Magazine, 2002, 18(1): 6-11.

[38] Zakaria I, Azmi W H, Mohamed W A N W, et al. Experimental investigation of thermal conductivity and electrical conductivity of Al_2O_3 nanofluid in water-ethylene glycol mixture for proton exchange membrane fuel cell application[J]. International Communications in Heat and Mass Transfer, 2015, 61: 61-68.

[39] Birbarah P, Gebrael T, Foulkes T, et al. Water immersion cooling of high power density electronics[J]. International Journal of Heat and Mass Transfer, 2020, 147: 118918.

[40] Li X X, Huang Q Q, Deng J, et al. Evaluation of lithium battery thermal management using sealant made of boron nitride and silicone[J]. Journal of Power Sources, 2020, 451: 227820.

[41] Patil M S, Seo J H, Lee M Y. A novel dielectric fluid immersion cooling technology for Li-ion battery thermal management[J]. Energy Conversion and Management, 2021, 229: 113715.

[42] Luo M Y, Cao J H, Liu N H, et al. Experimental and simulative investigations on a water immersion cooling system for cylindrical battery cells[J]. Frontiers in Energy Research, 2022, 10: 803882.

[43] Wang H T, Tao T, Xu J, et al. Thermal performance of a liquid-immersed battery thermal management system for lithium-ion pouch batteries[J]. Journal of Energy Storage, 2022, 46: 103835.

[44] Wu S Q, Lao L, Wu L, et al. Effect analysis on integration efficiency and safety performance of a battery thermal management system based on direct contact liquid cooling[J]. Applied Thermal Engineering, 2022, 201: 117788.

[45] van Gils R W, Danilov D, Notten P H, et al. Battery thermal management by boiling heat-transfer[J]. EnergyConversion and Management, 2014, 79: 9-17.

[46] Wu N, Ye X L, Yao J X, et al. Efficient thermal management of the large-format pouch lithium-ion cell via the boiling-cooling system operated with intermittent flow[J]. International Journal of Heat and Mass Transfer, 2021, 170: 121018.

[47] 姜威. 非稳态工况电池组浸没式流动沸腾热管理传热特性研究 [D]. 徐州：中国矿业大学，2023.

[48] 蜂巢能源科技股份有限公司. 液冷板：CN217589120U[P]. 2022-10-14.

[49] 宁德时代新能源科技股份有限公司. 箱体结构、电池及用电装置：CN216648494U[P]. 2022-05-31.

Chapter

第 **6** 章

相变冷却技术及材料

6.1 相变材料简介

相变材料（PCM）在相转变过程中具有优异的蓄冷蓄热功能，且自身的温度改变幅度极小，因而广泛地应用于能量控制和存储等领域。但是，在不同的应用领域中，PCM的选择有诸多条件限制。单一的PCM因为导热性能差、可加工性能差等本征缺陷，很少被单独使用，通常与金属、聚合物和/或石墨化碳素填料复合，以提高其综合性能。

PCM电池热管理技术便是利用PCM在相转变过程中吸收/释放的大量热量，使电池工作环境保持在适宜的温度区间，如图6-1所示。PCM热管理因其被动式的控温特性及简单紧凑的结构，成为近年来的研究热点。在实际应用中，为了将PCM所吸收的热量及时耗散，避免（局部）蓄热饱和，一般会耦合其他散热技术进行二次散热。本章介绍了PCM的分类、性能、制备方法及相应的电池热管理技术等内容。

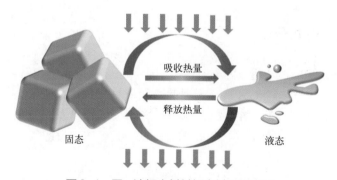

图6-1　固-液相变材料相变过程示意图

PCM的本征性能无疑对电池热管理系统有着极其重要的影响，一般来讲，需要达到以下几个方面的性能指标。

① 相变温度（温区）应该适当高于环境温度，且低于热管理的最高目标温度，因此，对于锂离子电池热管理系统，PCM的相变温度范围应在30～50℃之间，且过冷度越小越好；

② 具有高潜热、高比热容以及高热导率；

③ 物理性质稳定，相变过程体积变化小，不易挥发、泄漏；

④ 化学性质稳定，无毒、不易燃、不易爆；
⑤ 储量大、价格低廉。

6.2　相变材料的分类

目前使用的PCM种类繁多，有多种不同的分类标准（图6-2）。相变材料可根据相变形式、相变温度范围和材料成分进行分类。

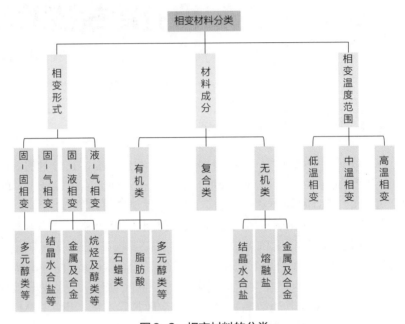

图6-2　相变材料的分类

6.2.1　以相变形式分类

PCM以其发生相变的形式可分为固-固型、固-液型、固-气型和液-气型，其中以固-液和固-固相变最为常用。固-固PCM具有无泄漏、无需封装和体积变化小等特点。固-液PCM的优点是潜热大、成本低，但也面临着易泄漏、腐蚀、过冷以及相分离等问题。对于固-气PCM、液-气PCM，尽管其潜热更高，但在相变过程中会产生大量的气体，可控性较差，因此在工程上的应用并不多见。

6.2.2　以相变温度范围分类

以相变温度范围进行划分可分为低温、中温和高温相变材料。低温相变材料（相变温度＜220℃），如水凝胶、无机水合盐、脂肪烃等，主要用于建筑节能、服装、纺织品；中温相变材料（220℃＜相变温度＜420℃），如熔融盐、聚合物等，在建筑节能和太阳能利用中得到了广泛的应用；高温相变材料（相变温度>420℃），如熔融盐、金属及其合金等，在工业废热回收、电力调峰等方面具有广阔的应用前景。

6.2.3　以材料成分分类

以材料成分划分可分为无机类、有机类、复合类PCM。无机PCM热导率较高、相变潜热大、价格低廉，但具有腐蚀性，且易发生过冷、相分离等；有机PCM包括石蜡、脂肪酸等，过冷度较小，且循环性能稳定，不会出现相分离现象，因此被广泛用于电池热管理领域。表6-1对比了无机PCM和有机PCM的优缺点。此外，通过复合各种功能性组分获得的复合PCM克服了纯PCM的一些固有缺陷，进一步拓展了PCM的应用领域。

表6-1　PCM材料优劣对照表

材料	代表物质	相变潜热	热导率	稳定性	腐蚀性	过冷度	易燃
有机类	石蜡、脂肪酸	小	小	高	无	小	是
无机类	无机水合盐、金属	大	大	低	有	大	否

（1）无机相变材料

无机PCM主要包括水合物、熔盐、金属和合金等。其液化温度范围可覆盖常见的应用领域，而且能量储存密度高。无机PCM相对于有机PCM而言，材料获取途径广、成本低、经济效益高、安全性强。在众多无机PCM中，水合盐得益于适宜且可控的相变温度，适用于电池热管理领域，但其存在腐蚀性，冷度较大，且在使用过程中会出现相分离，这些都是制约其在电池热管理领域实际应用的关键因素。表6-2罗列了几种常用的无机水合盐的热物性参数。

表6-2　部分无机水合盐的热物性参数

水合盐	相变温度/℃	相变潜热/($J \cdot g^{-1}$)	密度/($kg \cdot m^{-3}$) 固	液	比热容/($J \cdot g^{-1} \cdot ℃^{-1}$) 固	液
$Mn(NO_3)_2 \cdot 6H_2O$	25.8	125.9	1.74	1.73	—	—
$CaCl_2 \cdot 6H_2O$	29.6	191.0	1.80	1.56	1.42	2.10
$LiClO_4 \cdot 3H_2O$	8.1	253.0	1.72	1.53	—	—
$Na_2SO_4 \cdot 10H_2O$	32.4	251.0	—	—	—	—
$Na_2CO_3 \cdot 10H_2O$	34.0	251.0	1.44	—	1.88	3.35
$Mg(NO)_3 \cdot 6H_2O$	89.0	162.8	—	1.55	1.34	2.26
$Zn(NO_3)_2 \cdot 6H_2O$	36.4	130.0	2.07		1.34	2.26
$Ca(NO_3)_2 \cdot 4H_2O$	42.6	140.0	1.82		1.46	—
$MgSO_4 \cdot 7H_2O$	48.5	202.0	—	—	—	—

相分离是指在加热的过程中，水合盐失去的结晶水会变成液态水，使失去结晶水的部分无机盐溶解成为溶液，其余的则沉淀在容器底部，出现固液分离的现象（图6-3）。

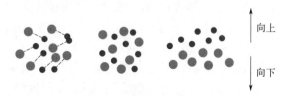

向上

向下

图6-3　相分离原理示意图

目前抑制相分离的方法主要有以下几种：

① 搅拌法　通过连续搅拌使底层沉淀物受到外界的驱动，不断地移动并均匀分布，与水分子充分接触，在冷却结晶时充分发生反应，从而确保再结晶率。搅拌方式是最直观、最有效的方式，能将结晶放热最大化，但其实用性不高。

② 增稠法　通过加入增稠剂来增加液态PCM的黏性，使不能溶解的沉淀悬浮在溶液中，从而减少沉淀的生成。同时，悬浮无机盐能与水分子充分接触并发生反应，使结晶放热过程更为平稳。表6-3中罗列了几种常用水合盐相变材料的增稠剂。

表6-3　几种常用水合盐相变材料的成核剂和增稠剂

水合盐PCM	成核剂	增稠剂
$Na_2SO_4 \cdot 10H_2O$	硼砂	高吸水树脂、十二烷基苯磺酸钠
$CH_3COONa \cdot 3H_2O$	$Zn(OAc)_2$、$Pb(OAc)_2$、$Na_2P_2O_7 \cdot 10H_2O$、$LiTiF_6$	明胶、树胶、阴离子表面活性剂
$CaCl_2 \cdot 6H_2O$	BaS、$CaHPO_4 \cdot 12H_2O$、$CaSO_4$、$Ca(OH)_2$	二氧化硅、膨润土、聚乙烯醇
$Na_2HPO_4 \cdot 12H_2O$	$CaCO_3$、$CaSO_4$、硼砂、石墨	聚丙烯酰胺

③ 浅容器法　将PCM封装在低矮的容器中（几毫米高），由于液位较低，非水溶性的无机盐结晶依靠自身张力得以在液体中悬浮。即便发生了部分沉淀，由于液位低，有效接触面积大，再结晶率也不会很低，因而不会对储热性能产生太大影响。此方法在实践上也有一定的局限性，但只要对容器进行了合理的结构设计，同样可以实现。

④ 补水法　将水添加到无机水合盐中，可以将没有溶解的无机盐结晶完全溶解，从而获得稳定的水合盐溶液。然而，由于外加水分的存在，会使得因高温脱水而产生的$AB \cdot yH_2O$类无机盐无法直接参与再结晶放热，延缓了结晶过程，造成潜热释放滞后或阻滞，从而影响了PCM的储热性能。

过冷现象指的是无机水合盐晶体在吸收热量后，液体中的无机水合盐下降到理论凝固点而不会形成结晶，只有在温度下降到显著低于理论凝固点时，才会出现结晶的现象。过冷度太大会使得吸收的热量无法及时耗散，导致PCM控温模块失效（图6-4）。

改善过冷度通常有以下几种方法：

① 添加成核剂以显著提升无机水合盐的结晶温度，是目前最常用的降低过冷度的方法。

② 杂质法对无机水合盐结晶过程的影响则是双向

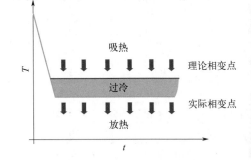

图6-4　"过冷"原理示意图

的，其中一些杂质会加速成核，使过冷程度下降，而另一些会抑制晶化，使过冷程度增加。

③ 冷手指法同样可以明显降低过冷度。冷手指法可以促进结晶是因为晶体没有完全熔化，其作为成核剂或直接做晶核促进结晶过程。

④ 微胶囊封装法不但可以有效降低过冷度，也能够解决相分离的问题，是目前研究得最多的一种方法。它是将PCM包裹在一个非常小的高分子壳结构中，这个壳结构的内表面和高分子材料自身都能够起到促进成核的作用，从而降低过冷度。

为了加快在使用过程中的传热速率，一般选择金属材质的容器对PCM进行封装。然而，水合盐对金属材料具有一定的腐蚀性，这也成为水合盐PCM在各种应用中的一个共性问题。孟令然通过对文献的调研整理出特定的水合盐PCM对不同型号的铝、铝合金、铜、不锈钢、碳钢等金属材料的腐蚀性。结果表明大多数水合盐对金属容器有腐蚀性，但不锈钢对水合盐相变材料的耐腐蚀性最优；其次，铝纯度和碳钢含碳量都会影响材料的耐腐蚀性。

（2）有机相变材料

有机PCM是一种以一定长度的碳-氢链为骨架的物质，它具有较高潜热值、低腐蚀性和良好的热稳定性。与无机PCM相比，其过冷度低，不存在相分离，且不具有腐蚀性。然而有机PCM也存在一些本征缺陷，如低导热性、易流动性和易燃性。有机PCM主要可分为石蜡类和非石蜡类（表6-4）。

表6-4 部分用于BTMS的有机相变材料的热物性

PCM	热导率/（W·m⁻¹·K⁻¹）	潜热/（J·g⁻¹）	相变温度/℃
石蜡（PW）	0.20	255	41～44
月桂酸	0.15	177	43
肉豆蔻酸	—	187	53.7
棕榈酸	0.17	186	62.3
硬脂酸	0.17	203	70.7
癸酸	0.15	152.7	32
PEG 600	—	146	20～25
PEG 1000	0.29	142	35.9/29.9
PEG 1500	0.31	163.4	48.9/42.9
PEG 3400	—	171.6	56.4
癸醇	—	205	38

注：PEG—聚乙二醇；PEG 600—平均分子量为600的聚乙二醇，其他同理。

石蜡是一种无臭无味的白色或淡黄色半透明固体，主要由直链烷烃构成，它的熔点与链长有关。一般来说，链长越长，熔点就越高，相变潜热越大。石蜡易溶于非极性溶剂如汽油、乙醚、苯等，难溶于极性溶剂如水、甲醇。此外，石蜡的绝缘性能优良，其电阻率高于大部分物质，且它的化学活性低，性质稳定，在一般情况下，它不会和任何的碱性物质发生反应。非石蜡PCM主要包括脂肪酸、多元醇、酯和烷烃等。脂肪酸和多元醇PCM同样具有储热能力强、熔融温度适宜、过冷度低、无毒、化学稳定性好及热稳定性好等优点，但成本略高（约为石蜡的2～3倍），且具有弱腐蚀性，而多元醇PCM则存在着易升华、易溶于水、价格昂贵等缺陷。在电池热管理应用中，纯有机PCM用于冷却电池虽有明显的控温效果（图6-5），但仍存在诸多局限性：

① 热导率低，过低的热导率（0.10～0.25W·m⁻¹·K⁻¹）导致有效传热厚度小；

② 泄漏，有机PCM液化后存在泄漏风险；

③ 饱和失效，有机PCM蓄热饱和之后，由于不能在短时间内将热量二次耗散，恢复到固体状态，造成了热管理系统的失效；

④ 易燃，绝大部分有机PCM均为极易燃烧的有机物，在热失控发生时的燃烧现象甚至会加速热失控的传播。

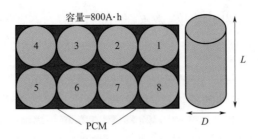

图6-5　Al-Hallaj实验用EV模块代表图（含8个100A·h电池）

（3）复合相变材料

如前所述，有机PCM自身热导率较低、易泄漏、机械强度不足等本征缺陷限制了其实际应用。因此，目前在建筑节能、航空航天等领域的应用中大多采用复合相变材料（composite PCM, CPCM）。在电池热管理领域，得益于较低的批量制造成本，将各种功能性组分与纯PCM通过直接共混或原位聚合制备成CPCM，仍旧是最具潜力实现PCM热管理技术实际应用的方案。总的来说，结合电池热管理的应用需求，CPCM的性能调控一般从可成形性、导热性、电绝缘性、力学性能、热稳定性等方面进行增强，将在第6.3节及第6.4节中进行详细介绍。

6.3　定形相变材料制备方法

在电池热管理应用中，大多利用有机PCM的固-液相转变来进行控温。如前所述，PCM在液化后，存在泄漏和形变等问题。因此，在实际应用中，往往需要进行定形和封装。采用定形-封装技术将PCM与基体复合，制备得到的定形CPCM，能有效增强CPCM的实用性和安全性。目前，制备定形CPCM的方法主要有多孔基体吸附法、熔融共混法、原位聚合法和微胶囊法。其中，在制备热管理用CPCM的过程中，以熔融共混法及原位聚合法最为常用。

6.3.1　多孔基体吸附法

采用多孔介质对PCM进行吸附是一种常用的定形技术，其原理是利用多孔介质中大量微纳孔产生的毛细凝聚作用吸附PCM，使其在液化后不会发生泄漏。选用多孔材料时，往往要综合考虑其孔径分布、孔径大小以及与相变材料的相容性等因素。常用的多孔材料主要有膨胀石墨、γ-Al$_2$O$_3$、膨胀珍珠岩、多孔陶粒、膨润土、凹凸棒土等。通常被应用在电池热管理中的材料是膨胀石墨。它具有很高的孔隙率，因此吸附量极高（1g膨胀石墨可吸附80g石油），且可作为导热增强剂，提高材料的热导率。

6.3.2　熔融共混法

熔融共混是在高于聚合物熔点的温度下，物理混合液相聚合物和PCM并同时分散导热填料，然后浇筑到特定模具中，再冷却至室温以固化成形的一种制备方法。聚合物作为定形骨架及吸附骨架保证CPCM的成形稳定性并防止液态PCM泄漏。由于制备温度需要高于可熔融组分的熔点，所以此方法适合制备低温定形CPCM，适用于电池热管理领域。聚合物定形组分主要有聚乙烯、聚苯乙烯、聚丙烯、烯烃嵌段共聚物等熔点在 $100 \sim 200℃$ 之间的热塑性聚合物。

6.3.3 原位聚合法

熔融共混法尽管工艺简单，适用性广，但也具有一定的局限性。由于动力锂离子电池对温度极其敏感，熔融共混法的高温制备过程无法实现 CPCM 和电池模组的一次组装成形，尤其在安装圆柱形电池模组时，CPCM 必须在高温下浇筑成形之后，再进行加工以匹配圆柱形电池的曲面。因此，为了实现 CPCM 模块在电池模组中的直接灌封，也可以采用具有室温固化功能的聚合物，如环氧树脂、聚氨酯、酚醛树脂、硅凝胶等，在（近）室温下，与液相 PCM 和导热填料进行共混，随后在固化剂/催化剂的作用下，原位聚合固化成形，避免了高温过程。

6.3.4 微胶囊法

微胶囊 PCM 是一种具有核-壳结构的新型 PCM，如图 6-6 所示。采用微胶囊技术，以聚合物为外壳，将颗粒大小为 $1 \sim 300μm$ 的 PCM 包裹起来。在固-液相变过程中，胶囊内部的 PCM 从固体变成了液体，而外层仍然是固体高聚物，因此在宏观上是固体粒子。目前，微胶囊制备技术主要有界面聚合法和原位聚合法等。采用该技术所制得的定形相变材料具有许

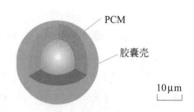

图6-6 相变微胶囊结构图

多优势，如相变时不会发生渗漏，在一定程度上抑制了 PCM 与外界的化学反应，增大了 PCM 的换热面积。表 6-5 详细对比了不同定形相变材料制备方法的优缺点。

表6-5 不同定形相变材料制备方法的优缺点

项目	多孔基体吸附法	熔融共混法	原位聚合法	微胶囊法
优点	制备工艺简单，成本低廉	工艺简单，适用性广	低温制备，可直接灌封模组	稳定性好，可灵活成形
缺点	稳定性差，需要结合加工和封装技术	制备温度高，无法实现模组直接灌封	原料选择少，脱水处理环节把控较难	制备工艺复杂，制备条件较苛刻

6.4 相变材料电池热管理技术

PCM 热管理技术是利用 PCM 在相变过程中所吸收或释放的大量热量，将电池模组的工作温度控制在合适的范围内，其优点是结构简单及零能耗的被动控温特性。组装过程中，只需将电池装进预先制备好的 PCM 模块或 PCM 板块即可（图6-7）。在实际应用中，圆柱电池一般采用图6-7（a）所示的立方体模块，并将电池插入圆柱形孔道中形成包裹结构。对于方形或者软包电池，则通常采用图6-7（b）所示的三明治贴合方式，将 PCM 制备成规整的矩形板块，并与方形或软包电池相间贴合，组装成紧凑的电池模组。如前所述，结合动力电池系统的具体工作环境和要求，纯 PCM 无法满足应用要求，需添加各种功能性组分以增强 PCM 的导热性能、力学性能及热稳定性。

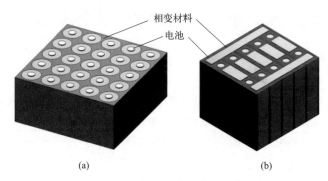

图6-7　相变材料冷却结构设计图

6.4.1　增强复合相变材料的导热性能

CPCM在电池热管理应用中，首当其冲需要克服的问题就是低热导率不利于所吸收热量的快速扩散，为此，通常在纯PCM中添加导热填料以加快CPCM在吸/放热过程中的传热速率。常用的导热填料主要有金属材料和石墨化的碳基材料。金属导热填料通常采用镍、铝、铜的多孔泡沫状、网状或者粉末状材料。而石墨化的碳基导热填料主要包括膨胀石墨、石墨烯及碳纳米管。在各式各样的导热材料中，泡沫金属及膨胀石墨使用最为广泛。

对于金属导热组分来说，多孔泡沫具有三维连续的宏观结构及成熟的制备技术等优点，其导热增强效果最好。其三维连续的结构可以将热量高效传输到整个模块，且不会发生添加金属粉末时出现的团聚和沉淀现象。例如，在石蜡中构筑泡沫铜/膨胀石墨复合导热网络，其热导率可达2.9W·m^{-1}·K^{-1}，且泡沫金属骨架还可以极大提高CPCM模块的力学性能。值得一提的是，对于同一种泡沫金属，孔隙率对CPCM的控温能力有很大的影响，孔隙率越小，泡沫金属的骨架密度就越大，CPCM的导热性能就越强，散热性能及均温效果越好。但是，孔隙率的减小也意味着CPCM密度会相应增大。此外，泡沫金属不同的骨架形貌及孔形貌同样显著影响CPCM的控温性能。如"体心"和"面心"两种结构的泡沫金属骨架中，面心立方结构与PCM的接触面积更大，因此所得CPCM的热导率更高，吸热速度更快，温度更均匀（图6-8）。

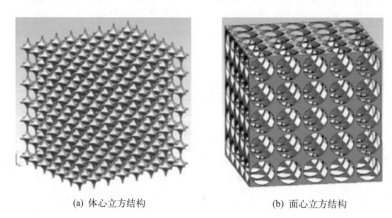

(a) 体心立方结构　　　　　　　　(b) 面心立方结构

图6-8　相变材料加入泡沫金属骨架的两种冷却结构

然而，金属材料的密度较大，使用其作为导热增强剂无疑将极大增加CPCM的重量，显著降低电池模组的能量密度。与泡沫金属相比，石墨化碳基导热填料具有极低的表观密度、高热稳定性和化学稳定性，如膨胀石墨、碳纳米管（carbon nanotubes，CNTs）、氧化石墨烯等。采用石墨化碳基导热填料可以避免采用金属导热填料出现的 CPCM 重量急剧增大的问题，减少电池模组能量密度的下降程度。此外，石墨化碳基导热填料丰富的微纳孔隙可以有效吸附 PCM，在一定程度上缓解 PCM 液化后的流动及泄漏现象。CNTs 包含单壁 CNTs（single-walled CNTs，SWCNTs）和多壁 CNTs（multi-walled CNTs, MWCNTs），具有优异的导热性能，加入量达到 5%（质量分数）时，CPCM 的热导率可以提高 50% 以上。此外，MWCNTs 也可以和石墨烯共同使用，构筑三维导热骨架。

膨胀石墨作为 CPCM 的导热添加剂是目前研究最为广泛的，因为其具有远低于碳纳米管和石墨烯的成本，且表观密度低至约 $0.01\text{g} \cdot \text{cm}^{-3}$，仅需少量添加，便可构筑起连续的导热网络，显著提高 CPCM 的热导率。例如，在石蜡中添加 20%（质量分数）的膨胀石墨之后，CPCM 的热导率达到了 $12.35\text{W} \cdot \text{m}^{-1} \cdot \text{K}^{-1}$，相比于纯石蜡提高了 52 倍。此外，由于石墨极其发达的孔隙率可以吸附大量液态 PCM，因此添加量过大时，会造成混合液黏度急剧增大，甚至形成凝胶状，无法流动，因此通常需要采用热压法压制成为特定模块。在这个过程中，压制密度对材料的热导率也有很大的影响，有研究表明，当压制密度从 $300\text{kg} \cdot \text{m}^{-3}$ 增加到 $900\text{kg} \cdot \text{m}^{-3}$ 时，热导率可从 $4.3\text{W} \cdot \text{m}^{-1} \cdot \text{K}^{-1}$ 提高到 $10.7\text{W} \cdot \text{m}^{-1} \cdot \text{K}^{-1}$。

6.4.2 增强复合相变材料的电绝缘性能

当 CPCM 安装于电池组并与电池直接接触时，要求其具有良好的电绝缘性。若其电绝缘性能不达标，将使模组在滥用情况下更容易发生短路，进而引起火灾、爆炸等危害，直接影响到电池模组的安全性。

然而，上述提到的金属及石墨化碳基导热材料通常具有较高的电导率，作为填料填充在 CPCM 中，当电池受到机械碰撞或 CPCM 发生意外泄漏时，金属基和碳基填料掉落到电子元件上会造成电池短路。因此，一些研究也通过采用二氧化硅、氮化铝、氮化硼、碳化硅、氧化铝等具有电绝缘性的陶瓷基填料替代金属或（部分）石墨化碳来同步提升 CPCM 的热导率和电绝缘性，使其更加适用于电池热管理。陶瓷基导热填料传热过程中没有自由电子移动，热流主要通过声子振动的方式传递。一般来说，声子在材料中的扩散越强，材料的导热能力就越强，热导率就越大。但是陶瓷基导热填料的密度通常较大，添加量过大会造成 CPCM 密度过大，使电池模组能量密度急剧下降，因此不宜全部取代石墨化碳基导热填料。通常的做法是采用一定比例的陶瓷基导热填料取代部分膨胀石墨，构筑成复合型导热骨架，可以在保证绝缘性能的同时，不过多地增加重量，如碳化硅/石墨和氮化铝/石墨复合导热骨架。

6.4.3 增强复合相变材料的力学性能

CPCM 热管理在实际应用中，还面临着另外一个问题，即二元的 PCM/导热骨架模块在（部分）PCM 组分液化之后会出现泄漏、模块形变甚至坍塌。此外，汽车行驶过程中的碰撞、挤压、冲击均会使 CPCM 发生泄漏和形变。因此，如何在兼顾导热和蓄热性能的同时增强 CPCM 的抗泄漏性能和形态稳定性，是实际应用中亟须解决的问题。如第 6.3 节中所述，目前通常采用熔融共混法或者原位聚合法在 CPCM 中引入聚合物作为第三组分，构筑定形/吸附骨架，抑制 PCM 的泄漏并保证模块的形态稳定。此外，力学性能的提升还可以极大增强 CPCM 的模块的可成形性和可加工性，便于加工成特定形状以满足应用场景需求。例如，通过

150～200℃的高温熔融共混聚乙烯、石蜡和石墨获得三元CPCM。聚乙烯作为高分子定形骨架可以最大限度地降低石蜡的泄漏量并增强CPCM的力学性能，使其具有良好可成形性和稳定性，便于定制CPCM板以匹配各种规格的电池和电池模组。高温熔融共混法具有工艺简单、适用性广等优点，可将各种具有特定力学性能的热塑性高分子与PCM共混，但也具有一定的局限性：锂离子电池对温度的敏感性使得熔融共混法的高温制备过程无法实现CPCM和电池模组的一次组装成形。因此，也可以选择具有室温固化功能的热固性高分子作为定形骨架，如环氧树脂、酚醛树脂、交联聚苯乙烯等。该方法仅需在稍高于PCM的相变温度下，将液态热固性高分子前驱体、液态PCM共混，直接灌入已经焊接好的电池模组中，在固化剂/交联剂或催化剂的作用下直接成形。

上述这些以刚性较强的聚乙烯或聚苯乙烯等聚合物作为定形组分得到的CPCM通常被称为刚性CPCM，具有优异的可成形性及可加工性。然而，其与同样刚性的电池贴合程度较差，导致电池与CPCM之间的界面接触热阻较大，极大降低了控温效果，且在长时间运行及恶劣路况中，会造成电池挤压、碰撞或松动等后果。因此，一些研究者尝试采用柔性聚合物取代刚性的聚乙烯或聚苯乙烯等聚合物作为定形组分，制备了一类具有一定柔韧性的CPCM，称为柔性CPCM（flexible CPCM，FCPCM）。FCPCM在与电池结合组装电池模组时，可以实现过盈配合，极大降低电池与FCPCM界面的接触热阻，提高导热/蓄热效率。此外，在恶劣的路况及工作环境中，FCPCM还可以有效缓冲单体电池的振动，避免出现松动及相互挤压/碰撞，进一步提高模组的安全性。例如，以烯烃嵌段共聚物（olefin block copolymer，OBC）作为定形组分替代刚性高分子可得到"热致"FCPCM。OBC中的非晶态乙烯-辛烷软段可以在高于PCM相变温度的环境下发生可逆形变，使FCPCM具有良好的柔性。同样地，采用苯乙烯-丁二烯-苯乙烯（styrene-butadiene-styrene，SBS）弹性体和热塑性聚醚酯弹性体（thermoplastic polyether ester elastomer, TPEE）作为定形组分也可以得到FCPCM，TPEE协同SBS构筑成的三维柔性支撑骨架，不仅能够降低石蜡的泄漏情况，还能够在更宽的温度范围展示出柔性。这种FCPCM在热管理应用中的过盈配合起到相当重要的作用，SBS基柔性CPCM比环氧树脂基刚性CPCM具有更低的接触热阻，且在不同振动频率（0Hz、10Hz、20Hz）下电池模组的充放电测试表明，FCPCM在持续振动的工作环境下展现出比刚性CPCM更为优异的控温性能。此外，通过选择带有聚醚软段的共聚酯热塑性弹性体（TPC）来替代OBC和SBS骨架，可以最大限度拓宽FCPCM的柔性温区。得益于TPC中C—O—C键较低的内旋转阻力，TPC-FCPCM在室温（20℃）至低温（-5℃）范围内均具有优异的柔性，因此其可以在室温下简便地安装于具有不同规格的圆柱形电池以及圆柱形、方形和软包电池模组上。

6.4.4　增强复合相变材料的阻燃性能

尽管有机PCM具有更适用于电池热管理的优异性能，但是其易燃性会在电池模组热失控时加剧热失控的蔓延，因此研究人员一直致力于提升CPCM的阻燃性能，旨在降低峰值温度，延缓热失控及热失控蔓延。

提高有机类CPCM阻燃性的研究主要集中于添加阻燃剂。如采用真空熔融浸渍法制备的以多孔Mxene和$POCl_3$改性硬脂醇为基体的CPCM具有良好的阻燃性，相比之下其峰值热释放率和总热释放率大大降低，这是由于含磷基团的释放和Mxene的加入改善了CPCM的阻燃性。用聚磷酸铵、磷酸和氧化锌作为阻燃剂也可以抑制CPCM热扩散和抵抗火焰。有研究表明，阻燃剂总含量为15%（质量分数）的FCPCM具备最佳阻燃效果，极限氧指数可以达到35.9%。

且在热失控模拟实验中，阻燃型FCPCM能够及时吸收并传递被触发电池的热量，有效延缓了电池模组热失控的发生。

6.5　相变材料耦合二次散热技术

在实际应用中，CPCM模块在绝大部分工况中均可以有效、稳定控制电池模组的工作温度和温度分布。然而，CPCM有限的潜热仍会导致模块在较为恶劣的工况中，如高环境温度和/或高倍率充/放电，出现局部蓄热饱和进而控温失效的情况。因此通常需要耦合二次散热技术来确保CPCM模块的可靠性，如强制风冷、液冷、热管等，构成混合型热管理系统。由于有CPCM模块作为主要控温及热传导部件，因此相应的二次散热结构比单一的风冷和液冷结构要简单许多。

6.5.1　PCM耦合空冷散热

耦合强制风冷，利用CPCM与外部气流的对流换热及时将模块吸收的热量耗散，可以有效避免CPCM模块的蓄热饱和。与自然对流耦合CPCM的冷却方式进行对比，强制风冷耦合CPCM具有更好的散热效果。同样地，与单一的强制风冷相比，CPCM和空冷集成式的热管理系统也具有更好的冷却效果，在CPCM液化之后，强制风冷有效强化了CPCM模块所吸收热量的二次耗散，且空气流速越大，二次散热效果越好。针对块状CPCM模块二次散热效率低的问题，还可以将CPCM设计成特定的管状或板状结构，以提高外表面积并提供内部空气流道，在耦合强制风冷之后，展现出比块状CPCM模块更为优异的散热效果。有学者设计了一款PCM耦合强制风冷的结构，将石蜡填充进铝制框架中（图6-9），散热器产生的空气流通过框架的间隙流动来冷却和固化石蜡。在高温环境和高放电倍率下，电池模组温度仍能保持在60℃以下，具有良好的散热性能。

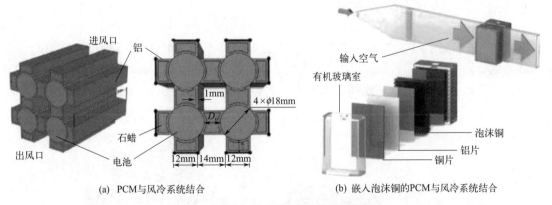

(a) PCM与风冷系统结合　　　　　(b) 嵌入泡沫铜的PCM与风冷系统结合

图6-9　PCM与风冷系统结合的热管理

6.5.2　PCM耦合液冷散热

二次散热系统中，采用具有更高比热容和热导率的液体作为媒介替代空气，可以进一步提高散热效率。例如，将液冷装置安装于规整排列的电池底部，电池成组后，PCM填充在角落

（如图6-10)，相对于单一的液冷模式，此模式可以显著降低电池的最高工作温度及最大温差。同时，液冷结构起到了及时将所蓄的热量带走的作用。在循环数次之后，电池的最高工作温度均在50℃以下。由于锂离子电池靠近极耳处的温度较高，也可以采用分层式液冷耦合PCM混合热管理系统，如图6-11所示，模组靠近极耳的上半部分采用了液冷，而在下半部则采用了PCM进行冷却。对于圆柱形电池来说，通常是采用前述的立方体状CPCM模块包裹圆柱形电池，并在每4个圆柱形电池中间各开1个微通道，注入冷媒进行二次散热。

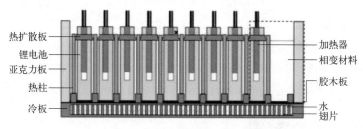

图6-10 相变材料与底部液冷耦合的热管理系统

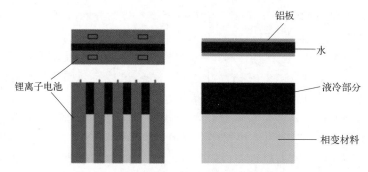

图6-11 相变材料与液冷耦合的分层式散热

6.5.3 PCM耦合热管散热

热管（heat pipe，HP）作为一种高热导率的传热元件，通常由管壳、吸液芯、端盖等三部分构成，划分为蒸发端、冷凝端。它的本质也是利用相变吸热，优点是等效热导率高、环境适应性好。因此，将其与PCM模块耦合，也能有效实现PCM模块的二次散热。图6-12为针对方

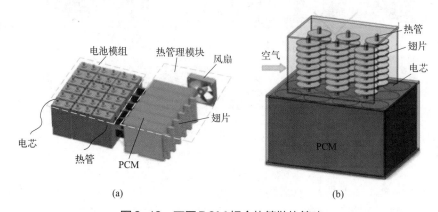

(a)　　　　　　　　　　(b)

图6-12 不同PCM耦合热管散热策略

形电池和圆柱形电池设计的两种PCM耦合热管的混合热管理系统。在方形电池系统中，电池和扁平热管的蒸发端构成了一个三明治的结构，而热管的冷凝端被PCM模块包裹，PCM模块上还安装有翅片，配合强制风冷进行散热。在圆柱形电池系统中，同样采用了立方体形PCM模块安装圆柱形电池，在每4块电池的中心安装热管，热管的冷凝端同样带有翅片以增强换热。

6.5.4　PCM耦合其他金属器件

除了上述几种主流的混合式热管理系统之外，PCM还可以和其他具有高导热性能的金属配件耦合，提高其二次散热性能。

PCM耦合翅片的热管理技术已经应用于电器冷却与热能储存等领域。金属翅片结构简单、加工方便、种类繁多，如径向翅片、纵向翅片、螺旋翅片、雪花翅片、矩形翅片、网状翅片等。耦合翅片不仅能增大PCM的二次散热面积，且具有易于组装、成本低廉、适配性强等优点。不同的翅片结构会影响PCM的蓄热行为及热量二次耗散行为。例如，将翅片插入CPCM中，一端与锂离子电池相接触，可以极大提高CPCM内部的传热效率，使电池产生的热量可以快速传输到CPCM模块中的各个部位。

图6-13所示为一种尼龙壳加纵向翅片的新型电池热管理器件。金属管与翅片均为1mm厚，与电池等高，连接在翅片外面的是一个圆筒形的尼龙壳。尼龙外壳的纵向翅片以及蓄电池中间灌注了CPCM，翅片可以将位于器件中心的电池产生的热量传导到填充的CPCM。复合金属网也可以作为增强CPCM二次散热性能的有效手段。与金属翅片相比，金属网在CPCM中的分布更加均匀，且基本不占用额外的空间。采用热压法将金属网压制于CPCM板块中心，一方面可以增强CPCM板的宏观导热能力，另一方面还可以有效增强CPCM板的力学强度，赋予其一定的韧性以抵抗内部应力及外部冲击。若以稍大于CPCM规格的铜网进行压制，

图6-13　尼龙壳加纵向翅片的新型复合相变材料冷却结构

其裸露于CPCM板边缘的部分铜网还可以充当翅片的作用，扰动气流，增强二次散热。

6.5.5　技术耦合存在的问题

从现有的研究来看，PCM和液冷耦合是目前研究最为广泛、最具备可行性的一种混合热管理技术，其均温性能、散热效果优异且可控，但是仍存在一系列亟待研究者和制造商解决的问题，主要包括：

① 冷却系统结构相对复杂、笨重，使电池模组的质量能量密度和体积能量密度显著下降，且金属液冷部件的制造及加工成本较高，需综合考虑性价比。

② 常规工况下，电池发热量较小，而PCM耦合持续液冷的制冷量相当大，会造成能源浪费。针对此问题，对液冷系统采用动态控制以实现节能目标就显得极为重要。

③ 在大尺寸的电池模组充放电过程中，各部位产生的热量不一样，温度也不一样，当采用PCM耦合其他方式的混合热管理系统时，可以通过结构设计赋予热堆积显著的部位高热导率，保证模组均匀的温度分布。

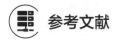

参考文献

[1] 孟令然，郭立江，李晓禹，等.水合盐相变储能材料的研究进展[J].储能科学与技术，2017, 6(4): 623-632.

[2] He J, Yang X, Zhang G. A phase change material with enhanced thermal conductivity and secondary heat dissipation capability by introducing a binary thermal conductive skeleton for battery thermal management[J]. Applied Thermal Engineering, 2019, 148: 984-991.

[3] Alipanah M, Li X. Numerical studies of lithium-ion battery thermal management systems using phase change materials and metal foams[J]. International Journal of Heat and Mass Transfer, 2016, 102: 1159-1168.

[4] Hussain A, Tso C Y, Chao C Y H. Experimental investigation of a passive thermal management system for high-powered lithium-ion batteries using nickel foam-paraffin composite[J]. Energy, 2016, 115: 209-218.

[5] Zhang Z, Cheng J, He X. Numerical simulation of flow and heat transfer in composite PCM on the basis of two different models of open-cell metal foam skeletons[J]. International Journal of Heat and Mass Transfer, 2017, 112: 959-971.

[6] Wang J, Huang X, Gao H, et al. Construction of CNT@Cr-MIL-101-NH$_2$ hybrid composite for shape-stabilized phase change materials with enhanced thermal conductivity[J]. Chemical Engineering Journal，2018, 350: 164-172.

[7] Zou D, Ma X, Liu X, et al. Thermal performance enhancement of composite phase change materials(PCM) using graphene and carbon nanotubes as additives for the potential application in lithium-ion power battery[J]. International Journal of Heat and Mass Transfer. 2018, 120: 33-41.

[8] 刘臣臻，张国庆，王子缘，等.膨胀石墨/石蜡复合材料的制备及其在动力电池热管理系统中的散热特性[J].新能源进展.2014, 2(3): 233-238.

[9] Ling Z, Wang F, Fang X, et al. A hybrid thermal management system for lithium ion batteries combining phase change materials with forced-air cooling[J]. Applied Energy, 2015, 148: 403-409.

[10] Cheng W, Li W, Nian Y, et al. Study of thermal conductive enhancement mechanism and selection criteria of carbon-additive for composite phase change materials[J]. International Journal of Heat and Mass Transfer, 2018, 116: 507-511.

[11] Lv Y, Yang X, Li X, et al. Experimental study on a novel battery thermal management technology based on low density polyethylene-enhanced composite phase change materials coupled with low fins[J]. Applied Energy, 2016, 178: 376-382

[12] Lv Y, Liu G, Zhang G, et al. A novel thermal management structure using serpentine phase change material coupled with forced air convection for cylindrical battery modules[J]. Journal of Power Sources, 2020, 468: 228398.

[13] Yuan W, Yang X, Zhang G. A thermal conductive composite phase change material with enhanced volume resistivity by introducing silicon carbide for battery thermal management[J]. Applied Thermal Engineering, 2018, 144: 551-557.

[14] Yao Z, Ye G, Huang R, et al. A composite phase change material possessing antileakage performance for battery thermal management by constructing a nanoscale polymer framework[J]. Chemical Engineering Science, 2022, 260: 117932.

[15] Liu Changhui, Xu Ze, Song Yan, et al. A novel shape-stabilization strategy for phase change thermal energy storage [J]. Journal of Materials Chemistry A, 2019, 7(14): 8194-8203.

[16] Wu W X, Wu W, Wang S F. Form-stable and thermally induced flexible composite phase change material for thermal energy storage and thermal management applications [J]. Applied Energy, 2019, 236: 10-21.

[17] Huang Q Q, Li X X, Zhang G Q, et al. Pouch lithium battery with a passive thermal management system using

form-stable and flexible composite phase change materials [J]. ACS Applied Energy Materials, 2021, 4(2): 1978-1992.

[18] Huang Q Q, Li X X, Zhang G Q, et al. Flexible composite phase change material with anti-leakage and anti-vibration properties for battery thermal management [J]. Applied Energy, 2022, 309: 118434.

[19] Wu W F, Ye G H, Zhang G Q, et al. Composite phase change material with room-temperature-flexibility for battery thermal management [J]. Chemical Engineering Journal, 2022, 428: 131116.

[20] Luo Y, Xie Y, Jiang H, et al. Flame-retardant and form-stable phase change composites based on Mxene with high thermostability and thermal conductivity for thermal energy storage[J]. Chemical Engineering Journal, 2021, 420: 130466.

[21] Yang Y, Chen L, Yang L, et al. Numerical study of combined air and phase change cooling for lithium-ion battery during dynamic cycles[J]. International Journal of Thermal Sciences, 2021, 165: 106968.

[22] Ling Z, Wang F, Fang X, et al. A hybrid thermal management system for lithium ion batteries combining phase change materials with forced-air cooling[J]. Applied Energy, 2015, 148: 403-409.

[23] Xie Y, Tang J, Shi S, et al. Experimental and numerical investigation on integrated thermal management for lithium-ion battery pack with composite phase change materials[J]. Energy Conversion and Management, 2017, 154: 562-575.

[24] Wu X, Mo C, Xie J, et al. Experimental study of a novel strategy to construct the battery thermal management module by using tubular phase change material units[J]. Journal of Energy Storage 2021, 39: 102585.

[25] Qin P, Liao M, Zhang D, et al. Experimental and numerical study on a novel hybrid battery thermal management system integrated forced-air convection and phase change material[J]. Energy Conversion and Management, 2019, 195: 1371-1381.

[26] Zhang H, Wu X, Wu Q, et al. Experimental investigation of thermal performance of large-sized battery module using hybrid PCM and bottom liquid cooling configuration[J]. Applied Thermal Engineering, 2019, 159: 113968.

[27] Bai F, Chen M, Song W, et al. Thermal management performances of PCM/water cooling-plate using for lithium-ion battery module based on non-uniform internal heat source[J]. Applied Thermal Engineering，2017, 126: 17-27.

[28] An Z, Chen X, Zhao L, et al. Numerical investigation on integrated thermal management for a lithium-ion battery module with a composite phase change material and liquid cooling[J]. Applied Thermal Engineering, 2019, 163: 114345.

[29] Weng J, Yang X, Zhang G, et al. Optimization of the detailed factors in a phase-change-material module for battery thermal management[J]. International Journal of Heat and Mass Transfer, 2019, 138: 126-134.

[30] Sun Z, Fan R, Yan F, et al. Thermal management of the lithium-ion battery by the composite PCM-Fin structures[J]. International Journal of Heat and Mass Transfer, 2019, 145: 118739.

[31] Lazrak A, Fourmigué J, Robin J. An innovative practical battery thermal management system based on phase change materials: Numerical and experimental investigations[J]. Applied Thermal Engineering, 2018, 128: 20-32.

[32] Wu W, Yang X, Zhang G, et al. An experimental study of thermal management system using copper mesh-enhanced composite phase change materials for power battery pack[J]. Energy, 2016, 113: 909-916.

Chapter

第 7 章

电池低温加热技术和材料

7.1　低温加热技术

在低温环境下，电极及电解液中离子扩散系数的急剧下降，会导致浓差极化电阻升高，电池端电压过早下降至截止电压，电池容量大幅衰减。同时，电解液黏度增加、电导率下降、SEI膜阻抗增加、电化学反应速率减缓等，都会导致电池充放电效率的显著降低。另外，低温下电池充电容易发生负极析锂现象，形成锂枝晶或者堆积，最终引发安全问题。因此，在低温条件下有必要采取加热手段迅速提高电池运行温度，恢复电池容量和充放电效率，保证电池运行的可靠性和安全性。如图7-1 低温加热技术的分类所示，根据热源的位置，现有电池加热技术主要分为外部加热和内部加热两类。外部加热可进一步分为空气加热、液体加热、电阻加

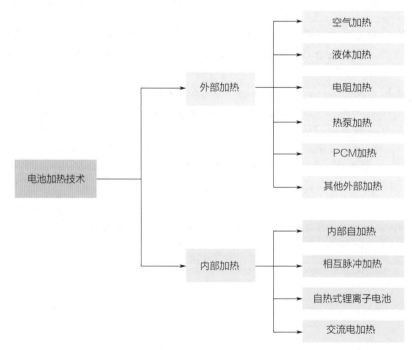

图7-1　低温加热技术的分类

热、热泵加热、PCM加热以及其他外部加热方式；内部加热可进一步分为内部自加热、相互脉冲加热、自热式锂离子电池及交流电加热等。除加热方式外，加热材料对于加热过程的能耗、加热速度、加热均匀性、安全性、可靠性等也具有重要影响。因此，本章将从电池外部加热技术、电池内部加热技术、加热系统中的材料应用及问题几个方面进行详细介绍。

7.2 外部加热

外部加热是应用最广泛的电池加热模式，其原理是使用电池外部的热源（电加热器或热电装置）来产生用于电池加热的大部分热量，使得电池恢复容量和功率输出能力。其优点为结构简单，但加热效率相对较低，能耗和电池内的温度梯度较高，长期应用对锂离子电池的使用寿命影响较大。按照其具体分类，下面将从空气加热、液体加热、电阻加热、热泵加热、PCM加热以及其他外部加热方式几个方面对外部加热方法进行介绍。

7.2.1 空气加热

空气加热技术的原理为先对空气进行加热，得到热空气，再通过热空气对动力电池进行加热。加热空气的能量来自车内空调系统。在低温情况下，外界空气经由车载加热器进行加热，在车内流动后再与动力电池之间产生热交换，实现对动力电池的加热。

典型空气加热系统由电池、加热器、风扇、气流通道和控制部件组成（图7-2）。在低温下，由电池供电的加热器可以产生大量的热量来加热空调系统中的空气，而热空气随后可以通过对流来加热电池。在上述电池供电加热的情况下，由于电池自身内阻的欧姆效应，可以在内部产生额外的热量从而加速电池温度的上升。当电动汽车有外部电源供电时，风扇和加热器等耗电部件可以由外部电源（充电桩）供电。将空气加热方法应用于电池包时，还可专门设计带进风口和出风口的空气加热箱，将外部电源供电的电阻丝并联缠绕，对空气进行加热。加热箱与原风冷系统直接串联，将流向电池包的空气预热，然后由风扇将热空气送入电池包实现电池加热功能。使用该空气加热方法，电池包可在21min内从−15℃被加热至0℃。

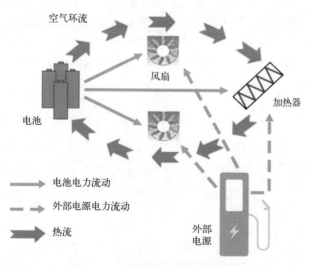

图7-2 空气加热系统的原理图

由于电动汽车更换电池的成本通常较高，寒冷天气下电池性能的退化加剧必然会增加其运行成本，因此对电池进行预热有利于运行成本的降低。对于配备空气加热模块的插电式混合动力汽车（图7-3），计算运行成本时需要同时考虑电池退化成本、电力成本和燃料成本。当环境温度为−20℃、电池价格为450美元·(kW·h)$^{-1}$时，与没有电池加热的情况相比，电池空气加热技术可以降低22.3%的运行成本；当电池成本、加热效率和充电时间增加，环境温度降低时，使用电池空气加热技术经济效益更高。

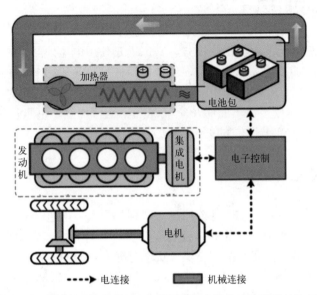

图7-3　具有空气加热功能的插电式混合动力汽车动力系统结构示意图

综上所述，以空气为传热介质的电池加热方法具有系统成本低、复杂性小、可靠性高等优点，且易于在原有空调系统的基础上改装实现，重量的增加也较小。然而，由于空气的传热系数较低，用于大尺寸锂离子电池加热时加热速率较慢，也易导致电池内部产生明显的温度梯度。前期研究中，电池空气加热效率在整个加热过程中介于0.6～0.8之间。然而，在实际应用中，由于电池系统中隔热措施不完善，加热器的电热转换不理想，导致加热时间延长，实际效率范围可能低于0.6～0.8，继而造成能源消耗增加、温度均匀性变差。这些问题可以通过优化风道的几何结构、改变热空气的流速以及改善电池模组/电池包的电池排列来改善。此外，考虑到安全性，采用电池供电进行空气加热时应限制电流大小，防止加热开始时电池过放电。空气和加热器的温度也需要控制在工作阈值以下，以避免潜在的火灾风险。

7.2.2　液体加热

比起空气加热，液体加热具有更高的传热系数，因此可以获得更好的均温特性和升温速率。液体加热技术在电动汽车与混合动力汽车中已经有不少实际应用案例。液体加热电池有两种方式，即将电池直接浸没于液体中或将包含液体通道的护套/薄板置于电池包内。对于前一种方式可采用的液体介质包括烃油、硅油和氟化烃等。对于后一种方式，常用的液体介质有水、油、乙二醇、丙酮或混合溶液（如水-乙二醇）。

对于由16个容量为37A·h的棱柱形锂离子电池组成的电池组，所有电池浸没在绝缘变压器油中的液体加热系统的结构如图7-4所示。在电池温度较低时，采用外部电源供电的电热膜对变压器油进行加热，可在 35min 和 12min 内分别将电池从 −30℃ 和 −10℃ 加热到 0℃；通过在该液体加热系统中设置循环油路，电池与电池之间的温差可控制在 3℃ 以内。需要注意的是，出于安全考虑，该系统电加热膜的最高温度应远远低于介质油的闪点，以避免火灾的风险，并且介质选择时需要考虑油的可燃性。

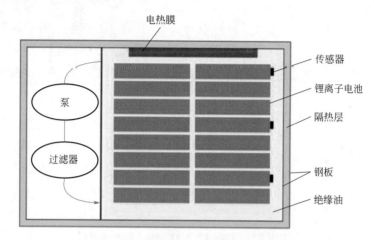

图 7-4 油循环加热系统的结构示意图

与上述浸没式加热方式相比，采用夹套/薄板的间接接触加热方式可以显著减少电动汽车加热系统所需的液体质量，但间接接触可能会增加热阻，影响换热效率。间接接触加热方式一般需要设计专门的电池冷却/加热夹套，并将每个电池与两个冷却/加热夹套夹在一起，加热后的液体在夹套内嵌入的管中流动，通过管径、两管间距、入口流速、入口冷却液温度及管道形式的优化，可以实现更均匀、更快速的电池加热。当间接接触加热方式的液体介质为乙二醇和水的混合物时，电池包可在 19.3min 内从 −10℃ 加热至 2℃，且电池间温差不超过 3.1℃。

综上所述，液体相对于空气而言具有更高的热导率和更高的对流换热速率。因此，基于液体的加热系统能够使电池包内温度均匀性更好，即使使用传统的传热流体，电池间的温度差也可保持在 3℃ 左右。对于大尺寸锂离子电池的加热，对比空气加热，液体加热更为适用。然而，液体加热技术在应用过程中也存在一些缺点。例如在加热开始时，由于液体比热容高，需要更多的能量来加热，这可能会造成电池能量的过度消耗。与此同时，与空气相比，由于液体的密度要大得多，因此会显著增加系统质量，这点在直接接触液体加热系统中尤为显著。此外，液体加热系统需要精细的密封设计来避免泄漏问题，这又会不可避免地增加系统的复杂性。尽管如此，由于液体加热系统技术具有技术成熟、可靠性高以及加热效率更高等优点，目前在电动汽车中的应用最为广泛。

7.2.3 电阻加热

电阻加热技术通过将装有电热丝的电加热器或加热板置于电池表面，将加热器产生的热量直接传递到电池，从而实现电池的加热。与对流加热相比，电阻加热的传热距离大幅缩短，因此向周围环境的热损失显著减少。目前最常用的电阻加热器有正温度系数（PTC）加热器和金属电阻（metallic resistance, MR）加热器，它们可以分别由电池或外置电源供电。

PTC 材料是一种温度敏感的半导体材料。当 PTC 加热器的温度超过设计的阈值时，其电阻显著增加。使用具有适当温度阈值的 PTC 加热器加热电池可以防止电池过热。通常，PTC

电阻线被插入或缠绕在铝板上，这些铝板被放置在棱柱形电池模组的相邻电池之间，PTC电池加热系统简图如图7-5所示。PTC电阻线所产生的热量，借助热传导可以均匀地分布在铝板上。外部电源供电情况下，当PTC加热器的功率为35W时，电池模组可以在25min内从−40℃加热到0℃。PTC加热也可以由电池本身供电，在这种情况下，应考虑电池内部产生的热量和用于加热的能量消耗。

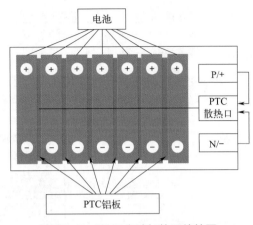

图7-5　PTC电池加热系统简图

除PTC外，金属电阻材料也常被用作电加热器的发热元件。例如以铜丝为发热元件的宽线金属薄膜，也可应用于电池加热系统。类似于PTC加热，通过将宽线金属薄膜放置在棱柱形电池的两个最大表面，可以实现电池的加热。实验结果表明，在90W的加热功率下，从−40℃开始加热，电池组在15min内恢复80%的室温放电容量。

综上所述，采用电阻加热技术加热电池时，因为传热路径更短、向周围环境散热量少，所以加热效率高、加热时间短、能耗也较低。然而，这种加热技术也有一定局限性。首先，这种加热技术的应用高度依赖于电池的几何形状。对于棱柱形电池，扁平且大的侧面保证了模块/包内电热板与电池之间的良好接触。然而，对于圆柱形电池，电池的几何形状限制了电池表面与加热器之间的接触面积，这不可避免地降低了加热效率。此外，在电池包中单电池数量较多时，通常需要集成大量的电加热器，而安装这些电加热器可能会占用一些空间并增加重量。且由于电阻加热是一种直接接触加热方法，出于安全考虑，加热功率和加热器的温度需要设定限值，加热器的绝缘也需要重点考虑，以防止电池模组/包内局部过热或者短路等问题的发生。

7.2.4　热泵加热

热泵是一种可以通过反向卡诺循环实现高效加热的装置。它从周围环境中吸收热量，并将其释放到待加热区域。热泵的性能系数（coefficient of performance, COP）定义为提供的热量与所需功的比率。热泵的COP通常大于1，这意味着提供相同热量时，热泵消耗的能量比电加热器少，因此热泵应用于电动汽车的热管理中可以起到降低能耗的效果。例如博世（Bosch）在电动汽车中使用热泵来回收电机和电力电子设备产生的废热，并使用它来加热车厢和电池，将电池温度保持在35℃左右，这种加热方式可以将车辆行驶里程延长25%。

图7-6为捷豹I-Pace整车热管理系统示意图，其热管理系统包括空调循环回路、电池循环回路、电机循环回路及驾驶舱暖风芯体循环回路。其中，空调循环回路与其他循环回路全部通过板式换热器相连，此外暖风芯体循环回路与电池循环回路也通过板式换热器相连，暖风芯体循环回路的热量来源可以由热泵间接提供，也可以由PTC加热器直接提供。冬季低温下，可将暖风芯体循环回路的三通阀与换热器相连，将暖风芯体循环回路的高温冷媒与电池循环回路的液体介质换热以加热电池，暖风芯体的热量可通过热泵提供。当热泵无法满足电池及乘员舱制热时，启动PTC加热器辅助制热。根据前期研究，采用热泵电池加热系统可在1h内升温20℃，能耗比PTC加热系统低38.4%，由此可知应用热泵系统进行电池加热可有效延长电动汽车的续驶里程。

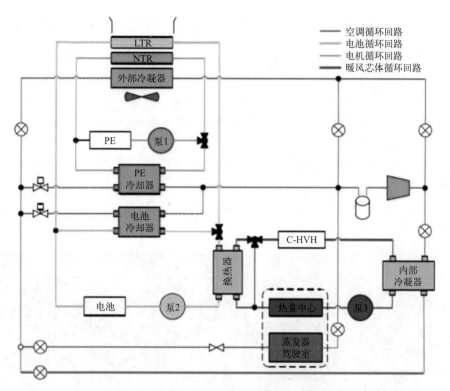

图7-6　捷豹I-Pace整车热管理系统示意图

LTR—低温散热器；NTR—常温散热器；PE—板式换热器；C-HVH—冷却-加热通风加热器

综上所述，当消耗相同能量时，热泵通常可以达到比电加热器更高的加热效率，并且具有高安全性和高可靠性。然而，热泵在超低温下的制热效果不佳。此外，在电动汽车中增加冷凝器、蒸发器、压缩机、制冷剂等，不可避免地会显著增加电池加热系统的成本、重量和复杂性。

7.2.5　PCM加热

PCM可在特定的温度下通过熔化或固化吸收并释放一定的热量，在凝固过程中，通过将潜热传递给电池，可以加热电池模组，并使其温度保持一定时间。一方面，采用PCM加热电池可以避免在电池热管理系统中添加额外的控制元件。此外，作为一种被动热管理技术，PCM固化过程只与其固有特性有关，而不消耗电池能量，因此可以在不牺牲电动汽车续驶里程的情况下实现保温功能。

前期研究表明，采用PCM进行被动式热管理的电池，在−10℃的环境中从40℃冷却到5℃需要1h以上。此外，在连续充放电循环中，有PCM的电池比没有PCM的电池具有更高的平均温度。然而，作为一种被动式热管理方式，PCM凝固过程释放的热量只能延缓电池在寒冷气候下的温度下降，在电动汽车短期停车情况下有效，在长期停车情况下并不适用。在寒冷环境中使用PCM管理电池温度时，需要在保持电池温度和延缓电池加热之间进行权衡。对于用于短期停车的被动式热管理技术，选择具有合适的潜热、熔融/凝固温度和热导率的PCM对电池的加热性能至关重要。电动汽车在寒冷的天气长期静置后，PCM将不再具有释放热量来保持电池温度的能力。在这种情况下，需要内置热源为电动汽车冷启动提供足够的热量。在加热过程中，PCM充当传热介质加热电池，还会从内置的热源中吸收一定量的热量，以供以后短暂冷停使用。

PCM的热导率相对于空气而言具有一定的优势。例如，使用相同温度（50℃）的PCM和热空气在-30℃的温度条件下对棱柱形电池进行加热时，热空气把电池从-30℃加热到10℃时间是PCM的6.4倍。PCM的热导率对电池的保温和加热特性起着至关重要的作用。在保温方面，在-10℃下采用低热导率CPCM对充放电循环中的电池进行热管理时，在20个充放电循环内电池间产生的最大温差为14.9℃；在-10℃下采用高热导率CPCM对充放电循环中的电池进行热管理时，在20个充放电循环内电池间产生的最大温差小于6℃。在加热方面，CPCM需要与电阻丝配合使用（图7-7），加热系统中每个模组内的电池芯均用并联电阻丝包裹，模组内的剩余空间填充CPCM，以防止电阻丝温度过高。采用CPCM与电阻丝耦合的加热系统，电池模组的温度可以在300s内上升40℃。

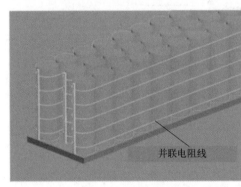

(a) 电池模组结构(电阻丝缠绕在电池芯上)　　　(b) 电池包结构(每个模组中灌注CPCM)

图7-7　基于PCM的蓄电池加热系统

综上所述，因为PCM的加入可以防止电池过热，PCM与加热元件的耦合加热系统的安全性和可靠性优于纯加热元件的加热系统。然而，基于PCM的热管理系统通过相变潜热延缓电池的温度下降，只能在短暂冷停时间内对电池起到保温效果，对于长时间的冷停，需要内置热源为电池温升提供热量。在这两种情况下，对PCM的热特性要求是不同的，甚至是矛盾的。较大的潜热和较低的热导率有利于在短停时较慢地降温，但对于长时间冷停后的电池加热过程，会导致较慢的升温速度和更严重的温度分布不均匀。因此，在设计用于短期和长期停车的电池热管理系统时，需要对材料性质的选择做出权衡。另外，加入PCM后不可避免地会给电池热管理系统带来额外的重量，在满足热性能要求的前提下，应尽量采取轻量化设计。

7.2.6　其他外部加热技术

其他外部加热技术还包括热管加热、珀尔帖效应加热等。热管是一种高效的传热元件，利用热管内循环时内部流体的蒸发和凝结，在两端之间自发地传递热量。图7-8为一种典型的基于热管的电池热管理系统结构图，该系统可实现电池的冷却和加热功能。在该系统中，L形热管插入相邻的电池对之间，每对电池的侧面与同一块铝板接触。在电池模块下方放置一个带进、出液口的液箱，每个L形热管的另一端浸泡在乙二醇-水混合液中。在低温下，流经液箱的热流体能够提供热量给电池加热。来自热流体的热量可以沿热管快速传递，并均匀分布在铝板上，实现电池加热。结果表明，使用20℃的乙二醇-水混合液，可分别在1200s和1500s将电池从-15℃和-20℃加热到0℃。使用40℃的乙二醇-水混合液，可分别在300s和500s内将电池从-15℃和-20℃加热到0℃。

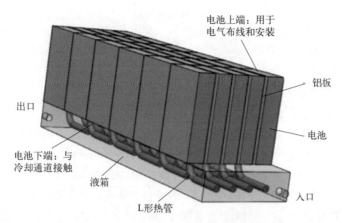

图7-8　基于热管的电池热管理系统结构图

微热管阵列（micro heat pipe array, MHPA）是一种具有高导热性的新型热管结构［图7-9（a）］，也可用于改善电池加热性能。MHPA中的每个微热管独立运行，同时工作的多个微热管可以大幅强化传热。在基于MHPA的电池热管理系统中，MHPA的蒸发器部分放置在每两个相邻电池之间的电池表面，而冷凝器部分暴露在空气中。加热板放置在MHPA的蒸发器部分，以便热量可以通过MHPA传递到电池［图7-9（b）］。MHPA在电池模组中的布置如图7-9（c）所示，实验结果表明，在30W的加热功率下，电池从-10℃、-20℃、-30℃加热到0℃的时间分别约为350s、780s和1100s。

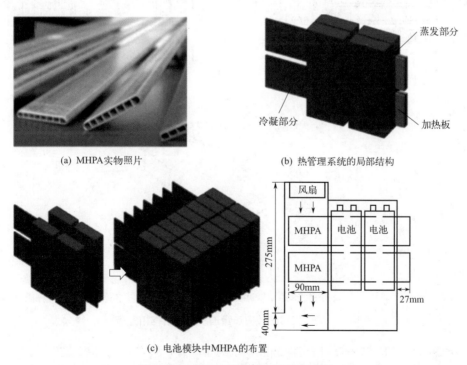

(a) MHPA实物照片　　　　　(b) 热管理系统的局部结构

(c) 电池模块中MHPA的布置

图7-9　MHPA实物图及结构示意图

基于热管的电池热管理系统可以与热泵空调座舱加热系统集成，整个热管理系统可实现电池和座舱的加热和冷却。在预热模式下，由热泵加热的空气可以加热座舱，而由PTC加热器加热的冷却剂可以通过热管为电池包提供热量。实验结果表明，当环境温度为−20℃时，电池的温度可以在不到900s的时间内从−20℃升高至0℃。

由上述研究可知，热管具有优异的传热性能，能够将热源的热量快速传递到电池上，电池从−20℃加热至0℃的时间通常可以控制在15min内。此外，热管具有轻量化、低成本、高安全性、高可靠性和技术成熟等特点，使其在电池加热方面具有巨大的潜力。然而，为了确保更好的表面接触，热管更适用于方形电池。

珀尔帖效应描述了电流通过两种不同导体之间的界面时的加热/冷却现象，通过改变电流的方向，可以改变热流的方向。基于珀尔帖效应的器件具有高可靠性和轻量化等特点，已被应用于电动汽车热管理。由于珀尔帖效应装置的热侧温度可达40℃以上，因此，可用于电池低温加热。基于珀尔帖效应热电装置的电池热管理系统结构如图7-10所示。系统的基本加热管理单元由12个夹在两个散热器之间的珀尔帖效应单元组成［图7-10（a）］，汽车前电池舱、后电池舱和乘客舱分别设计了3个类似的热管理单元［图7-10（b）、（c）］，热管理系统中的温度可以由热电控制器通过电流调节来控制，风道可以将热空气分配到不同的舱室。实验结果表明，前电池室和后电池室在20min内分别可从17℃加热到37℃和29℃，该加热过程会消耗电池2.5%的初始容量。

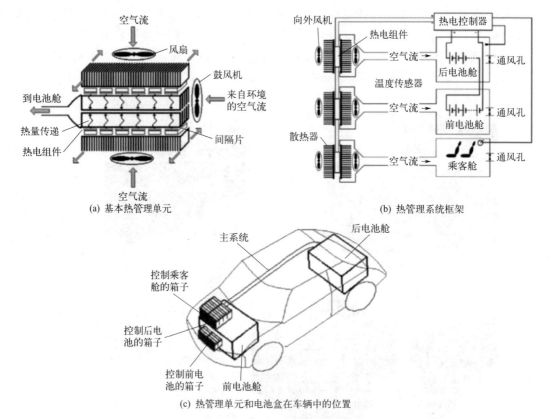

图7-10 珀尔帖效应热管理系统的结构和分布

综上所述，基于珀尔帖效应的电池加热系统易于实施，可以安全可靠地实现电池加热。然而，根据文献报道，基于珀尔帖效应的电池加热系统最高COP为1.036、平均COP为0.65。当环境温度降至0℃以下时，使用珀尔帖效应的加热系统不如电阻加热有效，可能导致电池能耗增加和加热时间延长。此外，针对珀尔帖效应直接接触式电池加热系统的研究还较为有限，其加热性能需要进一步研究。

7.2.7　外部加热技术总结

在上述具体案例的基础上，表7-1对外部加热技术的性能指标进行了详细对比。

表7-1　外部加热技术对比

加热技术	电池容量/(A·h)	电池形状	环境温度/℃	加热电源	施加的加热功率/W	电池单体质量/g	电池升高温度/℃	加热时间/s	能耗（用于加热单个电池）/J
空气加热	2.2	圆柱形	−20	电池	—	44	40	85	—
液体加热	37	方形	−30	外部电源	—	864	30	2100	—
电阻加热	35	方形	−40	外部电源	35	1080	40	1500	17500
PCM加热	1.5	圆柱形	−20	外部电源	15.6	45	40	300	—
热管加热	18	方形	−30	外部电源	30	—	30	1100	2062.5
珀尔帖效应加热	38	方形	17	电池	—	—	20（前箱），12（后箱）	1200	—

通常，外部加热技术需要专门设计的电池热管理系统，以在加热过程中将热量从外部热源传递到电池单元。然而，其传热速率和加热效率较低，加热时间较长和能耗较高。此外，采用外部加热技术时，电池单元和模块/组件内的温差受电池几何形状、加热元件的位置和传热介质的导热性能影响较大，因此对方案设计的要求较高。

对于外部加热技术，可以通过以下几种方法获得更好的性能：①优化电池单元的布置以增加有效接触面积；②应用具有更高加热性能或性能系数的新型加热元件（例如，基于薄膜的面板加热器）；③增加热传导介质的热导率，如应用纳米增强型PCM、新型传热流体（例如纳米流体）；④优化传热介质的流量和流道几何结构；⑤优化设计隔热结构和隔热材料，减少热传递过程中向周围环境的热损失，继而减少加热能耗。

7.3　内部加热

内部加热技术通常利用电池在低温下的高阻抗特性，当施加电流时在电池内部产生大量的电化学热来提高电池温度。通过电化学过程产生的热量可以直接加热电池内部各个部件，而不需要将热量从周围环境依次传递到电池表面和电池内部。现有的低温内部加热方法可分为内部自加热、相互脉冲加热、自热式锂离子电池、交流电加热，本节将对这些内部加热方法进行系统的介绍。

7.3.1　内部自加热

在内部自加热技术中，电池仅通过其内部电阻（即欧姆电阻和极化电阻）产生热量。由于在低温下充电很可能导致负极镀锂现象的发生，电池通常通过放电来实现内部加热。恒流放电（constant-current discharge, CCD）和恒压放电（constant-voltage discharge, CVD）是两种最常见的放电模式。

放电模式对电池内部自加热温升速率影响较大。根据电化学-热耦合模型的仿真结果，$2.2A \cdot h$ 的18650型圆柱电池在放电倍率2C的恒电流放电模式下，可以在420s内从 $-20℃$ 升温至15℃，加热速率达到 $5℃ \cdot min^{-1}$；而相同的电池在2.8V恒电压放电模式下可以在360s内从 $-20℃$ 升温至20℃，加热速率达到 $6.67℃ \cdot min^{-1}$。提高恒电流放电的放电电流或降低恒电压放电的放电电压可以进一步提高加热速率，但需要避免放电过程中电池电压降至截止电压以下加速电池老化。研究表明，一节 $2.6A \cdot h$ 的18650型圆柱电池在1C放电倍率下将电池从 $-10℃$ 加热至5℃分别耗时1080s（如图7-11所示），加热过程耗能分别占到电池容量的30%和15%。由于恒流放电的电流大小与加热时间呈负相关，与电池容量衰减率呈正相关。为了寻求容量衰减和加热时间的平衡，可采用动态规划算法优化电池放电电流，采用优化之后的恒流放电加热策略加热 $5A \cdot h$ 的方形电池能使加热速率最快达到 $2.1℃ \cdot min^{-1}$。

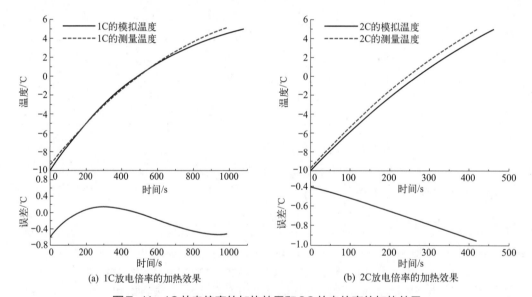

(a) 1C放电倍率的加热效果　　　　　　(b) 2C放电倍率的加热效果

图7-11　1C放电倍率的加热效果和2C放电倍率的加热效果

恒压放电加热方法兼具加热速率快、安全可靠性高等优点，但如何实现更快的加热速率、更高的能量利用效率并减少对电池循环寿命的损伤等问题仍待解决。研究发现，电池放电电压与加热时间呈正相关，而与电池老化程度呈负相关。为了寻求加热速度和电池老化之间的平衡，可以以加热速率和容量损耗为优化目标，利用基因遗传算法得到最优电压值，以最优电压值2.43V循环加热电池2000次后的容量损失仅为4.95%，而加热速率可达到 $18.7℃ \cdot min^{-1}$。

内部自加热法可与其他外部加热方法相结合，提高对电池的加热速率和能量利用率。例如，将电池内部自加热和外部空气加热相结合共同加热电池，以电池厂商提供的电流、电压限制为约束条件对电流信号进行优化，使得电池放电过程为恒压放电、恒流放电和静息期的组合，采用优化后的放电策略可使电池加热速率达到 $16℃ \cdot min^{-1}$，可在150s内将电池从 $-20℃$

加热到20℃，电池容量降低25%。也可采用恒压放电内部自加热与外部加热相结合的复合加热方式，采用遗传优化算法以加热速率、容量损失和电池温差为优化目标，以电池电压和电池表面热阻为约束条件，得到不同权重系数下的电池最优放电电压；相比于恒压放电内部自加热法，采用优化后的复合加热方法可使电池加热速率提高60.8%，能量消耗降低54.8%，容量不可逆损失减少45.2%。

内部自加热法电路构成简单、实现成本低，并且具有相当高的加热速率。但其加热过程中能量大量消耗在外部负载上，利用率偏低。在电池高倍率放电的加热工况，可能会导致电池过放电并增加老化的风险。另外，采用内部自加热法加热电池的过程中会产生超过15%的容量消耗，这使其仅适合在电池荷电状态较高的工况下使用。

7.3.2　相互脉冲加热

相互脉冲加热利用电池与其他蓄能器（如电池或电容器）形成电路，进而实现相互充放电过程。在这一过程中，双向电流脉冲可以在两个能量源中产生热量，使其升温。相互脉冲加热系统中，电池包中的电池一般分为两组，即一组充电的同时另一组放电。当两组之间增加DC-DC（直流电 - 直流电）变换器时，可以提高电池的放电电压，使放电组的输出功率作为充电组的输入功率。在充电过程中，由于内阻的存在，输出能量转化为电池的热量，而剩余的能量存储在充电的电池中，用于后续放电。两组电池的充放电行为在脉冲信号控制下周期性变化，使两组电池相互加热。前期研究表明，当设置脉冲间隔为1s，放电电压为2.8V、2.5V和2.2V时，电池可以分别在少于220s、120s和80s的时间内从−20℃加热到20℃，整个加热过程只消耗5%的电池容量。

为达到更高的加热速率并减少加热过程中的电池老化风险和能量损耗，需要对脉冲电流的参数进行优化。当以电池输出的脉冲功率恢复程度作为加热结束的指标，以加热时间和能量消耗为优化目标对双向脉冲电流参数进行优化后，双向脉冲电流加热法可比恒压放电加热法降低20%的能耗。另外，为防止电池处于充电状态时发生析锂，需要在不同温度和频率下对脉冲电流的幅值加以限制；以电池SOC为0.5时负极发生析锂的临界平衡电压为限制条件，对不同温度下的脉冲电流频率和幅值进行优化；采用优化之后的脉冲电流参数对电池加热，电池温度可在308s内从−20℃升高到5℃，加热速率为4.87℃·min^{-1}，循环加热30次后的容量损失仅为0.035%。

总的来说，相互脉冲加热技术能够实现较高的加热速率，保证良好的温度均匀性。相比于放电自加热方法，相互脉冲加热技术所消耗的电池能量大都用于电池内部产热，仅有较少的能量消耗在外部电路上。因此，相互脉冲加热技术的能量利用率较高。加热过程中的能量消耗一般不超过电池容量的10%，加热时间一般不超过5min。需要指出的是，为减少脉冲电流加热技术对电池老化的影响，需要对脉冲电流的幅值和频率进行优化。

7.3.3　自热式锂离子电池

自热式锂离子电池（self-heating lithium-ion battery, SHLB）作为一种新型电池首次被Wang等提出，研究者通过在电池内部嵌入一层具有特性电阻的薄镍箔作为内部加热元件，实现电池的低温加热。这种电池也被称为全气候电池（all climate battery, ACB），其具体结构如图7-12（a）所示。如图中所示，镍箔有两个接线片，其中一个与阳极上的接线片焊接在一起，与负极端子电接线，而另一个从蓄电池伸出形成第三个端子，即激活端子。这种交流电机的工作原理如图7-12（b）所示。在该方案中，可以根据电池表面温度控制连接激活端子和正极的开关。只有当电池温度较低时，开关才会闭合，使电流通过镍箔，从而产生大量的欧姆热来加热电池内部。一旦达到了目标温度，加热过程完成。开关保持打开，使电子绕过镍箔，停止继续加热，电池进入正常运行状态。激活过程可使电池的温度在几秒钟内迅速上升，恢复电池的能量和工作能力。研究结果表明：7.5A·h的ACB从−20℃加热到0℃只需要19.5s，从−30℃加热到0℃只需要29.6s，两个加热过程分别消耗电池容量的3.8%和5.5%。除了放电之外，在激活过程中还可以利用脉冲充放电来降低功耗。ACB可在54s、77s和90s内分别从−10℃、−20℃和−30℃加热到10℃，消耗电池容量小于2%。通过对电流波形和持续时间的进一步优化，可以进一步减少激活时间和能量消耗。

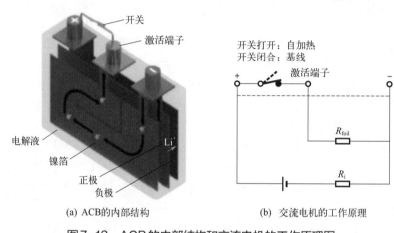

(a) ACB的内部结构　　　　(b) 交流电机的工作原理

图7-12　ACB的内部结构和交流电机的工作原理图

对正极和激活端子之间的开关施加不同的控制信号，可使自热式锂离子电池适用不同的应用场景。在低温下，当电动汽车处于驱动状态时，控制开关断开，电池加热停止；当电动汽车处于制动能量回收状态，控制开关闭合，使制动回收电流流经镍箔进而加热电池；当电动汽车处于停止状态时，仍然控制开关闭合，电池放电电流流经镍箔和自身内阻进而加热电池。结果表明，在−40℃环境下以US06行驶工况运行时采用该开关控制方法能够在112s内将电池加热至10℃，并使续驶里程增加49%。

自热式锂离子电池可以在短时间内产生大量热量，其中镍箔产生的热量占据主导作用。然而，电芯的叠层结构使其在电池厚度方向的热导率相对较小，造成电池内部形成了从镍箔指向电池外表面的较大的温度梯度。电池内部不均匀的温度分布进一步造成了电流分布不均匀，影响加热效率及电池寿命。为提高加热过程电池内部的温度均匀性，可采用镍箔多片并联结构，即在电池内部不同位置处并联布置多个镍箔。当采用三片并联结构时，电池内部的最大温差可以控制在5℃以内，加热能耗相比于单片结构可降低27%。除了在电池内部布置多片加热镍箔，还可采用间歇性加热方法以提高自热式锂离子电池的温度均匀性。间歇性加热方法的原理为使电池加热过程和静置过程周期交替进行。将电池在−20℃环境下加热30s后，采取持续加热方法的电池内部温差可达11℃，而采取加热0.1s、静置0.3s的间歇性加热方法，电池内部温差仅为2℃。

尽管自热式锂离子电池内部在加热过程中会产生一定的温度梯度，但其均温特性和加热速率相较于传统外部加热方法仍具有显著优势。对于容量为40A·h的锂离子电池，在相同条件下，自热式锂离子电池的加热速率为 $60 \sim 120℃ \cdot min^{-1}$，比外部电阻加热法的加热速率快 40 倍；对于容量为 $10A \cdot h$ 的锂离子电池，在相同条件下，外部电阻加热法的最大温差是双片并联结构自加热锂离子电池的 3 倍，降低加热功率、减小电池厚度、延长静置时间等方式可以进一步提高自热式锂离子电池的温度均匀性。

自热式锂离子电池具有较高的加热速率和能量利用率，可延长低温环境下电池的循环寿命。对正极与激活端子之间的开关施加不同的控制方式可使自热式锂离子电池适用于放电加热、充电加热、正常行驶加热等多个应用场景。然而，自热式锂离子电池需要改动电池内部结构，降低了电池的能量密度。同时，一旦电池发生热失控，嵌入电池内部的高活性镍片将使电池面临严重的安全风险。因此，对于自热式锂离子电池，需要采取谨慎而有效的控制方式并且对电池内部温度进行准确监控。

7.3.4 交流电加热

交流电加热通常应用交流电作为电池端子的输入信号，在电池内部产生热量。不同于前面提到的三种内部加热方法，这种方法通常在加热期间使用外部电源，而无需额外的电池能源消耗。交流电加热被证明是目前最有效的加热方法之一，可以快速、均匀地加热电池。在各种交流信号中，正弦交流电是最常用的交流加热信号，其电流幅值和频率可以调节，使电池内部产生更多的热量。

明确交流电流的参数对加热性能的影响对于交流电加热法的应用具有指导意义。Stuart 和 Hande 设计了高频变流器产生 $10 \sim 20kHz$ 交变电流，首次提出了镍氢电池用高频交流电加热的加热方式，并研究了交流电流幅值对电池加热时间的影响。研究结果表明，随着电流幅值的增加，加热到相同温度所需的时间减少。除了增加电流幅值的大小，适当增加电压信号频率也可缩短电池加热时间，当电压信号为 $U(t)=3.8-\cos(2\pi ft)$（其中，U 为电压，t 为时间，f 为频率），电压信号频率为 0.01Hz、60Hz、1000Hz 时，将电池从 −20℃ 加热到 20℃ 的时间分别为 340s、170s 和 80s（图 7-13）。

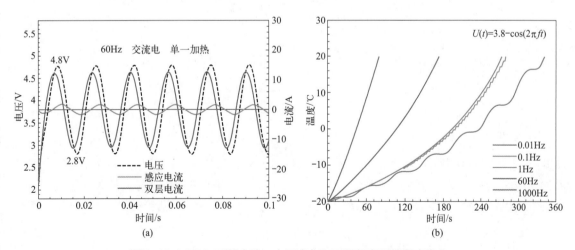

图 7-13　60Hz 下的电流、电压变化和不同频率下的温度变化

改变交流电的频率也会影响电池内部产热功率，进而影响电池加热速率。在 $0.1 \sim 100Hz$ 的低频范围内，较低的电流频率和良好的绝缘条件有利于提高电池加热速率。在高于 10kHz 的

高频范围内，通过提高交流电流的频率可以提高加热速率。由此可知，当采用交流电流激励对电池进行加热时，加热速率随交流电频率的变化规律与交流电频率段有关。为进一步提高加热速率，可采用温度自适应交流参数的交流加热优化控制策略，即在电池加热过程中，交流电的频率和振幅根据电池温度逐步调整。采用优化后的加热策略，电池的平均加热速率可达2.31℃·min^{-1}，电池可在520s内从−20℃加热到0℃。

在实际工程应用中，由于交流电频率的调节较为困难，从加热时间、加热效率和工程应用多个方面考虑，固定频率交流电加热比变频交流电加热有更好的应用前景。因此，通常采用固定交流电频率和调节交流电幅度的方法来提高加热速率。然而，在低温下，过大的交流电幅值可能会造成负极析锂。因此，有必要限制交流电幅值的范围。基于以上原则，可以采用固定电流频率、根据电池温度调节电流幅值的梯级加热策略实现电池交流电加热。与前文相互脉冲加热类似，该策略以防止析锂作为交流电幅值的限制条件，以电池SOC为0.5时的负极平衡电位为电池过电位的极限值，得到不同温度和频率下的最大允许电流；采用该加热策略后，电池可在5min内由−20℃加热到0℃，加热速率可达到4℃·min^{-1}。在交流加热过程中，为防止发生过充、过放，还需要对端电压进行限制。当采用以安全端电压为约束，实时计算最大允许电流幅值的加热策略时，3A·h单电池加热速率可达到2.21℃·min^{-1}，4个单电池组成的电池组加热速率可达到2.47℃·min^{-1}。当采用将防止负极析锂和电池过充过放同时作为约束条件来确定电流幅值的加热策略后，1A·h单电池加热速率可达到2.85℃·min^{-1}。

交流加热法还可以与外部加热法相结合，进一步提高加热速率、降低加热能耗。比如，可以采用内部交流电加热和外部宽线金属膜加热相结合的复合加热方法（图7-14）。当电池需要加热时，打开温度开关，外部电源施加的交流电流依次流经宽线金属膜和电池。当电池温度达到预设温度时，温控开关闭合，宽线金属薄膜被短路，动力电池正常充放电。与交流电加热方式相比，该复合加热方法的加热能耗可降低23%，加热速率可提高22%。

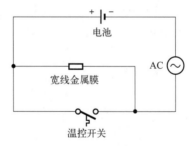

图7-14 交流电加热技术

AC—交流电

通常情况下，电流信号优化后的交流电加热方法可以实现安全、高效、可靠的电池低温加热效果，其加热电路相对比较简单，不需要增加多余元件。但是，如果电池系统本身不具备交流加热电路，则需要电池连接外部交流电源。此外，交流电加热对电池寿命的长期影响尚不清晰，且在电池模组/包层面，多个电池单元之间内阻的不一致性可能会导致整个系统均温特性的恶化。

7.3.5 内部加热技术总结

在上述具体案例的基础上，表7-2对内部加热技术的性能指标进行了详细对比。

表7-2 内部加热技术对比

加热技术	电池容量/(A·h)	电池形状	环境温度/℃	加热电源	加热操作	电池单体质量/g	电池升高温度/℃	加热时间/s	能耗（用于加热单个电池）/%
内部自加热	2.2	圆柱	−20	电池	2.8V CVD	44	40	360	—
	2.6	圆柱	−10	电池	2V CCD	45	15	280	15
相互脉冲加热	2.2	圆柱	−20	电池	放电电压：2.2V；脉冲间隔：1s	44	40	80	5
	2.3	圆柱	−20	电池	具有优化振幅的脉冲电流	70	32.3	278	10
自热式锂离子电池	10	方形	−20	电池	保持三个SHLB的开关关闭	—	20	19.4	3.03
交流电加热	3	圆柱	−20.3	外部电源	电流频率：10Hz；振幅：变化	46	30.3	822	—
	2.75	圆柱	−15.4	外部电源	电流频率：1377 Hz；振幅：变化	45	21	338	—

通常，因为热量直接在电池内部产生，内部加热技术可以以较低的系统复杂性实现电池的快速加热。相比外部加热方法，内部加热方法传热路径更短、加热效率更高、均温效果更好且更容易实现。内部加热方法的加热时间从几十秒到几百秒不等，比大多数外部加热技术的加热时间短。在四种内部加热方式中，只有交流电加热在大多数情况下使用外部电源，而其他加热方式需要消耗电池能量。内部加热技术的主要问题之一在于对电池健康状态的影响。对于内部自加热和自热式锂离子电池，由于电池在加热过程中放电，不会发生镀锂等直接损坏，但长期运行将加剧老化。对于相互脉冲加热，应避免使用低脉冲频率和在高初始SOC下加热，因为这两者都会增加低温镀锂的风险。对于交流电加热，应谨慎使用低频电流，并添加额外的限制（如电压限制），以避免对电池造成不可逆的损坏。

7.4 电池加热系统的材料应用

无论是内部加热还是外部加热，均需遴选性能优异的材料来承载系统的运行。因此本节将着重介绍电池加热系统中关键材料的选择。

（1）外部加热材料

如前所述，外部加热方式包括流体加热、电阻加热和热泵加热等。流体加热利用气态或液态介质将热源产生的热传输到电池。其中，空气加热技术以空气作为传热介质，所需设备简单，不需要定制特定的材料，但其传热效率远不如液体加热技术。在大尺寸动力电池模组中，液体加热更具备可行性，这类系统中最为关键的材料便是液态传热介质。

液体加热系统一般采用间接接触式传热。由于液体在管道内流动，对绝缘性的要求较低，因此可选择具有较高热导率的液体。常用的传热介质主要包括水、乙二醇、矿物油等，传热介质物理参数如表7-3所示。

表7-3　常见电动汽车热管理系统中液体传热介质物理参数

传热介质	密度/（g·mL^{-3}）	比热容/（J·kg^{-1}·K^{-1}）	热导率/（W·m^{-1}·K^{-1}）	运动黏度/（m^2·s^{-1}）
水	0.997	4200	0.590	1.010×10^{-5}
矿物油	0.850	1900	0.130	5.600×10^{-5}
乙二醇	1.113	2720	0.373	2.560×10^{-5}
50%水-乙二醇	1.069	3323	0.389	2.582×10^{-5}

水的高比热容、低腐蚀性及低成本特性，使其极具潜力作为传热介质应用于电动汽车加热系统中。但水的冰点为0℃，并不适用于寒冷地域，因此一些电动汽车产商使用乙二醇的水溶液作为传热介质，在保证传热效率的同时，显著降低冰点。

电阻加热主要包括金属电阻加热与PTC加热器加热。事实上，最初始的加热器为金属电阻加热，但该方法耗能大、稳定性差、热量分布不均匀且对铜加热丝的品质要求较高。PTC加热器作为一种自控电池温度的加热器，其工作原理为利用陶瓷材料的正温度系数电阻特性，使PTC加热器的功率能够随着温度的降低而增大，大幅减小了电动汽车用于加热的能量损耗，其产品样式与电阻温度曲线如图7-15所示。

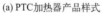
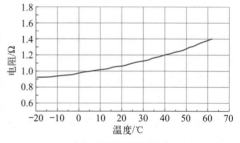

(a) PTC加热器产品样式　　(b) 电阻温度特性曲线

图7-15　PTC加热器产品样式及电阻温度特性曲线

科研人员制备PTC材料所用到的聚合物基质主要包括聚乙烯、聚丙烯、高密度聚乙烯、聚偏氟乙烯、超高分子量聚乙烯、低密度聚乙烯、丙烯酸丁酯、尼龙6等，而所用到的导电材料则主要为各类石墨导电剂，如导电炭黑、碳纤维、碳纳米纤维、碳纳米管、石墨粉末、导电金属颗粒等。目前的PTC加热器主要使用石墨浆作为电阻产热，由导电性良好的银作为电极，石墨浆料中混杂着陶瓷粉末，产生正温度系数特性的效果。该特性使得PTC加热器的能耗降低，延长了电动汽车的续驶里程。

（2）内部加热材料

内部加热一般都是利用电阻热，直接在电芯内部进行均匀加热，最大限度减少热量损耗。相比于外部加热，内部加热方式对材料的依赖性更低，涉及加热材料应用的主要为自热式电池。自热式电池采用的加热元器件必须耐热，且具有适宜的阻值，满足该性能的材料主要有镍、铜和铝等金属。目前大多数自热式电池采用的金属加热片都为镍，因为镍的熔点及耐腐蚀性均比铜高，且镍的黏结性较好，在制作极耳时处理较为方便。

参考文献

[1] Hu X S, Zheng Y S, Howey D A, et al. Battery warm-up methodologies at subzero temperatures for automotive applications: Recent advances and perspectives[J]. Progress in Energy and Combustion Science, 2020, 77: 100806.

[2] Ji Y, Wang C Y. Heating strategies for Li-ion batteries operated from subzero temperatures[J]. Electrochimica Acta, 2013, 107: 664-674.

[3] Wang F, Zhang J, Wang L. Design of electric air-heated box for batteries in electric vehicles[J]. Chinese Journal of Power Sources, 2013, 37: 1184-1187.

[4] Song Z, Hofmann H, Li J, et al. The optimization of a hybrid energy storage system at subzero temperatures: energy management strategy design and battery heating requirement analysis[J]. Applied Energy, 2015, 159: 576-588.

[5] Wang T, Wu X, Xu S, et al. Performance of plug-in hybrid electric vehicle under low temperature condition and economy analysis of battery pre-heating[J]. Journal of Power Sources, 2018, 401: 245-254.

[6] Luo Y, Lang C, Luo B, et al. Investigation into heating system of lithium-ion battery pack in low-temperature environment[J]. Journal of South China University of Technology (Natural Science Edition), 2016, 44: 100-106.

[7] Yuan H, Wang L, Wang L, et al. Battery thermal management system with liquid cooling and heating in electric vehicles[J]. Journal of Automotive Safety and Energy, 2012, 3: 371-380.

[8] Zhu T, Min H, Yu Y, et al. An optimized energy management strategy for preheating vehicle-mounted Li-ion batteries at subzero temperatures[J]. Energies 2017, 10: 243.

[9] Li J, Wu P, Tian H, et al. Researches on heating low-temperature lithium-ion power battery in electric vehicles[C].2014 IEEE Conference and Expo Transportation Electrification Asia-Pacific (ITEC Asia-Pacific). New York: IEEE, 2014.

[10] Jin X, Li J Q, Zhang C N, et al. Researches on modeling and experiment of Li-ion battery PTC self-heating in electric vehicles[J]. Energy Procedia, 2016, 104: 62-67.

[11] Lei Z G, Zhang C N, Li J, et al. Preheating method of lithium-ion batteries in an electric vehicle[J]. Journal of Modern Power Systems and Clean Energy, 2015, 3: 289-296.

[12] Mark K. Bosch to present heat pump that could extend electric car range by 25% in winter[Z]. Washington: Seattle Electric Vehicle Assocation (SEVA), 2015.

[13] Fuchss S, Michaelides A, Stocks O. et al. The propulsion system of the new Jaguar I-Pace[J]. MTZ worldwide, 2019, 80(1): 18-25.

[14] Lee S, Chung Y, Lee Y I, et al. Battery thermal management strategy utilizing a secondary heat pump in electric vehicle under cold-start conditions[J]. Energy, 2023, 269: 126827.

[15] Ling Z, Wen X, Zhang Z, et al. Warming-up effects of phase change materials on lithium-ion batteries operated at low temperatures[J]. Energy Technology, 2016, 4: 1071-1076.

[16] Ghadbeigi L, Day B, Lundgren K, et al. Cold temperature performance of phase change material based battery thermal management systems[J]. Energy Reports, 2018, 4: 303-307.

[17] Rao Z H, Wang S F, Zhang Y L. Thermal management with phase change material for a power battery under cold temperatures[J]. Energy Sources, Part A: Recovery, Utilization, and Environmental Effects, 2014, 36: 2287-2295.

[18] Ling Z, Wen X, Zhang Z, et al. Thermal management performance of phase change materials with different thermal conductivities for Li-ion battery packs operated at low temperatures[J]. Energy, 2018, 144: 977-983.

[19] Zhong G, Zhang G, Yang X, et al. Researches of composite phase change material cooling/resistance wire preheating coupling system of a designed 18650-type battery module[J]. Applied Thermal Engineering, 2017, 127: 176-183.

[20] Wang Q, Jiang B, Xue Q F, et al. Experimental investigation on EV battery cooling and heating by heat pipes[J]. Applied Thermal Engineering, 2015, 88: 54-60.

[21] Ye X, Zhao Y, Quan Z, et al. Thermal management system of lithium-ion battery module based on micro heat pipe array[J]. International Journal of Energy Research, 2018, 42(2): 648-655.

[22] Zou H, Wang W, Zhang G, et al. Experimental investigation on an integrated thermal management system with heat pipe heat exchanger for electric vehicle[J]. Energy Conversion and Management, 2016, 118: 88-95.

[23] Alaoui C, Salameh Z M. A novel thermal management for electric and hybrid vehicles[J]. IEEE Transactions on Vehicular Technology, 2005, 54: 468-476.

[24] Wu X, Chen Z, Wang Z, et al. Analysis of low temperature preheating effect based on battery temperature-rise model[J]. Energies, 2017, 10: 1121.

[25] Du J, Chen Z, Li F, et al. Multi-objective optimization discharge method for heating lithium-ion battery at low temperatures[J]. IEEE Access, 2018, 6: 44036-44049.

[26] Ruan H, Jiang J, Sun B, et al. An optimal internal-heating strategy for lithium-ion batteries at low temperature considering both heating time and lifetime reduction[J]. Applied Energy, 2019, 256: 113797.

[27] Mohan S, Siegel J, Stefanopoulou A G, et al. Synthesis of an energy-optimal self-heating strategy for Li-ion batteries[C]. 2016 IEEE 55th Conference on Decision and Control (CDC). New York: IEEE, 2016.

[28] Mohan S, Siegel J, Stefanopoulou A G, et al. An energy-optimal warm-up strategy for Li-ion batteries and its approximations[J]. IEEE Transactions on Control Systems Technology, 2018, 27(3): 1165-1180.

[29] Hra B, Bs B, Tao Z A, et al. Compound self-heating strategies and multi-objective optimization for lithium-ion batteries at low temperature[J]. Applied Thermal Engineering, 2020, 186: 116158.

[30] Mohan S, Kim Y, Stefanopoulou A G, et al. Energy-conscious warm-up of Li-ion cells from subzero temperatures[J]. IEEE Transactions on Industrial Electronics, 2016, 63(5): 2954-2964.

[31] Mohan S, Kim Y, Stefanopoulou AG, et al. On the warmup of Li-ion cells from sub-zero temperatures[C]. 2014 American Control Conference (ACC). New York: IEEE, 2014.

[32] Wu X G, Cui Z H, Chen E S, et al. Capacity degradation minimization oriented optimization for the pulse preheating of lithium-ion batteries under low temperature[J]. Journal of Energy Storage, 2020, 31: 101746.

[33] Wang C Y, Xu T, Ge S, et al. A fast rechargeable lithium-ion battery at subfreezing temperatures[J]. Journal of The Electrochemical Society, 2016, 163: A1944-A1950.

[34] Zhang G, Ge S, Yang X G, et al. Rapid restoration of electric vehicle battery performance while driving at cold temperatures[J]. Journal of Power Sources, 2017, 371: 35-40.

[35] Yang X G, Zhang G, Wang C Y, et al. Computational design and refinement of self-heating lithium-ion batteries[J]. Journal of Power Sources, 2016, 328: 203-211.

[36] Lei Z, Zhang Y, Lei X, et al. Improving temperature uniformity of a lithium-ion battery by intermittent heating method in cold climate[J]. International Journal of Heat and Mass Transfer, 2018, 121: 275-281.

[37] Yang X G, Liu T, Wang C Y, et al. Innovative heating of large-size automotive Li-ion cells[J]. Journal of Power Sources, 2017, 342: 598-604.

[38] Lei Z G, Zhang Y W, Lei X G, et al. Temperature uniformity of a heated lithium-ion battery cell in cold climate[J]. Applied Thermal Engineering, 2018, 129: 148-154.

[39] Stuart T A, Hande A. HEV battery heating using AC currents[J]. Journal of Power Sources, 2004, 129(2): 368-378.

[40] Zhang J, Ge H, Li Z, et al. Internal heating of lithium-ion batteries using alternating current based on the heat generation model in frequency domain[J]. Journal of Power Sources, 2015, 273: 1030-1037.

[41] Shang Y, Liu K, Cui N, et al. A sine-wave heating circuit for automotive battery self-heating at subzero temperatures[J]. IEEE Transactions on Industrial Informatics, 2020, 16(5): 3355-3365.

[42] Li J, Sun D, Chai Z, et al. Sinusoidal alternating current heating strategy and optimization of lithium-ion batteries with a thermo-electric coupled model[J]. Energy, 2019, 186: 115798.

[43] Ruan H, Jiang J, Sun B, et al. A rapid low-temperature internal heating strategy with optimal frequency based on constant polarization voltage for lithium-ion batteries[J]. Applied Energy, 2016, 177: 771-782.

[44] Ge H, Huang J, Zhang J, et al. Temperature-adaptive alternating current preheating of lithium-ion batteries with lithium deposition prevention[J]. Journal of the Electrochemical Society, 2016, 163(2): A290-A299.

[45] Zhang L, Fan W, Wang Z, et al. Battery heating for lithium-ion batteries based on multi-stage alternative currents[J]. Journal of Energy Storage, 2020, 32. 101885.

[46] Guo S, Xiong R, Wang K, et al. A novel echelon internal heating strategy of cold batteries for all-climate electric vehicles application[J]. Applied Energy, 2018, 219: 256-263.

[47] Guo S, Xiong R, Shen W, et al. Aging investigation of an echelon internal heating method on a three-electrode lithium-ion cell at low temperatures[J]. Journal of Energy Storage, 2019, 25: 100878.

[48] Sun J, Li X, Wei G, et al. Low current rate discharge with external heating at low temperature[C] 2015 IEEE Vehicle Power and Propulsion Conference. New York: IEEE, 2015.

[49] 熊瑞，王侃，郭姗姗. 锂离子动力电池低温复合加热方法[J]. 机械工程学报，2019, 55(14): 53.

[50] 刘广栋，李伟，黄珺，基于 PTC 柔性加热膜的加热组件传热性能研究[J]. 直升机技术，2022, 210(4): 13-17.

Chapter

第8章

电池热安全中的传感器技术

8.1 电池管理系统中的传感器技术

电池管理系统（battery management system, BMS）作为电动汽车电池包中的"指挥系统"，相当于人体的大脑中枢，通过传感器可实时采集不同电池模组的工作状态，对多种状态参数（如电压、温度、电流、气体种类及气压等）进行监测与控制。在电动汽车运行过程中，需要把不同参数的模拟信号转化为数字信号，这要求将传感器与变送器、模数转化器等装置组合起来，形成一个对电池组进行安全监测的防控系统，能够对电池热失控进行预警。

电池组系统中的传感器主要是监测电池充放电过程中的运行状态，及时采集电池的关键参数，并将其传送至主控模块中进行相关数据的分析及计算，最大限度地保障电池系统的安全运行等。图8-1为传感器在电池组中的工作原理。

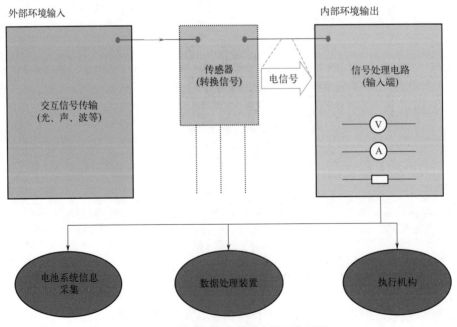

图8-1 传感器在电池组中的工作原理

8.2　电池安全性能传感器技术

8.2.1　电流传感器技术

为了评估电池的健康状况，需要实时监测电池系统的运行参数，以便采取对应的措施进行维护和修复。如图8-2所示，电动汽车的动力电池系统主要对电池的温度、电流和电压等相关数据进行采集。其中温度是影响动力电池安全性和稳定性的关键因素，监测电池温度可以帮助检测过热或过冷的情况，并采取相应的防护措施；电流和电压数据是评估电池性能和输出能力的关键指标，通过实时监测电池电压和电流，可以获取电池的输出状态和电力需求。

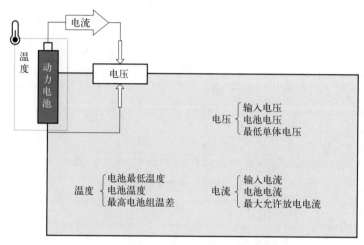

图8-2　电动汽车动力电池系统信息采集

动力电池组作为电动汽车的能源供给系统，对电池状态的精准监测是确保其行驶过程中安全性能的关键所在。电动汽车在不同工况中运行，存在因电流波动较大而引起的毫安级别的充电涓流或几百安的放电电流，从而诱发电池热失控。因此，电池系统中需要具备高灵敏度、宽范围及高精度的电流传感器，不仅可以评估电池通过安时积分法所估算出SOC的精准度，而且可判断电池是否发生过充或过放，从而解决电流大幅度变化、电流极小的零点失调等问题。电流传感器通常可分为以下几类。

（1）低值电阻传感器

低值电阻传感器实质为一个低值电阻，根据电阻的伏安特性变化测量电流，其原理如图8-3所示。当电流流经时，一个较小的电流被分离出来，形成一个压降供电流计读数和显示，分流出来的细小电流与回路中大电流的比例越小，数值读取越准确。当它被用于动力电池系统时，可以检测DC-DC的总电流以及驱动电机的分电流。尽管此方法简单，但其缺点也非常明显，具体表现为插入式测量无法隔离，大电流发热耗能严重，安装流程复杂，成本较高，在电动汽车中较少应用。

在传统的电流采样技术中，将采样电阻与电感串联起来。若电阻阻值已知，那么根据电阻上的压降就可以求得电感电流（图8-4）。电感电流和功率管的漏电电流都必须流经采样电阻，这将导致采样电阻上的功率损耗从而降低变换器的工作效率。由于输入电流变化可控性差和实际应用中的一些因素的限制，这种方法的测量精度较低，在全负载时采样电阻上的压降超过阈值时，将损坏元器件。

135

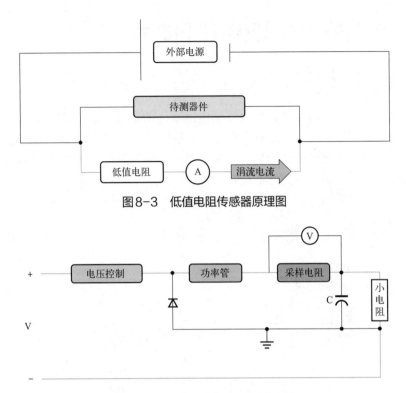

图8-3 低值电阻传感器原理图

图8-4 电阻与电感串联电流采样

（2）霍尔电流传感器

霍尔电流传感器是利用霍尔效应进行间接测量的元器件。在测试过程中，电流通过放置在磁场中的导体时，导体的两侧将产生一定的电势差，其原理是电子在磁场中会受到洛伦兹力的作用，在导体内部产生横向电场，使得电子在该横向电场的作用下发生偏移，最终导致导体内部出现电势差，从而获得测试结果（图8-5）。它分为开环霍尔直放式和闭环磁场平衡式，均可用于大电流的监控。其中闭环磁场平衡式具有较高的准确度，适用于小电流的测量。霍尔电流传感器可简化电路，只需要将直流电源的正、负极连接起来，通过传感器实现对主电路与控制电路的隔离。霍尔电流传感器结合了变压器和分流器的优点，结构简单，但受到大电流扰动会更为明显，在电池组中应用时应考虑提前做好防护。

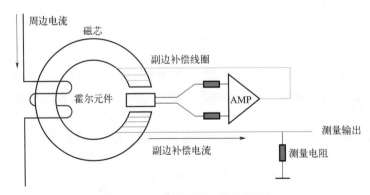

图8-5 霍尔电流传感器原理图

AMP—电流放大器

（3）磁通门电流传感器

磁通门电流传感器，它是利用易饱和磁芯在激发电流的影响下，通过激发电流大小来改变电感强度，进而改变磁通量大小，磁通量则像门那样打开或者闭合，其准确度可达0.1%，因此，被称为高准确度的电流感应器。在结构上，它可分为开口式和闭口式，闭口式是将磁通门激发的二次谐波信号放大，并驱动补偿线圈，使得聚磁铁的磁通量与原边电流的磁通量相互抵消，从而维持"零磁通"的状态（图8-6）。

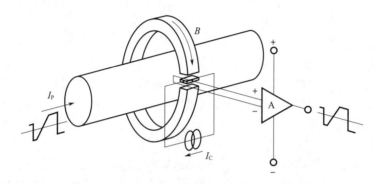

图8-6　磁通门电流传感器原理图

A—电流放大器；B—测量电流产生磁通量；I_P—测量电流；I_C—磁通门传感器饱和电感产生的电流

当前动力电池系统多数所采用的是霍尔电流传感器，具有尺寸小、功耗低、电路简单、无需标定等优点。然而，其仍存在着电流较小时受零点漂移误差影响较大、测量线性度不高等问题。纯电动汽车所采用的电流采集式分流器，通过测量固定电阻压降来计算通过电流的大小。因此，它不会在小电流下线性度降低，同时拥有更大动态范围和更短响应时间。与之相对在大电流时，串联电阻会因温度上升而产生较大的影响，需要对其进行校正。

在电动汽车领域中，BMS的重要性愈加凸显，当其选用电流传感器时，应注意电流分流值及放置的位置，其分流应选用小阻值、高精度电阻器（必须具备放大器）；通常电流分流器与电池模块不需要隔离放置。在动力电池汽车中，对于大型电池模块的BMS必须提供某种程度的隔离，其布线应避免电子噪声干扰，采用屏蔽双绞线的方式。相比而言，霍尔传感器测量电流值时刻准确，不受温控且无需额外隔离装置，然而，它存在因温度变化而变化的零点电流偏离情况。

8.2.2　电压传感器技术

电池电压性能监测中可通过截止电压的数值来评估电池系统的安全性，过充或过放是行之有效的方法之一，通过充电状态和终端电压之间的对应关系，可对蓄电池的剩余电量进行估算。

基于分立器件的数据采集方法采用了门电路和模数转换器两种方式，其数据采集的准确度，很大程度上依赖于模数转换器的选择和门电路的设计。该方案具有良好的结构灵活性，能够针对不同的结构单元进行相应的设计，降低了系统的开销；然而其缺陷是电路结构复杂，在满足功能、安全性等方面要求时，大幅增加了设计成本与加工复杂度。相比而言，随着半导体工艺集成度的不断提升，半导体器件制造商为电池管理系统设计了一种特殊的集成芯片，它可测量在12 ～ 16个串行通道上的电压，具有较高的测量精度和便捷的温度测量端口。采用特殊的集成芯片可为BMS提供高效快速的信号分辨，以及多种信号的通信及传递。

8.2.3　温度传感器技术

动力电池组是通过多个电芯以不同串并联结构组成的能量供给系统。在正常工作过程中，电池组内电芯温度是一致的，但在模组温度发生异常时，不同电池模组间的电芯温度将会有显著差异。在锂离子电池发生热失控前后，电池内部、电池表面以及电池周围的环境有很明显的温度变化，所以监控温度可作为发生电池热失控的重要依据。由于锂离子电池的化学体系及物理组成方式的多样性及复杂性，不同厂家生产的电池质量各有不同，很难明确地给出锂离子电池发生热失控的温度边界。

锂离子电池组的安全性能易受电池工作温度的影响。考虑到电池在充放电过程中会产生大量的热，电芯温度会因热量的不断累积而持续上升，进而诱发热失控。因此，电池温度的精准监测对电池的安全性显得尤为重要。然而，在电池系统安全中，不仅需要考虑电池的工作温度，而且应该分析电池组所在箱体温度与环境温度对电池性能的影响。在采集传感器的温度数据时，单体电池通常设置三个以上的采集点来监测整个动力电池模组的温度，由动力电池系统软件单元输入，从而估算出动力电池组的工作温度。

当前，位于电池内部的温度传感器主要有热敏电阻、热电偶以及光纤传感器。对电池组进行热失控预警的温度传感方式主要有两种，其一为内嵌传感器测温，其二为测量内部阻抗-温度对应关系。锂离子电池内置传感器可以对电池全生命周期内的温度、应力、气压和气体的多重感知信息进行获取，加快实现对锂离子电池的早期预警、早期隔离和早期处置。采用电池表面的温度测量方法只能对电池表面的信息进行测量，同时受到梯度效应、局部效应等限制，难以对电池进行及时预警。该类传感器也可能因其本身密封性的问题而导致电解液泄漏。在已有的电池上改装，容易导致电池的密封性能下降，降低电池的性能。通常的商业所用热电偶、光纤等内置传感器没有考虑到电池内部复杂电解液的腐蚀环境，容易造成传感器寿命短、数据采集不精确等问题。虽然植入式光纤传感器是基于光的波长位移与温度、应变等的线性关系形成的，但采用无线通信的方式实现内外环境的信息交互时，需要改变电池的结构，不能兼容当前的电池制造技术。因此，在电芯内部植入传感器短期内难以实现在电池组中的大规模应用。

电池组中所采用的温度传感器，与燃油车发动机冷却液中的传感器作用相近，可用于检测车载蓄电池的温度状况。传感器按类型可分为负温度系数（NTC）型和正温度系数（PTC）

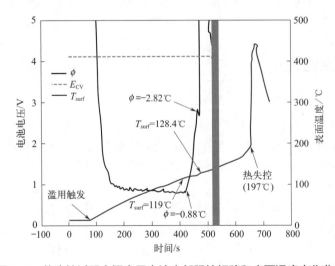

图8-7　热失控过程中锂离子电池内部阻抗相移和表面温度变化曲线

型。如图 8-7 所示，锂离子电池的内阻抗相移与电池表面温度有着紧密关系；电池的内阻抗相移可引发表面温度的改变，测试表明在电池热失控的初期，电池的表面温度没有显著的变化；但电池的内部阻抗相移却呈现出明显异常，利用电池的内部阻抗相移来对锂离子电池的热失控进行早期预警是有效的。因此，可以将电池的内部阻抗相移整合起来，从而实现锂离子电池的热失控预警。

热敏电阻内部结构主要包括感温头（金属外壳或塑胶外壳）、导线、端子、连接器、环氧树脂或其他填充材料等，主要影响因素有以下三点。

（1）测量精度

测量精度受到热敏电阻器自身本征误差影响。在传热过程中，测量物体和温度传感器接触方式的差异性也会产生影响。热敏电阻器的阻值 - 温度（R-T）曲线为非线性的，具有很强的分散性；当测量的温度点远离中心工作温度点时，其误差就会增加，需要提高测量精度才能提高采集温度的准确度。

（2）导热效应

热敏电阻的响应速度随着温度常数的变化而变化。温度常数越小，其响应速度越快；传感器包装材料的导热性能会影响其响应时间，热导率较高的外壳材料将有助于热敏电阻响应速度的提高。

（3）稳定性

传感器工作的稳定性是指在一定时间内，热敏电阻特性与周围工况的关联性。除了热敏电阻自身的稳定性和可靠性外，其结构也需布置合理，具有良好的机械强度与环境适用性；在一定外力条件下，传感器不会出现机械损坏或松动。

温度传感器应根据模组中电池测温点排布，当动力锂电池模组电芯的特性比较均匀时，可采取表面粘贴的方法布置。可将热电偶布置在电芯模组的表面，当动力锂电池模组电芯的特性比较均匀时，可采取表面粘贴的方法布置。此外，通过热敏电阻间接采集电芯温度，通过将电阻器嵌入模块的两端，从而实现对前、后两个锂电池的精准检测。它能够根据采集到的数据，推算出完整锂电池组件的核心区域。在动力锂电池模块的箱体上，直接贴上热敏电阻器。当热敏电阻与动力锂电池母线排、电芯互联板连接或与锂电池模组电芯表面、盖板表面黏合时，应考虑工作工艺对 NTC 热敏电阻的影响。在安装时，如果操作不当，将导致导线的断丝、短路或包覆层破裂。

此外，柔性薄膜传感器作为一种薄膜热电偶，其表面为一层高分子材料，用来防止电解质对热电偶或者热敏电阻的侵蚀，可利用热电效应进行温度检测，不仅可以检测温度和电阻之间的线性关系，而且还可通过电阻变化和应变之间线性关系来分析电池内部的状态变化。

8.2.4　湿度传感器技术

在电动汽车运行过程中，湿度可直接影响电池的运行安全，它将影响电池的性能、寿命。其工作原理是在衬底上施加对水分敏感的薄膜，当周围的水分被吸收到薄膜时，传感器的电阻率及电阻值将发生改变，从而测量环境湿度，主要分为以下几种。

（1）电容式湿度传感器

电容式湿度传感器所采用的湿敏材料主要包括有机高分子聚合物、金属氧化物以及新型纳米材料。与电阻式湿度传感器相比，电容式湿度传感器在高湿度环境下可靠性较强，耐温性较好，可在200℃环境温度下工作。根据不同的电极结构，电容式湿度传感器可分为平板电极结构和叉指电极结构。平板电极结构如图8-8所示，将湿敏薄膜置于两块平板电极之间，不仅结构简单，而且上下电极的面积较大，使得该结构的电容值较大，可靠性较高；平板电极贴在湿敏材料表面，可使材料周围形成致密空间，保护湿敏材料免受污染。然而，平板电极结构的水分子难以与湿敏材料直接接触，响应时间较长。

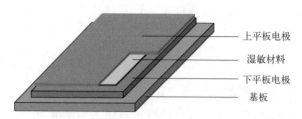

图8-8　平板电极电容式湿度传感器

叉指电极电容式湿度传感器如图8-9所示，其制备过程是先在基底上通过真空蒸镀或丝网印刷等方法沉积得到叉指电极层，再在叉指电极层上涂覆一层湿敏材料。相比平板电极结构，湿敏材料负责吸附水分子并使自身介电常数发生改变，进而引起电容变化。该电容结构并非传统的上下两块平板电极，是将两电极在同一表面上沉积，优势在于制备简单，且湿敏材料表面无电极遮挡，因此水分子可以轻松地与湿敏材料接触，容易吸附，所以叉指电极结构具有更短的响应时间。然而，该结构的电容值较小，灵敏度较低，且湿敏材料暴露于外部环境中，稳定性较差。

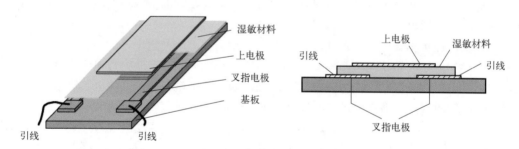

图8-9　叉指电极电容式湿度传感器

（2）电阻式湿度传感器

电阻式湿度传感器如图8-10所示，其结构与叉指电极电容式湿度传感器相近，都是在基底上先沉积一层叉指电极，再在叉指电极层之上涂覆湿敏材料。在湿敏材料的选择上，电容式传感器采用介电常数较高而电导率较低的材料，如聚酰亚胺等有机高分子材料；电阻式湿度传感器采用电导率较高的导电材料或半导体材料做湿敏层，如石墨烯、陶瓷等。电阻式湿度传感器通过湿敏材料在不同湿度的阻抗变化来表征湿度大小。环境湿度将直接影响湿敏材料的电阻，当湿敏材料处于高湿度环境下，导电性能将得到显著增强，电阻率降低，如石墨烯、陶瓷等材料的电阻值会随着相对湿度的增加呈指数式下降，其原因为水分子在敏感材料

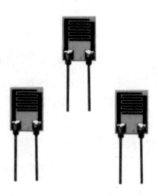

图8-10　电阻式湿度传感器

表层不断聚集凝结，使水分子间羟基作用越来越弱，最后发生离解并导致质子隧穿，为质子的转移提供了大量通道。

电阻式湿度传感器的电阻变化范围很大，灵敏度高。然而，与叉指电极结构的电容式湿度传感器类似，电阻式湿度传感器的湿敏层暴露于外部环境中，使得其可靠性较差。

（3）柔性湿度传感器

主要有三种类型：电容型、电阻型和谐振型。电容型湿度传感器具有低功耗、响应速度快、线性度好、温敏系数低等优点。一些研究人员利用纸张本身优良的吸湿性，设计了一种不需要湿敏物质的纸张湿度传感器。从成本角度分析，可考虑开发高灵敏度的纸基无湿敏材料的电容式湿度传感器。

（4）频率式湿度传感器

可在低湿条件下进行高精度的测量，其可将湿度敏感物质覆盖于压电陶瓷晶片上，形成一种基于石英晶片的微天平。在不同的湿度条件下，对湿度敏感的薄膜材料的电导率和质量的变化，将会引起声表面波和体波的频率的变化。由此可知，频率式湿度传感器具有体积小、精度高、量程宽、稳定性好等优点，但由于其结构复杂，制作工艺烦琐，限制了其大规模应用。

湿度传感器可将湿度输出进行差额补偿得到线性电压，可将其输入带有模拟信号转换为数字信号电路的电动汽车的BMS中，并实现液晶数字显示。此外，该系统还具有自动智能调节功能，当BMS中的湿度数值触及临界点时，它会自动打开风扇，将湿度调节到适当的范围内，充分发挥出 BMS 的保护作用。特斯拉 Model 3 的电池组中带有湿度传感器，以帮助确保电池工作在适当的温度和湿度范围之内。LG 化学生产的锂离子电池模块集成了一系列传感器，包括湿度和温度传感器，以确保电池在最佳工作条件下使用。德国汽车制造商宝马在其电池控制中采用了湿度和温度传感器，以确保电池在高温和低温环境下都能正常工作。德尔福科技（Delphi Technologies）将电容式湿度传感器用在电池系统中，采用分析算法，可通过对变化值的分析提供关于湿度的准确信息。该传感器精度高，可在电池的温度和湿度变化情况下提供可靠的读数。

8.2.5　应力应变传感器技术

在电池充放电过程中，由于在极端工作环境下，电池结构设计不当，将会导致电池电极材料的脱落，引发内阻增加导致电池过热，进而影响电池的安全性。在锂离子电池中，活性颗粒内部微结构的损伤与破坏是导致其失效的重要原因。在锂离子的脱嵌过程中，其产生剧烈的体积变化，造成大量的错配应变，从而产生扩散应力，造成了活性粒子破裂、过渡金属溶解、电解质分解、固体电解质界面（SEI）增厚等问题。

电池应力大小不仅会对电池的机械失效问题造成影响，而且影响电池的电化学性能。在电池内部，隔膜在力的作用下发生的形变可能会导致微孔结构的改变，造成隔膜的通过率发生衰退、电池的容量衰减以及库仑效率降低。电池在充放电过程中的异常将导致电池鼓包等缺陷，其最显著的特征就是外壳的形变。按照封装材料来进行分类，锂离子电池可分为硬壳电池和软包电池，硬壳电池的封装材料多为硬质的钢壳或铝壳，软包电池的封装材料多为铝塑膜，软包电池相较于硬壳电池在使用过程中难免会受到各种损伤，产气后形变量较大，易于测量。为了表征电池热失控所带来的直接影响，选择使用压电效应材料来制备应变传感器。图8-11为应力应变传感器的作用原理图。

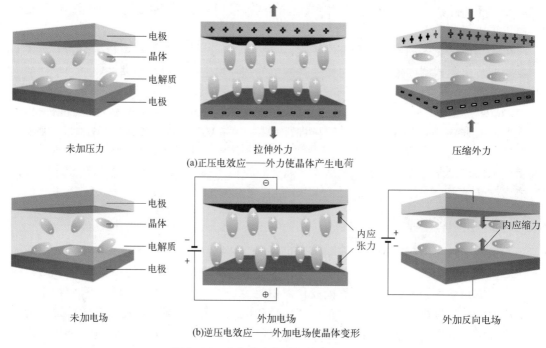

未加压力　　　　　　　　　拉伸外力　　　　　　　　　压缩外力

电极
晶体
电解质
电极

(a)正压电效应——外力使晶体产生电荷

未加电场　　　　　　　　　外加电场　　　　　　　　外加反向电场

电极
晶体
电解质
电极

内应张力

内应缩力

(b)逆压电效应——外加电场使晶体变形

图8-11　应力应变传感器的作用原理图

鼓包损伤是软包电池最常发生的一种准静态损伤，鼓包损伤检测是软包电池热失控的有效检测方式，所检测出的应变问题在分析电池热安全影响因素中是很有必要的。它可采用光纤光栅（FBG）作为传感器，利用FBG的多路传输特性，通过一根FBG就可以实现对锂离子电池表面多个位置的温度检测（图8-12），并利用FBG传感器技术，实现对锂离子电池表面温度与应力的双重监测。

图8-13介绍了将可视化电容传感器作为应变传感器，是由薄膜晶体管基板和聚偏氟乙烯-三氟乙烯［P（VDF-TrFE）］薄膜组成。其工作原理为薄膜受力时会发生形变，形变会导致平板电容器的间距发生变化，从而导致其电容发生变化；然后通过电路对平板电容器进行恒压充电，将电容的变化转变为电流的变化，通过外电路采集这些电流的变化，来实现将形变情况转化为电信号。它可显示电池损伤情况，其不仅能高精度地检测出锂电池的压痕、孔洞和划痕损伤，而且能对鼓包损伤的形貌和位置进行检测与输出，有利于判断损伤程度。针对锂离子电池

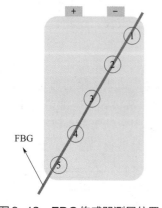

FBG

图8-12　FBG传感器测量位置

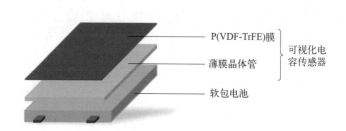

P(VDF-TrFE)膜
薄膜晶体管
软包电池

可视化电容传感器

图8-13　可视化电容传感器示意图

的动态损伤和热损伤，通过优化传感器的结构设计与制备工艺，实现对碰撞、跌落和温度冲击等损伤的实时监测与定位。

在实际监测中，可结合相应的应力传感器，实现对锂离子电池正极膨胀力与负极膨胀力的实时监测，对热失控进行有效预警。将应力传感器安装在电池模块上，可分外部安装和内部安装两种。外部安装是通过对电池模块两侧和终端面板的形变进行精准测量，从而获得相应的芯部膨胀力变化；内部安装方法则是将薄膜压电传感器植入电池中，实现电芯内部膨胀力的测量。目前，利用膨胀力检测预警电池的热失控尚处在实验研究阶段，仍然存在很多问题有待解决，主要表现为：①由于电池种类和尺寸的差异，其内部膨胀力有一定的变化，磷酸铁锂电池的膨胀力要比三元锂电池小得多；②在两种不同的负极系统中，即使是同一种或类似的电池，在相同充放电过程中，其膨胀力的变化也是不一样的；③在不同的充电条件下，电池的拉伸力的变化规律是不一样的，对于三元523型铁芯来说，当充电条件达到80%时，拉伸力的变化是最大的；④在不同的健康状态电池中，膨胀力的变化是不一样的，通常在使用周期比较长的情况下，膨胀力要比新电池大得多；⑤相同的电芯，在不同的工作温度下，其伸缩力的变化也是不一样的，其受到温度的影响而改变，温度越低，伸缩力就越小，温度越高时，伸缩量就越大；⑥冲击环境会对传感器产生影响，膨胀力传感器（通常是应力、应变传感器）在不同方向的加速度作用下，会产生不同程度的偏差。

8.3　电池安全预警传感器技术

8.3.1　气压传感器技术

在电动汽车运行过程中，实时监控动力电池内部气压可对电池热失控状态进行有效预警。当前对电池内部气压测量的技术是将微量压力传感器与锂离子电池相结合，实时监控实现电池内气压变化的测量。

电池组内的压力监控是由电池组内置压力传感器来完成的，其采用电池组外壳上的压力阀来调节内部空气压力。在正常工作条件下，电池内空气压力必须达到大气压力。在电池出现热失控之前，内部的电化学反应会迅速释放大量的气体，从而造成内部气压大幅升高，超过大气压，可以将该过程中气压传感器监测到的电池内部气压变化作为热失控预警信号。然而由于电池容量和体积等因素制约，导致单电池热失控时其生成的气体难以满足预设的压力阈值；所产生的气体使内部气压急剧上升，导致泄压阀打开，使电池内部气压得以快速下降；电池热失控引起的气压变化峰值时间很短暂，通常为100ms左右；气压传感器采样频率等因素导致其很难监测到电池内部气压的快速变化。因此，其误报率比较高。

尽管气压监测装置可以实时、准确地测量电池循环过程中气压的变化，但气压传感器装置较大，难以适用于锂离子电池内部狭小空间。因此，开发微型化、植入式电池内部气压监测装置尤为重要。

8.3.2　多类气体传感器技术

传感器是一种检测气相中挥发物质在特定体积中存在的定性和定量（浓度）的装置，可以将气体传感器分为物理气体传感器和化学气体传感器。其中，物理型气敏元件与空气相互作用，使一些物理量发生改变。如光学、温度测量、声表面波（SAW）和石英晶体微量天平（QCM）气体传感器等都属于物理型气体传感器。对于化学型气体传感器，检测时气敏物质会与周围气体产生化学反应。常见的半导体式、电化学式、固体电解质式及接触燃烧式气体传感器都为化学型气体传感器，表8-1为多类气体传感器的对比。

表8-1　多类气体传感器的对比

传感器类型	优点	缺点	备注
红外气体传感器	可对几乎所有的易燃气体进行监控；精度高，选择性好，可靠性高，无毒害，不依赖氧气，不受环境干扰，使用寿命长	处在初期，技术壁垒高，市场占有率低，规模化生产程度低，导致成本高	根据朗伯-比尔定律，当一束平行单色光垂直通过某一均匀非散射的吸光物质时，其吸光度与吸光物质的浓度及吸收层厚度成正比，可通过测量气体对红外光线的衰减来测出气体浓度
半导气体传感器	半导体气体传感器由于其简单的基础机制、优秀的性能和较低的成本而比其他气体传感器具有更高的实用性	稳定性较差，受环境影响较大；每种传感器的选择性不唯一；输出参数也不能确定，不宜应用于计量准确要求的场所	根据其工作原理可将其划分为导电与非导电两类；按导电又可分为表面导电与体积控制两类；当被测气体与半导体材料接触时，半导体材料电导率将发生变化
固体电解质气体传感器	具有很高选择性的传感器，采用高稳定性的铬系固态电解质膜作为传感器，在钢液含氧量、内燃机空燃比检测等方面取得了较好的效果	由原理可知，其响应时间太长	分成两种类型，一种是阳离子导电，另一种是阴离子导电。原理是利用隔膜两侧两个电池之间的电势差，使它与浓差电池的电势相等
接触燃烧式气体传感器	适合于测定H₂、CO、CH₄等可燃气体，具有适用范围广、结构简单、体积小、稳定性好等优点	传感器内部的铂丝因氧化等原因，导致使用寿命相对较短，使用时还需要频繁校准，另外，其灵敏度在缺氧环境或粉尘环境中会显著降低	触点-燃烧型传感器
直接吸收式气体传感器	典型的吸收式光学气体传感器，对SO₂、CO、CO₂、NO等气体具有高灵敏度	吸收线形偏移和展宽对于吸收幅值检测方法的气体传感系统有较大干扰	通过探测入射光和出射光的光功率便可获得待测气体的吸收信息，进而计算出待测气体浓度；与相应的数据库进行比对便可以知道待测气体由哪些组分构成
光反应气体传感器	具有良好的传感性能	价格较高，对环境较敏感，不同的气体反应会干扰检测结果	传感器内部通常包含一个光源和一个光敏元件。光源发出特定波长的光，经过气体传感层后，目标气体与传感层中的光敏物质发生反应，这种反应将会改变光的性质
光学特性的新型气体传感器	光纤测量已进入实际应用阶段，在气体探测上有良好的效果	检测选择性差，各种气体的浓度变化都会影响气体的折射率，且受温度、气压等影响	通过在光纤的末端涂覆一层与气体反应产生热量的催化剂来实现

在锂离子电池内部，电解液的消耗和分解，会产生氢气、烷烃类气体等，此为导致电池鼓胀的一个重要原因。在第一次化成过程中，会在电极表面形成SEI钝化膜，在隔膜与负极之间的SEI膜的形成，主要来自碳酸乙烯酯（EC）的还原分解，电解液的分解会产生大量CO和

C_2H_4。在形成SEI膜的过程中，碳酸二甲酯（DMC）、碳酸甲乙酯（EMC）等还会在溶液中产生R-LiCO$_3$、R-OLi等，伴随有CH_4、C_2H_6、C_3H_8、CO等气体。在碳酸丙烯酯（PC）电解质中，其还原过程中生成的C_3H_8占主导地位。低电压下，$Li_4Ti_5O_{12}$使电解液还原沉积生成SEI膜的过程中产生有机锂盐类化合物（ROCO$_2$Li）和无机锂盐类化合物（Li$_2$CO$_3$/LiF），还产生一氧化碳、烯烃类气体和烷烃类气体。类似于石墨负极的产气机理，SEI钝化膜的产生都会消耗大量的电解液，并伴随产生大量烷烃类气体，这是个不可避免的过程；杂质中水（H_2O）的存在会造成六氟磷酸锂中的P—F键不稳定，生成氢氟酸（HF），氢氟酸会造成电池内部环境不稳定。过量水会与锂离子发生反应，生成LiOH、LiO$_2$和H_2。储运和长时间运行后，电池内部也会产生气体，其形成原因包括：①水在电池系统中的存在会形成HF，并对SEI膜造成破坏，系统中氧气的存在会引起电解质的氧化，从而产生大量的二氧化碳；②若首次合成时所形成的SEI钝化膜存在缺陷，则SEI钝化膜在贮存时会被溶解，电池将会通过修补或再生形成SEI钝化膜，同时也会消耗大量的电解质，导致电解质分解，产生CO_2、CO和烷烃类气体，负极材料为石墨时，产生烷烃类气体的主要原因是SEI钝化膜的生成、过量水的存在、化成异常、封装不严等，负极材料为钛酸锂时，普遍认为钛酸锂自身的易吸水性是产生烷烃类气体的主要原因。

不同电位下产气机理示意图见图8-14。

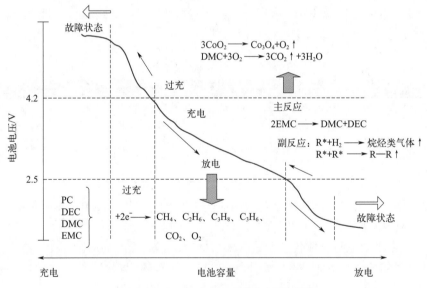

图8-14　不同电位下产气机理示意图

DEC—碳酸二乙酯

热失控过程中产生的气体主要为烷烃类气体，应从监测易燃或有毒气体种类的传感器中进行选型研究。目前，市场上对于此类气体监测，使用较多的气体传感器主要为半导体式气体传感器。

气体传感器输出的响应信号所具有的特性如稳定性、选择性、灵敏度、耐腐蚀性等决定了它的传感性能。

（1）稳定性

稳定性是传感器在长期运行过程中维持初始检测值的能力，该性能越好，则传感器的寿命越长。其包含零点漂移（在空气中的输出信号）和区间漂移（传感器持续放在特定气体中的响应）。在实际测量时，检测传感器稳定性的方法是经过一段时间测试后，传感器仍对特定气体的响应信号具有良好的重现性且响应信号没有明显的降低。

（2）选择性

用来评估传感器对特定气体识别能力的性能参数。选择性被称为交叉灵敏度，通常情况下通过分析测量相近浓度的多种干扰气体响应而得到。某气敏元件具有良好的选择性，是指它对待测气体的灵敏度远高于对其他干扰气体的灵敏度。反应往复时间通常是指在吸附或脱附条件下，传感器获得的稳定反应与初始反应差90%。传感器的响应-恢复时间越短，表明传感器的选择性越好。

（3）灵敏度

灵敏度通常被认为是传感器的响应值对气体浓度函数的特性曲线图中的曲线斜率。传感器对于特定干扰气体的敏感程度就用灵敏度作为衡量标准，因此其在气体传感器的性能指标中占有很重要的地位。

（4）耐腐蚀性

耐腐蚀性表明该传感器内部可以暴露出高含量的待测气体。如用于探测毒气的传感器。当有大量的气体泄漏时，该探测器应该可经受住10～20倍的气体体积比。当恢复到正常的工作状态时，应当使传感器的偏移与零点校正值尽量小。

表8-2 气体传感器分类

类型	气敏元件	检测气体
电阻式	二氧化锡（SnO_2）、氧化锌（ZnO）、氧化钛（TiO）等	可燃性烷烃类气体［甲烷（CH_4）、乙烷（C_2H_6）等］、氧气（O_2）、氨气（NH_3）
非电阻式	氧化银（Ag_2O）、铂栅、MOS场效应管、铂-硫化镉、铂-氧化钛	氢气（H_2）、一氧化碳（CO）、乙醇气体（C_2H_6O）、硫化氢（H_2S）等

由表8-2可知，电阻式气体传感器对于电池热失控产生的气体种类基本上都能够满足要求，而非电阻式气体传感器则主要针对氢气等可燃气体，因此安全监测系统应选用电阻式气体传感器。例如，二氧化锡型电阻气体传感器具有如下优点：①灵敏度高；②探测范围广（各种烷烃类气体）；③当气体浓度变化时，响应速度快；④结构简单，使用方便；⑤性价比高，且寿命长。比如对预测电池热失控灵敏度较高的氢气而言，氢气传感器主要有电化学型、电阻型以及光学型等。电化学氢气传感器检测精度高，功耗低，其为常见的氢气传感器。但是该类型传感器易发生漂移，需要不定期校准；由于采用电学信号进行传感，不适用于易燃易爆场所。电阻型氢气传感器原理是半导体金属氧化物被氢气还原后，电特性发生了改变，具体表现为电阻改变。该类氢气传感器测量精度高、响应时间短，但是对氢气选择性差，容易受到其他还原性气体的交叉干扰，如CO、CH_4等；该类传感器还易受到环境温度和湿度的影响，大多数传感器需要在高温条件下才能具有较好的性能。电阻型氢气传感器主要是如何在室温下实现快速、精确的响应。相比传统的基于电学信号的氢气传感器，基于光学信号的氢气传感器具有灵敏度高、结构轻巧、抗电磁干扰、本质安全等特点，具有巨大的应用潜力，是当前研究的热点。为提升气体传感器的性能，通常采取多元化合物、掺杂和异质结构来改性气敏材料，进而提高气体检测的灵敏度，降低检测温度，增强检测的稳定性和选择性，缩短检测时间，提升检测集成度。

现阶段常用判别电池热失控的方法见表8-3。

表8-3　现阶段常用判别电池热失控的方法

热失控判别方法	判别依据	预警效果
电池管理系统	电池表面的温度、电压、电流等	操作简易，但电池内外温差较大，预警存在较大局限性与滞后性
电池内嵌布拉格光纤传感器	内部荷电状态等与光纤折射光波长的对应关系	预警时间及时有效，但光纤传感器成本较高，且嵌入电池会在一定程度上破坏传感器结构
基于电池阻抗相移监测内部温度	电池阻抗相移与内部温度的对应关系	热失控早期预警及时有效，但依赖精密测量仪器，装置成本较高
基于锂离子电池单频点动态阻抗的内部温度感知	电池单频点动态阻抗与内部温度的对应关系	预警时间提前热失控580s，且成本低廉、操作简便，不依赖精密测量仪器
基于氢气监测的热失控超早期安全预警	电池过充热失控早期产生的氢气	可实现热失控超早期安全预警，装置成本较低
基于其他气体监测的热失控早期预警	电池电化学反应产生的电解液蒸气	通过气体传感器实现早期预警，精准有效

 参考文献

[1] 许俊雄. 基于观测器的电动车辆锂离子电池传感器故障诊断研究 [D]. 重庆：重庆大学，2021.

[2] 朱永康，王彦钦，任言政，等. 传感器技术在BMS中的应用与问题对策 [J]. 汽车维修，2022(1): 18-21.

[3] 张地强. 车用锂离子动力电池一致性筛选与诊断策略研究 [D]. 武汉：华中科技大学，2021.

[4] 任庆平，李恒宾. 基于子空间的ASM电涡流控制系统辨识 [J]. 青海交通科技，2015(3): 12-15.

[5] 朱永康，王彦钦，任言政，等. 传感器技术在BMS中的应用与问题对策 [J]. 汽车与配件，2021(19): 62-65.

[6] 梁坚. BUCK型DC-DC的电流检测电路设计 [D]. 成都：西南交通大学，2007.

[7] 王庆欢，李菊萍，刘家豪，等. 开环霍尔电流传感器输出不对称问题研究 [J]. 电子设计工程，2022, 30(01): 85-89.

[8] 陆霞飞. 基于巨磁阻效应的电流传感器研制及在电动汽车中的应用 [D]. 镇江：江苏大学，2022.

[9] 唐奇. 基于无迹卡尔曼滤波的动力电池传感器故障诊断研究 [D]. 武汉：武汉理工大学，2021.

[10] Raijmakers L H J, Danilov D L, Eichel R A, et al. A review on various temperature-indication methods for Li-ion batteries[J]. Applied Energy, 2019, 240: 918-945.

[11] Wang S X, Li K X, Tian Y, et al. Infrared imaging investigation of temperature fluctuation and spatial distribution for a large laminated lithium-ion power battery[J]. Applied Thermal Engineering, 2019, 152: 204-214.

[12] Srinivasan R, Demirev P A, Carkhuff B G. Rapid monitoring of impedance phase shifts in lithium-ion batteries for hazard prevention[J]. Journal of power sources, 2018, 405: 30-36.

[13] 黄沛丰. 锂离子电池火灾危险性及热失控临界条件研究 [D]. 合肥：中国科学技术大学，2018.

[14] Ehsan Raza, Asif M, Aziz F, et al. Influence of thermal annealing on a capacitive humidity sensor based on newly synthesized macroporous PBObzT₂[J]. Sensors and Actuators B: Chemical, 2016: 146-153.

[15] Park J K, Kang T G, Kim B H, et al. Real-time humidity sensor based on microwave resonator coupled with PEDOT:PSS conducting polymer film[J]. Scientific Reports, 2018, 8(1): 439.

[16] Guo Y N, Gao Z Y, Wang X X, et al. A highly stretchable humidity sensor based on spandex covered yarns and nanostructured polyaniline[J]. Rsc Advances, 2018, 8(2): 1078-1082.

[17] 刘雨麟. 压电自驱动柔性湿度传感器制备及特性研究 [D]. 成都：电子科技大学，2022.

[18] Zhang Y, Zhao C, Guo Z. Simulation of crack behavior of secondary particles in Li-ion battery electrodes during lithiation/de-lithiation cycles[J]. International Journal of Mechanical Sciences, 2019, 155: 178-186.

[19] He XJ, Yao K. Crystallization mechanism and piezoelectric properties of solution-derived ferroelectric poly(vinylidene fluoride) thin films[J]. Applied Physics Letters, 2006, 89(11): 112909.

[20] 许彬，李志远，徐伯乐，等. 基于光纤光栅的锂电池安全监测应用效果研究 [J]. 武汉理工大学学报（信息与管理工程版），2022, 44(5): 745-751.

[21] 蒋赵联. 锂电池封装材料的损伤探测及其阻燃改性的应用研究 [D]. 成都：电子科技大学，2020.

[22] 牛少军，吴凯，朱国斌，等. 锂离子电池硅基负极循环过程中的膨胀应力 [J]. 储能科学与技术，2022, 11(9): 2989-2994.

[23] 郝维健，李琛，陆春，等. 基于产气分析的动力电池安全监测方法综述 [J]. 中国汽车，2022(3): 59-63.

[24] 黄婷婷. 二元金属氧化物纳米结构的合成及其储能与气体传感性能研究 [D]. 北京：北京科技大学，2022.

[25] Manorama S V, Izu N, Shin W, et al. On the platinum sensitization of nanosized cerium dioxide oxygen sensors[J]. Sensors And Actuators B—Chemical, 2003, 89(3): 299-304.

[26] 陈子豪，孙良良，张宸瑜，等. 气体传感器在室内甲醛监测中的研究进展 [J]. 当代化工，2021, 50(11): 2767-2772.

[27] 陈娟，冯锡钰，蒲春华. 光纤气体传感器综述 [J]. 吉林工学院学报（自然科学版），1997(3): 14-19.

[28] Maleki H, Howard J N. Effects of overdischarge on performance and thermal stability of a Li-ion cell[J]. Journal of Power Source, 2006, 160: 1395-1402.

[29] 袁子丹，崔泽君，赵艳，等. 模拟电池膨胀对聚丙烯微孔隔膜性能的影响 [J]. 电源技术，2021, 45(12): 1551-1553, 1598.

[30] He Y B, Ning F, Li B, et al. Carbon coating to suppress the reduction decomposition of electrolyte on the $Li_4Ti_5O_{12}$ electrode[J]. Journal of Power Sources, 2012, 202(15): 253-261.

[31] 马戎，周王民，陈明. 气体传感器的研究及发展方向 [J]. 航空测试技术，2004 (4): 1-4.

[32] 邓孝元. 电动汽车三元锂电池安全监测系统研究 [D]. 陕西：长安大学，2020.

[33] Self J, Aiken C P, Petibon R, et al. Survey of gas expansion in Li-ion NMC pouch cells[J]. Journal of The Electrochemical Society, 2015, 162(6): A796-A802.

[34] Kim W, Jang B, Lee H S, et al. Reliability and selectivity of H_2 sensors composed of Pd Film nanogaps on an elastomeric substrate [J]. Sensors and Actuators B: Chemical, 2016, 224: 547-551.

[35] Hong J, Lee S, Seo J, et al. A highly sensitive hydrogen sensor with gas selectivity using a PMMA membrane-coated Pd nanoparticle/single-layer graphene hybrid[J]. ACS applied materials & interfaces, 2015, 7(6): 3554-3561.

[36] Cummings S R, Swartz S L, Frank N B, et al. Systems and methods for monitoring for a gas analyte: US20180003685A1[P]. 2018-01-04.

[37] Raghavan A, Kiesel P, Sommer L W, et al. Embedded fiber-optic sensing for accurate internal monitoring of cell state in advanced battery management systems part 1: cell embedding method and performance[J]. Journal of power sources, 2017, 341: 466-473.

[38] 杨启帆，马宏忠，段大卫，等. 基于气体特性的锂离子电池热失控在线预警方法 [J]. 高电压技术，2022, 48(3): 1202-1211.

[39] Mccoy C H. System and methods for detection of internal shorts in batteries: EP14776056.5[P]. 2018-05-02.

[40] Srinivasan R, Demirev P A, Carkhuff B G. Rapid monitoring of impedance phase shifts in lithium-ion batteries for hazard prevention[J]. Journal of power sources, 2018, 405: 30-36.

[41] Lv WN, Yang J, Xiong R, et al. Real-time overcharge warning and early thermal runaway prediction of Li-ion battery by online impedance measurement[J]. IEEE transactions on industrial electronics, 2022, 69(2): 1929-1936.

[42] 金阳,石爽,姜欣,等. 基于氢气探测的汽车动力电池早期安全预警装置：CN214898553U[P]. 2021-11-26.

[43] 周格. 锂离子电池失效分析——过渡金属溶解沉积及产气研究 [D]. 北京：中国科学院大学(中国科学院物理研究所), 2019.

[44] 金阳，薛志业，姜欣，等. 储能锂离子电站安全防护研究进展 [J]. 郑州大学学报(理学版), 2023, 55(3): 1-13.

第 **9** 章

多物理场耦合仿真技术与方法

9.1 仿真技术与仿真软件

9.1.1 动力电池仿真技术

动力电池仿真技术是一种用于模拟电池性能的先进技术，可用于模拟电池在不同运行工况下各类热、电特性参数（如电压、电流、温度、容量等）的变化，及其相应的电化学和产热行为，从而帮助电池制造商和电动汽车企业更好地了解电池的性能，对动力电池系统进行优化设计，以提高电池的使用效率和可靠性。目前，电池仿真技术主要基于各类电池理论模型进行相关的开发和应用。近几十年来提出了多种电池模型和计算方法，如电化学模型、单粒子模型、等效电路模型、热-电模型以及针对热失控产热的热失控模型等，以计算电池内部的热、电等特性。电化学模型是基于锂离子电池内部的电化学反应、Li^+扩散、电子传输等电化学过程所建立的电池理论模型，其中最具有代表性的是由 Doyle 与 Newman 提出的伪二维（或准二维）电化学模型（pseudo two-dimensional electrochemical model），该模型与热模型相耦合，构建伪二维电化学-热模型，可以用来分析锂电池的产热、温升和电化学性能等特性。电化学模型具有计算精度高的优势，但是由于含有大量的偏微分方程且状态变量的相互耦合使得计算过程十分复杂，且所需参数众多，而单粒子模型（又称单颗粒模型）仅考虑了离子在固相的扩散过程，而不考虑电解液中的离子扩散以及液相电势的变化，因此在一定程度上减少了计算量，但该模型仅适用于低倍率工况。等效电路模型是通过电压源、电阻、电容等电子元件建立的模型，用于描述锂电池的充放电过程。等效电路模型包括 Rint 模型、Thevenin 模型、PNGV 模型和 GNL 模型等。热-电模型是通过求解锂电池正负极集流体上的电流、电压分布情况获取锂电池的电流、电压参数，且根据 Bernardi 产热公式计算电池内部的不可逆产热和可逆产热（反应热）获得该锂电池的产热特性。锂离子电池的产热主要包括可逆产热、不可逆产热和混合产热（由副反应引起）。不可逆产热远高于锂离子电池的可逆产热和混合产热，且混合产热低于可逆产热。电池的产热率随着充放电倍率的增加而增加，但随着温度的升高，产热率逐渐降低。产热率与其比热容有关系。

锂离子电池的热失控是由电池内部的链式放热副反应造成的，主要包括 SEI 膜分解、负极与电解液反应、正极与电解液反应以及电解液分解反应等多个过程。新能源汽车动力电池的热失控主要是由几种不同的滥用条件引起的，包括机械滥用、电滥用和热滥用等，因此会诱发热失控在电池模组内部的不同蔓延途径。锂电池热失控模型的构建有利于了解电池热失控过程中的不同参数对热失控与热失控蔓延的影响。目前，动力电池仿真模拟技术的应用场景主要有动力电池热管理系统（battery thermal management system, BTMS）设计及热失控扩散研究、电池电化学特性分析及老化衰退研究、电池包结构强度和疲劳仿真等。

9.1.2　商用仿真软件 ANSYS 和 COMSOL

ANSYS 软件是美国 ANSYS 公司研制的大型通用有限元分析（FEA）软件，是世界范围内增长最快的计算机辅助工程（CAE）软件，能与多数计算机辅助设计（computer aided design, CAD）软件接口，实现数据的共享和交换，如 Creo、NASTRAN、Algor、I-DEAS、AutoCAD 等，是集结构、流体、电场、磁场、声场分析于一体的大型通用有限元分析软件。在核工业、铁道、石油化工、航空航天、机械制造、能源、汽车交通、国防军工、电子、土木工程、造船、生物医学、轻工、地矿、水利、日用家电等领域有着广泛的应用。ANSYS 功能强大，操作简单方便，已成为国际最流行的有限元分析软件，中国 100 多所理工院校采用 ANSYS 软件进行有限元分析或者作为标准教学软件。

COMSOL 是一款大型的高级数值仿真软件。广泛应用于各个领域的科学研究以及工程计算，模拟科学和工程领域的各种物理过程。COMSOL 是以有限元法为基础，通过求解偏微分方程（单场）或偏微分方程组（多场）来实现真实物理现象的仿真，用数学方法求解真实世界的物理现象。大量预定义的物理应用模式，范围涵盖从流体流动、热传导到结构力学、电磁分析等多种物理场，可以帮助用户快速建立模型。COMSOL 中定义模型非常灵活，材料属性、源项、边界条件等可以是常数、任意变量的函数、逻辑表达式，或者直接是一个代表实测数据的插值函数等。预定义的多物理场应用模式，能够解决许多常见的物理问题。同时，用户也可以自主选择需要的物理场并定义它们之间的相互关系。当然，用户也可以输入自定义的偏微分方程（PDEs），并指定它与其他方程或物理量之间的关系。

（1）前处理工具

前处理是仿真计算分析中十分重要的一个步骤，良好的前处理可以提高仿真计算精度，减小网格划分难度，可以大大节省计算时间，提高计算效率。前处理过程又可分为几何模型简化和模型网格划分两个过程。能够实现前处理过程的软件种类众多，下文将介绍近几年行业内使用较多的几种。

ANSYS 中包含了多种前处理模块，除经典 ANSYS Mechanical APDL 中的前处理模块外，还有 ANSYS SpaceClaim Direct Modeler 和 ANSYS DesignModeler 等。其中 DesignModeler 是集成在 Workbench 平台上的一款三维建模软件，在 DesignModeler 中可以建立参数化的几何模型并可直接用于 Workbench 平台的仿真软件进行分析计算。

SpaceClaim 是另一款可以实现全参数化三维建模的软件。与 DesignModeler 不同的是，DesignModeler 软件参数化的参数必须是采用 DesignModeler 软件创建的，而 SpaceClaim 软件可以使用外部建模软件建立的模型参数并且进行参数化，而且可以在 SpaceClaim 中直接修改几何模型。

（2）后处理工具

后处理工具主要是利用后处理器处理两种类型的数据——基本数据和派生数据，以便进一步获取和分析仿真模拟结果。基本数据是每个节点求解所得的自由度解，如结构求解的位移张量、热求解的温度和磁场求解的磁势等。派生数据是根据基本数据导出的结果数据，如计算每个单元的所有节点、所有积分点或质心上的派生数据。不同的分析类型有不同的单元解，如结构求解的应力和应变、热求解的热梯度和热流量、磁场求解的磁通量等。

9.2 共轭传热与流动模型介绍

9.2.1 共轭传热简介

共轭传热是指两种不同热属性的物理材料之间通过介质或者直接接触，发生的一种耦合传热现象。与一般传热不同的是，为了获得高效和准确的求解方法，在计算时应将温度参数隐式处理，在方程层面上联立求解，实现所谓的耦合共轭求解技术。

9.2.2 共轭传热应用

设计高效的冷却器、加热器或换热器时，有效地结合流体和固体中的传热是至关重要的。流体通常在较长的距离中扮演载能体的角色，而强制对流则是实现高换热率的最常见方法。在一些应用中，可以通过结合对流和相变来进一步提升性能，例如，从液态水到蒸汽的相变。固体也是必不可少的，特别是在换热器中用于分隔各种流体，以避免它们在能量交换过程中发生混合。此外，结合流体和固体中的传热也可以将各种器件中的热损降到最低。流体传热与固体传热相互耦合，而流体求解器既具备流体传热计算能力，又具备固体传热计算能力，因此可以直接采用流体求解器进行求解，无需使用流固耦合计算。流体求解器能够求解流体对流、传导、辐射传热，而固体传热计算只能求解热传导方程。计算流体力学（CFD）常用于计算流体内、不同流体束之间、流体和固体之间以及固体内的热传递，而流体和相邻固体中的耦合热传递被称为共轭传热。对于共轭传热分析，可以使用流体/固体交界面处的有效隐式热耦合，在整个流体和固体求解域中求解能量方程，这种方法常用于建筑热环境与气流组织分析、新能源汽车热管理、芯片散热设计、辐射热分析、太阳辐射分析等。

9.2.3 流体流动模型

（1）标准 k-ε 模型概述

在绝大部分的数值模拟研究中，基于双方程的湍流模型已成为应用于湍流工况的主流模型，该模型分别利用两个单独的运输方程进行求解，以确定流动过程中的湍流长度以及时间尺度。基于双方程的湍流模型最早由 Launder 和 Spalding 两位学者提出，该半经验模型逐步成为工程应用领域计算流量的主要工具，以其具有较高的鲁棒性、经济性，能够有效地模拟工业领域中的流动和传热行为，并以合理的精确度解释相应的热物理现象。

而标准 k-ε 模型的核心则在于由湍流动能（k）及其耗散率（ε）所组成的运输方程模型[见式（9-1）～式（9-3）]。其中，关于湍流动能（k）的运输方程是由精确方程推导出来的，而关于湍流动能耗散率（ε）的运输方程则通过物理推导获得。此外，在标准 k-ε 模型的推导过程中，人为地假定流体的流动状态为完全湍流，对分子黏度的影响忽略不计。因此，标准k-ε模型的使用范围限定于充分发展的湍流状态。

$$\frac{\partial}{\partial t}(\rho k)+\frac{\partial}{\partial x_i}(\rho k u_i)=\frac{\partial}{\partial x_j}\left[\left(\mu+\frac{\mu_t}{\sigma_k}\right)\frac{\partial k}{\partial x_j}\right]+G_k+G_b-\rho\varepsilon-Y_M+S_k \tag{9-1}$$

$$\frac{\partial}{\partial t}(\rho\varepsilon)+\frac{\partial}{\partial x_i}(\rho\varepsilon u_i)=\frac{\partial}{\partial x_j}\left[\left(\mu+\frac{\mu_t}{\sigma_\varepsilon}\right)\frac{\partial\varepsilon}{\partial x_j}\right]+C_{1\varepsilon}\frac{\varepsilon}{k}(G_k+C_{3\varepsilon}G_b)-C_{2\varepsilon}\rho\frac{\varepsilon^2}{k}+S_\varepsilon \tag{9-2}$$

$$\mu_t=\rho C_\mu\frac{k^2}{\varepsilon} \tag{9-3}$$

式中
ρ——流体密度；
k——湍流脉动动能；
u_i——流速；
x_i,x_j——位置坐标；
μ——动力黏度系数；
μ_t——湍流动力黏度系数；
ε——湍流脉动动能的耗散率；
G_k——平均速度梯度产生的湍流动能；
G_b——由浮力产生的湍流动能；
Y_M——可压缩湍流中波动膨胀对总耗散率的影响；
$C_{1\varepsilon},C_{2\varepsilon},C_{3\varepsilon},C_\mu$——常数；
$\sigma_\varepsilon,\sigma_k$——$\varepsilon$和$k$值分别对应的湍流普朗特数；
S_ε,S_k——自定义源项。

（2）RNG k-ε模型概述

RNG k-ε模型是以标准k-ε模型为基础，通过重整化群（renormalization group, RNG）的统计方法由瞬态的纳维-斯托克斯方程推导而出，并做出了如下的改进：

① RNG k-ε模型在ε方程中引入了一个新的附加项，用于提升对快速应变流动的模拟精确度；

② RNG k-ε模型还考虑了涡流对湍流的影响，从而进一步提升对涡流模拟计算的精度；

③ 与标准k-ε模型不同，RNG k-ε模型为湍流普朗特数提供了一个分析公式，而不是在计算过程中使用已设定好的恒定值。

如此前所述，标准k-ε模型适用于高雷诺数的流动工况。而RNG k-ε模型则利用一个微分公式用于解析推导有效黏度，进一步解释了低雷诺数效应。值得一提的是，这一特征公式的有效使用程度取决于流体域中近壁面处的处理。

RNG k-ε模型的运输方程如式（9-4）~式（9-6）所示：

$$\frac{\partial}{\partial t}(\rho k)+\frac{\partial}{\partial x_i}(\rho k u_i)=\frac{\partial}{\partial x_j}\left(\alpha_k\mu_{\text{eff}}\frac{\partial k}{\partial x_j}\right)+G_k+G_b-\rho\varepsilon-Y_M+S_k \tag{9-4}$$

$$\frac{\partial}{\partial t}(\rho\varepsilon)+\frac{\partial}{\partial x_i}(\rho\varepsilon u_i)=\frac{\partial}{\partial x_j}\left(\alpha_\varepsilon\mu_{\text{eff}}\frac{\partial\varepsilon}{\partial x_j}\right)+C_{1\varepsilon}\frac{\varepsilon}{k}(G_k+C_{3\varepsilon}G_b)-C_{2\varepsilon}\rho\frac{\varepsilon^2}{k}-R_\varepsilon+S_\varepsilon \tag{9-5}$$

$$\mu_t = \rho C_\mu \frac{k^2}{\varepsilon} \qquad\qquad (9\text{-}6)$$

式中　G_k——由平均速度梯度产生的湍流动能；

$\qquad G_b$——由浮力产生的湍流动能；

$\qquad \mu_{\mathrm{eff}}$——有效黏度；

$\qquad R_\varepsilon$——自定义源项；

$\qquad Y_M$——可压缩湍流中波动膨胀对总耗散率的影响；

$\qquad \alpha_\varepsilon, \alpha_k$——$\varepsilon$ 和 k 值分别对应的逆有效湍流普朗特数；

$\qquad S_\varepsilon, S_k$——自定义源项。

（3）标准 k-ω 模型概述

早在 1989 年，Wilcox 就提出了 k-ω 模型，该模型以常规的湍流模型为基础，主要针对低雷诺数效应、流体压缩性以及剪切流动扩展进行相应的修正。然而，Wilcox 模型有一个显著缺点，即流动模型中 k 值和 ω 值对于流体域剪切层外的解具有敏感性（即自由流动敏感性），该敏感性会对模型求解产生影响。尤其是当流动介质处于自由剪切流时，该影响将被进一步放大。目前，应用于工业流体和传热领域的标准 k-ω 模型实际上是一类基于湍流动能（k）和比耗散率（ω）输运方程的经验模型，其应用范围和计算精度在多年来的改进和优化之后得以明显提升。而湍流动能和比耗散率方程中流动产生项的加入，则进一步提高了标准 k-ω 模型对自由剪切流动的预测精度。标准 k-ω 模型的运输方程如式（9-7）～式（9-8）所示。

$$\frac{\partial}{\partial t}(\rho k) + \frac{\partial}{\partial x_i}(\rho k u_i) = \frac{\partial}{\partial x_j}\left(\Gamma_k \frac{\partial k}{\partial x_j}\right) + G_k - Y_k + S_k \qquad (9\text{-}7)$$

$$\frac{\partial}{\partial t}(\rho\omega) + \frac{\partial}{\partial x_i}(\rho\omega u_i) = \frac{\partial}{\partial x_j}\left(\Gamma_\omega \frac{\partial \omega}{\partial x_j}\right) G_\omega - Y_\omega + S_\omega \qquad (9\text{-}8)$$

式中　G_k——由于平均自由速度梯度而产生的湍流动能；

$\qquad G_\omega$——比耗散率的产生；

$\qquad \Gamma_k$——k 值的有效扩散率；

$\qquad \Gamma_\omega$——ω 值的有效扩散率；

$\qquad Y_k$——由湍流引起的 k 值耗散；

$\qquad Y_\omega$——由湍流引起的 ω 值耗散；

$\qquad S_\omega, S_k$——自定义源项。

9.3　动力电池热-电化学模型介绍

9.3.1　电池产热与热失控模型

（1）模型理论发展及特征

锂离子电池在充放电过程中产生的热量主要由反应热 Q_r、焦耳热 Q_j、极化热 Q_p 组成，因此总产热量 Q_t 可表示为：

$$Q_t = Q_r + Q_j + Q_p \tag{9-9}$$

反应热 Q_r 代表电池内部在充放电时因电化学反应而产生的热量，相关计算如下式所示：

$$Q_r = -T\Delta S \frac{I}{nF} \tag{9-10}$$

式中　Q_r ——电极化学反应产生的总热量；

　　　　ΔS ——反应的熵；

　　　　F ——法拉第常数；

　　　　I ——电芯充放电过程的电流；

　　　　n ——与电极化学反应相关的电荷数，取 $n=1$。

焦耳热 Q_j 是由于电池内阻的存在所产生的热量，其计算公式如下：

$$Q_j = I^2 R_e \tag{9-11}$$

式中　R_e ——电芯内部电阻。

极化热 Q_p，电流的作用致使电极电位发生改变而形成极化现象，由电位改变形成压降而产生的热量即为极化热，相关计算公式如下：

$$Q_p = I^2 R_p = I^2 (R_t - R_e) \tag{9-12}$$

式中　R_p ——极化电阻；

　　　　R_t ——总电阻。

当前，在计算电池的产热量时，使用的计算方法大多来源于 Bernardi 等提出的计算式（9-13），最终可简化为式（9-14）：

$$Q = \left[IU - \sum_l I_l U_{l,\text{avg}} \right] + \sum_l I_l T \frac{\mathrm{d}U_{l,\text{avg}}}{\mathrm{d}T} + m C_{p,\text{m}} \frac{\mathrm{d}T}{\mathrm{d}t} \tag{9-13}$$

$$Q = I(U_{\text{OCV}} - U) - IT \frac{\mathrm{d}U_{\text{OCV}}}{\mathrm{d}T} \tag{9-14}$$

式中　Q ——产热速率；

　　　　I ——电芯充放电过程的电流；

　　　　I_l ——电极反应的局部电流；

　$U_{l,\text{avg}}$ ——电极反应的局部平均开路电压；

　　　　m ——电池质量；

　　$C_{p,\text{m}}$ ——电池平均定压比热；

　U_{OCV} ——电池开路电压；

　　　　U ——电池端电压；

　　　　T ——温度；

　　　　t ——时间。

（2）电池热失控模型

① 一方程模型

$$\frac{\mathrm{d}\alpha}{\mathrm{d}t} = A\exp[-E/(RT)]\alpha^m(1-\alpha)^n \tag{9-15}$$

式中　α —— 热失控反应转化程度；

A —— 反应的指前因子；

E —— 反应的活化能；

R —— 摩尔气体常数，取值 $8.314 J \cdot mol^{-1} \cdot K^{-1}$；

T —— 参考温度；

m，n —— 反应顺序参数。

电池热失控的产热速率

$$\dot{q}_{abuse} = H_W \left| \frac{d\alpha}{dt} \right| \tag{9-16}$$

式中　H_W —— 比热释放量。

② 四方程模型

$$\frac{dC_{SEI}}{dt} = -A_{SEI} \exp\left(-\frac{E_{SEI}}{RT}\right) c_{SEI}^{m_{SEI}} \tag{9-17}$$

$$\frac{dC_{ne}}{dt} = -A_{ne} \exp\left(-\frac{t_{SEI}}{t_{SEI,ref}}\right) \exp\left(-\frac{E_{ne}}{RT}\right) c_{ne}^{m_{ne}} \tag{9-18}$$

$$\frac{d\alpha}{dt} = A_{pe} \exp\left(-\frac{E_{pe}}{RT}\right) \alpha^{m_{pe,1}} (1-\alpha)^{m_{pe,2}} \tag{9-19}$$

$$\frac{dC_e}{dt} = -A_e \exp\left(-\frac{E_e}{RT}\right) c_e^{m_e} \tag{9-20}$$

式中　A_{SEI} —— SEI 膜分解反应的频率因子；

A_{ne} —— 负极反应的频率因子；

A_{pe} —— 正极反应的频率因子；

A_e —— 电解液反应的频率因子；

C_{SEI} —— SEI 膜分解反应中隔膜与剩余反应物的比例；

C_{ne} —— 阴极与电解质反应中阴极与剩余反应物的比例；

C_e —— 电解质分解反应中电解质与剩余反应物的比例；

E_{SEI} —— SEI 膜分解反应活化能；

E_{ne} —— 负极反应的活化能；

E_{pe} —— 正极反应的活化能；

E_e —— 电解液反应的活化能；

m —— 反应顺序；

$c_{SEI}^{m_{SEI}}$ —— SEI 膜中含锂亚稳态物质的无量纲因子；

$c_{ne}^{m_{ne}}$ —— 嵌入负极碳材料的无量纲锂含量；

$c_e^{m_e}$ —— 电解液受热分解过程中的无量纲因子；

t_{SEI} —— SEI 膜厚度的无量纲因子；

$t_{SEI,ref}$ —— SEI 膜厚度参考值；

T —— 反应温度；

R —— 摩尔气体常数。

电池热失控的产热速率

$$\dot{q}_{\text{abuse}} = H_{\text{SEI}}\rho_{\text{SEI}}\left|\frac{dC_{\text{SEI}}}{dt}\right| + H_{\text{ne}}\rho_{\text{ne}}\left|\frac{dC_{\text{ne}}}{dt}\right| + H_{\text{pe}}\rho_{\text{pe}}\left|\frac{d\alpha}{dt}\right| + H_{\text{e}}\rho_{\text{e}}\left|\frac{dC_{\text{e}}}{dt}\right| \qquad (9\text{-}21)$$

式中　H——反应热；

　　　ρ——介质中反应物的密度。

9.3.2　电池等效电路模型

锂离子电池的等效电路模型由电阻、电压源、电阻-电容并联组成，其中电阻值代表电池的内阻，电压源则代表开路电压，而电阻-电容组合则代表电池的双层电容。该模型可以分为单粒子模型、带有扩散的单粒子模型和分布参数模型。单粒子模型基于电池由单个颗粒组成的假设，而带有扩散的单粒子模型则考虑了离子在电解质中的扩散，分布参数模型则是基于电池由大量粒子组成的假设。下面对四类常用的等效电路模型做相关介绍（如表9-1所示）。

表9-1　四种常用的等效电路模型

模型名称	计算公式	示意图
Rint 模型	$U_t = U_{oc} - IR_0$	
Thevenin 模型	$U_t = U_{oc} - U_1 - IR_0$	
PNGV 模型	$U_t = U_{oc} - U_{cap} - U_1 - IR_0$	
GNL 模型	$U_t = U_{oc} - U_{cap} - U_1 - U_2 - IR_0$	

作为一种简单的等效电路模型，Rint模型由理想的电压源和内阻构成，主要工作原理是利用电阻器模拟电池在充放电过程的欧姆内阻和极化内阻，其电路结构如表9-1所示。Rint模型的主要优点在于其较为简单的电路结构，相关参数易于计算。然而，由于该模型无法动态反映电池的不同充放电过程，致使其在实际应用中很少被使用。考虑到极化现象对电池反应程度的影响，Thevenin模型利用并联的电阻和电容来模拟电池在充放电过程的复杂内部电化学反应。

如表9-1所示，该模型中的开路电压由理想电压源代替，电池的欧姆内阻和并联的电容分别代表电池内阻和极化反应。Thevenin模型的优点在于可以同时兼顾电池动/静态特性，相关的计算参数简单易得。但由于其自身的计算精度较低，相关的模型易受到外界环境因素的影响。此外，如表9-1所示，研究学者还基于Thevenin模型开发了一种利用串联电容来反映由负载电流随时间积累而引起开路电压变化的等效电路模型，这种模型被称为PNGV模型。该模型的主要特点是利用电容来反映电池的容量变化。由于无法准确地反映电池的极化特性，该模型难以应用于电池健康状态的在线识别和监测。相比于Thevenin模型，GNL模型引入RC网络用于模拟电池充放电过程中的极化效应，使得该电路模型可以更精确地模拟电池的内部特性。目前，针对等效电路模型的优化与改进主要集中在两个方面：一是RC阶数对电池模型精度和复杂度的影响；二是进一步探究模型参数与温度、迟滞效应、自放电率和老化程度等因素的关系。

9.3.3　老化模型

锂离子电池老化对于应用于电动汽车的动力电池模组而言是一个亟待解决的技术问题。锂电池的老化主要表现为电芯容量损失、阻抗上升以及功率降低等。因此，开发高效精准的电池老化模型将有助于对电池模组进行可靠的寿命预测，具有重要意义，电池老化模型的相关计算公式如下所示：

（1）SEI膜增长方程

$$\frac{\mathrm{d}C_{\mathrm{SEI}}}{\mathrm{d}t} = -\frac{S}{2F}(j_{\mathrm{SEI}} + \beta j_{\mathrm{Li}}) \tag{9-22}$$

式中　C_{SEI}——SEI膜浓度；

　　　S——体积固体/电解质界面面积；

　　　F——法拉第常数；

　　　j_{SEI}——SEI膜生成反应引起的活性材料孔壁电流通量；

　　　j_{Li}——锂沉积反应引起的活性材料孔壁电流通量；

　　　β——沉积锂中成为SEI膜的百分比。

（2）析锂方程

$$\frac{\mathrm{d}C_{\mathrm{Li}}}{\mathrm{d}t} = -\frac{S}{F}(1-\beta)j_{\mathrm{Li}} \tag{9-23}$$

式中　C_{Li}——锂离子浓度；

　　　S——体积固体/电解质界面面积；

　　　F——法拉第常数；

　　　β——沉积锂中成为SEI的百分比；

　　　j_{Li}——锂沉积反应引起的活性材料孔壁处的电流通量。

（3）副反应电流通量方程

$$j_{\mathrm{SEI}} = -FK_{\mathrm{SEI}}C_{\mathrm{s,EC}}\exp\left(-\frac{\alpha_{\mathrm{c,SEI}}F}{RT}\eta_{\mathrm{SEI}}\right) \tag{9-24}$$

$$j_{Li} = -i_{Li} \exp\left(-\frac{\alpha_{c,Li} F}{RT} \eta_{Li}\right) \tag{9-25}$$

式中　K_{SEI}——反应速率常数；

$\quad\quad C_{s,EC}$——脱碳乙烯酯的表面浓度；

$\quad\quad \alpha_{c,SEI}$——SEI膜反应的阴极电荷迁移系数；

$\quad\quad \alpha_{c,Li}$——析锂反应的阴极电荷迁移系数；

$\quad\quad F$——法拉第常数；

$\quad\quad R$——摩尔气体常数；

$\quad\quad \eta_{SEI}$——SEI膜反应的过电势；

$\quad\quad \eta_{Li}$——析锂反应的过电势；

$\quad\quad i_{Li}$——反应交换电流密度，一般为常数。

（4）脱碳乙烯表面浓度计算方程

$$-D_{EC}\frac{C_{s,EC}-C_{EC}}{\delta_{film}} = -\frac{j_{SEI}}{F} \tag{9-26}$$

式中　C_{EC}——电解液中碳酸乙烯酯的浓度；

$\quad\quad D_{EC}$——碳酸乙烯酯的扩散系数；

$\quad\quad \delta_{film}$——膜厚度。

δ_{film}、ε_e 和 R_{film} 的计算方法

$$\delta_{film} = \left\{\left[1+\frac{1}{\varepsilon_{s,0}}\left(\frac{M_{SEI}}{\rho_{SEI}} C_{SEI}+\frac{M_{Li}}{\rho_{Li}} C_{Li}\right)\right]^{\frac{1}{3}}-1\right\} r_s \tag{9-27}$$

$$\varepsilon_e = \varepsilon_{e,0}-\left(\frac{M_{SEI}}{\rho_{SEI}} C_{SEI}+\frac{M_{Li}}{\rho_{Li}} C_{Li}\right) \tag{9-28}$$

$$R_{film} = \frac{\dfrac{M_{SEI}}{\rho_{SEI}}C_{SEI}}{\dfrac{M_{SEI}}{\rho_{SEI}}C_{SEI}+\dfrac{M_{Li}}{\rho_{Li}}C_{Li}} \times \frac{\delta_{film}}{K_{SEI}} \tag{9-29}$$

式中　δ_{film}——表面膜厚度；

$\quad\quad \varepsilon_e$——阳极电解液孔隙率；

$\quad\quad M_{SEI}$——SEI膜的摩尔分子质量；

$\quad\quad M_{Li}$——析锂的摩尔分子质量；

$\quad\quad \rho_{Li}$——析锂的密度；

$\quad\quad r_s$——阳性活性材料的颗粒直径；

$\quad\quad K_{SEI}$——SEI膜的离子电导率；

$\quad\quad \varepsilon_{e,0}$——新电池电解液的体积分数；

$\quad\quad \varepsilon_{s,0}$——新电池电极活性材料的体积分数；

$\quad\quad \rho_{SEI}$——SEI膜的密度。

（5）脱碳乙烯表面浓度计算方程

$$\eta_{side}=\varphi_s-\varphi_e-U_{side}-(j_{int}+\textstyle\sum j_{side})R_{film} \tag{9-30}$$

式中　φ_s——固体相的电势；

　　　φ_e——电解液相的电势；

　　　j_{int}——嵌锂导致的活性物质孔壁电流通量；

　　　j_{side}——副反应导致的活性物质孔壁电流通量；

　　　U_{slde}——副反应平衡电势；

　　　R_{film}——电阻抗；

　　　η_{side}——SEI 膜形成和锂沉积副反应电势。

9.4　双电位 MSMD 电池模型理论

9.4.1　概述

多计算域及多物理场（multi domains and multi physics，MSMD）模型理论常被用于锂离子电池模拟，其主要原理是利用各类数值方法求解不同物理场的耦合方程（如电化学、热传导和流体动力学方程），并精准地捕捉不同物理场之间的相互作用。近年来，随着模拟技术不断迭代更新，大量研究表明 MSMD 电池模型理论不仅可以准确预测电池在不同工况下的性能表现和使用寿命，还可借此优化电池设计，并进一步分析锂离子电池的安全性。此外，MSMD 方法还适用于研究温度、压力和其他环境因素对电池性能的影响。目前，常用的 MSMD 电池模型主要包括 NTGK 方法和 Newman's P2D 方法。

9.4.2　NTGK 方法

（1）理论介绍

作为一个简单的半经验电化学模型，NTGK 模型最早由 Kwon 提出，并在后续的研究中被其他学者进一步优化和提升。其主要理论内容集成了 Newman、Tiedemann、Gu 和 Kim 的研究成果，并得以广泛应用。

对于负载变化不大的运行工况，NTGK 模型可用于模拟电池的充放电循环。然而，当电池突然发生负载激增时（如电动汽车真实的驾驶过程中），NTGK 模型将不考虑动力电池充放电循环中所产生的惯性变化。

（2）电势场与电池放电深度方程

$$j_{ECh}=\frac{Q_{Ah}}{Q_{ref}V_{ol}}Y[U-(\varphi_+-\varphi_-)] \tag{9-31}$$

$$DOD=\frac{V_{ol}}{3600Q_{Ah}}\left(\int_0^t j\mathrm{d}t\right) \tag{9-32}$$

式中　j_{ECh}——体积电流传输速率；

Q_{Ah}——电池总容量；

Q_{ref}——实验用电池的容量；

V_{ol}——单电池活性区域体积；

Y——模型拟合参数；

U——电池开路电压；

φ_+——正极电势；

φ_-——负极电势；

DOD——放电深度。

（3）Y/U函数计算公式

$$Y=\left[\sum_{n=0}^{5}a_n(\text{DOD})^n\right]\exp\left[-C_1\left(\frac{1}{T}-\frac{1}{T_{ref}}\right)\right] \tag{9-33}$$

$$U=\left[\sum_{n=0}^{5}b_n(\text{DOD})^n\right]-C_2(T-T_{ref}) \tag{9-34}$$

式中　C_1, C_2——NTGK 电池模型常数；

T——电池温度；

T_{ref}——参考温度；

a_n——多项式系数；

b_n——多项式系数。

（4）电化学反应热方程

$$\dot{q}_{ECh}=j_{ECh}\left[U-(\varphi_+-\varphi_-)-T\frac{\text{d}U}{\text{d}T}\right] \tag{9-35}$$

式中　$\dot{q}_{ECh}$——由电化学反应产生的电化学反应热；

$\dfrac{\text{d}U}{\text{d}T}$——熵热系数。

9.4.3　Newman's P2D方法

Newman 的团队利用多孔电极和浓缩溶液理论开发了一个基于物理的锂离子电池仿真模型。该模型能够准确地捕捉锂离子在电池中的迁移。如图9-1所示，Newman 模型中的电极和粒子域示意图显示了锂离子电池中的电极极板对。该复合电极由活性材料和电解质溶液组成。电解质相在负极、隔膜和正极之间连续存在，而固相仅存在于负极和正极之间。固体活性物质被建模为一个单一尺寸的球形粒子的矩阵。

在放电过程中，Li[+] 扩散到负极颗粒表面，并发生电化学反应。这个反应释放了一个电子，并将 Li[+] 转移到电解质相中。锂离子扩散并通过电解质溶液从负极传导到正极，在那里类似的反应将锂转移到正极固相。锂被储存在正极颗粒中，直到电池进入充电过程。

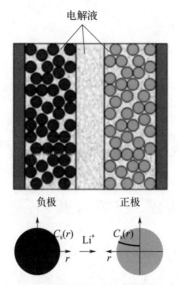

图9-1　Newman模型中的电极和粒子域示意图

（1）固相中的锂离子守恒方程

$$\frac{\partial C_s}{\partial t} = \frac{D_s}{r^2} \times \frac{\partial}{\partial r} \times \left(r^2 \frac{\partial C_s}{\partial r} \right) \tag{9-36}$$

式中　C_s——固相粒子内部的锂离子浓度；

　　　D_s——固相扩散系数；

　　　r——活性粒子半径。

（2）电解质相中的锂离子守恒方程

$$\frac{\partial (\varepsilon_e C_e)}{\partial t} = \frac{\partial}{\partial x} \left(D_e^{\text{eff}} \frac{\partial C_e}{\partial x} \right) + \frac{1 - t_+^0}{F} j_{\text{Li}} \tag{9-37}$$

式中　ε_e——电解液相在电极中的体积分数；

　　　C_e——电解液相中的锂离子浓度；

　　　D_e^{eff}——电解液相有效扩散系数；

　　　t_+^0——考虑到溶剂速率的锂离子转移系数；

　　　j_{Li}——充放电电流密度；

　　　F——法拉第常数。

（3）固相中的电荷守恒方程

$$\frac{\partial}{\partial x} \left(\sigma_{\text{eff}} \frac{\partial \varphi_s}{\partial x} \right) - j_{\text{Li}} = 0 \tag{9-38}$$

式中　σ_{eff}——固相有效电导率；

　　　φ_s——固相电势。

（4）电解质相中的电荷守恒方程

$$\frac{\partial}{\partial x} \left(k^{\text{eff}} \frac{\partial \varphi_e}{\partial x} \right) + \frac{\partial}{\partial x} \left(k_D^{\text{eff}} \frac{\partial \ln C_e}{\partial x} \right) + j_{\text{Li}} = 0 \tag{9-39}$$

式中 k^{eff} ——电解液相有效离子电导率；

φ_e ——电解液相电势；

k_D^{eff} ——有效离子扩散电导率；

C_e ——电解液相浓度。

（5）Butler-Volmer方程

$$j_{Li} = i_0 \left[\exp\left(\frac{\alpha_a F}{RT}\eta\right) - \exp\left(\frac{\alpha_c F}{RT}\eta\right) \right] \tag{9-40}$$

$$\eta = \varphi_s - \varphi_e - U \tag{9-41}$$

$$i_0 = k_m(C_e)^{\alpha_a}(C_{s,max} - C_{s,e})^{\alpha_a}(C_{s,e})^{\alpha_c} \tag{9-42}$$

式中 i_0 ——交换电流密度；

α_a ——阳极的电荷传递系数；

α_c ——阴极的电荷传递系数；

F ——法拉第常数；

R ——摩尔气体常数；

T ——温度；

η ——过电势；

U ——电极反应的开路电压；

k_m ——动力学速率常数；

$C_{s,max}$ ——最大固相锂离子浓度；

$C_{s,e}$ ——锂离子在固体颗粒表面的浓度。

（6）模型中各项的计算公式

$$D_e^{eff} = D_e \varepsilon_e^{\beta} \tag{9-43}$$

$$k^{eff} = k\varepsilon_e^{\beta} \tag{9-44}$$

$$k_D^{eff} = \frac{2RTk^{eff}}{F}(t_+^0 - 1)\left(1 + \frac{\mathrm{d}\ln f_{\pm}}{\mathrm{d}\ln C_e}\right) \tag{9-45}$$

$$\sigma_{eff} = \sigma\varepsilon_s^{\beta} \tag{9-46}$$

$$a_s = 3\varepsilon_s / r_s \tag{9-47}$$

$$D_s = D_{s,ref}\exp\left[\frac{-E_d}{R} \times \left(\frac{1}{T} - \frac{1}{T_{ref}}\right)\right] \tag{9-48}$$

$$k_m = k_{m,ref}\exp\left[\frac{-E_r}{R} \times \left(\frac{1}{T} - \frac{1}{T_{ref}}\right)\right] \tag{9-49}$$

式中 D_e ——锂离子在电解质相中的扩散系数；

ε_e ——电解液体积分数；

β ——布莱格曼指数；

k ——电解质离子电导率；

σ_{eff} ——锂离子固相有效电导率；

σ ——锂离子固相电导率；

D_s ——锂离子在固体中的扩散系数；

$D_{s,ref}$ ——参考固体扩散系数；

E_d ——固相扩散系数的活化能；

$f_\pm$ ——电解液活度系数；

a_s ——比表面面积；

ε_s ——电极中活性物质的体积分数；

r_s ——粒子半径；

k_m ——反应速率常数；

$k_{m,ref}$ ——参考反应速率常数；

E_r ——液相扩散系数的活化能；

T_{ref} ——参考温度，取值为298K；

T ——温度；

R ——摩尔气体常数。

（7）电势方程与能量方程的源项计算公式

$$j_{ECh} = -ai_p \tag{9-50}$$

$$\dot{q}_{ECh} = \frac{i_p(\varphi_+ - \varphi_-) + \int_0^{l_p + l_s + l_n} j_{Li}\left(T_{ref}\frac{\partial U}{\partial T} - U_{ref}\right)dx}{l_p + l_s + l_n} \tag{9-51}$$

$$i_p = \int_0^{l_p} j_{Li}dx \tag{9-52}$$

式中　a ——电池中电极加芯片的具体面积；

i_p ——横向电流密度；

φ_+ ——正极电势；

φ_- ——负极电势；

U_{ref} ——参考电压；

l_p ——电芯正极的厚度；

l_n ——电芯阴极的厚度；

l_s ——电芯隔膜的厚度。

9.5　主动式电池热管理模拟

9.5.1　基于强制风冷的热管理系统模拟案例

（1）研究方案介绍

强制风冷是广泛应用于电池热管理的一种主动冷却方式。但是因空气的热导率低，应用在热管理系统中容易使电池模组温差过大。本次介绍的研究方案是由Chen等通过构造对称的不均匀电池间距分布的风冷系统改善了电池的最大温差同时减少了能源消耗。

本研究采用数值模拟技术探究了电池单元数对风冷系统性能的影响。并基于不同进出口位置的非对称系统构造不同的对称系统。

（2）几何模型

如图9-2所示，该案例采用的风冷模型进风口与出风口相对于电池模组呈Z形分布。电池间距为3mm，进风口和出风口宽度都为20mm，进出风口的长度为100mm。

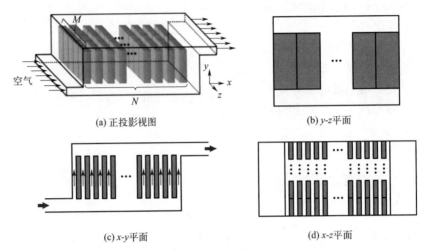

(a) 正投影视图   (b) y-z平面

(c) x-y平面   (d) x-z平面

图9-2　Z形风冷模型示意图

（3）理论模型

风冷电池热管理系统的性能由电池组的最高温度、最大电池温差和能耗来描述。为了获得特征参数，引入了计算流体力学（CFD）方法。系统中的流动通常是湍流。采用k-ε湍流模型的雷诺平均Navier-Stokes方程介绍如下：

$$\frac{\partial u_i}{\partial x_i} = 0 \tag{9-53}$$

$$\rho_a u_j \frac{\partial u_i}{\partial x_j} = -\frac{\partial p}{\partial x_j} + \frac{\partial}{\partial x_j}\left[(\mu+\mu_t)\frac{\partial u_i}{\partial x_j}\right] \tag{9-54}$$

$$\rho_a u_j \frac{\partial k}{\partial x_j} = \frac{\partial}{\partial x_j}\left[\left(\mu+\frac{\mu_t}{\sigma_k}\right)\frac{\partial k}{\partial x_j}\right] + \frac{\mu_t}{2}\left(\frac{\partial u_i}{\partial x_j}+\frac{\partial u_j}{\partial x_i}\right)^2 - \rho_a \varepsilon \tag{9-55}$$

$$\rho_a u_j \frac{\partial \varepsilon}{\partial x_j} = \frac{\partial}{\partial x_j}\left[\left(\mu+\frac{\mu_t}{\sigma_\varepsilon}\right)\frac{\partial \varepsilon}{\partial x_j}\right] + C_1 \frac{\mu_t}{2}\left(\frac{\partial u_i}{\partial x_j}+\frac{\partial u_j}{\partial x_i}\right)^2 \frac{\varepsilon}{k} - C_2 \rho_a \frac{\varepsilon^2}{k} \tag{9-56}$$

式中　ρ_a——空气密度；

　　　p——压力；

　　　k——湍流脉动动能；

　　　ε——湍流脉动动能的耗散率；

　　　u_x——雷诺平均速度分量（$x=i,j$）；

　　x_i, x_j——位置坐标；

　　　μ——分子动力黏度系数；

σ_ε, σ_k ——ε和k值分别对应的普朗特数；

　μ_t ——湍流动力黏度系数；

　C_1 ——常数，1.44；

　C_2 ——常数，1.92。

实际电池的发热取决于电池温度、充电状态和充电/放电速率。因此，瞬态温度方程用于计算风冷BTMS的温度场：

$$\rho_a c_{p,a}\frac{\partial T_a}{\partial t}+\rho_a c_{p,a}u_j\frac{\partial T_a}{\partial x_j}=\frac{\partial}{\partial x_j}\left[\left(\lambda_a+\frac{\mu_t}{\sigma_T}\right)\frac{\partial T_a}{\partial x_j}\right] \tag{9-57}$$

$$\rho_b c_{p,b}\frac{\partial T_a}{\partial t}=\frac{\partial}{\partial x_j}\left(\lambda_b\frac{\partial T_b}{\partial x_j}\right)+\phi_b \tag{9-58}$$

$$\mu_t=\rho C_\mu\frac{k^2}{\varepsilon} \tag{9-59}$$

式中　$c_{p,a}$ ——空气比热容；

　　$c_{p,b}$ ——电池比热容；

　　ρ_a ——空气密度；

　　ρ_b ——电池密度；

　　T_a ——空气温度；

　　T_b ——电池温度；

　　λ_a ——空气热导率；

　　λ_b ——电池热导率；

　　σ_T ——湍流模型参数；

　　ϕ_b ——电池产热率。

本次采用的电池单元发热模型为：

$$\phi_b=\left(I^2R-IT_b\frac{dU}{dT}\right)/V_b \tag{9-60}$$

$$\rho_b c_{p,b}\frac{\partial T_a}{\partial t}=\frac{\partial}{\partial x_j}\left(\lambda_b\frac{\partial T_b}{\partial x_j}\right)+\phi_b \tag{9-61}$$

$$\mu_t=\rho C_\mu\frac{k^2}{\varepsilon} \tag{9-62}$$

式中　T_b ——电池温度；

　　C_μ ——湍流模型参数；

　　I ——电池电流；

　　R ——电池内阻；

　　t ——时间；

　$\frac{dU}{dT}$ ——电池熵热系数；

　　V_b ——电池单体体积。

（4）边界条件

进口的边界条件为恒定温度（298K）、恒定湍流强度（5%）和恒定湍流黏度比（10%）的

165

流量入口（0.0075m·s⁻³）。出口为压力出口。电池与空气域之间的交界面为连续性条件。模组周围壁面为绝热壁面且无滑移发生。

（5）结果分析

为进一步提高并联风冷结构的冷却性能，本研究提出构建对称的风冷结构，其内部流场相对于中心轴对称（图9-3）。对于对称系统，使用一半数量的平行冷却通道将相当于一半的气流速率分配到系统中。因此，在对称系统中实现了更小的最高温度和最大温差。先前的研究开发了一些具有有效结构的BTMS，如图9-4所示。这些BTMS被表示为BTMS I～IV。根据这些BTMS，开发了具有对称结构的相关BTMS，在图9-4中被表示为BTMS I′～IV′。并评估了这些BTMS的冷却性能和能耗。图9-4显示了原始不对称和对称系统中平行通道中气流速率的比较。可以看到，对称

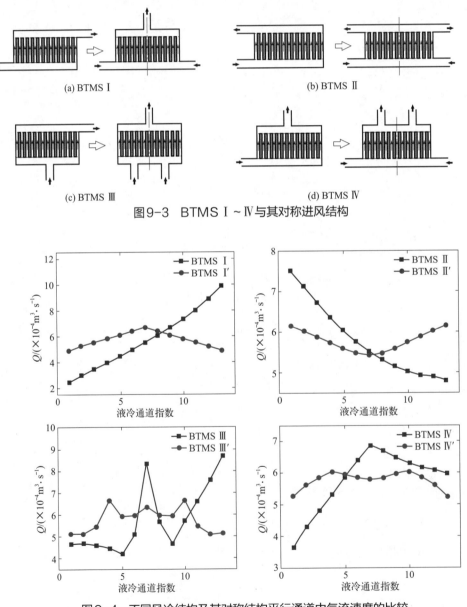

(a) BTMS I　　　　　　　　　　　　　　(b) BTMS II

(c) BTMS III　　　　　　　　　　　　　(d) BTMS IV

图9-3　BTMS I～IV与其对称进风结构

图9-4　不同风冷结构及其对称结构平行通道中气流速度的比较

系统比相关的非对称系统获得更均匀的气流速率，从而获得更小的最高温度（图9-5）。此外，采用对称结构后，平行通道中的最小气流速率显著降低，因此最大温差可以降低（表9-2）。

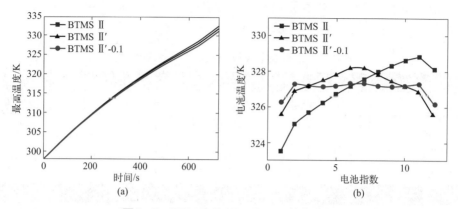

图9-5　BTMS Ⅱ/Ⅱ'/Ⅱ'-0.1性能比较

表9-2　不对称和对称结构BTMS的性能

不对称分布结构				对称分布结构		
BTMS	最高温度/K	最大温差/K	能耗/W	BTMS	最高温度/K	最大温差/K	能耗/W
Ⅰ	336.4	9.7	0.355	Ⅰ'	331.5	1.3	0.405
Ⅱ	332.5	5.3	0.308	Ⅱ'	331.7	2.6	0.198
Ⅲ	333.8	5.8	0.395	Ⅲ'	331.7	1.6	0.423
Ⅳ	333.4	3.5	0.363	Ⅳ'	331.1	1.3	0.211

表9-2为不同BTMS性能的比较。在所有对称结构中，最高温度的值都降低到332.0K以下。BTMS Ⅰ的性能提高最大。与BTMS Ⅰ相比，BTMS Ⅰ'的最高温度降低了4.9K。此外，对称结构中的最大温差值均降至3.0K以下。表9-2中列出的四个条件的改善率超过44%。此外，BTMS Ⅱ'和Ⅳ'的能耗值小于非对称结构，而BTMS Ⅰ'和Ⅲ'的能耗值大于非对称结构。我们可以观察到，由于总出口面积的减少，具有一个出口的BTMS比具有两个出口的BTMS消耗更多的能量。在这四种热管理方式中，BTMSⅣ'的冷却性能最好。T_{max}和ΔT分别为331.1K和1.3K。就能耗而言，BTMS Ⅱ'达到最低值，比BTMSⅣ'低6%。

之前的一项研究表明，在风冷BTMS中采用具有相等差异的电池间距分布，可以有效降低电池组的温差。结果表明，BTMS Ⅱ'达到最小值，BTMSⅣ'达到最佳冷却性能。因此，在本次研究中，提出了将具有相等差值的单元间距分布应用于BTMS Ⅱ'和Ⅳ'以进一步降低最高温度。为了使平行通道之间的气流速率分布均匀化，应减小和扩大出口附近和远离出口的通道宽度，以分别减小和增加相关的气流速率。

对于BTMS Ⅱ'和Ⅳ'，考虑各种电池单体间距，即0.1mm、0.2mm和0.3mm（表9-3）。本次介绍中不讨论研究思路，只观察各个结构的性能结果。结果表明，0.1mm的公共差是两种系统的最佳选择。对称系统的冷却性能可以通过引入具有相等差异的单元间距分布来进一步提高，特别是对于BTMS Ⅱ'。与BTMS Ⅱ'相比，BTMS Ⅱ'-0.1的最高温度降低了58%。通过参考BTMS Ⅱ'-0.1和Ⅳ'-0.1，最高温度的值相似，但BTMS Ⅱ'-0.1的最大温差值小7%。因此，

BTMS Ⅱ′-0.1在所考虑的系统中表现最好。图9-5显示了BTMS Ⅱ、Ⅱ′和Ⅱ′-0.1的5C放电过程结束时，T_{max}曲线随时间和电池温度值的变化。我们可以观察到，通过引入对称结构和采用不均匀的电池间距分布，BTMS Ⅱ可以获得更好的性能。与BTMS Ⅱ相比，BTMS Ⅱ′-0.1的最大温差和最高温度分别降低了1.3K和4.2K。最高温度的改善率达到79%。

表9-3　BTMS在不同电池单体间距下的性能

BTMS	最大温度/K	最大温差/K	能耗/W
Ⅱ′	331.7	2.6	0.1981
Ⅱ′-0.1	331.2	1.1	0.1977
Ⅱ′-0.2	331.7	1.1	0.1971
Ⅱ′-0.3	332.4	2.1	0.1961
BTMS	最大温度/K	最大温差/K	能耗/W
Ⅳ′	331.1	1.3	0.2107
Ⅳ′-0.1	331.1	1.2	0.2117
Ⅳ′-0.2	331.6	1.8	0.2127
Ⅳ′-0.3	332.2	2.5	0.2135

与上述分析类似，对于不同的入口进风速率对温度分布的影响，本研究也做了相应的探索。当前设计的入口进风速率为0.0075m³·s⁻¹。在此进风速率下，BTMS实现了更低的最高温度和更小的最大温差。最高温度的改善率超过43%。BTMS Ⅱ′-0.1的性能与BTMS Ⅳ′-0.1相似，但在不同的进气流率下消耗的能量少7%。图9-6显示了BTMS Ⅱ、Ⅱ′-0.1、Ⅳ和Ⅳ′-0.1的温度分布。可以看到，与原始非对称系统相比，对称系统具有更低的最高温度和更均匀的温度分布。

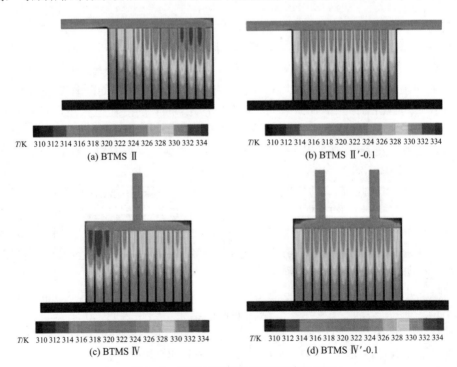

T/K　310 312 314 316 318 320 322 324 326 328 330 332 334
(a) BTMS Ⅱ

T/K　310 312 314 316 318 320 322 324 326 328 330 332 334
(b) BTMS Ⅱ′-0.1

T/K　310 312 314 316 318 320 322 324 326 328 330 332 334
(c) BTMS Ⅳ

T/K　310 312 314 316 318 320 322 324 326 328 330 332 334
(d) BTMS Ⅳ′-0.1

图9-6　BTMS及其对称结构温度分布

9.5.2　基于液体冷却的热管理系统模拟案例

（1）研究方案介绍

液冷在动力电池热管理中也是一种常用的冷却方式，由于冷却工质具有比其他材料更好的热导率，被广泛应用于实际的电池热管理中。本次介绍的研究案例是 Ding 等通过对比不同形状的液冷通道对电池模组的最高温度和最大温差的影响，分析不同形状液冷通道的冷却性能。

（2）几何模型

简化的单锂离子电池模型的长度为 120mm，宽度为 66mm，厚度为 18mm。

液体冷却系统由五个锂离子单体电芯、四个导热板和两个冷却板组成。在该模型中，方形锂离子电芯并排排列，忽略正负极。导热板夹在两块锂离子电池之间，厚度为 4mm。与导热板垂直连接的冷却通道的冷却板的厚度为 8mm。

具有不同数量圆形通道的液体冷却系统表示为 Count-2、Count-3、Count-4 和 Count-5。具有圆形和矩形通道的液体制冷系统在模型中逐一显示，其中圆形通道的直径表示为 k，矩形通道的边缘表示为 i 和 j。在此次研究中，为了便于比较结果，量化参数，并确保相同质量的冷却剂同时流过冷却通道，所有通道的横截面尺寸设置为 $30mm^2$。通道纵横比定义为 i/j，通道均匀分布在整个冷却板上。

（3）理论模型

在方形锂离子电池中，假设热是均匀产生的，其他特性也是均匀的。

$$\rho_b C_b \frac{\partial T}{\partial t} = \frac{\partial}{\partial x}\left(\lambda_x \frac{\partial T}{\partial x}\right) + \frac{\partial}{\partial y}\left(\lambda_y \frac{\partial T}{\partial y}\right) + \frac{\partial}{\partial z}\left(\lambda_z \frac{\partial T}{\partial z}\right) + Q \tag{9-63}$$

式中　ρ_b——方形电池的密度；

C_b——方形电池的热容量；

λ_x——方形电池沿基坐标 x 方向的热导率；

λ_y——方形电池沿基坐标 y 方向的热导率；

λ_z——方形电池沿基坐标 z 方向的热导率；

T——方形电池的温度；

Q——电池产生的热量；

t——时间。

之前有研究表明，当锂离子电池在极高温度条件下长时间运行时，由于电化学反应的影响，它们会产生大量热量。然而，仅依靠实验很难获得准确的热量值。因此，Bernardi 等得出结论，有必要采用经验公式来估计电池产生的热量（Q）。

$$Q = \frac{1}{V_{total}}\left[I(E_{oc} - E) - IT\left(\frac{\partial E_{oc}}{\partial T}\right)\right] \tag{9-64}$$

式中　V_{total}——方形电池的体积；

I——方形电池的电流；

E_{oc}——方形电池的开路电压；

E——方形电池的负载电压；

T——方形电池的温度。

通过上式，可以获得锂离子电池产生热量的估计值。方程的第二项 $IT\left(\dfrac{\partial E_{oc}}{\partial T}\right)$，即电化学反应产生的热量比方程第一项 $I(E_{oc}-E)$ 小得多，这是由欧姆内阻和其他不可逆效应所产生的热量，在研究中通常被忽略。

因此，利用开路电压 E_{oc}、负载电压 E 和电流 I，可以获得锂离子电池的产热速率，不同放电倍率下单体电芯的产热速率如表9-4所示。

表9-4　不同放电倍率下单体电芯的产热速率

项目	1C	2C	3C
电流/A	25	75	125
产热速率/(W·m⁻³)	9900	52000	113000

在热传递过程中，锂离子电池、导热板和冷却板之间的热传递可以用下式表示：

$$Q = \frac{A}{\delta}(T_h - T_c) \tag{9-65}$$

式中　Q——电池模组内不同区域之间的热量传递；

　　　A——接触面积；

　　　δ——传热系数；

　　T_h, T_c——电池模组内不同区域的温度。

同时，在冷却通道的表面，可以与冷却介质形成对流边界条件。根据牛顿冷却定律，冷却通道和冷却剂之间的对流边界条件可以表示如下：

$$\phi = hA(T_c - T_w) \tag{9-66}$$

式中　ϕ——冷却通道与冷却介质之间的对流传热；

　　　A——冷却通道与冷却介质的接触面积；

　　　h——对流传热系数；

　　　T_c——冷却通道的温度；

　　　T_w——冷却介质的温度。

此外，在本研究中，水作为冷却介质将从特定的冷却系统中去除热量。当水流过冷却通道时，它必须遵守质量守恒定律以及动量守恒方程。这些方程式如下：

$$\rho_w C_w \frac{\partial T}{\partial t} + \nabla(\rho_w C_w v T) = \nabla(k_w \nabla T) \tag{9-67}$$

$$\frac{\partial \rho_w}{\partial t}v + \nabla(\rho_w v)v = \nabla P \tag{9-68}$$

式中　ρ_w——水的密度；

　　　C_w——水的比热容；

　　　v——水的流速；

　　　T——水的温度；

　　　k_w——水的热导率；

　　　P——水的压力。

（4）边界条件

本研究用有限元软件求解了共轭传热问题。计算域由锂离子电池、导热板、冷却板和冷却剂组成，它由自由四面体网格构成。通过增加网格数量可以获得更精确的传热模拟结果。因此，对液相域和固相域边界的网格进行了细化，以获得更精确的结果。

在电池热管理模拟中，电池模组的热量堆积来源于单体电芯充放电过程中的电化学反应（单体电芯的参数如表9-5所示），然后通过热传导传递至导热板和冷却板。在此过程中，忽略了每个计算域之间的接触热阻。导热板和冷却板均由铝制成，具有较高的导热能力。冷却液（在本例中为水）流过冷却通道，将电池的热量从冷却板上传递出去。假设冷却剂速度和温度在入口边界处是均匀的，冷却剂速度设置为$0.03\mathrm{m \cdot s^{-1}}$，温度设置为300K。在出口处使用自然流边界条件。

所有模块的表面设置为与空气接触，并使用自然对流边界条件。环境温度设置为300K，等于冷却剂的初始温度。

表9-5　单体电芯的参数

电压/V	4.2
容量/（A·h）	25
平均密度/（kg·m⁻³）	2200
比热容/（J·kg⁻¹·K⁻¹）	1360

（5）无关性验证

在网格数的独立测试中，选择锂离子电池组的最高温度作为评价指标，最高温度与网格数量的关系如图9-7所示。评价指标随网格数量的增加而变化显著，结果直观地反映了网格数由5×10^5增加到9×10^5时，评价指标几乎没有变化。计算结果满足增加网格数量可以提高计算精度的理论。此外，计算结果还表明，过多的网格并不会显著提高计算精度，反而会大大延长计算时间。

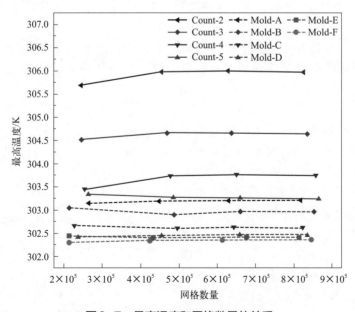

图9-7　最高温度和网格数量的关系

（6）结果分析

1）不同通道数下的热行为

本小节研究了不同通道数的液体冷却系统，仿真结果如图9-8所示。

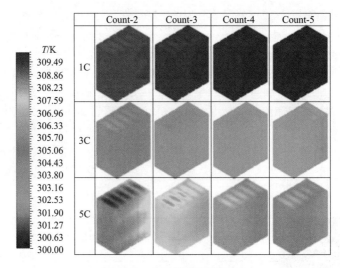

图9-8　电池模组温度云图

在不同放电倍率下获得的温度云图显示了性能的明显变化。冷却液的流动从冷却系统中带走了大量的热量，在提高冷却液温度的同时降低了电池的最高温度。这一现象清楚地表明，靠近冷却通道入口一侧的系统由于该点的冷却液温度较低而具有较高的换热能力。因此，锂离子电池组在入口一侧的最高温度较低。此外，当冷却剂流经冷却通道时，它从冷却系统中吸收热量，导致自身温度上升。这种情况会降低液冷系统的换热效率，最终导致电池温度升高。因此，靠近通道出口侧的电池组温度将明显高于靠近入口侧的电池组温度。此外，从云图中可以看出，随着锂离子电池组放电倍率的增加，最高温度也随之升高。可见，放电倍率为5C时的最高温度高于1C和3C时的最高温度。这是因为放电倍率越高，通过电池的电流就越大，这就导致了更高的产热率。

由图9-9可知，当采用带有两个冷却通道的冷却板时，最高温度为309.89K，最大温差为3.15K。随着冷却通道数量的增加，最高温度和温差明显减小。例如，当冷却板有5个冷却通道时，最高温度和温差分别为306.82K和2.88K。结果表明，5个冷却通道的冷却系统比2个冷却通道的冷却系统具有更低的最高温度和更小的温差。这表明，增加冷却通道数量可以降低最高温度和温差，但这种方法有局限性。例如，将冷却板上的冷却通道数量从2个增加到3个，可使最高温度降低1.4K。然而，当冷却板上的冷却通道数量从4个增加到5个时，最高温度仅下降0.51K，这表明通过增加一个冷却通道来提高冷却效率的能力几乎减半。同样，将放电倍率从1C更改为3C遵循类似的规律。

如图9-9所示，所有工况均满足设计指导

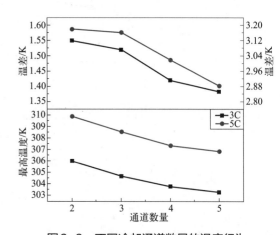

图9-9　不同冷却通道数量的温度行为

（最高温度变化不超过10K，最大温差不超过5K），基于本节研究，在不考虑能耗的情况下，具有5个冷却通道（Count-5）冷却板的冷却系统模型可视为最优模型，最高温度最低，最大温差最小。

　　2）不同截面形状下的热行为

　　根据前文分析，锂离子电池组在不同放电倍率下温度变化规律相似，且在1C放电倍率下温度变化不明显。在接下来的部分，我们将只研究放电倍率为3C和5C时的热行为。本小节以冷却通道的截面形状为变量，在截面面积不变的情况下，研究了方形通道和圆形通道对温度分布的影响。此外，考虑到以往的研究成果，采用了具有4个冷却通道（Count-4）的冷却板，得到的温度分布如图9-10所示。根据几何理论，在相同截面尺寸下，方形通道的周长比圆形通道的周长要长，从而导致固液区接触面积更大。由热对流公式可知，接触面积越大，换热能力越强。因此，方形通道获得的最高温度低于圆形通道获得的最高温度。这可以通过云图来显示。当电池放电倍率为3C和5C时，方形冷却通道的最高温度分别为303.22K和306.51K，比圆形冷却通道的最高温度分别低0.55K和0.82K。因此，结果表明，具有方形通道的液冷系统可以更有效地降低最高温度。

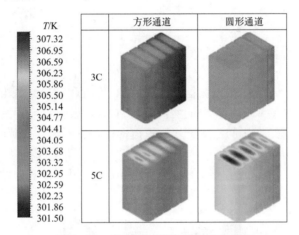

图9-10　不同截面形状下的温度云图

　　同样，表9-6中的结果表明，冷却通道的形状也会影响温度的分布，但其模式与最高温度相反。从表中可以清楚地看出，采用圆形冷却通道的冷却板时，锂离子电池组在放电倍率为3C和5C时的最大温差分别为1.40K和2.72K。然而，当圆形冷却通道被方形冷却通道取代时，最大温差分别增大到1.43K和2.88K，表明该冷却系统的热平衡能力较差。

表9-6　不同截面形状下的电池模组最大温差

放电倍率/C	最大温差/K	
	圆形通道	方形通道
3	1.40	1.43
5	2.72	2.88

9.5.3　混合式电池热管理系统模拟案例

　　常用的电池热管理系统采用单一类型的散热方式，因此如何提高单一电池热管理系统的性能成为首要研究的问题。无论是采用空气还是液体进行对流换热时，流道设计都是重要的一部分，包括流道形状、流道进出口位置、流动参数和流动方向。基础电池热管理系统分为主动式和被动式。

被动式电池热管理主要分为基于相变材料和基于热管两种。主动式电池热管理主要包括风冷、液冷和热电冷却。其中风冷分为空气自然对流和空气强制对流，液冷分为直接接触式和间接接触式。在前述内容中对两种基础电池热管理系统也做了具体的研究案例分析介绍。被动式热管理系统存在的缺点是无法解决热饱和问题，主动式电池热管理在应用时则需要权衡消耗额外能量的收益和成本。因此，不同种类的电池热管理系统具有不同的特点，适用于不同的场合和不同的电池组。混合电池热管理系统是指两个或两个以上基础电池热管理系统的组合。混合电池热管理系统可以结合基础电池热管理系统的优点，实现更好的散热性能。

（1）研究方案介绍

本小节介绍了几种不同的混合电池热管理研究方案，展示不同冷却方式组合的混合电池热管理系统的冷却性能。第一个案例分析是相变材料结合液冷的混合热管理系统。由Zhang等通过利用相变材料的潜热为电池模组进行热缓冲，再由液冷系统进行散热，从而避免电池模组热失控的传播。

（2）几何模型

如图9-11（a）所示，BTMS由相变材料（PCM）、铝板和液冷通道组成。PCM和方形锂离子电池被设计为简单的夹层结构，即电池两侧覆盖PCM以吸收电池产生的热量。PCM的厚度选择为3mm。在两个夹层结构之间添加一块铝板，铝板的底部再连接到液冷通道。BTMS的传热路径如图9-11（b）所示。

在正常工作条件下，液冷通道不工作，PCM的潜热仅用于控制电池温度。因此，没有寄

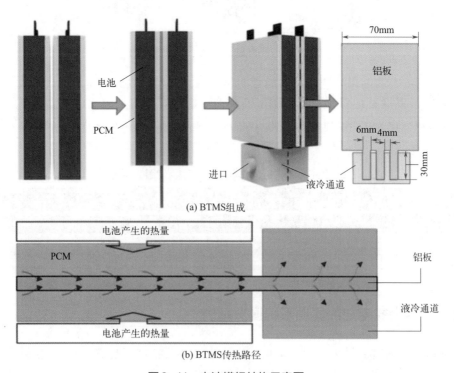

(a) BTMS组成

(b) BTMS传热路径

图9-11　电池模组结构示意图

生能量消耗。当 PCM 的液体含量较高或电池温度超过其最佳工作范围时，液冷通道开始工作，恢复 PCM 的潜热，维持 BTMS 的冷却性能。如果单个电池发生热失控，PCM 的潜热被产生的热量消耗掉。此时，冷却通道也开始工作，带走铝板上的热量，减少热量传递到相邻的锂离子电池，避免热失控的传播。因此，在本次案例提出的系统中，选择相变温度较低的 PCM，可以降低电池模组的最高温度。此外，PCM 可以作为热缓冲材料来阻止在滥用条件下的失控传播。如果电池长时间连续产生大量热量，水冷却系统可以有效释放 PCM 的潜热，有效防止 PCM 完全熔化而失去冷却能力。

为了验证所提出的 BTMS 的性能，采用图 9-11（a）中传统的夹层结构和图 9-11（b）中 "铝板 - 水" 热管理方案进行对比。分别模拟了三种热管理模型在极端工况和热失控条件下的换热过程。分析了三种系统的电池最高温度、电池温差和热失控传播时间。

（3）理论模型

根据图 9-11（b）所示的传热路径，需要对 BTMS 性能进行数值分析，建立电池正常运行下的产热模型、电池热失控模型、PCM 传热模型和相变模型。下面将描述这些模型。

根据 Bernardi 等的研究，电池单体在充放电过程中的产热率可由下式计算：

$$Q_{\text{gen}} = \left(I^2 R - I T_{\text{b}} \frac{\mathrm{d}U}{\mathrm{d}T} \right) / V_{\text{b}} \tag{9-69}$$

式中　I——电流；

　　　R——电池的内阻；

　　　T_{b}——电池的温度；

　$\mathrm{d}U/\mathrm{d}T$——开路电压 - 温度系数；

　　　V_{b}——电池的体积。

电芯放电过程中的传热模型和能量方程分别为：

$$Q_{\text{gen}} = Q_{\text{SEI}} + Q_{\text{ne}} + Q_{\text{pe}} + Q_{\text{e}} \tag{9-70}$$

$$\rho_{\text{b}} C_{\text{b}} \frac{\partial T_{\text{b}}}{\partial t} = \nabla \cdot (k_{\text{b}} \nabla T) + Q_{\text{gen}} \tag{9-71}$$

式中　Q_{gen}——电池的产热率；

　　　Q_{SEI}——电池 SEI 膜分解副反应产热；

　　　Q_{ne}——电池负极副反应产热；

　　　Q_{pe}——电池正极副反应产热；

　　　Q_{e}——电池电解液分解副反应产热；

　　　ρ_{b}——电池的密度；

　　　C_{b}——电池的比热容；

　　　k_{b}——电池的热导率。

连续性方程和动量方程为：

$$\frac{\partial \rho_{\text{PCM}}}{\partial t} + \nabla \cdot (\rho_{\text{PCM}} \vec{v}) = 0 \tag{9-72}$$

$$\rho_{\text{PCM}} \frac{\partial \vec{v}}{\partial t} + \nabla \cdot (\rho_{\text{PCM}} \vec{v} \cdot \vec{v}) = -\nabla \rho_{\text{PCM}} + \mu \nabla^2 \vec{v} + \rho_{\text{PCM}} \vec{g} + \vec{S} \tag{9-73}$$

能量方程为：

$$\frac{\partial(\rho_{PCM}H)}{\partial t}+\nabla\cdot(\rho_{PCM}\vec{v}\cdot H)=\nabla\cdot(k_{PCM}\nabla T) \tag{9-74}$$

$$\vec{S}=A_{mush}\frac{(1-\beta)^2}{\beta^3+\varepsilon}\vec{v} \tag{9-75}$$

式中　ρ_{PCM} ——PCM的密度；

　　　 $\vec{v}$ ——PCM流动的速度矢量；

　　　 μ ——黏度；

　　　 $\vec{g}$ ——重力加速度；

　　　 $\vec{S}$ ——源项；

　　 k_{PCM} ——PCM的热导率；

　　　 H ——PCM的焓值；

　　　 β ——PCM的液相体积分数；

　 A_{mush} ——PCM熔融行为的糊状区域常数，取值10^5；

　　　 ε ——避免被零整除的小数。

焓（H）是显热和潜热的总和：

$$H=H_{ref}+\int_{T_{ref}}^{T}C_{PCM}dt+\beta L \tag{9-76}$$

式中　H_{ref} ——参考温度下的焓；

　 C_{PCM} ——PCM的比热容；

　　　 L ——PCM的潜热。

考虑冷却通道中的液态水为层流，水的控制方程包括连续性方程、动量守恒方程和能量守恒方程，分别表示为：

$$\frac{\partial\rho_{w}}{\partial t}+\nabla\cdot(\rho_{w}\vec{V_{w}})=0 \tag{9-77}$$

$$\rho_{w}\frac{\partial\vec{V_{w}}}{\partial t}+\nabla\cdot(\rho_{w}\vec{V_{w}}\cdot\vec{V_{w}})=-\nabla\rho_{w}+\mu\nabla^2\vec{V_{w}} \tag{9-78}$$

$$\rho_{w}\frac{\partial(\rho_{w}C_{w}T_{w})}{\partial t}+\nabla\cdot(\rho_{w}\vec{V_{w}}C_{w}T_{w})=\nabla\cdot(k_{w}\nabla T_{w}) \tag{9-79}$$

式中　ρ_{w} ——冷却水的密度；

　　 C_{w} ——冷却水的比热容；

　　 $\vec{V_{w}}$ ——冷却水的速度；

　　 T_{w} ——冷却水的温度；

　　 k_{w} ——冷却水的热导率。

（4）结果分析

本研究案例分析了图9-12所示三个系统在极端工况和热失控条件下的控温性能和抑制热失控传播的能力。为了验证所提出的系统在快速充电、高倍率放电等极端条件下有足够的容量满足电池散热要求，选择5C放电作为极端条件。因此，将极端工作条件设定为"5C放电-1C

充电"循环过程,即充满电的电池组先以恒定的5C速率放电,然后再以1C速率对电池组充电。在一个"放电-充电"循环后,电池组将暂停10min,然后进行下一个"放电-充电"循环。进行三个循环的"放电-充电"。在电池1发生热失控的情况下,用电池2发生热失控或热失控的时间间隔来评价三个系统抑制热失控传播的能力。

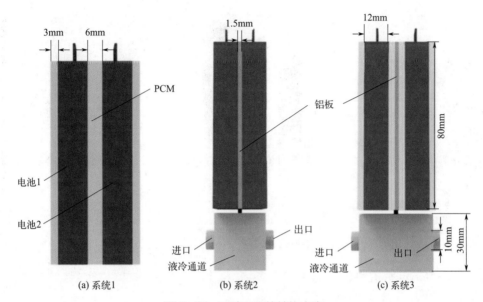

(a) 系统1　　　　(b) 系统2　　　　(c) 系统3

图9-12　三种不同的结构方案

图9-13(a)为三种系统在"放电-充电"循环过程中的最高电池温度。为了解释基于PCM的BTMS的性能差异,图9-13(b)还给出了PCM的液相分数。在图9-13(a)中,基于PCM的系统,即系统1和系统3,在前5C放电过程中电池的最高温度几乎相同。放电开始时,电池温度快速升高,当达到PCM相变温度时,电池温度保持不变,系统1和系统3第一次放电循环结束时的最高温度分别为39.8℃和39.4℃。这是因为BTMS中的PCM可以满足图9-13(b)所示的第一次放电循环中控制电池温度的要求,并且热量主要以潜热的形式被PCM吸收。此外,为了降低额外能耗,系统3中的液冷系统不启动,仅将PCM中储存的少量热量通过铝板传递到冷却水中。相比之下,铝-水冷耦合BTMS(系统2)的性能并不理想,在第一次放电过

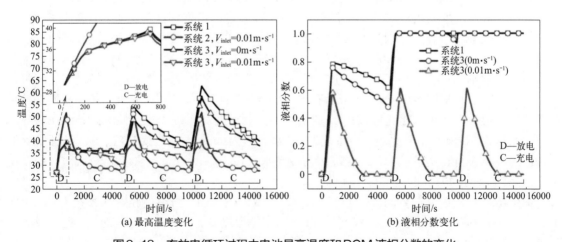

(a) 最高温度变化　　　　(b) 液相分数变化

图9-13　充放电循环过程中电池最高温度和PCM液相分数的变化

程结束时，最高温度线性上升至51.7℃。图9-14显示了三个系统在第一次放电循环过程结束时的电池温度分布。可以看出，铝-水冷耦合BTMS（系统2）下的最高温度远高于其他两种系统。此外，铝板底部与冷却水通道直接接触，具有最佳的冷却条件。此外，铝板顶部远离冷却水通道，传热受到铝板导热性的限制，导致电池内部温差显著。

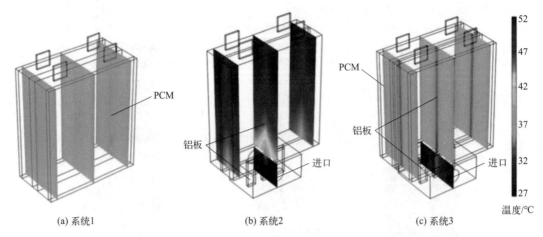

(a) 系统1　　　　　　　　　(b) 系统2　　　　　　　　　(c) 系统3

图9-14　三种BTMS在720s时的电池温度分布

如图9-15所示，基于PCM的BTMS（系统1和系统3）可以将电池的温差控制在1℃以内，很好地满足了动力电池系统的工作要求。而铝-水冷耦合BTMS的电池温差达到14.7℃，从第二个循环开始，如图9-13（a）所示，系统1的温度控制性能逐渐变差。在第一个循环结束时，电池的最高温度仅为39.6℃，在第二个循环结束时升至53.8℃，最后在第三个循环结束时达到62.8℃。由图9-13（b）可以看出，系统1性能下降的原因是PCM蓄热有限，吸收热量后潜热不能有效

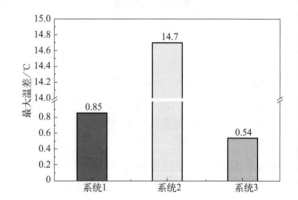

图9-15　第一次放电循环5C的最大温差

释放，导致PCM熔化速度快，甚至完全熔化，最终导致PCM蓄热能力丧失。系统3在被动冷却模式下（进水速度为0m·s⁻¹），控温能力与系统1相当，但循环条件也较差。但是系统3中PCM的潜热可以部分释放，因为铝板接在冷却水上，所以电池的最高温度略低于系统1。当水冷通道工作时（进水流速为0.01m·s⁻¹），PCM中储存的热量可被冷却水带走，有效提高了系统在电池"放电-充电"循环工况下的性能。在3次充放电循环结束时，电池的最高温度可以控制在39℃左右。从图9-13（b）还可以看出，由于PCM可以从液相恢复到固相，从而保持足够的蓄热能力，因此可以迅速释放PCM的潜热，有利于提高系统的稳定性。此外，在循环工况下，系统2的冷却性能较系统1和系统3（进水流速为0m·s⁻¹）更为稳定，3次循环中电池的最高温度均维持在51.5℃左右。这是因为冷却水直接带走了热量，不存在基于PCM的系统由于消耗PCM的潜热而导致性能下降的现象。

图9-16为热失控条件下的温度和产热曲线。由图9-16（a）可以看出，在系统1中，当电池1发生热失控时，温度迅速上升，在短时间内电池温度上升到860℃。电池1热失控释放的热量经过PCM缓冲后，最终传递到电池2，电池2的温度开始上升。一旦达到热失控的温度，

电池2也会发生热失控，其温度迅速上升。因此，系统1不能有效地防止热失控的传播。然而，由于PCM的吸热和绝缘作用，热失控有效减缓。由两节电池的产热率可以看出，两节电池的热失控时间间隔为460s。在系统2中，如图9-16（b）所示，当电池1发生热失控时，热量可以在两个电池之间快速传递，由于两电池之间缺乏有效的隔热，电池2温度上升很快。可以看出，电池2在短时间内发生热失控。因此，系统2不能阻止或延迟热失控的传播，热失控几乎同时发生在两个电池中。在系统3中，如图9-16（c）所示，当电池1发生热失控时，PCM缓冲液被冷却水带走后，大部分热量传递到铝板上。虽然剩余热量传递给电池2使电池温度上升，但不足以达到热失控的温度。这样，系统3的PCM可以延缓两个电池之间的热量传递，而冷却水可以在电池2热失控发生之前进行散热，最终避免热失控的传播。

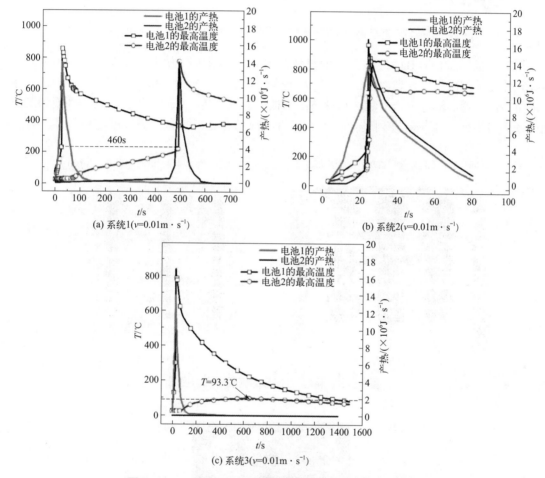

图9-16　三种BTMS在热失控条件下的温度和产热曲线

第二个案例分析是热管结合液冷的混合热管理系统。由Zeng等为了提高液冷系统的温度均匀性，提出了一种基于液冷和微热管阵列的有效策略并对其冷却性能进行了实验和数值研究。

（1）几何模型

如图9-17所示，本文提出的混合电池热管理系统由18650型锂离子电池、铝传导元件、U形微热管阵列和冷板组成。U形微热管阵列安装在两排电池之间，可以迅速将电池组内部的热量吸到外部。电池组两侧的两个液体通道作为热交换器，允许根据要求将热量从电池中移除。

所设计的铝传导元件被放置在电池和微热管阵列之间，以增加接触面积。采用热润滑脂，确保系统之间的良好接触。

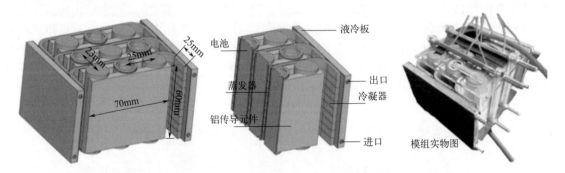

图9-17　基于微热管阵列和液冷的混合动力电池模块的几何模型

　　图9-18显示了混合BTMS的俯视图和剖视图，以演示传热方法。电池产生的热量通过铝传导元件传递到微热管阵列，其设计目的是增大传热面积。然后，微热管阵列通过内部的相变循环将热量传递到液冷板。最后，热量被液冷板中的水带走。U形微热管阵列的外观和工作原理如图9-19所示。微热管阵列是一种平面热管，内部有若干独立的微尺度通道。蒸发段吸收

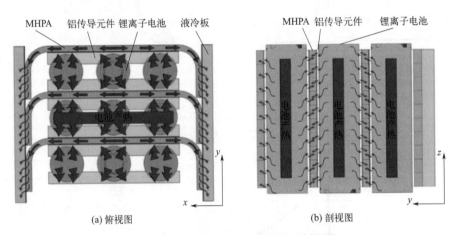

(a) 俯视图　　　　　　　　　　　　　(b) 剖视图

图9-18　混合BTMS的俯视图和剖视图

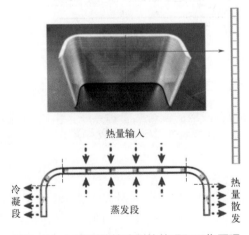

图9-19　U形微热管阵列的外观和工作原理

热量时，工质发生相变循环，将热量传递到冷凝段，热导率高，温度均匀性好。为了获得更大的热交换面积，微热管阵列弯曲为 U 形。冷却板厚度为 5.5mm。冷却通道直径为 3.2mm，相邻通道中心距为 10mm。需要注意的是，U 形微热管阵列和传导元件还可以作为电池和冷却液之间的隔板，即使在泄漏的情况下也可以增强电池的安全性。

（2）理论模型

锂离子电池产热模型如下所示：

$$q_{h}=I\left(\eta_{ir}+\eta_{act}+T\frac{\partial E_{oc}}{\partial T}\right)\Big/V_{b} \tag{9-80}$$

式中　q_{h} ——电芯的单位体积产热率；

$\quad\quad I$ ——电芯放电电流；

$\quad\quad \eta_{ir}$ ——欧姆电阻引起的电势差；

$\quad\quad \eta_{act}$ ——极化电阻引起的电势差；

$\quad\quad V_{b}$ ——电池体积；

$\quad\quad E_{oc}$ ——电池开路电压；

$\quad\quad T$ ——热力学温度。

电池单体及冷却水的能量守恒方程如下所示：

$$\rho_{b}c_{b}\frac{\partial T_{b}}{\partial t}=\nabla\cdot(k_{b}\nabla T_{b})+q_{h} \tag{9-81}$$

$$\frac{\partial}{\partial t}(\rho_{w}c_{w}T_{w})+\nabla\cdot\rho_{w}c_{w}\vec{v}T_{w}=-\nabla\cdot(k_{w}\nabla T_{w}) \tag{9-82}$$

式中　c ——比热容；

$\quad\quad \rho$ ——密度；

$\quad\quad T$ ——温度；

$\quad\quad k$ ——热导率；

$\quad\quad b$ ——下标，代表电池；

$\quad\quad \vec{v}$ ——冷却水的流动速度向量；

$\quad\quad t$ ——时间；

$\quad\quad w$ ——下标，代表冷却水。

不可压缩液态水的运动由质量和动量守恒方程控制：

$$\frac{\partial \rho_{w}}{\partial t}+\nabla\cdot(\rho_{w}\vec{v})=0 \tag{9-83}$$

$$\frac{\partial}{\partial t}(\rho_{w}\vec{v})+\nabla\cdot(\rho_{w}\vec{v}\vec{v})=-\nabla\cdot P \tag{9-84}$$

式中　P ——压力。

电池的密度 ρ_{b}、比热容 c_{b}、径向热导率 $k_{b,r}$ 和轴向热导率 $k_{b,ang}$ 的值以及微热管阵列（MHPA）的等效热导率 k_{hp} 由式（9-85）～式（9-88）计算：

$$\rho_{b}c_{b}=\frac{\sum_{i}\rho_{i}c_{p,i}V_{i}}{\sum_{i}V_{i}} \tag{9-85}$$

$$k_{b,r} = \frac{\sum_i L_i}{\sum_i (L_i/k_{T,i})} \qquad (9\text{-}86)$$

$$k_{b,ang} = \frac{\sum_i L_i k_{T,i}}{\sum_i L_i} \qquad (9\text{-}87)$$

$$k_{hp} = Q\frac{L}{A\Delta T} \qquad (9\text{-}88)$$

式中　ρ_i ——不同组分的密度；

$c_{p,i}$ ——不同组分的比热容；

V_i ——不同组分的体积；

L_i ——不同组分的厚度；

$k_{T,i}$ ——不同组分的热导率；

A ——传热面积。

边界条件和初始条件如下：

边界条件：

$$-k_b\frac{\partial T}{\partial n} = -k_{gre}\frac{\partial T}{\partial n} - k_{air}\frac{\partial T}{\partial n} \qquad (9\text{-}89)$$

$$-k_{gre}\frac{\partial T}{\partial n} = -k_{Al}\frac{\partial T}{\partial n} \qquad (9\text{-}90)$$

$$-k_{Al}\frac{\partial T}{\partial n} = -k_{hp}\frac{\partial T}{\partial n} - k_{air}\frac{\partial T}{\partial n} \qquad (9\text{-}91)$$

$$-k_{hp}\frac{\partial T}{\partial n} = -k_{pl}\frac{\partial T}{\partial n} \qquad (9\text{-}92)$$

$$-k_{pl}\frac{\partial T}{\partial n} = -k_w\frac{\partial T}{\partial n} - k_{air}\frac{\partial T}{\partial n} \qquad (9\text{-}93)$$

$$-k_{air}\frac{\partial T}{\partial n} = h(T_{air} - T_{amb}) \qquad (9\text{-}94)$$

初始条件：

$$t = 0, T_b = T_{MHPA} = T_{Al} = T_{pl} = T_{wat} = T_{air} = 25℃ \qquad (9\text{-}95)$$

其中 T_b、T_{MHPA}、T_{Al}、T_{pl}、T_{wat}、T_{air} 分别为电池、MHPA、铝导电元件、冷却板、水、空气的温度。

式中　k_b ——电池热导率；

k_{gre} ——不同组分的比热容；

k_{air} ——空气热导率；

k_{Al} ——铝导电元件热导率；

k_{hp} ——MHPA 热导率；

k_{pl} ——冷却板热导率；

k_w ——水热导率；

h——对流换热系数；

T_{amb}——环境温度。

另外，$\dfrac{\partial T}{\partial n}$是温度梯度；空气对流系数$h$是$4W \cdot m^{-2} \cdot K^{-1}$；入口处的水流速和温度假设均匀恒定，分别为$10mL \cdot min^{-1}$和25℃；出口指定恒定的压力。微型通道内表面采用无滑移边界条件。

（3）网格无关性验证

网格模型由COMSOL Multiphysics生成。利用COMSOL软件计算了电池产热模型和传热模型。图9-20为计算所用的冷却系统的网格模型。图9-20（a）显示了网格模型的一半。在图9-20（b）中，为了更好地观察BTMS，将空气域隐藏起来。可以看出，液冷管道处的网格密度更大，可以更准确地计算流体换热和流场分布。由COMSOL根据输入的物理场自动进行网格划分。

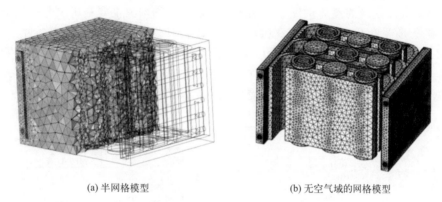

(a) 半网格模型　　　　　　　　　　　　(b) 无空气域的网格模型

图9-20　计算所用的冷却系统的网格模型

如图9-21所示，用三个不同网格数（222791、818689、2355770）的网格模型来完成网格独立性检验。当网格数大于818689时，电池模块的最高温度和最大温差随网格数变化较小。因此，本案例选择网格数为818689，以减少计算负担。

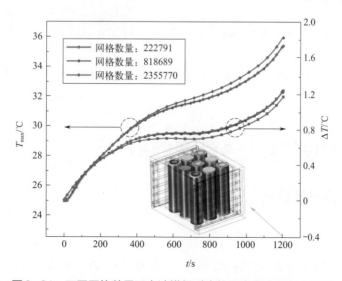

图9-21　不同网格数量下电池模组对应的最高温度及最大温差

（4）结果与分析

采用液冷与微热管阵列相结合的方法对圆柱形电池热管理系统是有效的。图9-22为1C和3C三种冷却方式的时变曲线图。在3C没有MHPA的情况下，在910s时立即切断放电进程，以避免热失控的可能性。可以看出，采用微热管阵列设备后，温度下降较大，更重要的是线群更加密集，温差减小。在温度上升的前期，比热容的增大减小了温度上升曲线的斜率。后期由于电池模块热导率高，散热加强，升温减小。随着液冷的加入，温度得到了进一步的控制，因为电池的热量是被流体散失的。

图9-23总结了两种放电倍率下三种不同冷却方式的电池模组冷却性能。与其他两种冷却方式相比，所设计的混合BTMS的冷却性能有效。在1C的放电倍率下，与对照组相比，MHPA模组的最高温度下降了24.05%，温度差从3.66℃下降到0.46℃。这是因为随着温度的升高，冷却工质发生了相变。在气体对流作用下，MHPA的高导热性能增强了电池模块的温度均匀性和热对流性。随着液冷的加入，温差略有增大。但考虑到最高温度的下降和温差的轻微增大，MHPA＋液冷模块的性能仍优于MHPA模块。温差的增大主要是进水温度低于出水温度所致。为了进一步评价混合BTMS在高放电倍率下的冷却性能，采用3C放电条件。可以看到，放电倍率为3C时，温度下降到安全温度以下，最大温度和温差分别低于42℃和2.5℃。这表明混合BTMS在极端放电条件下能够有效工作。该混合型BTMS在圆柱形电池中的冷却性能甚至优于方形电池，方形电池的最高温度和温差分别为43.4℃和5.2℃。

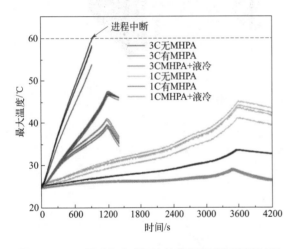

图9-22　不同冷却方式下电池模组最高温度随时间的变化

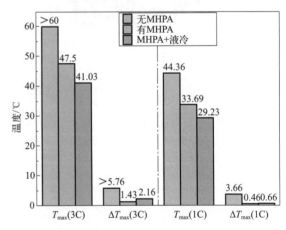

图9-23　两种放电倍率下三种不同冷却方式的电池模组冷却性能

9.6　被动式电池热管理模拟

9.6.1　相变传热与熔化凝固理论

（1）理论介绍

ANSYS Fluent可用于解决流体流动问题，涉及凝固和/或熔化发生在一个温度（例如，纯金属）或超过一个温度范围（例如，二元合金）。ANSYS Fluent利用焓孔隙度公式为解决相变传热和熔化凝固提供了一个可靠的方案。在该方案中将液固糊状区视为孔隙率等于液相分数的多孔区，并在动量方程中加入适当的动量下沉项，以考虑固体物质存在引起的压降。

以下限制适用于 ANSYS Fluent 中的凝固/熔化模型：

① 凝固/熔化模型只能与基于压力的求解器一起使用，它不适用于基于密度的求解器。凝固/熔化模型不能用于可压缩流动。

② 在一般多相模型（VOF、混合和欧拉模型）中，只有 VOF 模型可以与凝固/熔化模型一起使用。

③ 当将凝固/熔化模型与模拟反应中的物种输运结合使用时，没有机制将反应限制在液体区域。

在 ANSYS Fluent 中使用焓 - 孔隙率技术对凝固/熔化过程进行建模。在这种技术中，熔体界面没有被明确地跟踪。相反，一个被称为液相分数的物理量用于计算域中液体材料所占的比例，并在每次迭代中根据焓平衡计算液相分数。

糊状区是液相分数在 0 ~ 1 之间的区域。糊状区被建模为"伪"多孔介质，随着材料凝固，孔隙率从 1 降低到 0。当材料在容器中完全凝固时，孔隙率变为零，因此速度也降为零。

（2）能量方程

$$H = h + \Delta H \tag{9-96}$$

$$h = h_{\text{ref}} + \int_{T_{\text{ref}}}^{T} c_p \mathrm{d}T \tag{9-97}$$

式中　h_{ref} ——参考焓值；

　　　　H ——总热焓；

　　　　h ——显热焓；

　　　　ΔH ——潜热焓；

　　　　T_{ref} ——参考温度；

　　　　c_p ——恒压比热容。

（3）液相占比 β

$$\beta = \begin{cases} 0, T < T_{\text{s}} \\ 1, T < T_{\text{l}} \\ \dfrac{T - T_{\text{s}}}{T_{\text{l}} - T_{\text{s}}}, T_{\text{s}} < T < T_{\text{l}} \end{cases} \tag{9-98}$$

$$\Delta H = \beta L \tag{9-99}$$

$$\frac{\partial}{\partial t}(\rho H) + \nabla \cdot (\rho \vec{v} H) = \nabla \cdot (k \nabla T) + S \tag{9-100}$$

式中　T_{s} ——固相温度；

　　　　T_{l} ——液相温度；

　　　　L ——潜热值；

　　　　ρ ——密度；

　　　　$\vec{v}$ ——流体速度；

　　　　S ——源项。

（4）动量方程

$$S = \frac{(1-\beta)^2}{(\beta^3+\varepsilon)} A_{\text{mush}} (\vec{v}-\vec{v}_{\text{p}})$$ （9-101）

式中　ε——常量小数；

　　A_{mush}——糊状区常数；

　　$\vec{v}_{\text{p}}$——拉速。

（5）湍流方程

$$S = \frac{(1-\beta)^2}{(\beta^3+\varepsilon)} A_{\text{mush}} \varphi$$ （9-102）

式中　φ——湍流量；

　　β——液相占比。

（6）物相方程

$$T_{\text{s}} = T_{\text{m}} + \sum_{\text{s}} (m_i Y_i / K_i)$$ （9-103）

$$T_{\text{l}} = T_{\text{m}} + \sum_{\text{s}} (m_i Y_i)$$ （9-104）

$$m_i = \frac{T_{\text{E}} - T_{\text{m}}}{Y_{i,\text{E}}}$$ （9-105）

$$\beta^{n+1} = \beta^n - \lambda \frac{\alpha_{\text{p}}(T-T^*)\Delta t}{\rho VL - \alpha_{\text{p}}\Delta t \frac{\partial T^*}{\partial \beta}}$$ （9-106）

式中　T_{m}——熔化温度；

　　m_i——液面相对于 Y_i 的斜率；

　　Y_i——溶液质量分数；

　　K_i——溶液分配系数；

　　T_{E}——低共熔温度；

　　$Y_{i,\text{E}}$——共晶质量分数；

　　λ——松弛因子；

　　α_{p}——单元基质系数；

　　T——单元体实时温度；

　　T^*——单元体表面温度；

　　V——单元体体积；

　　Δt——时间步长。

（7）微观尺度物相分离模型

$$T^* = T_{\text{m}} + \sum_{i=0}^{N_{\text{s}}-1} m_i \left[\frac{Y_i}{K_i + \beta(1-K_i)} \right]$$ （9-107）

$$T^* = T_m + \sum_{i=0}^{N_s-1} m_i Y_i \beta^{K_i-1} \tag{9-108}$$

式中　N_s——物种数量。

（8）物相输运方程

$$\frac{\partial}{\partial t}(\rho Y_i) + \nabla \cdot (\rho[\beta \vec{v}_{i,\mathrm{l}} Y_{i,\mathrm{l}} + (1-\beta)\vec{v}_\mathrm{p} \nabla Y_{i,\mathrm{s}}]) = -\nabla \cdot \vec{j}_i + R_i \tag{9-109}$$

$$\vec{j}_i = -\rho[\beta D_{i,m,\mathrm{l}} \nabla Y_{i,\mathrm{l}} + (1-\beta) D_{i,m,\mathrm{s}} \nabla Y_{i,\mathrm{s}}] \tag{9-110}$$

$$\vec{v}_\mathrm{l} = \frac{\vec{v} - \vec{v}_\mathrm{p}(1-\beta)}{\beta} \tag{9-111}$$

$$Y_{i,\mathrm{s}} = K_i Y_{i,\mathrm{l}} \tag{9-112}$$

$$\begin{aligned}
&\frac{\partial}{\partial t}(\rho Y_{i,\mathrm{l}}) + \nabla \cdot (\rho[\beta \vec{v}_{i,m,\mathrm{l}} Y_{i,\mathrm{l}} + (1-\beta)\vec{v}_\mathrm{p} \nabla Y_{i,\mathrm{s}}]) \\
&= R_i + \nabla \cdot (\rho \beta D_{i,m,\mathrm{l}} \nabla Y_{i,\mathrm{l}}) - K_i Y_{i,\mathrm{l}} \frac{\partial}{\partial t}[\rho(1-\beta)] \\
&+ \frac{\partial}{\partial t}[\rho(1-\beta)Y_{i,\mathrm{l}}]
\end{aligned} \tag{9-113}$$

式中　$\vec{v}_\mathrm{l}$——液相速度；

　$\vec{v}_{i,m,\mathrm{l}}$——液相速度；

　$Y_{i,\mathrm{l}}$——组分 i 的液相质量分数；

　$Y_{i,\mathrm{s}}$——组分 i 的固相质量分数；

　R_i——反应速率；

　β——液相占比；

　$\vec{v}_\mathrm{p}$——拉速；

　$\vec{j}_i$——扩散张量；

　ρ——密度；

　K_i——溶液分配系数；

　$D_{i,m,\mathrm{l}}$——液相扩散系数；

　$D_{i,m,\mathrm{s}}$——固相扩散系数。

9.6.2　基于相变材料的模拟案例

（1）研究方案介绍

近十年来，有机相变材料由于具有潜热高、应用温度广、无毒、几何形状可变、生产成本低等优点，在电池热管理系统中得到了广泛的应用。相变材料作为动力电池的被动热管理系统，其热导率低是限制相变材料应用的关键问题。本次介绍的研究方案正是着重于改善相变材料的热导率。蜂窝状结构是自然选择的产物，其均匀的结构能够提高整体 PCM 的传热性能。因此在热管理系统中，蜂窝状结构得到了广泛应用。本次介绍的研究基于矩形软包电池的产热特性，采用基于焓孔隙率法的 CFD 模型进行了数值模拟。

（2）几何模型

本次模拟使用的几何模型如图9-24所示，其中蜂窝状结构由高热导率的金属制成，PCM填在蜂窝孔和周围空白中并与方形电池贴合。

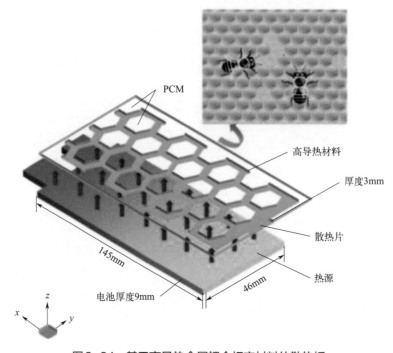

图9-24　基于高导热金属耦合相变材料的散热板

（3）理论模型

本次所展示的仿真模拟研究是通过建立三维坐标下的数学模型来描述相变的瞬态过程。采用孔隙率法进行建模，并做出了以下假设：

① 假设PCM的热导率为各向同性；

② 不考虑PCM在相变过程中体积和压力变化的影响；

③ 在相变过程中，PCM内部的传热方式为热传导，不存在对流换热。

对于PCM而言：

$$\rho_{\mathrm{PCM}}\frac{\partial H}{\partial t}=\lambda_{\mathrm{PCM}}\nabla^2 T \tag{9-114}$$

式中　ρ_{PCM}——相变材料密度；

λ_{PCM}——相变材料热导率；

H——显热和潜热组成的焓；

T——热力学温度；

t——时间。

$$H=h+\Delta H \tag{9-115}$$

式中　h——显热焓；

ΔH——潜热焓，表示固液相转变引起的焓值。

为了统一表达式，引入了液相占比 β。

$$h = \int_{T_1}^{T_s} c_{PCM} dT \tag{9-116}$$

$$\Delta H = \beta \gamma \tag{9-117}$$

$$\beta - \begin{cases} \beta = 0 \\ \beta = 1 \\ \beta = \dfrac{T - T_s}{T_1 - T_s} \end{cases} \tag{9-118}$$

式中　γ——相变潜热；

β——液相占比；

T_s——相变区间上限温度；

T_1——相变区间下限温度；

c_{PCM}——相变材料的比热容。

（4）边界条件

初始温度为 T_0，电池和PCM冷却系统达到热平衡：

$$t = 0, T(x, y, z) = T_0 \tag{9-119}$$

电池和PCM冷却系统接触界面边界条件为：

$$-k_{cell} = -k_{PCM} \frac{\partial T}{\partial n} \tag{9-120}$$

电池和PCM冷却系统与外界环境的边界条件为：

$$-k_{cell} \frac{\partial T}{\partial n} = h_{cell}(T - T_{amb}) \tag{9-121}$$

$$-k_{PCM} \frac{\partial T}{\partial n} = h_{PCM}(T - T_{amb}) \tag{9-122}$$

式中　T_{amb}——环境温度，$T_{amb} = T_0 = 26℃$；

h_{cell}——电池表面传热系数，$5W \cdot m^{-2} \cdot K^{-1}$；

h_{PCM}——相变材料传热系数，$7.5W \cdot m^{-2} \cdot K^{-1}$；

k_{cell}——电池热导率；

k_{PCM}——相变材料热导率。

（5）结果分析

1）蜂窝翅片对电池的影响

图9-25给出了无冷却系统、无翅片的PCM冷却系统和0.78孔隙率蜂窝翅片的PCM冷却系统的表面中心点温度和最高温度。由图可知，表面中心点的温度变化规律与最高温度一致。无冷却系统时，电池的温度最高，达到63.7℃。无翅片的PCM冷却系统的最高温度可达54.3℃，与无冷却系统相比，温度下降9.4℃。带有蜂窝状翅片的PCM冷却系统显示了最低的温度，其最高温度为48.5℃，低于最佳工作温度，与无冷却系统情况相比，温度下降了15.2℃。与无翅片冷却系统相比，蜂窝翅片冷却系统的降温量提高了61%。电池在10C放电倍率下的放电时间

是360s，PCM的熔点是40℃，PCM开始熔化的时间约为170s。由于PCM的热导率高于空气的热导率，在170s内，PCM冷却系统的升温幅度小于无冷却系统。与无翅片冷却系统相比，由于在PCM上添加了铝蜂窝翅片，整体热导率提高。相应的，蜂窝翅片PCM冷却系统的升温幅度最小。

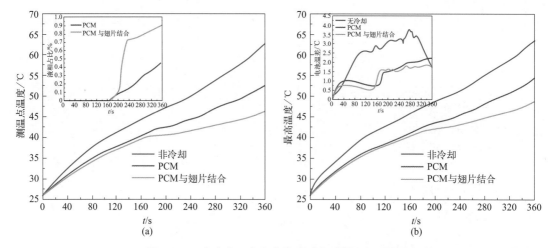

图9-25　电池表面中心点温度和电池模组最高温度

当PCM在170s熔化后，PCM体系的升温速率减小，其中蜂窝翅的PCM的升温速率最低。图9-25也显示了不同情况下的电池温度分布。不带冷却系统的电池最大温差可达3.78℃，与PCM冷却系统的温差小于2.5℃，带蜂窝翅片的冷却系统最小。熔化液分布表明，由于蜂窝翅片的加入，PCM可以在短时间内快速熔化并吸收热量，在170～240s时间内，含有蜂窝翅片液体组分的PCM迅速增加，而在240～360s时间内，由于后期PCM内部温差的减小，液体组分的增加斜率下降。最后，在360s时，PCM的平均液相分数达到0.9，高于无翅片冷却系统的平均液相分数0.46。因此，与无翅片系统相比，蜂窝翅片PCM可以在更短的时间内吸收电池热量，从而避免电池温度过高。

2）蜂窝翅片对PCM的影响

图9-26分别为不同厚度无翅片PCM冷却系统和带蜂窝翅片PCM冷却系统的温度和液相分数分布云图。对于无翅片冷却系统，底部PCM在170s时达到相变温度并开始熔化，而液相分数迅速增大，直到280s才完全熔化。在熔化过程中，PCM的温度保持不变。当PCM完全熔化后，温度再次升高。随后，中部PCM在290s时开始熔化，升温幅度较小，液相增加，直至放电结束。顶部PCM直到放电结束才熔化，但PCM的温度升高，说明PCM继续吸收热量，但没有达到熔化温度。由于PCM热导率较低，热量在热源相邻界面处积累，厚度方向温度分布不均匀。与无翅片PCM冷却系统相比，在PCM中加入蜂窝状翅片显著提高了整体热导率，PCM吸收了更多的热量，导致PCM整体温度高于无翅片系统。显然，整个PCM区域在大约170s时几乎同时进入相变区。由于底部PCM离热源最近，所以PCM熔化液相分数最大，其次是中部和顶部。由于蜂窝翅片的加入，底部、中间和顶部PCM的温差较小，厚度方向上PCM的温度和液相分布相似。由于在10℃下放电时间较短，整个PCM直到最后才完全熔化，但如图9-27所示，当添加蜂窝翅片时，电池的最高温度是最低的。这与无翅片冷却系统不同，在无翅片冷却系统中，底部PCM完全熔化，但热量集中在底部。

图9-28与图9-29为PCM冷却系统中孔隙率为0.78的不同蜂窝孔的PCM温度和底部、中间

和顶部的液相分布。三个位置的液相分数分布规律相似，均为底部液相分数最大，顶部液相分数最小。蜂窝状翅片的加入使PCM在厚度方向几乎同时开始熔化。孔数为12的蜂窝翅片孔直径最大，熔化液相分数最小，因此PCM冷却板温度最低。孔数为53和86的蜂窝翅片，PCM的液相分数和温度分布较为接近，说明孔数越多，相同孔隙率的PCM熔融液相分数越大，PCM温升越大。

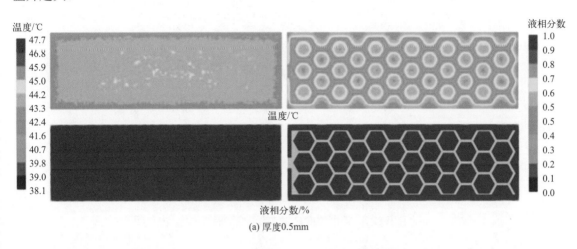

(a) 厚度0.5mm

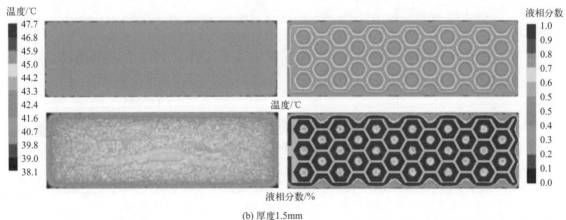

(b) 厚度1.5mm

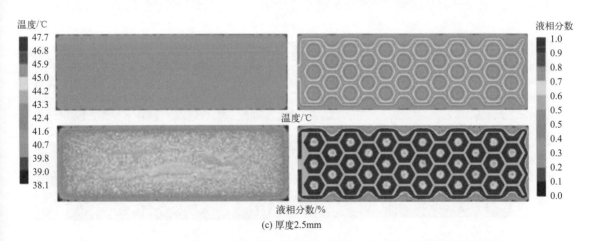

(c) 厚度2.5mm

图9-26　280℃下不同厚度无翅片和蜂窝翅片结构在280s时的温度和液相分布云图

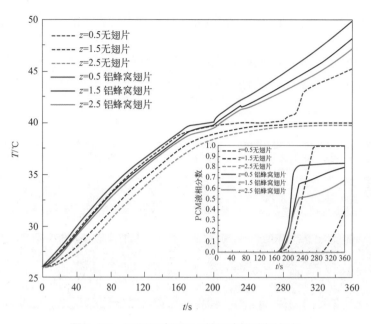

图9-27　不同厚度PCM的温度和液相占比

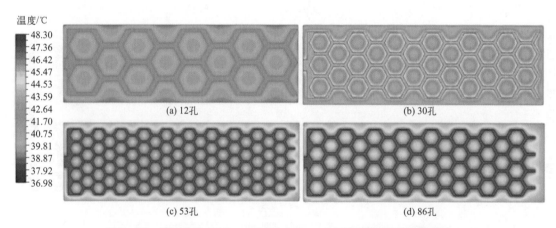

图9-28　当时间为280s、厚度为1.5mm时不同蜂窝孔的温度分布

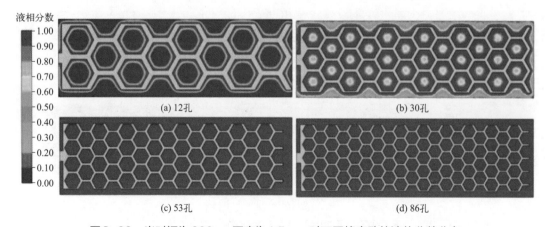

图9-29　当时间为280s、厚度为1.5mm时不同蜂窝孔的液体分数分布

9.6.3　基于热管的电池热管理案例

（1）研究方案介绍

热管冷却是充分利用了热传导原理与制冷介质的快速热传递性质，透过热管将锂电池的热量迅速传递到冷端。热量到达冷端后，由于热管本身不能将热量及时散发，因此热管冷却在电池热管理当中的应用一般需要耦合其他的主动冷却方式。

现在已有相关研究表明采用基于热管耦合其他冷却技术的电池热管理策略可以提高BTMS的温度性能。本次介绍的研究方案是由Li等在标准k-ε湍流模型的基础上，建立了含热管液冷板流体流动与传热的三维数值模型。通过正交试验对冷板热管通道的通道长度、通道高度和通道弯曲管径三个几何参数进行了探索，寻找最优参数设计。研究了冷却液容积流量、冷却液温度和环境温度对热管液冷板热管理系统冷却性能的影响。

（2）几何模型

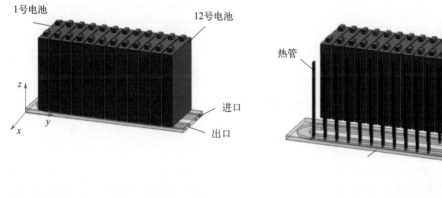

图9-30　电池模组结构及不同液冷部件的尺寸参数

本研究采用包含12个电芯的单个电池模组，通过热管黏结液冷板，如图9-30所示。两根热管夹在相邻电池之间，也插入液冷板的蛇形通道中，通过增加换热面积来提高换热性能。图中还给出了带热管的液冷板热管理系统的参数尺寸，其中L、W、H分别表示沿x轴、y轴、z轴方向的尺寸。

（3）理论模型

1）电池单体加热模型

工作电池单体的热由反应热、副反应热、焦耳热和极化热组成。对于锂离子电池来说，当副反应热最小，可以忽略副反应热时，只考虑剩下的三部分，其中反应热代表放电时的熵变或充电时的焓变；焦耳热，欧姆势下降产生的热量；极化热，表征活性物质颗粒表面与电解液之间的电化学反应极化。电池的反应热是可逆的。电池的电化学反应在充电过程中是一个吸热反应过程，因此反应热为负值。相反，由于电池单体的电化学反应在放电过程中是放热反应，反应热为正值。因此，电池单体在充电或放电过程中的反应热Q_1可表示为：

$$Q_1 = nFT \frac{\partial E_e}{\partial T} \tag{9-123}$$

式中　E_e——电位差；

　　　T——热力学温度；

　　　n——离子在充电或放电过程中的转移数；

　　　F——法拉第常数。

电芯的焦耳电阻是构成电芯的各种材料的内阻和材料之间的接触电阻之和。因此，由焦耳电阻引起的电池单体焦耳热 Q_2 可表示为：

$$Q_2 = I^2 R_e \tag{9-124}$$

式中　I——充电电流或放电电流；

　　　R_e——焦耳电阻。

电芯的极化电阻包括浓度极化电阻和电化学极化电阻，电化学极化电阻是由电芯电极表面实际电势与平衡电势之间的偏差引起的。极化热 Q_3 可表示为：

$$Q_3 = I^2 R_p \tag{9-125}$$

式中　I——充电电流或放电电流；

　　　R_p——极化电阻。

2）热管流体体积（VOF）模型

利用 ANSYS Fluent 中的 VOF 模型，模拟热管内工质的循环流动，实现电池与热管之间的传热传质。

3）液冷板控制方程

液冷板冷却系统是实际工程中涉及流动与换热的典型案例。因此，它必须满足计算流体动力学的三个控制方程，即质量守恒方程、动量守恒方程和能量守恒方程。在本文中，雷诺数 Re 可以表示为：

$$Re = \frac{V d_h}{\mu} \tag{9-126}$$

式中　V——蛇形通道流体速度；

　　　d_h——蛇形通道水力直径；

　　　μ——流体运动黏度。

本研究以水为冷却剂，水的流速 V 约为 $0.4\mathrm{m \cdot s^{-1}}$，蛇形水道水力直径 d_h 为 11.25mm。

连续性方程：

$$\frac{\partial u}{\partial x} + \frac{\partial v}{\partial y} + \frac{\partial w}{\partial z} = 0 \tag{9-127}$$

式中　u——流体沿 x 方向的速度；

　　　v——流体沿 y 方向的速度；

　　　w——流体沿 z 方向的速度。

4）动量守恒方程

$$\rho \left(u \frac{\partial u}{\partial x} + v \frac{\partial u}{\partial y} + w \frac{\partial u}{\partial z} \right) = -\frac{\partial p}{\partial x} + \mu \left(\frac{\partial^2 u}{\partial x^2} + \frac{\partial^2 u}{\partial y^2} + \frac{\partial^2 u}{\partial z^2} \right) \tag{9-128}$$

$$\rho \left(u \frac{\partial v}{\partial x} + v \frac{\partial v}{\partial y} + w \frac{\partial v}{\partial z} \right) = -\frac{\partial p}{\partial y} + \mu \left(\frac{\partial^2 v}{\partial x^2} + \frac{\partial^2 v}{\partial y^2} + \frac{\partial^2 v}{\partial z^2} \right) \tag{9-129}$$

$$\rho \left(u \frac{\partial w}{\partial x} + v \frac{\partial w}{\partial y} + w \frac{\partial w}{\partial z} \right) = -\frac{\partial p}{\partial z} + \mu \left(\frac{\partial^2 w}{\partial x^2} + \frac{\partial^2 w}{\partial y^2} + \frac{\partial^2 w}{\partial z^2} \right) \tag{9-130}$$

式中　μ ——流体的运动黏度；

　　p ——压力。

5）能量守恒方程

$$\rho c_p \left(u \frac{\partial T}{\partial x} + v \frac{\partial T}{\partial y} + w \frac{\partial T}{\partial z} \right) = \lambda \left(\frac{\partial^2 T}{\partial x^2} + \frac{\partial^2 T}{\partial y^2} + \frac{\partial^2 T}{\partial z^2} \right) \tag{9-131}$$

式中　c_p ——冷却流体介质的比热容；

　　ρ ——冷却流体介质的密度；

　　λ ——冷却流体介质的热导率。

6）边界条件

本研究中带热管的液冷板的黏性模型为湍流。由于标准 k-ε 模型具有传热收敛速度快、对复杂几何结构内部流动具有较好的精度等优点，故采用标准 k-ε 模型进行数值模拟。冷却剂材料为液态水，冷板材料为铝。液态水的性质随温度的变化取决于以下方程：

$$\rho = 809.15 + 1.5481T - 0.0013T^2 \tag{9-132}$$

$$c_p = 5580.3 - 8.9267T + 0.0142T^2 \tag{9-133}$$

$$\lambda = -0.93775 + 0.0085505T - 1.13 \times 10^{-5}T^2 \tag{9-134}$$

$$\mu = 0.025365 - 0.00014468T + 2.1 \times 10^{-7}T^2 \tag{9-135}$$

式中　ρ ——液态水的密度；

　　c_p ——液态水的比热容；

　　λ ——液态水的热导率；

　　μ ——液态水的运动黏度；

　　T ——液态水的温度。

在本研究中，由于对热管进行详细的数学建模费时耗力，因此采用简化的热管的 VOF 模型。

（4）网格无关性验证

图9-31为锂离子电池组带热管液冷板热管理系统的网格布置。该方法采用 ANSYS ICEM CFD 软件中的六面体单元多块网格，保证了网格模型的高质量。需要对模型的边界层进行细化，确保第一层的 y+ 值大致等于1。各电池单体的热功率 P=23.2W，给定入口体积流量 v=3L·min^{-1}，供模型进行网无关性试验。监测了模块表面的最高温度和最低温度两个变量。可以发现，随着网格数量的增加，温度变化趋势缓慢，当网格数量从784981增加到300万时，电池模块的最高温度和最低温度变化趋势均小于0.02℃。由于计算资源的限制，具有784981个单元的网格系统更适合进行数值模拟。

（5）结果分析

为了探究液冷板内的热管对电池模块冷却性能的影响，本案例在相邻电池之间夹层布置热管，垂直插入液冷板的蛇形通道。设计了两种方案，目的是评价有热管的液冷板与没有热管的

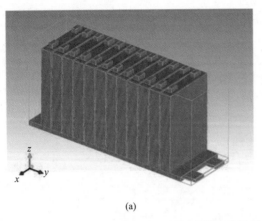

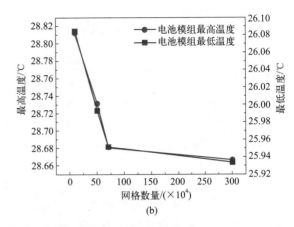

(a)   (b)

图9-31　液冷板耦合热管的电池模组数值网格分布及独立性测试

液冷板对电池模块的冷却性能。液冷板和热管的结构尺寸如图9-30所示，液冷板和热管的长度分别为30mm和10mm，液冷板的蛇形通道高度为6mm。在两种方案中，首先讨论了相同冷却液初始体积流量 $v=3L \cdot min^{-1}$ 时，不同放电倍率下电池模组表面的平均温度和温差。图9-32（a）显示了电池模组平均温度的变化，有热管的冷板散热性能优于没有热管的冷板，具有超越其他方案不具备散热能力的优势。如图9-32（b）所示，随着放电倍率增大，电池模组上的温度差增大。有热管的冷板比没有热管的冷板温差小。与不带热管的冷板相比，带热管的冷板在冷却性能上的优势随着放电倍率的升高而增大，如表9-7所示。

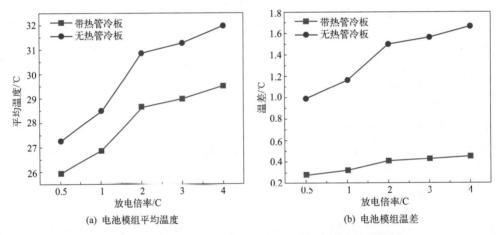

(a) 电池模组平均温度   (b) 电池模组温差

图9-32　 $v=3L \cdot min^{-1}$ 时不同放电倍率下两种方案的比较

表9-7　不同放电倍率下电池模组不同热管冷板布置方式冷却性能比较

放电倍率/C	与无热管的冷板对比结果	
	平均温度降低率/%	温差降低率/%
0.5	4.77	72.05
1	5.62	71.88
2	7.04	72.49
3	7.28	72.70

随后，比较了两种方案在不同体积流量下的冷却性能。电池模块施加一定的放电倍率（2 C）。从图9-33（a）、（b）中可以看出，从体积流量$v=1L\cdot min^{-1}$到$v=5L\cdot min^{-1}$，电池模组的平均温度和温差都经历了一个持续的向下波动。同时，在各体积流量下，带热管的冷板平均温度较低，电池模块温差较小。不同体积流量下电池模组带热管冷板与不带热管冷板的冷却性能如表9-8所示。

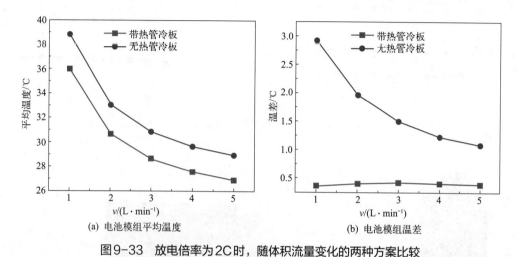

(a) 电池模组平均温度　　　　　　　　　(b) 电池模组温差

图9-33　放电倍率为2C时，随体积流量变化的两种方案比较

表9-8　不同体积流量下电池模组带热管冷板与不带热管冷板的冷却性能

体积流量/（L·min⁻¹）	与无热管的冷板对比结果	
	平均温度降低率/%	温差降低率/%
1	7.15	87.54
2	7.21	79.58
3	7.04	72.49
4	6.82	67.98
5	6.69	63.69

图9-34为有热管冷板和无热管冷板模拟电池模组12个电池单体的最高温度分布。同样的趋势是，随着电池模块放电倍率的增大，各电池单体的最高温度也随之升高。在相同的放电倍率和入口体积流量下，使用带热管的冷板的每个电池单体的最高温度均低于使用无热管的冷板。在图9-34（a）中，1号和12号电池单体的最高温度均高于其他电池单体，这是由于1号和12号电池单体只有一面与热管接触。同时，在不同的放电倍率下，其他电池的最高温度几乎没有变化，这表明采用热管冷板的电池模块具有良好的冷却性能。对比图9-34（a），从图9-34（b）可以看出，最大的最高温度并不出现在1号和12号电池单元，总的规律是电池模组内各电池单体的最高温度分布仍然从1号电池开始增加，在2～11号电池处较高，最后一个12号电池单体温度分布减小。将热管夹在相邻电池之间，插入液冷板的蛇形通道中，提高了冷却性能，直接改变了电池单体最高温度的分布趋势。带热管的冷板可以促进传热。

此外，在体积流量$v=3L\cdot min^{-1}$、电池模块放电倍率为2C时，两种冷板方案的换热特性被进一步研究。比较了两种方案中冷板的热阻。冷板沿流动方向的热阻情况如图9-35所示。

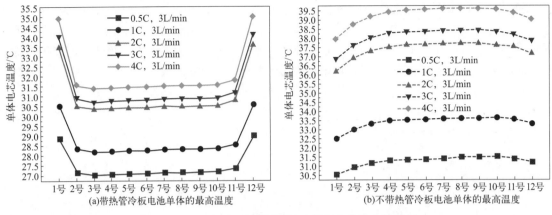

图9-34　v=3L·min^{-1}时随放电倍率变化的电池模组

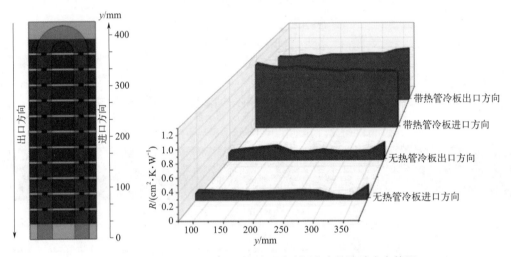

图9-35　v=3L·min^{-1}和2C时两种冷板方案的流动方向热阻

　　有热管冷板与无热管冷板的热阻沿流动方向波动较小，但总体趋势是有热管冷板的热阻大于无热管冷板。这主要是因为流体会撞击热管并产生涡流。涡度的旋转方向垂直于流动方向，这对带热管的冷板热阻影响至关重要，如图9-36所示。而带热管的冷板制冷性能最好，因为冷板内部的流体冲刷热管凝结段，可以加速热管工质的相变，同时释放更多的潜热到冷板内部的流体中。

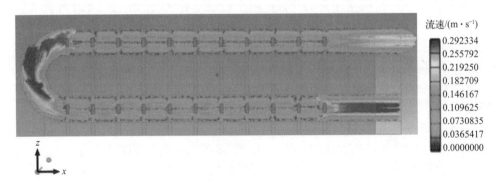

图9-36　带热管的冷板内的流速分布

9.7　电池热失控模拟与结构优化设计

9.7.1　电池热失控模拟

（1）机械挤压

本案例主要介绍由Bai等利用机械挤压开展的软包动力电池热失控实验。他们通过挤压加热状态下的SOC=100%的锂离子软包电池以触发热失控（thermal runaway, TR），以此获取电池热失控过程中电芯的温度、电压和形态变化等相关数据。此外，高速红外摄像机和高清摄影机被用于捕捉电池热失控的火焰演化过程。

机械挤压电池的热失控燃烧过程如图9-37所示。短时间内，电池热失控并产生烟雾，随后电池喷射出大量熔融金属液滴、可燃烟雾和内部高温固体，烟雾与空气混合被点燃。由于射流速度过快，可燃烟气发生高频闪燃，随着射流强度的降低，随后出现稳定的射流火焰。最后，射流火焰终止，逐渐熄灭。此外，为进一步探究不同压力对电池热失控的影响，本案例对SOC=100%的锂离子软包电池进行加热，挤压压力由1000N增至15000N，以引起热失控行为发生，并使用高速红外摄像机和高清摄影机监测热失控过程。本研究表明，在强挤压状态下，锂离子电池的高温触发温度显著降低，喷射强度显著增加，喷射火灾面积增大，高温危险性增加。

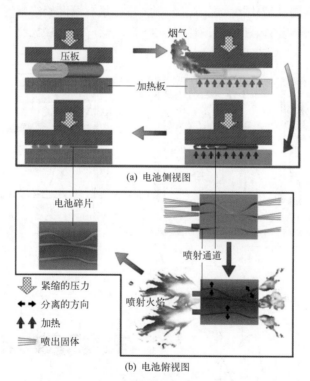

图9-37　机械挤压电池的热失控燃烧过程

（2）机械冲击

本案例是由Li等利用三维双向力学-电化学-热耦合模型，阐明在复杂机械滥用条件下锂离子电池从短路到热失控的变化过程。通过两种最常见的机械滥用条件——机械冲击和针刺，对所建立的模型开展热失控实验。随后，基于模型预测和数据验证，揭示电芯从内部短路到热失控的触发机制和详细的放热反应。以下对该案例中针刺诱发电池热失控的相关研究过程进行阐述。

该案例中，针刺穿透软包电池后，电芯的电压迅速下降同时伴随着剧烈的温升行为。上述行为进一步加速软包电芯的内短路。本案例所建立的三维热-电-力耦合模型可较为精准地预测电极的电流传输和电流密度，以及针刺前后Li⁺在电池内部的运输过程（图9-38）。本案例的主要研究结果如下：在电芯内短路过程中，电池内部的电荷运输行为发生了变化。与电芯正常运行状态不同的是，内短路条件下电子不通过外部电路，而是以高密度的电流从负极集流体快速流向正极集流体，并通过短路位置。如图9-38（a）所示，该模型对电芯内部短路过程进行预测。其中，用于针刺的钉子作为导体连接正负电极，电阻增大致使电芯热量堆积，从而导致钉子所在位置的温度迅速上升，并引发一系列热失控反应。由于电芯短路和热失控快速变化的特性，实验过程中很难明确地确定短路和热失控之间的过渡界限。因此，借助数值模拟技术，基于所建立的耦合模型，研究结果发现热失控起源于3s内接近128℃的剧烈温升效应，如图9-38（c）所示。在短时间内，电池的热失控过程中依次发生链式放热反应，包括SEI膜分解产热（Q_{SEI}）、阳极-电解质反应产热（Q_{An-ele}）、阴极-电解质反应产热（Q_{Ca-ele}）和电解质分解产热（Q_E）。图9-38（d）中展示了特定时刻下电池的三维温度场，用于说明电芯在针刺诱发的热失控过程中的温度分布和变化趋势。从一系列的电池温度场可观察得出，钉子穿透电池后热量由短路位置迅速向周围区域传播，在整个针刺阶段，最高温度始终出现在针刺位置（短路位置）。因此，原位监测针刺的内部温度，观察其内部动态行为对电池安全具有重要意义。

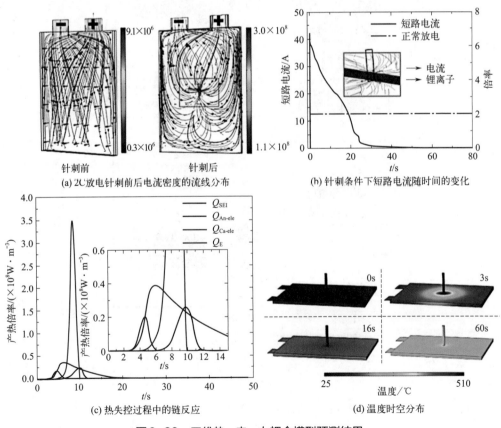

(a) 2C放电针刺前后电流密度的流线分布

(b) 针刺条件下短路电流随时间的变化

(c) 热失控过程中的链反应

(d) 温度时空分布

图9-38　三维热-电-力耦合模型预测结果

9.7.2 结构优化设计

（1）轻量化设计

本次案例是由Lai等在以锂电池模组的最高温度和温差为优化目标的前提下，提出的一种结构紧凑的轻量化液冷电池热管理系统，主要研究冷却水的质量流量（m_f）、TCS内径（d）、接触面高度（h）和接触面角度（α）对TCS性能的影响（图9-39）。研究结果表明，冷却水的质量流量和TCS的结构参数对热管理系统的冷却性能及重量有显著影响。由于篇幅限制，本节仅展示接触面高度（h）对TCS性能的影响。

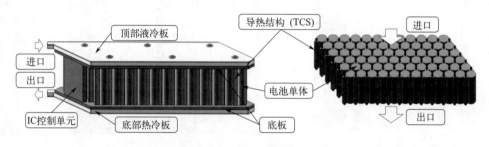

(a) 电池模组概述和电池单体与TCS的连接点

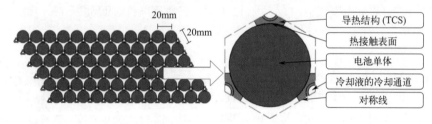

(b) 电池单体与TCS的俯视图

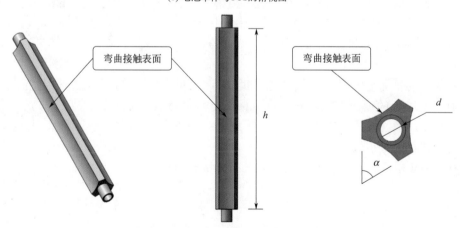

(c) TCS的轴测图、正视图、俯视图和关键参数

图9-39 液冷电池管理模块的结构方案

本案例中，m_f、d、α分别设定为1×10^{-4}kg·s^{-1}，2mm和80°，研究h对热管理系统冷却性能的影响。由于TCS入口处的电池单体温度低于出口处的电池单体温度，TCS的接触面高度从入口部分开始降低，其原理图如图9-40所示。结果表明，最大温升T_{max}随着h的减小而缓慢增加。温差ΔT随h的减小先减小后增大，最后在h=55mm时达到最小值。当h=55mm时，TCS的

冷却性能最佳。图9-41展示了不同h值下电池的温度分布。从图中可以看出，降低TCS入口处的接触面高度可以提高入口处附近的电池温度，从而减小电池的温差。但当h降低过多时，由于电池单体热导率较小，电池单体中未接触TCS的部分难以被TCS冷却，T_{max}明显增大。这可以从图9-41的温度等高线中看出。当h=65mm或h=55mm时，T_{max}存在于电池底部中心。当h=53mm时，T_{max}超过313K，位于电池顶部中心。此外，TCS的质量（m_{TCS}）随h线性降低，因此选择适当的h值可在有效降低m_{TCS}的同时保持TCS的冷却性能。

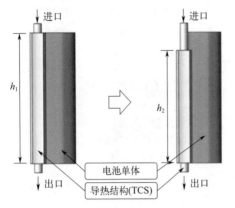

图9-40　TCS不同接触面高度示意图

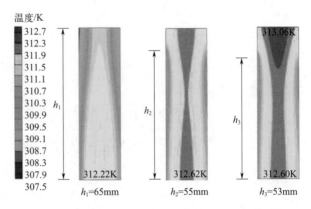

图9-41　三种TCS接触面高度（h）下电池的温度分布

（2）拓扑优化设计

本案例是由Mo等为解决液冷板的换热效率和压降之间的平衡关系，利用拓扑优化方法设计的一种新型液冷板（图9-42）。为了开展进一步的性能分析，首先对优化后的液冷板建立数值模型，随后利用实验数据进行对比验证。最后，将优化后液冷板的流速、压力和温度与传统的直式液冷板进行对比分析。

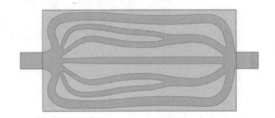

图9-42　液冷板三维拓扑结构前视图

拓扑优化的目标是使传热效率最大化和流动阻力最小化。该优化过程利用相关函数来进行定义。对于液冷板的换热性能，其优化目标确定为液冷板表面平均温度的最小值。一般情况下，功耗越小，液冷板内部的压降越小。因此，对于液冷板内部的流动阻力，其优化目标确定为系统功率损耗的最小值。

两种液冷板的三维视图和横截剖面图见图9-43和图9-44。

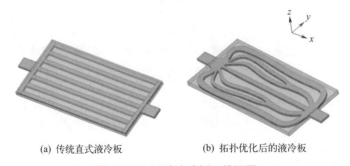

(a) 传统直式液冷板　　(b) 拓扑优化后的液冷板

图9-43　两种液冷板三维视图

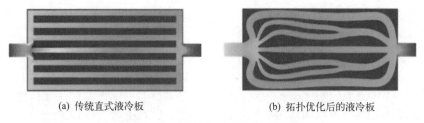

(a) 传统直式液冷板　　　　　　　　(b) 拓扑优化后的液冷板

图9-44　两种液冷板的横截剖面图

基于上述研究内容，将经过拓扑优化后的流道还原成三维模型，随后利用模拟仿真进行性能对比。图9-45为传统直式液冷板和优化液冷板在中心xy剖面内的速度分布。在模拟中，入口流速为$0.1\mathrm{m \cdot s^{-1}}$，对应流量为$2\times10^{-6}\mathrm{m^3 \cdot s^{-1}}$，其最大流速可达$0.21\mathrm{m \cdot s^{-1}}$。结果表明：传统液冷板中间通道的流动速度高于两侧通道的流动速度，而优化后液冷板内的速度分布由于压降分布的改善而更加均匀。

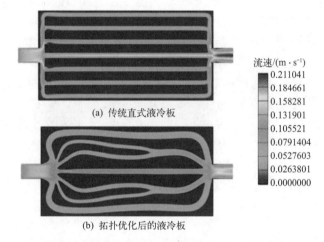

流速/$(\mathrm{m \cdot s^{-1}})$

0.211041
0.184661
0.158281
0.131901
0.105521
0.0791404
0.0527603
0.0263801
0.0000000

(a) 传统直式液冷板

(b) 拓扑优化后的液冷板

图9-45　传统直式液冷板和优化液冷板在中心xy剖面内的速度分布

图9-46为传统直式液冷板和优化后液冷板在中心xy剖面内的压力分布。结果表明，传统直式液冷板和拓扑优化后液冷板的最大压力分别为68.5Pa和48.5Pa。传统直式液冷板和优化后

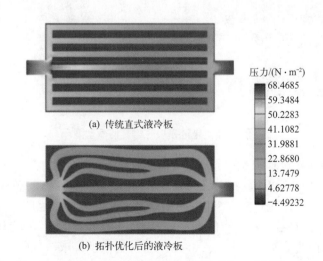

压力/$(\mathrm{N \cdot m^{-2}})$

68.4685
59.3484
50.2283
41.1082
31.9981
22.8680
13.7479
4.62778
-4.49232

(a) 传统直式液冷板

(b) 拓扑优化后的液冷板

图9-46　传统直式液冷板和优化后液冷板在中心xy剖面内的压力分布

的液冷板进出口压差分别为66.6Pa和47.9Pa，优化后的液冷板压差比传统直式液冷板降低了28%，这主要得益于出入口段拐角处的压降优化。

（3）多目标优化设计

在电池热管理和热失控阻隔的相关研究中，一个完整的电池模型优化往往受到诸多因素的影响。这些关键的影响因素共同作用于电池模组，进一步对电池热管理系统及热失控阻隔系统的性能优化发挥着协同作用。目前，利用高效可靠的数据分析和代理模型对电池模组进行全面的多目标优化已成为电池模组优化设计的有效方法，有利于节省计算资源和降低研发成本，对电池模组的散热和热失控阻隔性能的提升有着重要意义。本小节将以"问题描述—电池模组展示—数据分析—模型建立—多目标优化"的技术路线对多目标优化方法在电池模拟中的相关应用做进一步介绍。

案例一主要介绍了由Zhang等所设计的基于PCM、液体冷却和热管相结合的混合电池热管理系统。该案例以精确可靠的数值传热模型为基础，利用DIRECT策略进行实验设计获取样本数据，随后采用高维近似模型（high-dimensional model representation, HDMR）方法构建混合热管理系统的代理模型，并对混合热管理系统的影响因素开展敏感性分析和多目标优化设计，进一步提升电池热管理系统的优化效率和性能指标。研究结果表明，PCM的热导率、PCM的厚度、热管长度和水流速度对电池模块的散热和均温性能均有显著影响。

如图9-47所示，该电池热管理系统由方形电芯、PCM板、铝板、超薄热管和水冷通道组成。PCM与电芯两两组装成简易的"三明治"结构，电池两侧各覆盖一层3mm厚的PCM板，用于吸收电池充放电过程中产生的热量，并在电池发生热失控时起到热阻隔作用。每两个"PCM板-电芯"的夹层结构之间外加一块铝板，铝板底部与冷却水通道连接。此外，与传统的内置型液冷通道相比，该系统所设计的液冷通道布置在电池组外部，在降低热管理系统复杂性的同时提高了可行性。

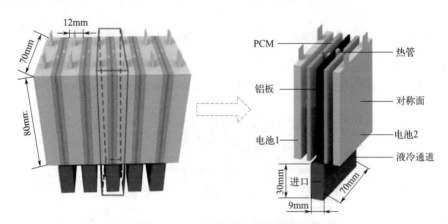

图9-47　电池模块三维几何模型图

该混合BTMS的优化设计流程由三部分组成：第一部分为混合BTMS的模型设计及CFD数值分析；第二部分为代理模型的建立；第三部分则是最优BTMS的多目标优化。首先采用DIRECT采样策略选取一系列样本点，随后利用CFD模拟获取样本点的数值计算结果（包括最高温度和温差）。其次，将各个样本点的数值结果输入Kriging模型，构造基本的函数模型，得到一阶拟合曲线和二阶拟合曲面之后与Cut-HDMR解耦模型集成，从而完成代理模型的构建。最后，采用全局敏感性分析方法（表9-9）确定混合BTMS的主要影响因素。通过建立的代理模型计算主要影响因素的参数组合，并将计算结果植入多目标粒子群优化（multi-objective particle swarm optimization, MOPSO）算法进行优化，得到最佳参数组合。

表9-9　混合BTMS中不同影响参数的敏感性分析

参数	符号	单位	下限	上限	原始数值
相变材料热导率	X_1	$W \cdot m^{-1} \cdot K^{-1}$	0.2	2	0.2
相变材料厚度	X_2	mm	2	4	3
相变材料熔点	X_3	℃	30	50	35
铝板厚度	X_4	mm	1	2	1.5
铝板末端宽度	X_5	mm	30	50	40
铝板末端长度	X_6	mm	20	40	30
热管长度	X_7	mm	80	100	90
热管中心距离	X_8	mm	0	20	10
冷却水流速	X_9	$m \cdot s^{-1}$	0.01	0.1	0.02

为了提高系统性能，满足电池散热和抑制热失控传播的要求，以电池的最高温度和最大温差为优化目标，得到目标优化函数及约束条件如式（9-136）所示。而基于MOPSO算法的优化结果则如图9-48所示，该结果表明电池最高温度与电池温差呈负相关，后续的研究工作将围绕电池模组散热性能与热失控阻隔性能的平衡优化做进一步探究。由于篇幅所限，本章节不再展开介绍。

$$\begin{cases} F_{min}(X_i) = |T_{max}(X_i), \Delta T_{max}(X_i)| \\ X_i = (X_1, X_2, X_7, X_9) \\ 2\text{mm} \leqslant X_2 \leqslant 4\text{mm} \\ 80\text{mm} \leqslant X_7 \leqslant 100\text{mm} \\ 0.01\text{m/s} \leqslant X_9 \leqslant 0.1\text{m/s} \end{cases} \tag{9-136}$$

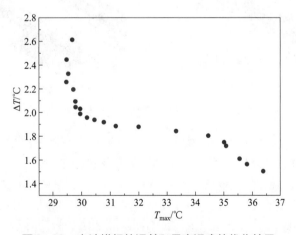

图9-48　电池模组的温差和最高温度的优化结果

案例二是由Li等以电池模组的侧板结构为研究对象，利用正交实验结合多目标优化算法的技术路线，研究侧板厚度、高度，对流传热系数以及保温板厚度对热失控传播行为的影响，对侧板进行轻量化设计并实现延缓热失控蔓延速度的优化目标。研究结果表明，经多目标优化后具有安全性的轻量化侧板可以使电芯之间的平均热失控传播时间间隔有效延长46.0%，侧板结构质量减小59.6%，可为电池模块的热安全设计提供有价值的指导。

如图9-49所示为电池模组的热失控传播（thermal runaway propagation, TRP）模型，电池模块主要由单体电芯、端板和侧板组成。其中，端板和侧板结构为电池模组提供刚性支撑，限制电池过度体积膨胀。作为电池模组中最重要的结构部件之一，侧板结构以及自身具有的高导热特性对电池模组的热量传递具有重要的影响，该案例从弱化传热的技术方向入手从而实现减轻电池热失控传播所带来的热灾害。

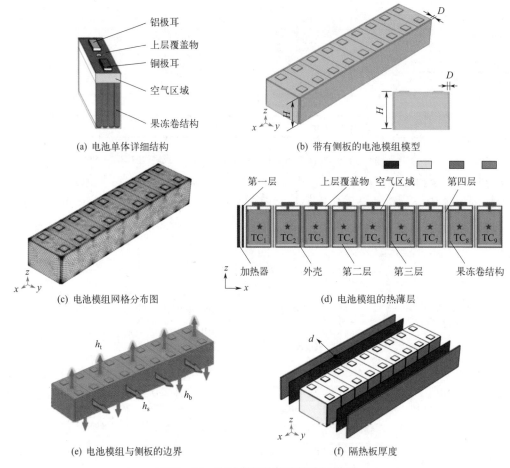

(a) 电池单体详细结构

(b) 带有侧板的电池模组模型

(c) 电池模组网格分布图

(d) 电池模组的热薄层

(e) 电池模组与侧板的边界

(f) 隔热板厚度

图9-49 电池模组的热失控传播模型

该TRP模型的优化设计流程如图9-50所示，具体过程由三部分组成：第一部分为TRP模型的正交实验设计及CFD数值分析；第二部分为代理模型的建立；第三部分则是最优TRP模型的多目标优化。首先，以侧板厚度（D）、高度（H），对流传热系数（h_{side}）以及保温板厚度（d）为主要影响因素，采用正交实验设计选取一系列样本点，随后利用CFD模拟获取样本点的数值计算结果（包括电池模块的平均热失控传播时间间隔和初始热失控时间）。其次，将各个样本点的数值结果输入近似模型［式（9-137）、式（9-138）］，得到关于优化目标和影响因素之间的函数关系，从而完成代理模型的构建［式（9-139）］。最后，通过建立的代理模型计算主要影响因素的参数组合，并将计算结果植入非支配排序遗传算法Ⅱ（non-dominated sorting genetic algorithm Ⅱ, NSGA-Ⅱ）进行优化，得到最佳参数组合，并对优化后的TRP模型进行分析。

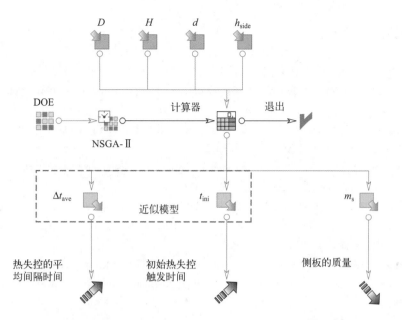

DOE=实验设计
NSGA-Ⅱ=非支配排序遗传算法-Ⅱ
Δt_{ave}=热失控平均传播间隔时间
t_{ini}=初始热失控触发时间
m_{s}=侧板质量

图9-50　热失控传播模型研究的优化设计流程图

$$
\begin{aligned}
\Delta t_{\text{ave}} = {} & 147.1613 + 6.322238H + 0.58404D - 7.0322d + 0.31594h_{\text{side}} \\
& - 3.35899H^2 - 0.00124d^2 + 0.009604h_{\text{side}}^2 \\
& - 0.26395HD + 48.52063Hd
\end{aligned} \tag{9-137}
$$

$$
\begin{aligned}
t_{\text{ini}} = {} & 74.3055 + 5.753225H + 0.041635D + 21.94588d + 0.205396h_{\text{side}} \\
& - 0.24921H^2 + 0.000183D^2 + 26.36375d^2 \\
& + 0.000117h_{\text{side}}^2 + 0.03165HD - 20.2685Hd \\
& - 0.02958Hh_{\text{side}} - 0.22543Dd - 0.00043Dh_{\text{side}} \\
& - 0.18452dh_{\text{side}}
\end{aligned} \tag{9-138}
$$

$$
\begin{cases}
findZ = [H,D,d,h_{\text{side}}] \\
D \in [0.5,2.0], H \in [25.75,103] \\
d \in [0.1,0.4], h_{\text{side}} \in [5,35] \\
m_{\text{s}} = (D \times H \times 79 \times 9 \times 2700)/100000 \\
\Delta t_{\text{ave,max}} \\
t_{\text{ini,max}} \\
m_{\text{s,max}}
\end{cases} \tag{9-139}
$$

　　电池模块多目标优化数学模型如式（9-139）所示，结果表明，侧板高度对TRP平均时间间隔影响最大，其次是侧板对流传热系数和保温片厚度。侧板厚度对TRP平均时间间隔的影响最小。此外，侧板高度对电池模块初始TR触发时间影响最大，其次是侧板厚度和保温片厚度。此外，侧板对流传热系数对初始TR触发时间的影响最小。后续的实验验证内容及具体分析不在本章节展开详细介绍。

参考文献

[1] 饶中浩. 锂离子动力电池强化传热关键技术研究 [D]. 广州：广东工业大学，2010.

[2] Pesaran A A. Battery thermal models for hybrid vehicle simulations [J]. Journal of power sources, 2002, 110(2): 377-382.

[3] Yang W, Wang Y, Guo F, et al. Optimization study of air-cooled stagger-arranged battery pack with reverse-layered airflow [J]. Journal of Energy Storage, 2022, 55: 105524.

[4] Sahin R C, Gocmen S, Cetkin E. Thermal management system for air-cooled battery packs with flow-disturbing structures [J]. Journal of Power Sources, 2022, 551: 232214.

[5] 王雨，唐豪，龚振. 扰流板对电池热管理系统冷却性能的影响研究 [J]. 电源技术，2022, 46(12): 1393-1397.

[6] Zhuang W, Liu Z, Su H, et al. An intelligent thermal management system for optimized lithium-ion battery pack [J]. Applied Thermal Engineering, 2021, 189: 116767.

[7] Chen K, Song M, Wei W, et al. Design of the structure of battery pack in parallel air-cooled battery thermal management system for cooling efficiency improvement [J]. International Journal of Heat and Mass Transfer, 2019, 132: 309-321.

[8] Park H. A design of air flow configuration for cooling lithium ion battery in hybrid electric vehicles [J]. Journal of power sources, 2013, 239: 30-36.

[9] Chen K, Chen Y, She Y, et al. Construction of effective symmetrical air-cooled system for battery thermal management [J]. Applied Thermal Engineering, 2020, 166: 114679.

[10] Chen K, Wu W, Yuan F, et al. Cooling efficiency improvement of air-cooled battery thermal management system through designing the flow pattern [J]. Energy, 2019, 167: 781-790.

[11] Zhang F, Yi M, Wang P, et al. Optimization design for improving thermal performance of T-type air-cooled lithium-ion battery pack [J]. Journal of Energy Storage, 2021, 44: 103464.

[12] Wu M S. Multi-objective optimization of U-type air-cooled thermal management system for enhanced cooling behavior of lithium-ion battery pack [J]. Journal of Energy Storage, 2022, 56: 106004.

[13] Lan X, Li X, Ji S, et al. Design and optimization of a novel reverse layered air-cooling battery management system using U and Z type flow patterns [J]. International Journal of Energy Research, 2022, 46(10): 14206-14226.

[14] Liu Y, Zhang J. Design a J-type air-based battery thermal management system through surrogate-based optimization [J]. Applied Energy, 2019, 252: 113426.

[15] Hirano H, Tajima T, Hasegawa T, et al. Boiling liquid battery cooling for electric vehicle[C]. 2014 IEEE Transportation Electrification Conference and Expo. Asia-Pacific, 2014.

[16] Dai X, Wang Y, Wu Y, et al. Reliability design of direct liquid cooled power semiconductor module for hybrid and electric vehicles [J]. Microelectronics Reliability, 2016, 64: 474-478.

[17] Wu W, Yang X, Zhang G, et al. Experimental investigation on the thermal performance of heat pipe-assisted phase change material based battery thermal management system [J]. Energy Conversion and Management, 2017, 138: 486-492.

[18] Ma R, Ren Y, Wu Z, et al. Optimization of an air-cooled battery module with novel cooling channels based on silica cooling plates [J]. Applied Thermal Engineering, 2022, 213: 118650.

[19] Xu Y, Li X, Liu X, et al. Experiment investigation on a novel composite silica gel plate coupled with liquid-cooling system for square battery thermal management [J]. Applied Thermal Engineering, 2021, 184: 116217.

[20] Said A O, Lee C, Stoliarov S I, et al. Comprehensive analysis of dynamics and hazards associated with cascading failure in 18650 lithium ion cell arrays [J]. Applied Energy, 2019, 248: 415-428.

[21] Wu W, Wu W, Wang S. Thermal management optimization of a prismatic battery with shape-stabilized phase

change material [J]. International Journal of Heat and Mass Transfer, 2018, 121: 967-977.

[22] Feng X, Zheng S, Ren D, et al. Investigating the thermal runaway mechanisms of lithium-ion batteries based on thermal analysis database [J]. Applied Energy, 2019, 246: 53-64.

[23] Lv Y, Yang X, Li X, et al. Experimental study on a novel battery thermal management technology based on low density polyethylene-enhanced composite phase change materials coupled with low fins [J]. Applied Energy, 2016, 178: 376-382.

[24] Wu W, Wu W, Wang S. Form-stable and thermally induced flexible composite phase change material for thermal energy storage and thermal management applications [J]. Applied Energy, 2019, 236: 10-21.

[25] Huang Z, Li X, Wang Q, et al. Experimental investigation on thermal runaway propagation of large format lithium ion battery modules with two cathodes [J]. International Journal of Heat and Mass Transfer, 2021, 172: 121077.

[26] Huang Q, Li X, Zhang G, et al. Flexible composite phase change material with anti-leakage and anti-vibration properties for battery thermal management [J]. Applied Energy, 2022, 309: 118434.

[27] Wu W, Ye G, Zhang G, et al. Composite phase change material with room-temperature-flexibility for battery thermal management [J]. Chemical Engineering Journal, 2022, 428(3): 131116.

[28] Hosseinzadeh E, Genieser R, Worwood D, et al. A systematic approach for electrochemical-thermal modelling of a large format lithium-ion battery for electric vehicle application [J]. Journal of Power Sources, 2018, 382: 77-94.

[29] Darcovich K, Macneil D D, Recoskie S, et al. Coupled electrochemical and thermal battery models for thermal management of prismatic automotive cells [J]. Appl Therm Eng, 2018, 133: 566-575.

[30] Han X, Ouyang M, Lu L, et al. Simplification of physics-based electrochemical model for lithium ion battery on electric vehicle. Part Ⅰ: Diffusion simplification and single particle model [J]. Journal of Power Sources, 2015, 278: 802-813.

[31] Merla Y, Wu B, Yufit V, et al. An easy-to-parameterise physics-informed battery model and its application towards lithium-ion battery cell design, diagnosis, and degradation [J]. Journal of Power Sources, 2018, 384: 66-79.

[32] Jaguemont J, Boulon L, Dubé Y. A comprehensive review of lithium-ion batteries used in hybrid and electric vehicles at cold temperatures [J]. Applied Energy, 2016, 164: 99-114.

[33] Zhang G, Cao L, Ge S, et al. In situ measurement of radial temperature distributions in cylindrical Li-ion cells [J]. Journal of the Electrochemical Society, 2014, 161(10): A1499-A1507.

[34] Feng X, He X, Ouyang M, et al. Thermal runaway propagation model for designing a safer battery pack with 25 Ah $LiNi Co Mn O_2$ large format lithium ion battery [J]. Applied Energy, 2015, 154: 74-91.

[35] Liu H, Wei Z, He W, et al. Thermal issues about Li-ion batteries and recent progress in battery thermal management systems: A review [J]. Energy Conversion and Management, 2017, 150: 304-330.

[36] Dong T, Peng P, Jiang F. Numerical modeling and analysis of the thermal behavior of NCM lithium-ion batteries subjected to very high C-rate discharge/charge operations [J]. International Journal of Heat and Mass Transfer, 2018, 117: 261-272.

[37] Ping P, Wang Q, Chung Y, et al. Modelling electro-thermal response of lithium-ion batteries from normal to abuse conditions [J]. Applied Energy, 2017, 205: 1327-1344.

[38] Zhao C, Cao W, Dong T, et al. Thermal behavior study of discharging/charging cylindrical lithium-ion battery module cooled by channeled liquid flow [J]. International Journal of Heat and Mass Transfer, 2018, 120: 751-762.

[39] Farag M, Sweity H, Fleckenstein M, et al. Combined electrochemical, heat generation, and thermal model for large prismatic lithium-ion batteries in real-time applications [J]. Journal of Power Sources, 2017, 360: 618-633.

[40] Xiao M, Choe S Y. Theoretical and experimental analysis of heat generations of a pouch type $LiMn_2O_4$/carbon high power Li-polymer battery [J]. Journal of Power Sources, 2013, 241: 46-55.

[41] Malik M, Mathew M, Dincer I, et al. Experimental investigation and thermal modelling of a series connected $LiFePO_4$ battery pack [J]. International Journal of Thermal Sciences, 2018, 132: 466-477.

[42] Giel H, Henriques D, Bourne G, et al. Investigation of the heat generation of a commercial 2032 (LiCoO$_2$) coin cell with a novel differential scanning battery calorimeter [J]. Journal of Power Sources, 2018, 390: 116-126.

[43] Feng X, Ouyang M, Liu X, et al. Thermal runaway mechanism of lithium ion battery for electric vehicles: A review [J]. Energy Storage Materials, 2018, 10: 246-267.

[44] Lyu P, Huo Y, Qu Z, et al. Investigation on the thermal behavior of Ni-rich NMC lithium ion battery for energy storage [J]. Applied Thermal Engineering, 2020, 166: 114749.

[45] Lyu P, Liu X, Qu J, et al. Recent advances of thermal safety of lithium ion battery for energy storage [J]. Energy Storage Materials, 2020, 31: 195-220.

[46] Launder B E, Spalding D B. Lectures in mathematical model of turbulence [J]. Academic Press, 1972.

[47] Yakhot V, Orszag S A. Renormalization group analysis of turbulence. Ⅰ. Basic theory [J]. Journal of Scientific Computing, 1986, 1(1): 3-51.

[48] Wilcox D C. Turbulence modeling for CFD [J]. DCW Industries, 2006.

[49] Bernardi D, Pawlikowski E, Newman J. A general energy balance for battery systems [J]. Journal of the Electrochemical Society, 1985, 132(1): 5.

[50] Macneil D D, Dahn J R. Test of reaction kinetics using both differential scanning and accelerating rate calorimetries as applied to the reaction of Li$_x$CoO$_2$ in non-aqueous electrolyte [J]. The Journal of Physical Chemistry A, 2001, 105(18): 4430-4439.

[51] Kim G H, Pesaran A, Spotnitz R. Three-dimensional thermal abuse model for lithium-ion cells [J]. Journal of Power Sources, 2007, 170(2): 476-489.

[52] He H, Xiong R, Fan J. Evaluation of lithium-ion battery equivalent circuit models for state of charge estimation by an experimental approach [J]. Energies, 2011, 4(4): 582-598.

[53] Rael S, Urbain M, Renaudineau H. A mathematical lithium-ion battery model implemented in an electrical engineering simulation software[C]. Proceedings of the IEEE International Symposium on Industrial Electronics, 2014.

[54] Jin F, Yong L H, Guo F W. Comparison study of equivalent circuit model of Li-ion battery for electrical vehicles [J]. Research Journal of Applied Sciences, Engineering and Technology, 2013, 6(20): 3756-3759.

[55] Lai X, Zheng Y, Sun T. A comparative study of different equivalent circuit models for estimating state-of-charge of lithium-ion batteries [J]. Electrochimica Acta, 2018, 259: 566-577.

[56] Yang X G, Leng Y, Zhang G, et al. Modeling of lithium plating induced aging of lithium-ion batteries: Transition from linear to nonlinear aging [J]. Journal of Power Sources, 2017, 360: 28-40.

[57] Kwon K H, Shin C B, Kang T H, et al. A two-dimensional modeling of a lithium-polymer battery [J]. Journal of Power Sources, 2006, 163(1): 151-157.

[58] Seong K U, Yi J, Shin C B, et al. Modeling the dependence of the discharge behavior of a lithium-ion battery on the environmental temperature [J]. Journal of The Electrochemical Society, 2011, 158(5):143-148.

[59] Kim U S, Shin C B, Kim C S. Effect of electrode configuration on the thermal behavior of a lithium-polymer battery [J]. Journal of Power Sources, 2008, 180(2): 909-916.

[60] Doyle M, Fuller T F, Newman J. Erratum: modeling of galvanostatic charge and discharge of the lithium/polymer/ insertion cell [J]. Journal of The Electrochemical Society, 2018, 165(11): X13.

[61] Chen K, Chen Y M, She Y Q, et al. Construction of effective symmetrical air-cooled system for battery thermal management[J]. Applied Thermal Engineering, 2020,166: 114679.

[62] Ding Y, Ji H, Wei M, et al. Effect of liquid cooling system structure on lithium-ion battery pack temperature fields [J]. International Journal of Heat and Mass Transfer, 2022, 183: 122178.

[63] Zhang W, Liang Z, Yin X, et al. Avoiding thermal runaway propagation of lithium-ion battery modules by using hybrid phase change material and liquid cooling [J]. Applied Thermal Engineering, 2021, 184: 116380.

[64] Liu F, Wang J, Liu Y, et al. Performance analysis of phase change material in battery thermal management with biomimetic honeycomb fin [J]. Applied Thermal Engineering, 2021, 196: 117296.

[65] Li Y, Guo H, Qi F, et al. Investigation on liquid cold plate thermal management system with heat pipes for LiFePO$_4$ battery pack in electric vehicles [J]. Applied Thermal Engineering, 2021, 185(1): 1-11.

[66] Bai J, Wang Z, Gao T, et al. Effect of mechanical extrusion force on thermal runaway of lithium-ion batteries caused by flat heating [J]. Journal of Power Sources, 2021, 507: 230305.

[67] Li H, Zhou D, Zhang M, et al. Multi-field interpretation of internal short circuit and thermal runaway behavior for lithium-ion batteries under mechanical abuse [J]. Energy, 2023, 263.

[68] Lai Y, Wu W, Chen K, et al. A compact and lightweight liquid-cooled thermal management solution for cylindrical lithium-ion power battery pack [J]. International Journal of Heat and Mass Transfer, 2019, 144: 118581.

[69] Mo X, Zhi H, Xiao Y, et al. Topology optimization of cooling plates for battery thermal management [J]. International Journal of Heat and Mass Transfer, 2021, 178: 121612.

[70] Zhang W, Liang Z, Wu W, et al. Design and optimization of a hybrid battery thermal management system for electric vehicle based on surrogate model [J]. International Journal of Heat and Mass Transfer, 2021, 174: 121318.

[71] Li K, Wang H, Xu C, et al. Multi-objective optimization of side plates in a large format battery module to mitigate thermal runaway propagation [J]. International Journal of Heat and Mass Transfer, 2022, 186: 122395.

第10章

热管理及隔热防护材料

10.1 整车电池包热管理材料

10.1.1 导热材料

热导率高的材料能够高效传递热量，实现电池模组控温的快速响应，节省动力电池因加热或散热而耗费的能源，间接提高动力电池的续驶里程。导热材料的热导率远高于空气，将其应用于电池系统中各部件的接触界面之间，可提高车辆电池包的散热或加热效率。在热管理系统中被广泛使用的导热材料主要包括四种类型，即金属基导热材料、无机非金属材料、碳材料和导热复合材料，如表10-1所示。

表10-1　常见导热材料及其热导率

分类	材料名称	热导率/($W \cdot m^{-1} \cdot K^{-1}$)
金属基导热材料	银（Ag）	436
	铜（Cu）	402
	金（Au）	317
	铝（Al）	247
无机非金属材料	氮化硼（BN）	185～300
	氮化铝（AlN）	100～300
	氮化硅（Si_3N_4）	103～200
	碳化硅（SiC）	270
碳材料	石墨	7～2000
	石墨烯	2000～6000
	碳纳米管（CNTs）	1000～4000
	金刚石	2000

续表

分类	材料名称	热导率/（W·m⁻¹·K⁻¹）
导热复合材料	聚酰亚胺（PI）/玻璃纤维（GF）/氮化铝（AIN）	11.19
	环氧树脂（EP）/银（Ag）	429
	聚烯烃弹性体（POE）/天然石墨（NG）	13.27
	氮化硼（BN）/聚乙烯（PE）	106

① 金属基导热材料　具有高强度、高耐磨性、易加工、可规模化制造等特点，因而广泛应用于热管理系统中。其中，铝因具有高热导率、来源广泛、可加工性好、致密化等特点，是热管理系统中应用最为广泛的。然而，金属导热材料的高导电性、较大的密度和高成本依旧是限制其应用的主要原因。

② 无机非金属材料　陶瓷材料同时具备较高的热导率和电绝缘性，且硬度高，耐高压，耐高温。其中，以氮化铝（AIN）为代表，其良好的热导率具备取代金属的潜力，且不用担心导电问题。但是，陶瓷材料的可加工性差，较难实现批量生产，且成本较高，极大地制约了其大规模应用，所以当前的研究重点是对其制备条件和烧结工艺进行改进。

③ 碳材料　sp^2 杂化的石墨化碳材料因其特殊的六元环结构而表现出良好的热传导特性，如碳纳米管、石墨烯、天然鳞片石墨等。石墨化碳材料在晶面上的热导率均超过1000W·m⁻¹·K⁻¹，比金属材料高出近一个量级。其中应用最为广泛的石墨，其沿层平面的热导率甚至高达2000W·m⁻¹·K⁻¹，远高于金属的热导率。而其在层平面上的热导率则低至7W·m⁻¹·K⁻¹。这种各向异性的导热性能及较低的成本优势，为石墨作为导热材料或填料提供了较高可能性。

④ 导热复合材料　因当前市场上对导热材料的多方位要求不仅限于高导热性，因此需在一种材料中掺杂其他材料以赋予其特定功能。例如，通过掺杂高导热氮化硼（BN），使得自身具有优异耐热性能和力学性能的聚酰亚胺的热导率可显著提高至14.7W·m⁻¹·K⁻¹，远超其本征热导率。

用于整车电池包的导热材料要求除了要具有良好的导热性、绝缘性外，还需要稳定的力学性能和耐腐蚀等特性。因金属材料具有热膨胀性以及导电性，并不适用于电池包内部复杂且狭小精密的工作环境，因此在许多电池模组中，均选用了稳定性高的硅胶作为导热材料。目前，市场上导热硅胶的热导率最高可达7.9W·m⁻¹·K⁻¹。

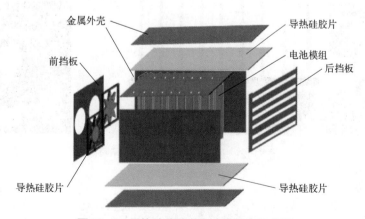

图10-1　导热硅胶片在电池模组中的应用

表10-2罗列了一些导热材料的性能参数。导热硅胶是一种以有机硅凝胶为主，添加填充材料、导热材料等组分而形成的复合材料，它具有良好的导热性、电绝缘性，还具有很强的抗撕裂性。在汽车运行过程中，柔性硅胶板可以对电池模组起到减震的作用，此外，电芯的热量会通过导热硅胶片传递到外壳上，外壳大多是金属材质的冷却配件，能够高效降低电芯的温度。而且，导热硅胶还具有极强的抗撕裂性，在汽车上下颠簸时能够有效防止电池模组与箱体之间的摩擦，其导热能力持续效果可达二十年，基本可以实现汽车的全生命周期服役。图10-1中所示的是一种专为电池模组热管理系统中的缝隙热传导而制造的导热硅胶片。通过填充缝隙，在受热部位之间建立起一条传热通道，从而提高了热传导效率。其厚度的范围可控，可以满足设备小型化和超薄化的设计需求，具有很强的实用性和广泛的适应性。尽管导热硅胶的导热性能比不上金属或者一部分碳基材料，但突出的绝缘性、稳定性以及低成本等特点，使其成为市场上主流的电池模组箱体导热材料。

表10-2 典型导热材料及特性

种类	热导率/（W·m⁻¹·K⁻¹）	黏合厚度/μm	热界面电阻值/（×10⁻⁶m²·K·W⁻¹）	可重复使用	可替换性
导热硅脂	$0.4 \sim 4$	$20 \sim 150$	$10 \sim 200$	否	较好
导热垫	$0.8 \sim 3$	$200 \sim 1000$	$100 \sim 300$	是	优
相变材料	$0.7 \sim 1.5$	$20 \sim 150$	$30 \sim 70$	否	较好
导热凝胶	$2 \sim 5$	$75 \sim 250$	$40 \sim 80$	否	较好
导热胶	$1 \sim 2$	$50 \sim 200$	$15 \sim 100$	否	差
焊料	$20 \sim 80$	$25 \sim 200$	< 5	否	差

此外，电池系统中的功能组件通常具有一定的硬度，因此不能与同样刚性的电池模组表面良好贴合，故需要一种高导热的材料进行填充，称为热界面材料（thermal interface material, TIM），其模型及工作原理示意图如图10-2所示。除具备优异的热导率之外，热界面材料还必须具备绝缘性、良好的弹塑性、适宜的流动性和黏性、低渗油性、低热膨胀系数、良好的冷热循环稳定性。采用高导热的界面材料，通过界面材料的设计，将空隙中的空气排出，在电池组和热源之间构建高效的导热通道，能大幅减小接触热阻，提高换热效率，确保电池组在合适的工作温度区间，从而提高电池组的工作寿命。

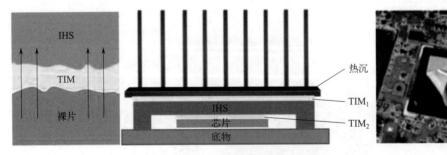

图10-2 TIM模型及工作原理示意图

IHS—散热集成器

市面上大多数热界面材料都为复合材料，其根据性能要求组合各种添加剂进行性能互补，得到多特性的复合TIM。市场上现有的TIM包括导热衬垫、无硅导热衬垫、导热硅脂、导热相变材料、导热灌封胶、导热石墨片等。在复合TIM中，声子界面散射是非金属材料导热性能受限的主要因素。尽管填充型复合TIM在实际中得到广泛应用，但在热导率和绝缘性等方面仍有待改进。为了克服复合材料中声子界面散射对导热性能的限制，人们提出了一些方法来改善界面导热性能，如引入中间层、表面修饰、控制纳米结构等。其中，引入中间层是一种常用的方法，通过在填料与基体之间引入具有较高导热性能的材料，可以有效减少声子的散射。此外，也有一些新型的复合材料被开发出来，例如纳米复合材料、石墨烯和碳纤维基复合材料等，这些材料具有特殊的物理和化学性质，能够实现更高的导热性能和更低的热阻，且力学性能优异，可应用于高温、高压等极端环境下。

目前市面上的高导热硅脂类聚合物物理化学性能稳定且无污染，但其本征导热性能差强人意，当前大多数研究者们针对其导热性进行实验，其主流方法为掺杂高导热填料，虽然实验效果达到提升导热性要求，但其方法并不适用于工业大规模推广，因此针对其导热性还需继续提高。

10.1.2　密封材料

动力电池组的密封情况对电动汽车的安全运行有很大的影响。电动汽车的输出电压高达几百伏，远远超过人体承受的极限，故电池包必须进行密封防水处理，防止电池包进水导致漏电和短路。

IP68作为防水等级标准，其中IP指的是ingress protection的缩写，它是我国气密性测试的最高等级，第一个数字代表的是防尘等级，6代表的是没有尘埃进入；第二个数字代表的是液体防护等级，8代表的是进入规定的压力水中，在特定的时间内，容器的进水量低于安全阈值。IP68对动力电池包的试验标准是：试验样品在1m深度下浸泡1h，试验样品内部无水渗入。而我国的锂离子电池密封测试等级为IP67。其密封类别按照图10-3分类属于静密封中的垫密封与密封胶密封。

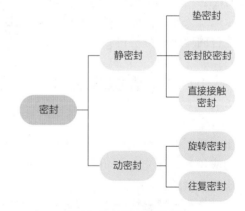

图10-3　密封类别导图

对于动力电池的密封材料性能要求有如下几点：

① 材料的致密性好，不易泄漏介质。

② 具有合适的力学强度与硬度，具有良好的压缩性与回弹性，且具有较低的永久变形性。

③ 在高温下，不会软化、分解、硬化、开裂、变形、出现硬结、产生粘连、对其他燃料电池组件造成污染。

④ 具有良好的抗腐蚀能力，可在酸碱和油质环境中长期使用。

⑤ 具有较低的摩擦系数、较好的耐磨性能、较软的密封表面、较好的抗老化性能、较好的耐用性及耐热性。

在锂离子电池中，用作密封材料的基底材料包括油基、橡胶、树脂、无机材料等几种类型，其中，橡胶、树脂等具有优良性能的聚合物合成材料是防水密封材料的主体，被称作聚合物防水密封材料。它们是在传统的密封材料已经无法满足防水要求的条件下开发出来的一种新型材料。表10-3为动力电池常用的高分子密封材料。

表10-3 动力电池常用高分子密封材料

密封材料种类	优点	缺点
硅橡胶	气密性好，良好的耐寒性	易膨胀，化学稳定性差
丁腈橡胶	化学稳定性好，物理加工性能优异	长期稳定性不佳
三元乙丙橡胶	耐酸碱老化性能优异，绝缘性好	硫化速度慢，黏合性差，弹性差
氯丁橡胶	拉伸强度高，化学稳定性好	耐低温性差，长期储存性能变化
氟橡胶	耐化学药品腐蚀性优异，抗压缩变形好	不适用于垫圈，拆卸不便
紫外线固化密封胶	高抗拉强度，耐热性好，低收缩率	成本高，不透明部件不适用
厌氧黏合剂	成本低，使用简便，密封效果较好	固化速度慢

聚合物异形密封材料（如O形圈、密封条和密封垫片）是解决泄漏问题的重要材料，并占据了全部防水密封材料的主要位置。而应用在电池包中的密封材料大部分都为发泡硅胶材料，它是由有机硅通过化学发泡而成。发泡后，孔径小，而且精细均匀，具有优异的电性能和化学稳定性，耐水、耐老化，无毒无味，线收缩率低，适合作为电池包的密封防水材料。

泡沫硅橡胶密封件是动力电池密封件设计中不可缺少的部件，它与电池上、下外壳表面紧密配合，确保了电池密封件的防尘、防水性能。相对于传统的碳系发泡材料，其具有优异的抗压缩永久变形性能，更好的耐高低温性和高阻燃性，且具有良好的耐老化和耐候性，是整车电池包的理想密封材料。

10.1.3 结构支撑材料

电动汽车在行驶中，因工作环境的复杂性，动力电池模组会遭受各种形式的碰撞和挤压，除了对箱体部分进行结构优化外，还可使用结构支撑材料。结构支撑材料在电池模组中的应用保证了电池模组具有一定的抗冲击能力，同时还能使电芯之间保持一定间隔，降低挤压冲击风险。

结构支撑材料一般为聚合物基泡沫材料或金属泡沫材料，置于电池模组内的电芯之间，占据电芯之间的空间间隙。除了增强电池模组机械强度外，还能缓冲电芯的相互挤压、震动和碰撞。在受到撞击时，结构支撑材料独特的泡沫结构可以吸收一部分力，再均匀地分散到其他部件，大大提高了其耐冲击性能。

此外，目前学者们还致力于通过改性赋予结构支撑材料额外的功能。例如，设计一种可压缩泡沫电池垫作为电池单体之间的结构支撑材料。该泡沫电池垫由聚氨酯泡沫制成，复合了阻燃添加剂和防火墙材料。除了本身具有的结构支撑功能之外，还具有阻燃、缓冲、抗冲击等功能。

除了在电池支撑材料上赋予功能性外，也有学者在模组的结构上进行创新，以提高空间利用率。例如，新型双层电池模组的设计，包括上下叠放的上层模组和下层模组。上层模组和下层模组的外围通过一对上下层连接板、一个压条和一对上层支撑板固定成一个整体，上层模组直接放置于上层支撑板上，且其顶部设有压条。这种设计简化了电池包的结构，提高了电池包的空间利用率与能量密度等。

10.2 电池灾害防护材料

在新能源电动汽车高速发展的今天，动力电池的能量愈发提高，人们对电池的热安全防护愈加重视。电池从起火到燃烧爆炸只需短短几分钟的时间，这将严重危害整车人员的生命安全。因此不仅仅需要对电池在正常工作时的能量管理进行研究，对于电池在起火后的灾害防护也要做好充分准备，以延长电池着火时间或者熄灭火焰。

10.2.1 防火阻燃材料

阻燃材料是一种可以抑制或延缓燃烧，但自身不易燃烧的物质。按照组成的不同，现在的阻燃材料可以分为有机和无机、卤素和非卤四种类型，如表10-4所示。它们主要应用于塑料、泡沫塑料、薄膜、纺织物、涂料、橡胶、汽车内饰件、新能源汽车内部电子产品上。虽然新能源汽车采用了热管理系统对电池包温度进行控制，但是一旦发生意外事故，电芯燃烧产生的高温高压会导致整车漏电，整个电池模组发生燃烧爆炸。因此提升电池包的防火阻燃性能是非常有必要的。根据电池包的结构，阻燃材料一般应用在电池模组的电芯单体隔间以及电池包的箱体部分进行热失控防护。

阻燃材料的工作机理分为以下四种：

① 阻燃剂通过将可燃物质碳化来产生阻燃作用。

② 阻燃剂在燃烧状态下形成非挥发性隔膜，将空气隔离，从而实现阻燃目的。

③ 阻燃剂的降解产物切断氢氧自由基的链式反应，实现阻燃作用。

④ 通过阻燃剂的分解吸收热量，形成不可燃物质对可燃气体进行稀释，实现阻燃作用。

表10-4　不同阻燃材料的分类

种类	优势	缺陷	成分
卤素阻燃剂	价格低廉、稳定性好、添加量少	产生大量的烟雾和有毒的腐蚀性卤化氢气体	主要有三氧化二锑和十溴二苯醚
非卤阻燃剂	发烟量小，不产生有毒、腐蚀性气体	添加剂量较高，对材料力学性能影响较大	主要有三嗪三酮类化合物和三嗪三胺类化合物
无机阻燃剂	价格低廉，来源广泛，无毒、无腐蚀	阻燃效能相对较低，添加量大	主要有氢氧化物、红磷、锡系、硼酸盐（硼酸锌）
有机阻燃剂	添加量少、阻燃高效率、低烟、微毒	成本比无机阻燃剂高，发烟量大，释放有毒气体	以溴系、氮系及化合物为代表

考虑到环保问题，阻燃剂应尽可能地选择无毒、经济且具有一定的协效作用的阻燃剂。卤素阻燃材料在燃烧时会产生大量的烟雾和具有毒性和腐蚀性的气体，具有非常大的危害。目前，世界各国的大型企业，由于意识到了卤素阻燃剂对人与环境的威胁，纷纷淘汰卤素阻燃剂，大力推动非卤阻燃剂的研发和使用。

阻燃剂通常作为填料与一些功能材料复合，得到具有一定阻燃性能的复合材料。例如，在车辆电池组的箱体材料中共混玻璃陶瓷态阻燃功能粉，可以在发生热失控时抑制箱体燃烧，隔绝空气与有机材料的接触，从而阻止或缓解电芯内电解质或其他材料的燃烧。

在整车电池包中，电芯中的电解质含碳量很高，在热失控时易成为助燃剂从而使热失控进一步加剧。而高分子材料基本为碳基材料,针对我国新能源汽车的诸多高分子内饰物品及零部件,学者们就高分子材料的阻燃性进行了大量的研究。例如,以新能源汽车内饰常用的聚丙烯(polypropylene, PP)作为基质,添加磷氮系的无卤膨胀性阻燃剂,如三聚氰胺尿酸盐、多聚磷酸盐等,并通过双母颗粒法制备长玻璃纤维,将这两种物质搅拌均匀,直接注射成形,从而得到阻燃型聚丙烯。图10-4即为市面上的PP阻燃剂产品与反应产生的阻燃碳层。

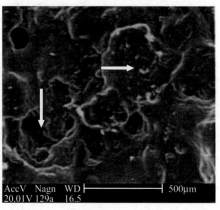

图10-4　PP阻燃剂产品及其反应产生的阻燃碳层

阻燃PP在我国起步较晚,但发展很快,尤其是近几年新能源汽车产业的高速发展,更是直接增加了阻燃PP的需求。国内众多高校、科研机构和企业都参与到了对阻燃PP的研发中。未来,国内外将以高效制备、环境友好为目标,选用无卤阻燃剂、膨胀型阻燃剂、磷氮系阻燃剂、复合阻燃剂与其他助剂相结合,开发出具有优良性能的阻燃PP材料。

10.2.2　电池灭火材料

锂离子电池的热失控是引发锂离子电池火灾的根本原因。造成电池热灾害失控的原因一般为三种:机械滥用、电滥用和热滥用。滥用造成的电池模组局部过热会引发一系列的副反应,产生更多的热量及大量的氧和易燃性气体,形成恶性循环,造成热失控。

动力系统中锂离子电池从热失控到着火、爆炸的演变过程大致可以划分为四个阶段(如图10-5所示)。①在不当使用的情况下,电池会剧烈放热,生成易燃易爆、毒性强的气体;

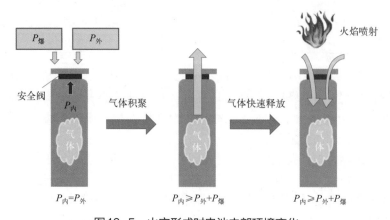

图10-5　火灾形成时电池内部环境变化

②在封闭的电池壳体内部，高温下的可燃性气体产生很大的压强，迫使安全阀开启；③高温泄出的气体通过安全阀喷出，甚至在燃烧后出现火焰喷射现象；④高温气体不断积累，最终与点火源相撞而发生爆炸。

为了预防爆炸，在电池发生火灾时对其使用灭火材料进行灭火是非常有必要的。本节将从固体灭火剂、气体灭火剂以及液体灭火剂三种灭火剂类型及相关灭火装置进行概述。

（1）固体灭火剂

通常分为干粉型和喷雾型两类。气溶胶灭火剂以液体或固体为分散相，气体为分散介质。溶胶颗粒尺寸小于5μm。其主要机制是隔离和化学抑制。目前，传统的干粉灭火剂只能在合适的环境下熄灭外界火焰，而其降温作用主要集中在接触部位，一旦停用，电池仍会快速升温，再次起火。气溶胶能够在一个相对密闭的空间里快速地熄灭锂离子电池的火焰，让该空间在很长一段时间里都维持在比较低的氧气含量，但是它并不能阻止热失控在模块中的传播，电池模块仍然容易复燃。

（2）气体灭火剂

常用的气体灭火剂是二氧化碳、七氟丙烷和全氟己酮。二氧化碳灭火剂能有效地隔离氧气，但由于其较低的比热容，难以实现有效降温，且不能有效地控制电池模块中发生的链式裂解和热失控扩散。所以，二氧化碳灭火剂并不适合用于电动汽车。七氟丙烷的灭火机制包含物理抑制和化学抑制，它的分子量很高，蒸发潜热很大，七氟丙烷蒸气在火灾现场受热分解时还会吸热，能快速熄灭电池的外部明火。利用1.8kg七氟丙烷灭火剂，对火焰进行喷射，以长度760mm、直径8mm的橡胶管双侧间隙开孔的喷射方式，喷射速率为0.06kg·s^{-1}，既可以满足单体电池灭火的要求，又可以有效地阻止周围电池发生连锁反应，从而保护电池箱的安全，如图10-6所示。

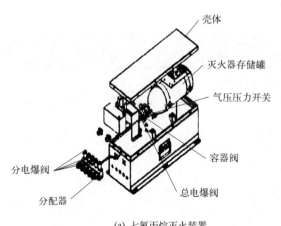
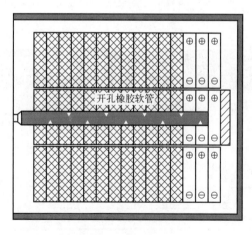

(a) 七氟丙烷灭火装置   (b) 七氟丙烷喷射开孔软管

图10-6　七氟丙烷灭火装置及其喷射开孔软管

虽然七氟丙烷具有良好的灭火效果，但电池仍旧容易发生复燃，且在使用过程中，还会生成大量的氢氟酸，这些氢氟酸是一种极具腐蚀性、剧毒的气体，对人体及设备都会造成严重的危害。全氟己酮的制冷性能更好，但对锂离子电池模块的制冷效果稍差，且毒性比七氟丙烷更强。针对不同灭火剂进行实验，对七氟丙烷与全氟己酮分别采用75kg体积分数10.4%与72kg

体积分数6%的剂量进行的灭火，前期电池明火都已熄灭，但均出现复燃的情况，其实验过程如图10-7所示。

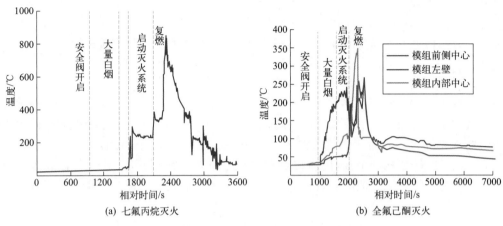

图10-7　七氟丙烷灭火及全氟己酮灭火实验温度数据

（3）液体灭火剂

常用水基灭火剂包括泡沫、纯净水、细水雾等。它是一种在蓄电池表面形成泡沫，将蓄电池与外界隔离开来的灭火剂。同时，由于泡沫中的水分蒸发需吸收大量热量，因此可同时达到降温的目的。尽管泡沫可以对电池模块进行有效的包覆，但很难渗透到模块内部。细水雾灭火剂灭火吸热能力良好，对电池降温效果明显，可抑制电池内部反应的持续进行，但在汽车运行中使用该灭火剂会有造成短路的巨大风险。

当前电池灭火剂众多，其效果也各有优劣。表10-5列出了多种灭火剂进行大容量锂离子电池火灾实验时的实验参数，该实验于安全阀上方3cm进行灭火剂的喷射。

表10-5　多种灭火剂的灭火参数

灭火剂种类	喷射压力/MPa	明火消失时间/s	复燃时间	灭火剂释放时间/s	灭火时电池最高温度/℃	灭火机理
HFC-227ea	2	<2	无复燃	13	500.6	化学抑制、隔绝氧气
CO_2	2	<2	灭火剂停止后1s	13	546.0	隔绝氧气
ABC干粉	2	<2	无复燃	12	544.5	冷却、隔绝氧气、化学抑制
水雾	2	<2	无复燃	13	385.5	冷却、隔绝氧气
全氟己酮	2	<2	无复燃	13	460.0	冷却、化学抑制

由于目前还没有相关的国家或行业标准，所以，有关全氟己酮型灭火装置的主要部件的设计指标及技术要求，可参考《气体灭火系统及部件》（GB 25972—2010）的有关规范。

火灾抑制装置部件单元如图10-8所示。

灭火剂的降温效果越好，对热失控蔓延的阻隔作用就越大。但因为电池的种类繁多，安全性也各不相同，所以还没有一种最优的灭火剂可以适用于所有类型的电池。电动车一旦着火导致的后果不堪设想，因此，迫切需要寻找一种不产生环境污染且降温效果好的新型灭火剂，对电动车运行过程中的热灾害进行有效控制。

10.2.3 隔热防护材料——气凝胶

隔热防护材料同样是电池热灾害防控系统中的关键材料。如果一个电池单体发生热失控，热量会迅速蔓延到周边的电池，整个模组的单体电池相继发生热失控，释放出大量的热量和有害气体，电池模组起火并爆炸，引发安全事故。在电芯之间及电池组间布置耐高温、阻燃、隔热性能优异的防护材料，可以延缓/阻止电芯着火后引起的火势快速蔓延及热失控，从而提升新能源汽车的安全性能，为乘客提供足够的逃生时间。

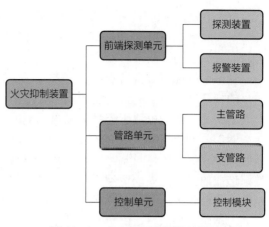

图10-8 火灾抑制装置部件单元

现阶段主流的隔热防护材料有弹性发泡硅胶、发泡聚氨酯、硅酸铝、岩棉、云母板、气凝胶等。相较于气凝胶材料，弹性发泡硅胶、发泡聚氨酯等隔热性能差，且阻燃特性达不到建筑A级不燃等级；云母板虽然防火阻燃性能优异，但是其隔热性能也较差，且重量大；硅酸铝、岩棉具有A级阻燃特性，但隔热性能一般，且易吸水导致性能快速退化；气凝胶是目前发现的隔热性能最好、热导率最低的固体材料，室温下热导率小于等于$0.024W \cdot m^{-1} \cdot K^{-1}$，具有建筑A级不燃特性，同时具备质轻的特征，完全满足《电动客车安全要求》（GB 38032—2020）对隔热阻燃材料的要求，是新能源汽车用隔热阻燃材料的最优选择。

气凝胶是一种纳米级多孔固态材料，具有极低的密度，孔隙率可达80%～99.8%。得益于此，气凝胶具有极低的热导率和出色的隔热性能。以工业上常用的气凝胶绝热毡为例，与传统保温材料相比，二氧化硅（SiO_2）气凝胶绝热毡的保温性能是其2～8倍。气凝胶按照基体类型可分为氧化物气凝胶、有机气凝胶及碳气凝胶、复合气凝胶和其他种类气凝胶，如图10-9所示。在所有种类的气凝胶中，SiO_2气凝胶具备隔热性能优异、质量轻、化学惰性和可重复使用的特点，是最早制得，同时也是研究时间最长、溶胶-凝胶机理最为成熟、制备工艺最为完善的气凝胶，是目前市场主流。与其他传统隔热材料相比，SiO_2气凝胶还具有耐冲击、隔热效果佳、质量轻、性能稳定等优势，因此在新能源汽车领域已经实现大范围应用。

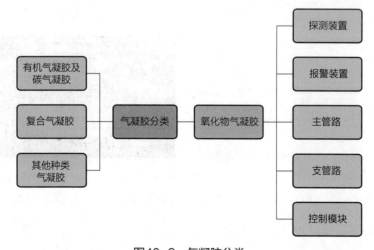

图10-9 气凝胶分类

SiO$_2$气凝胶的孔隙率通常大于90%，介孔直径介于4～20nm之间。这种特殊结构导致SiO$_2$气凝胶具有不同于其他多孔材料的隔热特性——小孔隙有效地限制了热传导和对流气体输运，而纤细的固体网络只能提供极为有限的传热通道。

受限于气凝胶材料自身特性，未经任何处理的常规气凝胶材料在运输和使用过程中，均有明显的掉粉现象。因此在新能源汽车的电池系统等精密部位使用时，泄漏的粉体可能迁移至锂电池电极处，在大电流下容易造成局部电流击穿，给电池的使用带来风险。鉴于此，通常采用新型封装材料并通过先进的封装技术改善掉粉现象，主要有三类：①使用PET膜或PI膜对气凝胶隔热片进行整体封装，从当前在汽车领域中的应用情况来看，这种方法能短期内解决粉体外泄造成的操作工人职业健康风险和自动化产线操作失误问题；②采用玻璃纤维布、铝箔布等贴敷在气凝胶毡表面，这种方式相对简单，但人工成本高，不利于大规模生产；③在气凝胶毡表面涂覆溶剂型涂料，涂覆材料多采用有机黏结剂组分，具有黏结性好的优点，但存在不能长期受热、易老化脱落的问题。

图10-10（a）为在相邻电芯间采取热防护手段的示意图。在电芯之间增加隔热层，以阻断热量从失控单体电芯向周围电芯传播，降低电池包的损害以及附带的破坏作用。电芯隔热层具有优良的隔热和缓冲功能，主要用于动力锂离子电池电芯间的热防护，可防止电芯热失控，大幅提高新能源车的乘驾性。除电池单体外，电池模组之间也需要设置隔热防护，以提高热失控电芯向电池其他系统传热的热阻，从而达到阻碍热失控蔓延的目的，如图10-10（b）所示。此外，在新能源汽车乘客舱底部和电池箱之间使用气凝胶作为防火隔热材料，能够有效降低新能源汽车电池热失控后的热扩散，大幅延缓着火后火势的蔓延，为灭火或人员逃生赢取关键的时间，电池箱与乘客舱之间的热防护应用如图10-10（c）所示。

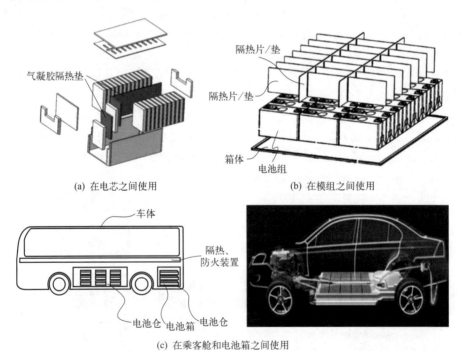

(a) 在电芯之间使用　　　　(b) 在模组之间使用

(c) 在乘客舱和电池箱之间使用

图10-10　气凝胶隔热在电芯之间、模组之间及乘客舱和电池箱之间使用

气凝胶虽然价格较高，但其安全性能远远高于其他传统隔热材料，在对安全性能要求极高的电动客车和高档新能源轿车中应用气凝胶隔热材料无疑是最佳的选择。随着气凝胶材料工艺

的成熟和生产规模的扩大，在新能源汽车动力电池中的应用和市场渗透率也必将随着新能源汽车行业的发展而激增。在新能源汽车热安全设计考量时，如何分析匹配气凝胶的保温隔热、憎水、缓冲、防火、阻燃、尺寸等特性，对气凝胶隔热材料的测试控制过程要求尤为严格，主要是分为力学、热学和电学这三个方面。

力学方面，电芯装配成模组时一般需要施加2000～5000N的预紧力，对应预紧力下电芯加上气凝胶材料的总长要满足模组设计的尺寸要求，以满足后续的装配需要。另外，电芯在充放电过程中会有一定膨胀，充放电次数越多，越到电芯寿命末期膨胀情况越严重，而气凝胶隔热材料本身就有比较优良的压缩回弹特性，可随着电芯充放电膨胀收缩的过程进行对应的压缩回弹，为电芯吸收一定的膨胀力的同时提供足够的膨胀空间。

热学方面，不同类型动力电池对气凝胶隔热材料的隔热需求往往也会不同，一般取决于电芯的类型（触发热失控的温度）、电芯末期的膨胀力、电芯热失控时的温度及持续时间等因素，以保证单颗电芯热失控时不会蔓延至相邻电芯，避免其他电芯发生热失控，以达到阻隔热失控蔓延的作用。像磷酸铁锂电池热失控时温度为500℃左右，气凝胶隔热材料一般只需满足在500℃环境下温度满足不蔓延至相邻电芯的要求即可；而三元电池本身热失控时温度较高，且随着镍占比的提高热失控时的温度也会升高，目前市面上使用相对较多的三元电芯热失控时的温度一般是600～800℃，相应情况下对气凝胶隔热材料的隔热要求也会有一定差异，常见的隔热要求一般是一定温度一定压力及时间下背温不高于200℃/180℃/140℃。

电学方面，气凝胶隔热材料也具有优良的绝缘性能及耐电压性能，1000V直流电下60s绝缘电阻500MΩ以上，2700～3820V直流电下60s不击穿，漏电电流不超过1mA，可极大限度地保证广大消费者的生命财产安全。

2020年5月，工业和信息化部发布《电动汽车用动力蓄电池安全要求》，增加电池系统热扩散试验，要求电池单体发生热失控后，电池系统在5min内不起火、不爆炸。因此，自2020年以来，气凝胶隔热片已逐步在动力电池领域获得广泛应用，宁德时代、弗迪电池、中创新航、国轩高科、欣旺达等头部电池厂商纷纷开始使用。

电池厂商气凝胶应用中，除电池厂外，比亚迪、吉利、中国中车等汽车厂商也开始通过使用气凝胶来提升车辆的安全性能。比亚迪热销车型王朝系列、海洋系列、腾势D9搭载刀片电池，采用气凝胶、陶瓷化硅橡胶作为隔热防火材料，理想、小鹏、哪吒、问界等汽车新势力部分车型也采用气凝胶材料提高动力电池的热安全性能。

"双碳"背景下，气凝胶在各领域渗透率有望进一步提升。我国气凝胶目前在石化管道、新能源车和建筑保温材料领域渗透率分别约为1.9%、10%、0.23%，中性测算下，2025年我国气凝胶在三个主要市场渗透率将提升到5%、35%、1%，其增量空间达近百亿。

电池安全是电动汽车发展过程中的永恒话题。随着新能源汽车销量的提升，对动力电池的温控系统需求也随之增加。气凝胶以其独特的性能优势、政策加持及终端设计理念的综合影响，成为当下热管理材料的高科技产品之星，被新能源汽车、石油化工、热电、建筑、航空航天等各产业链广泛关注。其行业门槛较高，产业化体系尚不成熟，行业竞争炽热，如何在气凝胶材料行业竞争中显现，成为每家气凝胶企业当下面临的重要难题。面向新能源动力电池产业链的高响应、高品质需求，气凝胶材料提质增效空间还很大，低成本高性能气凝胶关键核心技术的挖掘、制造系统的自动化智能化设计、设备自主可控将成为未来气凝胶企业的核心竞争点。随着汽车产业链终端主机厂对极致、安全的设计驱动，动力电池企业对新型高能量密度、高安全的设计理念的追求及气凝胶行业内各家齐头并进的创新发展态势，气凝胶以其高性能、低成本、宽温系覆盖、轻质柔韧、缓冲性能好等特点将在同类热管理材料中展现更加优异的地位。

参考文献

[1] Mallick S, Gayen D. Thermal behaviour and thermal runaway propagation in lithium-ion battery systems——A critical review [J]. Journal of Energy Storage, 2023, 62: 106894.

[2] Babu Sanker S, Baby R. Phase change material based thermal management of lithium-ion batteries: A review on thermal performance of various thermal conductivity enhancers [J]. Journal of Energy Storage, 2022, 50: 104606.

[3] 葛瑛，杨东元，高超锋，等. 高导热石墨烯复合材料研究进展 [J]. 上海塑料，2022, 50: 1-7.

[4] 涂思帆，杨丹妮，梁旭昀，等. 导热聚酰亚胺及其复合材料的研究进展 [J]. 复合材料学报，2023, 40(11):6043-6060.

[5] 侯红伟，汪蔚. 填充型导热环氧树脂复合材料研究进展 [J]. 浙江理工大学学报，2023, 49: 176-183.

[6] 靳月红，孙长红，朱天丽，等. 氮化硼在聚合物导热复合材料中的应用研究综述 [J]. 中原工学院学报，2022, 33: 1-10.

[7] Liu C, Xu H, Yang J, et al. Temperature adjustable thermal conductivity and thermal contact resistance for liquid metal/paraffin/olefin block copolymer interface material [J]. International Journal of Thermal Sciences, 2022, 179: 107679.

[8] Yu X K, Tao Y B, He Y, et al. Temperature control performance of high thermal conductivity metal foam/paraffin composite phase change material: An experimental study [J]. Journal of Energy Storage, 2022, 46: 103930.

[9] Li J, Zhao K, Ren L, et al. Microstructure evolution, mechanical properties, and strengthening mechanisms of heat-resistant Al-based composite reinforced by a combination of AlN and TiN particles [J]. Journal of Materials Research and Technology, 2023, 24: 5628-5641.

[10] 黄飞，秦文波，舒登峰，等. 碳基填料填充型热界面材料的研究现状 [J]. 高分子材料科学与工程，2023: 1-11.

[11] Qiu Y, Yang Y, Yang N, et al. Thermochemical energy storage using silica gel: Thermal storage performance and nonisothermal kinetic analysis [J]. Solar Energy Materials and Solar Cells, 2023, 251: 112153.

[12] Hua W, Xie W, Zhang X, et al. Synthesis and characterization of silica gel composite with thermal conductivity enhancers and polymer binders for adsorption desalination and cooling system [J]. International Journal of Refrigeration, 2022, 139: 93-103.

[13] Guo Y, Ruan K, Wang G, et al. Advances and mechanisms in polymer composites toward thermal conduction and electromagnetic wave absorption [J]. Science Bulletin, 2023,68: 1195-1212.

[14] Xue Y, Wang H, Li X, et al. Exceptionally thermally conductive and electrical insulating multilaminar aligned silicone rubber flexible composites with highly oriented and dispersed filler network by mechanical shearing [J]. Composites Part A: Applied Science and Manufacturing, 2021, 144: 106336.

[15] 王天伦，秦文波，黄飞，等. 热界面材料可靠性能研究进展 [J]. 高分子材料科学与工程，2022, 38: 183-190.

[16] Shi D, Cai L, Zhang C, et al. Fabrication methods, structure design and durability analysis of advanced sealing materials in proton exchange membrane fuel cells [J]. Chemical Engineering Journal, 2023, 454: 139995.

[17] Cui T, Chao Y J, van Zee J W. Stress relaxation behavior of EPDM seals in polymer electrolyte membrane fuel cell environment [J]. International Journal of Hydrogen Energy, 2012, 37: 13478-13483.

[18] Luan W, Wang Q, Sun Q, et al. Preparation of CF/Ni-Fe/CNT/silicone layered rubber for aircraft sealing and electromagnetic interference shielding applications [J]. Chinese Journal of Aeronautics, 2021, 34: 91-102.

[19] Betke U, Proemmel S, Rannabauer S, et al. Silane functionalized open-celled ceramic foams as support structure in metal organic framework composite materials [J]. Microporous and Mesoporous Materials, 2017, 239: 209-220.

[20] Yang C, Sunderlin N, Wang W, et al. Compressible battery foams to prevent cascading thermal runaway in Li-ion

pouch batteries [J]. Journal of Power Sources, 2022, 541: 231666.

[21] Yi Z, Wei P, Zhang H, et al. Wide range temperature thermal performance of power battery module with double-sided thermoelectric device system with high energy efficiency [J]. Applied Thermal Engineering, 2023, 227: 120375.

[22] Song K, Pan Y, Zhang J, et al. Metal-organic frameworks-based flame-retardant system for epoxy resin: A review and prospect [J]. Chemical Engineering Journal, 2023, 468: 143653.

[23] Xu J, Guo P, Duan Q, et al. Experimental study of the effectiveness of three kinds of extinguishing agents on suppressing lithium-ion battery fires [J]. Applied Thermal Engineering, 2020, 171: 115076.

[24] Akitsu T, Honda A, Imae T, et al. Toward flame retardants or thermal stabilizers with new mechanism for polymers [J]. FirePhysChem, 2023.

[25] 张乃平，马永飞，杨孟霖，等 . 锂电池火灾灭火技术研究综述 [J]. 中国安全生产科学技术 2022, 18: 47-53.

[26] Wang Q, Shao G, Duan Q, et al. The Efficiency of Heptafluoropropane Fire Extinguishing Agent on Suppressing the Lithium Titanate Battery Fire [J]. Fire Technology, 2016, 52: 387-396.

[27] 李天逸，焦映厚 . 电动客车用七氟丙烷灭火装置最佳热失控抑制参数研究 [J]. 储能科学与技术，2022, 11: 3239-3245.

[28] 卓萍，高飞，路世昌 . 不同灭火装置对磷酸铁锂电池模组火灾的灭火效果 [J]. 消防科学与技术，2022, 41: 152-156.

[29] Meng X, Yang K, Zhang M, et al. Experimental study on combustion behavior and fire extinguishing of lithium iron phosphate battery [J]. Journal of Energy Storage, 2020, 30: 101532.

[30] Zhang L, Duan Q, Liu Y, et al. Experimental investigation of water spray on suppressing lithium-ion battery fires [J]. Fire Safety Journal, 2021, 120: 103117.

[31] 张泽，王晓栋，吴宇，等 . 气凝胶材料及其应用 [J]. 硅酸盐学报，2018, 46(10): 1426-1446.

[32] 雷尧飞 . 气凝胶热导率关键结构辨识及其控制 [D]. 北京：北京化工大学，2017.

第11章

热管理系统中的换热器组件

11.1 换热器组件

11.1.1 换热器种类

（1）按功能用途分类

新能源纯电动汽车热管理系统主要包含电机/电控、电池及乘员舱空调三大系统，因此也可以根据这三大系统对换热器做相应分类，如图11-1所示。

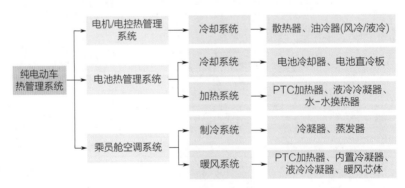

图11-1 按功能用途分类

① 电机/电控热管理系统主要实现对电机/电控的冷却功能，主要涉及的换热器有低温散热器，通常布置在车辆前端，与冷凝器、风扇等组成前端冷却模块总成。针对电机冷却，部分车型对散热有更高需求的，将采用直喷油冷却技术，因此会增加一个油冷器用于冷却油的散热。根据系统布置要求，一般分为三种：前端的风冷油冷器；集成在电机上的板式液冷油冷器；集成在水箱水室本体内的板式液冷油冷器。

② 电池热管理系统需要同时兼顾对电池的冷却和加热两种功能，不同的系统设计会需要不同种类的换热器以实现相应功能。一般来讲，电池冷却涉及的换热器有电池冷却器和电池直冷板，而电池加热涉及高压PTC加热器和液冷冷凝器，复杂系统回路还可能使用水换热器。

③ 乘员舱空调系统包含制冷系统和暖风系统，和传统燃油车一样，制冷系统包含的换热器主要是冷凝器和蒸发器，而暖风系统由于没有发动机余热可以利用，因此需要用到高压 PTC 加热器、内置冷凝器（直接式热泵）或者暖风芯体、液冷冷凝器（间接式热泵）。

（2）按换热形式分类

换热器按换热形式可分为风冷（管翅式平行流换热器）和液冷（板式换热器）两种。然而，根据换热介质的不同又可做进一步具体的细分，如风冷式中的风-制冷剂、风-冷却液和风-油等，在液冷式中主要有冷却液-制冷剂、制冷剂-冷却液、冷却液-冷却液和冷却液-油（如图11-2所示）。

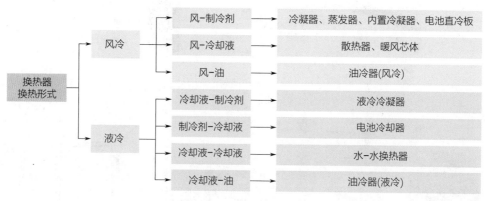

图11-2 按换热形式分类

（3）各类换热器

以下是各类不同换热器的结构示意图。其中包含前端冷却模块总成和热管理集成模块，如图11-3所示。

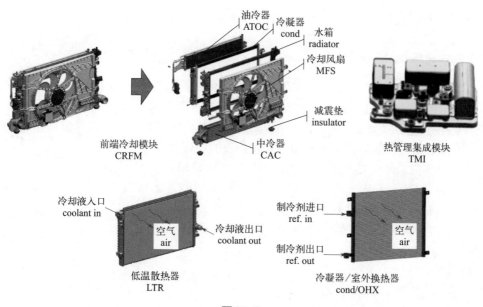

图11-3

图11-3　各类换热器示意图

11.1.2　结构设计

（1）基本理念

换热器是在两种或两种以上流体之间，或者在不同温度的固体表面和流体之间传递热量的装置，换热器的设计需要建立在不同的应用场景、空间布置要求和换热性能等需求的基础之上，充分考虑不同应用场景下不同换热流体的诸多参数，例如温度、压力和空间尺寸等，换热器的设计往往是在各方面参数间的互相博弈和妥协的过程。

① 在满足所需的热量传递的同时还需满足以下的要求：

a. 尽量减少尺寸和重量。

b. 最小压降。

c. 满足强度耐久性要求。

d. 耐污垢和污染。

e. 减少成本。

② 换热器设计不断优化方向：

a. 热性能：设计新的或更好的传热结构，压降更小。

b. 材料减轻：重量更轻，成本更低，同时满足耐久性要求。

总之，换热器设计的驱动因素包括但不限于客户需求、系统/应用、材料可行性、竞争能力等。另外，在具体设计过程中还必须遵循两个基本原则——权衡和边际效应。

（2）散热器（散热水箱）

在燃油车中散热水箱（也叫高温水箱，high temperature room, HTR）的基本功能是通过强制对流将热量由热冷却液（50%乙二醇-50%水）传递给空气，利用对流空气冷却来自发动机的热冷却液，这种应用中的工作温度可以达到120℃。对于纯电动新能源车，散热水箱（也叫低温水箱，low temperature room, LTR）用于电机/电控以及电池的散热（如图11-4所示）。纯电动汽车中电池散热需求远低于燃油车发动机散热需求，燃油车HTR进水温度一般在100℃左右，而一般LTR设计的最大工况进水温度为75℃。同时相比于HTR从20L·min⁻¹到140L·min⁻¹的流量，LTR流量只有6L·min⁻¹到20L·min⁻¹。因此，为了提高低流速下冷却液的换热能力，通常会采用多流程布置来优化换热。此外，由于流速相对较低，LTR常采用较小的入口和出口管径。

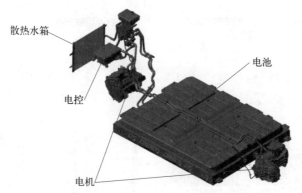

散热水箱
电控
电池
电机

图11-4　纯电热管理——电池/电机/电控回路

（3）散热水箱的主要零部件组成

散热水箱根据进出口集流结构不同，通常有带塑料水室和全铝水箱两种结构（如图11-5所示）。带塑料水室：进出口采用左右塑料水室和胶条与钎焊后芯体主板做扣合的结构，通常

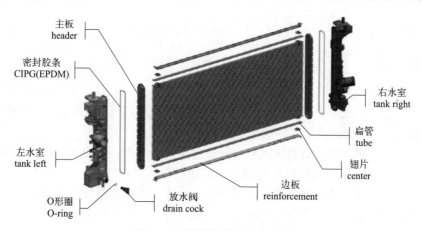

主板
header

密封胶条
CIPG(EPDM)

右水室
tank right

左水室
tank left

扁管
tube

翅片
center

O形圈
O-ring

放水阀
drain cock

边板
reinforcement

图11-5　散热水箱的基本构成

229

这种结构设计可以在注塑而成的水室上实现更多的结构设计，用于其他零件比如冷凝器和风扇的安装，这种情况下水箱可作为整个前端模块的支撑部件安装于整车前舱。全铝水箱：近年来，随着新能源热管理的发展深入，更多的板式换热器被集成在前舱，大大减小了前端冷却模块的复杂程度，通常只有一个低温水箱和室外换热器再加风扇，此种情况下，水箱通常会做成全铝结构，和室外换热器一起安装在风扇的罩壳上，有效降低了物料成本和制造成本。

（4）散热水箱的设计规格

① 依据散热芯体的厚度不同，水箱可分为多种不同规格大小的设计，如图11-6所示。

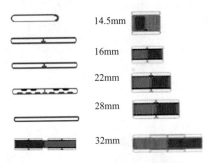

图11-6 水箱设计规格

② 依据不同芯体的进出口位置设计以及冷却流向，又可分为横置式（crossflow）和纵置式（downflow），其中横置式又可分为I-flow、U-flow等不同形式，如图11-7所示。

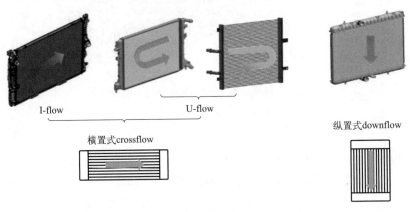

图11-7 水箱不同流程设计

（5）板式换热器

板式换热器是由一系列具有一定波纹形状的金属片通过一定顺序叠装后经过钎焊加工而成的。相邻两板片之间形成流体介质的矩形通道，流体经过角边接口流经板片之间的通道，冷媒和热媒在相邻的通道内逆向流动进行换热（如图11-8所示）。

板式换热器的相邻板片的所有接触点需要完全焊接在一起，才能保证换热器具有高的换热效率及抗压能力，同时也才能获得长久的使用寿命（如图11-9所示）。在制冷用钎焊式板式换热器中，为了保证芯体的结构设计满足强度要求，会将上下两个通道都设计成水流道，这样水流道总是比制冷剂流道多一个，因为水流道工作压力远小于制冷剂侧工作压力，将高压的制冷剂侧流道放在芯体内侧可以获得更高的抗压能力。

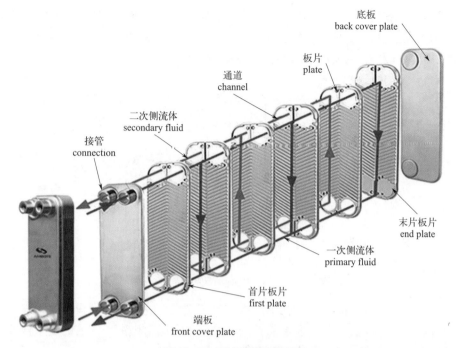

图11-8　板式换热器结构

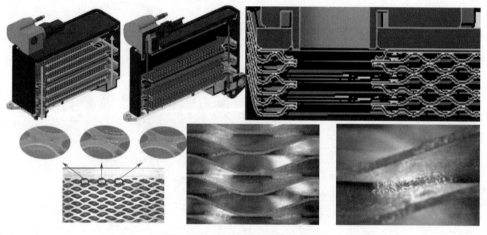

图11-9　板式换热器焊接结构

　　板片波纹的主要作用是使得流体出现紊流，而相邻板片的波纹形成接触抗点可以提高耐压性能。板式换热器板片波纹设计有多种类型，市场应用尤其以V字形（人字形）居多，如图11-10所示。

图11-10　换热器板片波纹

根据不同的进出口位置和换热需求，板式换热器芯体可以设计成不同的流道结构，目前主要有单边流和对角流两种。图11-11显示的是单边流，属于当前主流设计，而有些换热器做成对角流，即Q1和Q3容纳一种介质，而Q2和Q4容纳另一种介质。

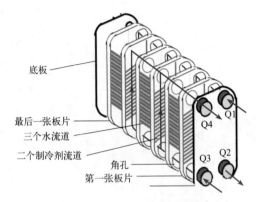

底板
最后一张板片
三个水流道
二个制冷剂流道
角孔
第一张板片
Q4 Q1
Q3 Q2

图11-11　单边流板式换热器

单边流在没有特殊要求的芯体设计中，除去上下底板，只需要一种设计的标准板片，通过旋转180°便可以实现两侧流体不同通道的叠加，可以极大地简化生产工艺的复杂程度并且提升产品质量，同时也完全满足对角流相应的功能（如图11-12所示）。

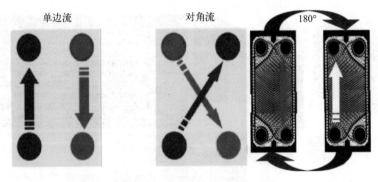

单边流　　　　对角流　　　　　　180°

图11-12　单边流和对角流

目前钎焊板式换热器主要有以下几点特点：

① 经久耐用，耐腐蚀性高。由于焊接工艺需求，一般板式换热器的板片原材料均是双面复合材料，因此钎焊完成后换热器表面会形成防腐层。

② 耐高压。由于板式换热器是通过不同层数的板片叠加钎焊而成，而且板片之间的焊接点数量众多，因此钎焊后的芯体强度极高，一般都可以承受至少10MPa的压力。

③ 传热效果佳。特别设计的板片纹路，不管是对角流或是平行流，都可达到比风冷换热器更高的热传效果。

④ 小巧、便利、重量轻。板式换热器由于其特殊的设计结构和出色的传热效果，使得其在具有相同的换热性能下拥有更小的体积。在整车前舱有限的空间内更易于布置，也更有利于热管理集成模块的设计。

（6）室外换热器（冷凝器）

在燃油车时代，冷凝器作为空调制冷系统四大部件之一，一般布置在车辆前端，集成于前端冷却模块，其主要功能是在空调制冷模式下将经压缩机压缩后的高温高压的气态制冷剂通过冷凝液化成中温高压的制冷剂液体，实现将制冷剂的热量传递给环境空气的功能。冷凝器释放的热量是蒸发器热负荷、压缩机产热等，其中的制冷剂经历如图11-13所示的状态变化。

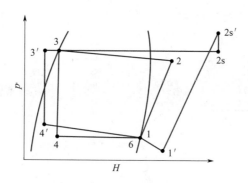

图11-13　制冷循环压焓图

图中：

2s'-2s：表示制冷压缩机压缩后的制冷剂蒸气经过排气阀的压降过程。

2s-3：表示制冷剂蒸气经排气管进入冷凝器的冷却、冷凝和压降过程。

3-3'：表示制冷剂液体的过冷和压降过程。

3'-4'：表示制冷剂液体的非绝热节流过程。

4'-1：表示制冷剂在蒸发器中的汽化和压降过程。

1-1'：表示制冷剂蒸气的过热（有益或有害）和压降过程。

1'-2s'：表示制冷剂蒸气在制冷压缩机内实际的非等熵压缩过程。

　　纯电动车的热管理系统一般会采用热泵方案，将原来的冷凝器改制成室外换热器，在制冷工况下，起到冷凝制冷剂的作用。而在制热工况下，起蒸发器作用，实现制冷剂汽化，从外界环境中吸热。室外换热器的基本结构和冷凝器保持一致，但是考虑到冷凝和蒸发两种不同工作模式的切换，因此通常会将原先集成的储液罐（receiver dryer, RD）取消，由一个独立布置在系统中的RD或气液分离器代替，如图11-14所示。

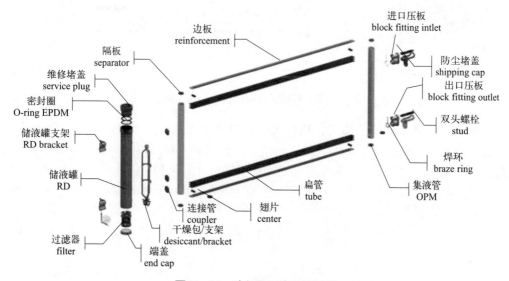

图11-14　冷凝器和室外换热器

室外换热器（冷凝器）的设计规格可以归纳为以下几种：

① 依据芯体的厚度不同，可分为多种不同规格大小设计，常见的有12mm和16mm的芯体设计；

② 依据扁管的设计形式不同，又可分为挤出管、折叠管、内插翅片扁管（如图11-15所示）。

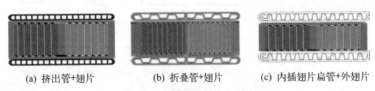

(a) 挤出管+翅片   (b) 折叠管+翅片   (c) 内插翅片扁管+外翅片

图11-15　扁管与翅片结构设计种类

11.1.3　换热效率

换热的本质是热量传递，热量以热的形式从温度较高的介质向温度较低的介质传递，当两种介质达到相同温度时，热量传递停止。当前热量的传递方式主要分为热传导、热对流和热辐射三种。管翅式换热器比如散热水箱和冷凝器，从其换热单元可知，换热器工作时热量传递的方式包括：扁管内流体和管内壁的对流换热、扁管本身及其翅片的热传导以及翅片和空气的对流换热，如图11-16（a）所示。板式换热器从其换热单元可知，换热器工作时热量传递的方式包括：热流体和板片一侧表面的对流换热、板片本身的热传导以及冷流体和板片另一侧的对流换热，如图11-16（b）所示。

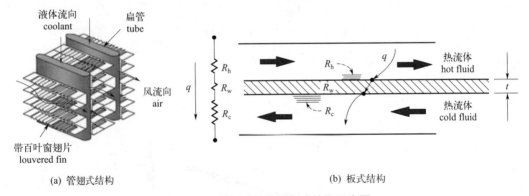

(a) 管翅式结构   (b) 板式结构

图11-16　管翅式结构和板式结构示意图

关于管翅式或者板式换热器的换热形式，其换热过程基本是由对流换热、热传导、对流换热三部分组成（如图11-17所示）。其中热传导主要取决于材料本身的热导率以及材料厚度；而对流换热相对而言较为复杂，根据流动起因的不同可分为强制对流换热和自然对流换热，所对应的对流传热系数也各不一样，需要根据具体的流动场景来计算。因此，在换热器的理论换热计算过程中，可以利用如下公式进行计算：

$$q = KA\Delta T \tag{11-1}$$

$$\frac{1}{K} = \frac{1}{h_1} + \frac{\delta_w}{\lambda} + \frac{1}{h_2} \tag{11-2}$$

式中　q——热流密度；

　　　h——对流传热系数；

　　　A——传热表面积；

　　　λ——材料热导率；

　　　K——总传热系数；

　　　ΔT——气液温差；

　　　δ_{w}——壁厚。

由此可见，提高换热器换热效率的方法通常包括如下几种：

① 增大换热面积；

② 增大冷热介质的对数平均温差（流程布置优选逆流）；

③ 选用热导率更高的材料；

④ 选用壁厚更薄的材料（减小热阻）；

⑤ 结构优化（高性能翅片、高性能扁管设计、高性能板片）。

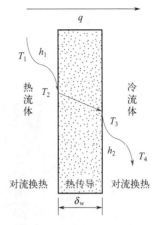

图 11-17　换热过程示意图

（1）高性能翅片

当前市场上主流的换热器翅片主要分为连续平滑式和扰流式，其中扰流式又以百叶窗式和偏置式为主，车用风冷换热器使用的翅片又以百叶窗式居多（如图 11-18 所示）。百叶窗式扰流换热翅片的强化传热机制使每个开窗百叶都会快速破坏以及再次构建新的边界层，并且通过厚度方向上不同数量和角度的开窗，使风能够更理想地穿过芯体表面，在有效提高换热效率的同时，其整个芯体的换热面积又和平滑翅片大致相同。

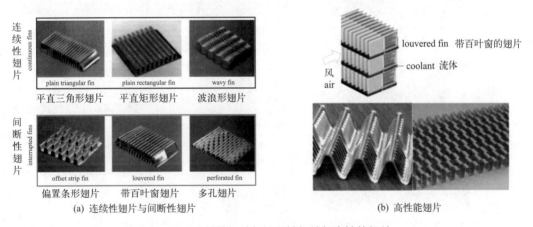

(a) 连续性翅片与间断性翅片

(b) 高性能翅片

图 11-18　连续性翅片与间断性翅片与高性能翅片

（2）高性能扁管

对于室外换热器/冷凝器，目前市场上应用最广泛的主要是折叠管和挤出管。近几年已陆续成功开发带有内翅片的冷凝器扁管，相比于折叠管和挤出管，其在性能相当的基础上极大地降低了材料成本和零件重量，部分已经应用到量产车型，未来会有更广泛的应用（如图 11-19 所示）。

（3）板片的优化设计

板式换热器应用最广泛的是 V 字形板片，其通常可分为小角度设计 L 和大角度设计 H。如

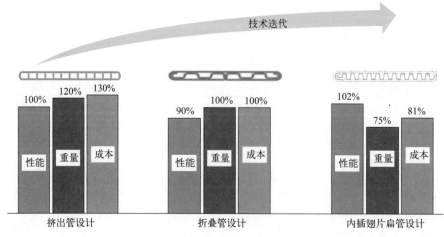

图11-19 冷凝器扁管技术迭代

表11-1所示，通过不同的排列组合就可以形成三种不同的流道，不同的流道会有不同的传热系数，流体湍流和压降的状态也各有不同，需根据实际应用场景做出最佳设计选型。

表11-1 板式换热器板片形式

板片类别	示意图	组合形式	特点
L：小角度		L+L＝小角度流道	板片人字形波纹角度较小（<45°），相邻小角度的板片组成的通道，传热系数低，阻力小。适用于大流量、传热弱（低比热容或温差小）的情况，如环境压力下的空气传热
H：大角度		H+H＝大角度流道	板片人字形波纹角度较大（>45°），相邻大角度的板片组成的通道，传热系数高，阻力大。适用于小流量、传热强（高比热、有相变或大温差）的情况，如制冷剂相变传热
L：小角度 H：大角度		L+H＝混合流道	由相邻大/小角度的板片组成的通道，传热系数和阻力介于以上两者之间

11.2 换热器制造

11.2.1 工艺流程

不同换热器的制造工艺流程大致相同，主要包含如下几个关键工序：
① 零部件的制作，比如扁管/翅片成形、板片/边板/隔板冲压等；
② 芯体组装；

③ 钎焊；

④ 扣合（带塑料水室的水箱），干燥包/堵盖（冷凝器）组装；

⑤ 检漏。

（1）关键工艺流程

① 水箱工艺流程，如图11-20所示。

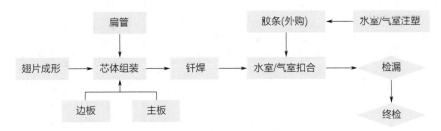

图11-20　水箱工艺流程

② 冷凝器工艺流程，如图11-21所示。

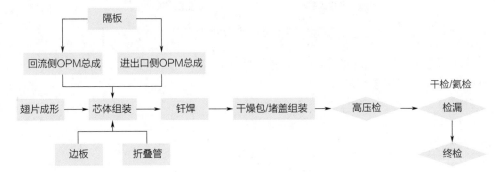

图11-21　冷凝器工艺流程

③ 板式换热器工艺流程，如图11-22所示。

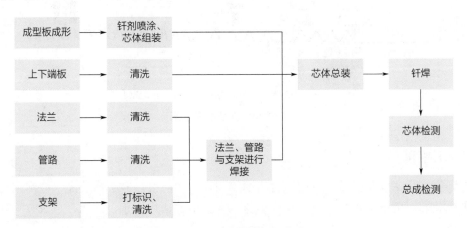

图11-22　板式换热器工艺流程

④ 扁管成形主要通过制管机实现，这里着重介绍冷凝器多孔折叠扁管和水箱B形管的制管过程（见图11-23）。制管机设备主要分五部分：

237

a. 料盘装载机构：承载铝箔料盘和原材料，开启设备时根据电机速度转动料盘。

b. 承载模具平台：固定模具位置。

c. 切断机构：切割扁管，固定扁管长度。

d. 传送机构：分离有无钎剂扁管，将扁管传输到收集机中。

e. 收集机：收集扁管。

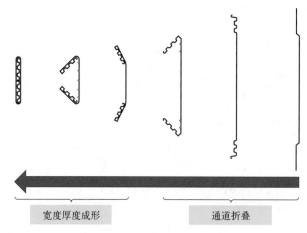

宽度厚度成形　　　　通道折叠

图11-23　折叠扁管制作工艺

⑤ 翅片成形主要通过翅片成形模具实现（见图11-24），翅片模具的主要组成部分：

a. 成形刀（上下刀压滚成形）；

b. 整形轮；

c. 弹簧拨片；

d. 密波轮；

e. 疏波轮；

f. 切刀。

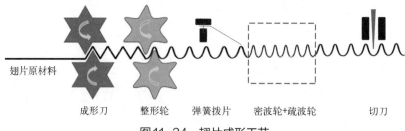

翅片原材料　　　成形刀　　整形轮　　弹簧拨片　密波轮+疏波轮　切刀

图11-24　翅片成形工艺

（2）芯体装配

考虑到生产效率以及产品一致性、合格率等因素，当前换热器芯体装配一般都采用全自动装配机进行装配，全自动装配机主要分成上料机构、扁管翅片排布、传送、总成装配四个区域（见图11-25）。

（3）钎焊

钎焊是采用比母材熔点低的金属材料做钎料，将焊件加热到高于钎料的熔点，低于母材的熔点温度，利用液态钎料润湿母材，填充接头间隙与母材相互扩散实现连接焊件的方法。对于换热器芯体而言，最关键的工艺是钎焊，钎焊过程中对实际钎焊段的环境控制、钎剂的运用、炉温和链速的设定直接会影响钎焊质量，钎焊过程主要分为钎剂喷涂、脱脂、升温、气体保护焊、冷却等过程，实际钎焊熔合温度根据材料不同分布在577～610℃之间（见图11-26）。

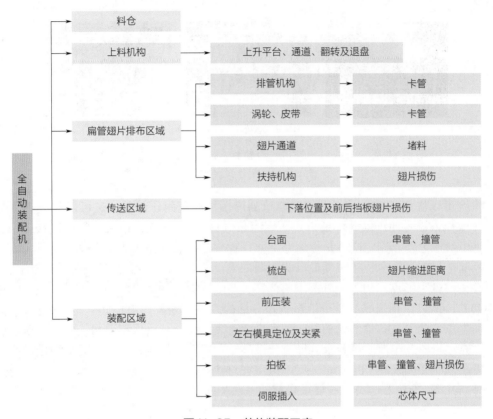

图11-25　芯体装配工序

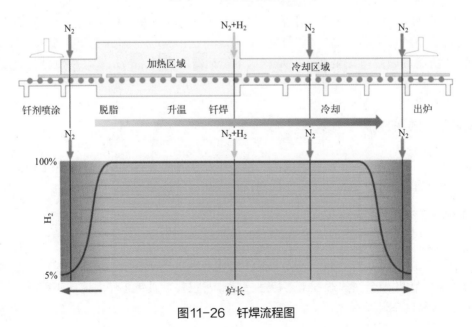

图11-26　钎焊流程图

（4）检漏

检漏是换热器制造工艺过程中最后也是最重要的一个工序，除了对芯体气密性/泄漏率做检查外，此工序还可以同时检查芯体内堵和强度。检漏工艺可分为高压检、氦检漏和干式检漏（如图11-27所示）。

高压检
● 高压
● 检堵

氦检漏
● 精度最高
● 快速

干式检漏
● 低成本
● 中等精度

图11-27　换热器检漏工艺

高压检可以快速判定产品大漏缺陷，检测焊接强度和耐压性能，也可以检测芯体是否内堵，具体操作方法是通过向芯体通入定压定流量气体（4.5～5.5MPa氮气，保持6s），通过检测产品进出口压力差，判定产品是否堵塞，并且观察芯体特别是扁管是否发生变形（爆管）。

氦检漏是目前最安全、精密度最高的检漏方式，工业上通常利用氦气进行精密检漏。对于换热器存在的微小漏点，如果氦气漏不出，那么R134a等制冷剂也就不能漏出来，没有物体是绝对不漏的，所以，判定产品是否泄漏也是有标准的——漏率。氦检漏率是指在指定压力下、一定时间内氦气分子从芯体泄漏的量，漏率的设定往往和整车质保年限相关联，根据整车设定的制冷剂充注量以及年泄漏量要求，经过一系列专业换算成氦气的单位时间泄漏量，比如冷凝器的漏率一般为$2.04×10^{-6} Pa·m^3·s^{-1}$，漏率在这个报警限之下的产品，我们认为是合格的。对于室外换热器/冷凝器这类耐压要求较高的换热器芯体，需要先做高压检漏检查大漏和焊接质量，合格后再做氦检漏。

干式检漏是对产品充入一定压力的氮气，并通过监测其内部压力变化进而判断产品是否泄漏的一种检漏手段，目前行业内使用最为广泛的是压差测试法。相比氦检，干检设备可以以较低的投入，满足水箱等产品的检漏精度要求，并且干检设备体积更小，没有真空箱限制，防错等辅助功能可以做得更全面，但是相比于氦检漏精度低，节拍长，检测结果易受环境因素影响。

11.2.2　质量控制

换热器制造工艺复杂，零部件组成品类繁多，在实际生产过程中，为了保证换热器芯体的出厂质量，需要做全面的过程工艺特性控制以及成品出厂检验控制。

（1）过程工艺特性控制

换热器需要实现多功能性要求，比如耐振动要求、抗腐蚀能力、年泄漏量要求等。在生产过程中，任何工序的控制偏差都会导致零部件尺寸不满足设计要求，进而造成成品芯体功能性要求无法满足，因此做全面的过程工艺特性控制非常重要，具体工序对应的工艺特性以及关联的产品功能见表11-2和表11-3。

表 11-2　冷凝器工艺特性清单

工序	名称	工艺特性	产品相关功能
1	冲孔	装模高度/闭合高度/冲压速度/润滑油牌号	L
2	冲压	装模高度/闭合高度/冲压速度/润滑油牌号	L
3	顶隔板	推进速度/推进高度	L
4	冲槽	闭合高度/慢速距离/油压/保压时间/润滑油牌号	L
5	铆接	油压/保压时间/润滑油牌号	L
6	氩弧焊	起弧温度/焊接时间	V
7	冲孔	装模高度/闭合高度/冲压速度/润滑油牌号	L
8	冲压	装模高度/闭合高度/冲压速度/润滑油牌号	L
9	预喷钎剂	钎剂材料/钎剂用料	L
10	冲孔+攻螺纹	装模高度/闭合高度/冲压速度/润滑油牌号/攻螺纹速度	L
11	顶隔板	推进速度/推进高度	L
12	铆接	油压/保压时间/润滑油牌号	L
13	冲槽	闭合高度/慢速距离/油压/保压时间/润滑油牌号	L
14	铆接	油压/保压时间/润滑油牌号	L
15	氩弧焊	起弧温度/焊接时间	V
16	翅片机	成形速度/切断速度/复合层方向/润滑油牌号	—
17	制管机	成形速度/切断速度/复合层方向/润滑油牌号	L、C
18	冲压	装模高度/闭合高度/冲压速度/润滑油牌号/复合层方向	—
19	芯体装配	扁管翅片落料速度/压紧力范围	L
20	钎焊	钎剂材料/钎剂用量/钎焊时间/钎焊温度	V、C、L
21	组装+检漏	扭矩设定/扭矩枪速度/氦气浓度/检测压力/时间/漏率设定	L

注：V—震动试验；C—腐蚀试验；L—气密检漏。

表 11-3　水箱工艺特性清单

工序	名称	工艺特性	产品功能相关
1	注塑	注塑工艺/冷却时间	C、L
2	烘干固化	温度/时间/流速/压力	L
3	注塑	注塑工艺/冷却时间	C、L
4	注塑	注塑工艺/冷却时间	C、L
5	组装	扭矩设定/扭矩枪速度	L
6	组装	扭矩设定/扭矩枪速度	L
7	冲压	装模高度/闭合高度/冲压速度/润滑剂牌号	L
8	制管机	成形速度/切断速度/复合层方向/润滑油牌号	L、C
9	翅片机	成形速度/切断速度/复合层方向/润滑油牌号	—
10	冲压	装模高度/闭合高度/冲压速度/润滑剂牌号	L

工序	名称	工艺特性	产品功能相关
11	组装	扭矩设定/扭矩枪速度	L
12	钎焊	钎焊材料/钎焊用量/钎焊时间/钎焊高度	V、C、L
13	注塑	注塑工艺/冷却时间	C、L
14	烘干固化	温度/时间/流速/压力	L
15	注塑	注塑工艺/冷却时间	C、L
16	注塑	注塑工艺/冷却时间	C、L
17	组装	扭矩设定/扭矩枪速度	L
18	组装	扭矩设定/扭矩枪速度	L
19	组装+检漏	扭矩设定/扭矩枪速度/氦气浓度/检测压力/时间/漏率设定	L

注：V—震动试验；C—腐蚀试验；L—气密检漏。

（2）成品出厂检验控制

车用换热器一般需求量较大，每班次生产数量几百到几千不等，一旦出现质量问题，则大概率会是批次性问题，无论是对车企还是零部件企业都会造成较大的损失，甚至会导致生产线停线等重大影响。因此，除了对关键零部件做工艺特性分析和控制，对于换热器芯体总成也需要做相应的质量控制，控制手段主要包括针对一些基础功能的生产过程百检（100%检测）和抽检。

① 尺寸和外观：一般通过检具以及目视做百检。

② 气密：属于百检项，也是换热器工艺流程终端工序。

③ 爆破：每班次抽检，爆破试验可以检验当批次的芯体是否可以满足要求的耐压值，同时通过爆破点的位置可以初步判断芯体的钎焊工艺是否处于正常水平。

④ 内部清洁度和钎剂残留：生产过程抽检，用于评估芯体内部颗粒残留是否满足设计要求。

⑤ 焊接率检查：每班次检查，主要通过金相检查手段判断当批次的芯体焊接质量，相关焊缝长度是否满足金相标准要求，钎焊工艺参数设置是否合理。

11.3 典型失效模式

11.3.1 主板开裂

基于整车不同的运行工况，车内换热器除了要能够承受极限工况下的压力和温度等工作环境外，还要承受整车质保期内常规工况下的压力和温度耐久要求，通常会将此要求折算成一个等效的试验标准用于验证，比如压力交变耐久试验。压力交变耐久试验作为一个重要的换热器设计验证试验，在合理的试验条件设定以及正确的试验操作下，可以有效地识别换热器的设计缺陷，为设计改善提供理论依据。

典型的散热水箱压力交变试验条件：

① 将散热器置于常温环境下，内部通入乙二醇和水体积比为50：50的冷却液。

② 液体介质的压力从30kPa上升到125kPa，经保压后再回到30kPa为一个循环。

③ 循环时间为5s（升压1.25s—保压1.25s—降压1.25s—保压1.25s）。

④ 介质温度为120℃±5℃，0.2Hz循环次数为150000次。

⑤ 试验后进行密封性能检测，水检不漏（250kPa）。

11.3.2　板式换热器内漏

相比于风冷冷凝器，板式换热器一般是两种液体之间通过板片换热。典型的板式换热器（WCC与chiller）压力交变试验条件如表11-4所示。

表11-4　典型的板式换热器压力交变试验条件

参数	板式蒸发器制冷剂侧工况	板式冷凝器制冷剂侧工况	冷却液侧工况
介质	液压油	液压油	液压油或冷却液
介质温度/℃	80±5	80±5	80±5
波形	正弦波	正弦波	正弦波
P_{max}/kPa	1300	3100	300
P_{min}/kPa	100	100	100
频率/Hz	1	1	0.5
循环次数	200000	200000	200000

常见的内漏失效模式，即制冷剂和冷却液系统混流。其失效原因是在高低压作用下，焊接不良的板片形变较大，应力集中区域被撕裂（见图11-28）。针对内漏的改进措施常见方法是改善钎焊工装夹具的设计，增大夹紧力，保证钎焊过程的稳定性（见图11-29）。

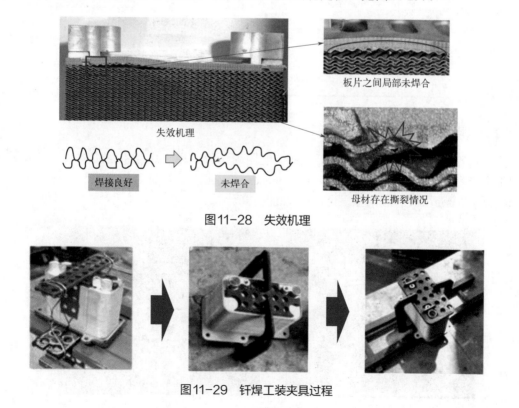

板片之间局部未焊合

失效机理

焊接良好　未焊合

母材存在撕裂情况

图11-28　失效机理

图11-29　钎焊工装夹具过程

11.3.3　腐蚀失效

散热器尤其是集成在前端冷却模块的冷凝器，根据实际应用情况，要求其具有一定的抗腐蚀性能，通常来讲对于应用挤出扁管的冷凝器芯体会采用喷锌防腐，而对于应用折叠扁管的冷凝器通常其材料本身属性就决定了其钎焊后就具有较好的防腐性能，典型散热器外部腐蚀试验条件如表11-5所示。

表11-5　典型散热器外部腐蚀试验条件

项目	参数	合成海盐 ASTM D 1141	
		成分	混合物占比/%
标准名称	ASTM G85 Annex 3	NaCl	58.49
盐雾种类和等级	合成海盐，ASTM D 1141	$MgCl_2 \cdot 6H_2O$	26.46
盐浓度	$42g \cdot L^{-1}$	Na_2SO_4	9.75
醋酸浓度	$10mol \cdot L^{-1}$	$CaCl_2$	2.765
溶液 pH 值	2.8～3.0	KCl	1.645
检查/调整 pH 值的方法	玻璃电极，25℃	$NaHCO_3$	0.477
盐雾箱温度	49℃	KBr	0.238
—		H_3BO_3	0.071
—		$SrCl_2 \cdot 6H_2O$	0.095
—		NaF	0.007
—		总计	99.998

（1）镀锌强化耐腐蚀性

挤出扁管表面会有一层通过电弧喷涂工艺附着的锌，用于扁管本身防腐，但是其无法有效保护扁管和翅片的焊接连接处，该连接处通常容易被快速腐蚀且造成扁管和翅片脱离（见图11-30），进而造成芯体强度减弱和换热性能下降。

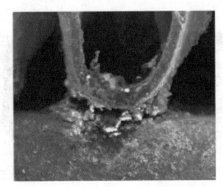

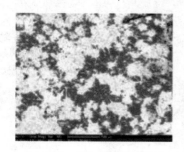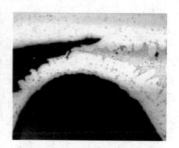

图11-30　扁管和翅片的腐蚀脱离

（2）多层复合材料抗腐蚀处理

折叠扁管一般采用多层复合材料，在防腐机理方面，采用折叠扁管的冷凝器与挤压管有明显差异，多层复合材料在钎焊后会自然形成一层防腐保护层，不会轻易发生翅片脱落，如图11-31所示。

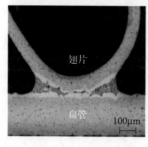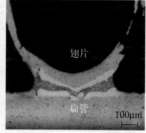

图11-31　多层复合材料抗腐蚀（翅片不易脱落）

第12章

整车热管理运行及实践

12.1 整车热管理的战略意义与发展前景

12.1.1 战略意义

经过近四个"五年规划"的持续发展,我国新能源汽车技术与产业取得长足进步,形成了从整车、核心零部件到基础材料较为完整的产业链,产业规模居世界首位,2020年起,进入快速增长期,2023年新能源汽车产销分别完成958.7万辆和949.5万辆,新能源汽车渗透率达到31.6%,突破量达质变的临界点,提前达成《节能与新能源汽车技术路线图2.0》中2030年目标。新能源汽车对传统燃油车替代趋势已不可逆转。我国新能源汽车已经进入全面市场化拓展期,2025年或2026年渗透率可能达到50%,基本实现《新能源汽车产业发展规划(2021—2035年)》定的"到2035年纯电动汽车成为新销售车辆的主流"的目标。行业内的头部厂家也逐渐从保证功能性的第一代产品平台发展进入追求设计最优化、综合成本最优化的第二代乃至第三代产品平台。

现阶段,新能源汽车对于电耗的重视程度,尤其是真实使用环境中的电耗远不能与内燃机车的油耗相比,随着高效的整车热管理系统的成熟发展,这一情况将在接下来的时间内发生明显的转变。下面将从政策法规、整车厂和消费者三个角度对此进行归纳总结。

(1)政策法规角度

① 中国提出了2030年前碳达峰、2060年前碳中和的目标,在国家目前以煤电为主体的能源结构下,电力的消耗也会转化为对应的碳排放,故而碳积分的出现是必然的。在国家提出的"双碳"目标下,发展新能源电动汽车是践行节能减排、低碳发展的重要途径与措施之一,新能源车的电耗必将被纳入碳积分管理体系。在这一大前提下,新能源车通过强化能量管理系统来降低能耗,具有极强的现实意义。

② 图12-1所示的节能与新能源汽车技术路线图2.0也体现了我国对新能源汽车能耗水平的关注。路线图希望到2025年,技术领先的典型B级电动汽车综合工况电耗小于13kW·h/100km(CLTC);到2035年,小于12kW·h/100km。

③ GB/T 18386.1—2021规定了纯电动车高低温环境开启冷暖风状态下能源消耗和续驶里程试验方法。

④ 2023年12月11日,工业和信息化部、财政部、税务总局《关于调整减免车辆购置税新能

			2025年	2030年	2035年
总体目标	产业链		形成自主可控完整的新能源汽车产业链	进一步完善新能源汽车自主产业链	进一步完善新能源汽车自主产业链
	销量		BEV和PHEV年销量占汽车总销量15%～25%	BEV和PHEV年销量占汽车总销量30%～40%	BEV和PHEV年销量占汽车总销量50%～60%
			BEV占新能源汽车销量的90%以上	BEV占新能源汽车销量的93%以上	BEV占新能源汽车销量的95%以上
	安全		新能源汽车的起火事故率小于0.5次/万辆	新能源汽车的起火事故率小于0.1次/万辆	新能源汽车的起火事故率小于0.01次/万辆
	质量		新能源新车购买一年内行业百车故障率平均值降至小于140个	新能源新车购买一年内行业百车故障率平均值降至小于120个	新能源新车购买一年内行业百车故障率平均值降至小于100个
纯电动汽车	应用领域		在B级及以下乘用车的城市家庭用车、租赁服务、公务车上实现大批量应用	在乘用车和短途商用车上实现大批量应用	在新增乘用车和中短途商用车上实现大范围应用，覆盖绝大多数的公交、物流、市内短途等场景
	关键指标	乘用车	技术领先的典型A级BEV综合工况电耗小于11kW·h/100km(CLTC)	技术领先的典型A级BEV综合工况电耗小于10.5kW·h/100km(CLTC)	技术领先的典型A级BEV综合工况电耗小于10kW·h/100km(CLTC)
		公交客车	技术领先的典型BEV客车（车长12m）综合工况电耗小于65kW·h/100km(CHTC)	技术领先的典型BEV客车（车长12m）综合工况电耗小于60kW·h/100km(CHTC)	技术领先的典型BEV客车（车长12m）综合工况电耗小于55kW·h/100km(CHTC)
插电式混合动力汽车	应用领域		在A级私人乘用车、公务用车以及其他日均行程较短的细分市场实现批量应用	在A级以上私人乘用车、公务用车以及其他日均行程适中的领域实现批量应用	在A级以上私人乘用车、公务用车以及其他日均行程适中的领域实现大量应用
	关键指标		技术领先的典型A级PHEV车型在电量维持模式条件下油耗不超过4.3L/100km，建议纯电续驶里程不超过80km	技术领先的典型A级PHEV车型在电量维持模式条件下油耗不超过4L/100km，建议纯电续驶里程不超过80km	技术领先的典型A级PHEV车型在电量维持模式条件下油耗不超过3.8L/100km，建议纯电续驶里程不超过80km
零部件技术			电池、电机等关键零部件达到国际领先水平，国际批量出口，保持ASIL-D安全水平		电池、电机等关键零部件引领前沿，占据主导地位，保持ASIL-D安全水平

图12-1　节能与新能源汽车路线图2.0

BEV—纯电动汽车；PHEV—插电式混合动力汽车；CLTC—中国轻型汽车行驶工况；CHTC—中国重型汽车测试工况

源汽车产品技术要求的公告》，明确了2024年后，新能源汽车减免车辆购置税政策使用的技术条件和执行要求，明确了绿色节能的方向，统筹考虑行业能耗目标，适度加严电耗、油耗要求（插电式混合动力含增程式），更好引导节能消费，对于GB/T 18386.1—2021检测标准下，低温里程衰减率不超过35%的纯电动乘用车和N1类纯电动货车，适当放宽电池能量密度及续驶里程要求。

（2）整车厂角度

① 现阶段虽然新能源车蓬勃发展，但除了少数头部已形成规模效应企业（如特斯拉、比

亚迪等），多数新能源主机厂仍未实现盈利。

② 数据显示，纯电动汽车的动力电池占据了整车成本的30%～40%，外加电机、电控，整个"三电"系统成本占比将超过50%，而燃油乘用车动力总成系统（发动机+变速箱），一般不超过整车成本的25%。综合动力电池行业数据，基于2023年报价，国内三元锂离子动力电池成本为530～610元·$(kW·h)^{-1}$，从全球锂离子电池包价格趋势来看，2023年末约为760元·$(kW·h)^{-1}$。一块100kW·h的三元电池包成本约为8万元。

③ 南美的玻利维亚、智利、阿根廷计划组建"锂业欧佩克"，短期内高企的锂电池价格还难迎来大幅降价。

④ 大电池包除了自身成本高以外，也会给车辆的空间布置带来极大的挑战，车企也不得不为此付出额外的成本。

⑤ 大容量的电池包对车辆安全性也有较大的负面影响，因为电池包质量极大，纯电动车的整车质量普遍超过内燃机车许多。为了保证同等的安全性，纯电动车在白车身、悬架承重等方面也需要付出额外的成本。

⑥ 如果可以通过高效的能量管理提高整车能效，则可以在达成同等续驶里程的情况下选择较小的电池包，除电池电芯本身的减重，还有利于从电池包结构件、驱动电机选型、白车身设计、悬架设计等方面全方面进行轻量化，从而形成正反馈，进一步提高能效。

（3）消费者角度

① 高性价比　消费者总是希望能买到性价比更高的产品，而高能效带来的成本降低有利于车企在达到同样的盈利预期的情况下，给消费者提供配置更丰富的产品。

② 实际续驶里程　相比于CLTC-P法规测试工况的测试续驶里程，消费者更在意实际运行环境中的续驶表现，优秀的整车热管理系统可以让一年四季的实际续驶里程差距不大，消费者不用因此而产生用车焦虑。

③ 补能速度　新能源车的痛点之一是补能速度，虽然各大厂商也在研究3C、4C等超充方案，但超充的制约更多不在于车端，而在于基建。目前快充桩的建设主力国家电网及星星充电、特来电等商业机构，均以120kW与150kW的充电桩为主，在充电功率受限的情况下，电耗更低的车辆在有限的补能时间内获得更长的续驶里程，有助于缓解补能痛点。

④ 用车成本　我国一直以来都采用工商业用电补贴民用电的方针，但过去几年出现的用电荒也显示这一政策已经难以长久持续。按照国家发展改革委进一步深化电价市场化改革要求，下一步要完善居民阶梯电价制度，逐步缓解电价交叉补贴。使电力价格更好地反映供电成本，还原电力的商品属性，形成更加充分反映用电成本、供求关系和资源稀缺程度的居民电价机制。消费者会更加在意用车成本，最直接的就是电耗的对比。

综上所述，发展高效的整车热管理技术，对于提高客户体验、降低新能源电动汽车的电耗、提升汽车的安全运行甚至促进节能减排都有着重要的现实意义。

12.1.2　整车热管理系统的研究范围与研究目标

新能源车的整车热管理是指在整个汽车中的热能管理和利用，包括但不限于座舱空调系统、电池热管理系统、电机驱动冷却系统及功能类电子电器热管理系统。通过使用制冷剂或载冷剂在各个系统中转运热量并与环境交互来维持系统在合适的温度区间内运行。整车热管理技术不仅有利于汽车的安全运行和提高能效，而且对提高乘客的舒适性至关重要。

（1）新能源汽车整车热管理的研究范围

① 热管理总成系统　定义不同应用场景的新能源汽车需要满足的核心需求，分析需要进行热管理的各部件在不同工况下的温度变化规律，提出满足各种需求对应的总成系统方案与核心技术指标、技术发展方向，设定整车能效指标，制定开源节流的相关改进措施。

② 核心子系统的开发　包括电池热管理系统、驱动电机冷却系统、乘员舱空气处理系统、制冷剂载冷剂管理系统和热管理控制算法与程序等。决定子系统的形式结构，向下拆分核心关键指标与提出可能的技术路径，确定控制逻辑，优化系统参数。

③ 核心零部件的开发　包括电池冷却板、电机冷却回路、空调箱、压缩机、阀组、传感器、换热器、控制器等，核心零部件的技术突破将允许系统达到更高的能效水平，并允许新系统形式的应用，如补气增焓热泵加热、电池制冷剂直接冷却/加热等。

④ 试验认证　包括开发模拟软件、定义测试工况、设计检测装备等，高效的模拟软件与精确的检测装备，有利于缩短开发周期，提高设计可靠性，全面的测试工况有利于让整车热管理系统在真实工况下的效果最优化，降低设计工况与现实工况下的性能差异。

（2）新能源汽车整车热管理的研究目标

① 提高汽车的能量效率；
② 提高汽车使用的舒适性；
③ 确保热安全，避免各子系统因工作温度超限发生失效；
④ 提高整车可靠性，让汽车各子系统工作在合适的温度区间，提高可靠性与延长使用寿命。

12.1.3　整车热管理系统的主要对象与关键技术

（1）新能源汽车整车热管理系统的主要对象

① 热源系统　包括驱动电机、驱动电机控制器、电池组和其他功率部件（辅助驾驶控制器、车辆娱乐系统等），它们与乘客舱共同构成了热管理系统的服务对象，需要对其进行加热或冷却，以维持其在合适的温度区间内运行。

② 热传导系统　包括室内换热器、外部换热器、电池冷却器、电池冷板、水冷冷凝器、蒸发器、风扇、阀组、管路等子系统与部件，它们负责在各子系统间转移热量，实现升高或降低温度。

③ 热转换系统　包括压缩机、PTC加热器、座椅加热器、通风、蓄冷器等部件，在对应工况下，消耗电能并将其转化为内能或驱动循环的势能，是热管理系统的"心脏"。

④ 控制系统　指通过传感器获得各个子系统的工作状态，并对需要进行热管理的各个组件或系统需求进行仲裁，确定系统工作状态，并下发指令给各个执行部件以达成预定的控制效果，是热管理系统的"大脑"。

（2）新能源汽车整车热管理系统的关键技术

① 热管理总成系统　包括对典型车型与工况进行能耗分解，提出具有前瞻性的能效目标。基于功能模块组合，开发完善的控制架构与仲裁机构及基于机器学习的自动标定方法。

② 核心子系统　包括面向3C及以上倍率超充的电池冷却方案；低温电池快速升温方案；乘员舱面向乘客的微气候管理系统；提升子系统的功能安全等级（ASIL）和可靠性；高通用

性、模块化、适用各种车型的阀组；针对现实工况的更高效率的控制算法；乘员舒适性建模分析与模拟算法；客舱温度预测算法；高泛用性，控制子功能模块化的控制方案。

③ 核心零部件 包括补气增焓压缩机，大排量压缩机，高转速压缩机电机，电池直冷冷却板，高可靠性控制器，耐高温、高压、高抗扰的传感器，高精度、大可调范围、低成本的电子膨胀阀，低泄漏制冷剂密封方案，低冷媒充注量技术，相变储能材料等。

④ 试验认证 包括模型在环仿真、软件在环仿真、硬件在环仿真平台与设备；高速、日常通勤、过渡季节除雾、冬季超充、室外冷车启动、小负荷工况、插桩预处理等工况的开发与测试设计；设计高效实时的远程协同测试平台，测试数据云端处理等。

12.2　整车热管理的控制理念与分类

12.2.1　热管理系统的控制理念

在近年来的产品开发中，为了更好地解决补能焦虑，改善快充体验，各个厂家都开始提高对极端气候条件下快充性能的要求，这体现为对于热管理系统夏季电池降温、冬季电池升温需求的提升，而此类需求则会进一步转化为对热管理系统的高要求。在传统车企，各个子系统往往会基于最恶劣的工况提出各自的需求，如夏季汽车暴晒后，电池系统为保证大功率快充的充电效率，提出43℃高温时的冷却需求，而空调系统为保证座舱乘员的舒适度，同样提出43℃时急速降温；对于冬季过夜冷车，电池系统提出-18℃时，需迅速将电池包升温至25℃以保证快充功率，空调系统要求座舱快速升温保证舒适性。若将需求简单地叠加会对热转换与热传导器件（制冷：压缩机、冷凝器；加热：PTC加热器、外部换热器）提出极高的需求，如要求电动压缩机排量达到50mL以上，或PTC加热器加热功率超过10kW，这种从分散的子系统提出各自需求，自下而上的流程往往会造成较为不合理的设计冗余，因为车辆的使用场景中需要如此大的换热量的工况极少，且仔细分析后都可用其他替代手段满足。为了避免此类低效设计的出现，设计出真正高效的整车热管理系统，应当建立科学的设计与控制理念。

（1）㶲的梯级利用

车辆中需要进行热管理的子系统主要包括座舱（乘员）、电池包、电驱系统（包含驱动电机与电机逆变器）、高算力功能类电子电器（如中央域控制器、辅助驾驶控制器等），各子系统在不同工况下的温度、载冷剂的温度、需要处理的功率均有不同，而在调配各系统热量时，应尽量遵循㶲损最小的原则。

取暖时，应优先从温度（㶲值）低的热源汲取热量，渐次提高热源的品位，在其他热源的能量都充分利用后，再选择㶲值最高的PTC加热器（由电能直接进行转化）获取热量。

制冷时，应优先对载冷剂温度要求最低（㶲值最高）的器件进行冷却，按需求温度升序的顺序，渐次进行冷却，同时对于环境温度以上的冷却需求，在换热量可以满足的前提下，避免消耗电能可直接采用制冷剂进行冷却。

（2）能效最优的标定思路

车辆热管理系统中的风机、压缩机、水泵、PTC加热器、换热器等器件均有各自的高效运行区间，标定过程中应尽量让器件运行在其高效区，以便实现整体的能效最优化。此外，系统在有多种路径达成同样的热管理效果时，应尽量优先选择能效最优化的路径。以某具体案例分析如下：

【案例1】对尺寸相近、空调控制温度也几乎相同的A、B车同时进行中国轻型汽车行驶工况（CLTC）低温测试，结果如图12-2所示。测试结果显示取暖效果相近时，A车能耗为B车的2.3倍，其原因是A车PTC加热器始终处于变工况状态下，PTC加热器运行在低效区间，造成能量浪费。进一步分析发现，A车室内温度控制设置的阈值不合理，导致系统过度敏感。

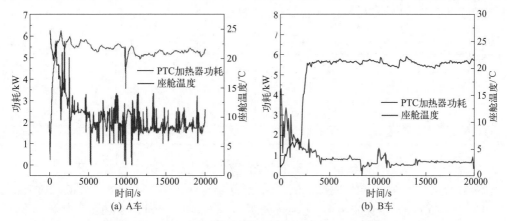

图12-2　PTC加热器功耗及座舱温度与工作时间的关系

【案例2】图12-3为一车型的电池冷却器（chiller）工作循环图，电池冷却器在100s时开启，开启时冷却液入口温度为37℃，到200s时水温已降至28℃，此后直到680s时水温才降到25℃，电器冷却器关闭。480s后仅降温3℃，高效区集中在开启时的100s内，如调整电池冷却器开关的温度阈值，则可以使系统始终运行在高效区间。同理，在决定系统的运行工况时，应尽量使系统处于高效区，如在进行客舱与电池冷却时，在对噪声、振动与声振粗糙度（NVH）、器件耐久无显著影响时，应尽量采用高蒸发温度、高风量和高水流量工况；加热时应尽量采用较低水温、风温、高风量和高水量工况。

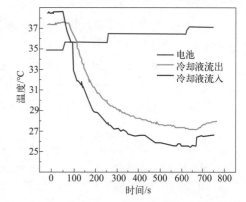

图12-3　电池温度与冷却水进出口温度

（3）基于系统优先级的能量分配原则

整车的能量管理系统由多个子系统组成，各子系统在不同工况下对热管理系统的需求也不同，基于系统优先级进行仲裁，从而决定热管理系统的能量分配，会更有利于设计高效的热管理系统，防止硬件的过设计，从而达到节省成本、提高能效的目的。表12-1列出了部分子系统的温度需求。

表12-1　部分子系统的温度需求　　　　　　　　　　　　单位：℃

项目	座舱	电池	电机	辅助驾驶芯片（以NVDIA Orin为例）
理想温度区间	18～25	15～35	<135	0～120
失效温度区间	<0，>40	<-20，>60（仅供参考）	—	—
比热容	中	极大	小	微

综合考虑各子系统温度需求后，可以根据不同工况，赋予各子系统对应的优先级，如表12-2所示，表内的值仅供参考。

表12-2 子系统对应的优先级 单位：℃

优先级	座舱			电池	
	温度区间	工况		温度区间	特殊工况
优先级1	设定温度±1			$15 \sim 35$	
优先级2	$15<X<18$，$25<X<30$			$0<X<15$，$35<X<50$	
				$15 \sim 35$	超充或超充预备
优先级3	$8<X<15$，$30<X<35$			$X<0$	
	任意温度	短途出行		$0<X<15$，$35<X<50$	超充或超充预备
优先级4	$X<8$，$X>35$			$X<0$，$X>50$	超充或超充预备
优先级5				接近失效温度	极恶劣工况时

在系统运行时，根据优先级决定能量的分配，对于上表的情况，示例如下：

① 冬季，车辆于-10℃户外放置一夜，电池与座舱均约-10℃，第二天早上开车出远门。

阶段1：启动时，座舱优先级4，电池优先级3，加热功率全部用于加热座舱。

阶段2：座舱温度大于8℃，电池包温度低于0℃，分配部分功率（示例：20%）用于加热电池。

阶段3：座舱温度大于15℃，电池包温度依然低于0℃，分配更多热量用于加热电池（示例：40%）。

阶段4：座舱温度达到目标温度，电池温度高于0℃，热管理系统功率用于维持座舱温度，电池依靠自发热缓慢升温。

② 冬季，车辆于-10℃户外放置一夜，电池与座舱均约-10℃，第二天早上开车去进行超充。

阶段1：启动时，座舱优先级4，电池优先级3，加热功率全部用于加热座舱。

阶段2：座舱温度大于8℃，电池包温度低于0℃，分配较多功率（示例：40%）用于加热电池。

阶段3：座舱温度大于15℃，电池包温度依然低于0℃，分配更多热量用于加热电池（示例：60%）。

阶段4：座舱温度达到目标温度，电池温度高于0℃，热管理系统功率维持座舱温度，剩余功率全用于加热电池，尽快使电池包升温至超充高功率区间。

③ 冬季，环境温度-10℃，车辆停放于地库，电池与座舱均约7℃，第二天早上开车短途通勤。

阶段1：启动时，座舱优先级4，电池优先级2，热泵系统抽取空气与电池的热量用于加热座舱。

阶段2：座舱温度升至8℃以上，由于短途出行工况，座舱优先级3，电池优先级2，热泵系统继续抽取空气与电池的热量加热座舱。

阶段3：电池温度接近0℃时，电池与座舱优先级同为3，热泵系统不再从电池系统抽取热量。

④ 夏季，环境温度35℃，车辆超充结束后立刻爬陡坡工况，电池系统接近失效临界温度，且BMS计算电池系统仍处于升温趋势，电池系统优先级5，热管理系统忽略座舱的热管理需求，优先满足电池系统的热需求，富余制冷能力用于冷却座舱，如仍无法满足，则将目前可以提供的最大能力提供给BMS，由BMS据此决定对驱动系统进行限制功率或停止输出动力。

实际整车使用时会遇到的工况非常复杂，还需要结合诸如冷却液温度、冷媒压力、冷媒温度等参数进行综合考虑，设计者需要仔细考虑所有的工况并进行分配，赋予不同工况下的子系统对应的优先级，以便实现精确高效的控制。

（4）子系统的解耦与复用

不同车辆，由于级别不同、类型不同、价位不同，其热管理系统往往会有较大区别，故而对整车热管理进行解耦，按子系统与感知、仲裁规控、执行的层级进行解耦，然后对应每个大类并发一个包含所有功能的master版本，为每个功能定义好标准的接口。在具体应用时从各个master系统的功能中提取本项目所需的、可实现的功能进行组合复用，形成对应该项目的控制方案。如此，可获得以下优势：

① 增强系统的可维护性和可扩展性：解耦可以减少子系统之间的耦合，使得系统更易于维护和扩展，便于独立标定与迭代优化。

② 提高代码的复用率：复用已经开发过的功能模块，可以缩短开发周期并降低成本。

③ 提高系统的可靠性：避免因为一个子系统的故障导致整个系统故障的风险。

④ 提高系统的可测试性：解耦可以使得子系统的测试和集成更加简单。

⑤ 增强系统的可读性和可理解性：解耦可以使得系统的设计更加清晰，代码更易理解和维护。

除了考虑以上的设计准则外，在实际开发中还需要考虑系统运行NVH、乘员舒适性等因素，根据车辆定位选择侧重的设计方向。工况运行逻辑图如图12-4所示。

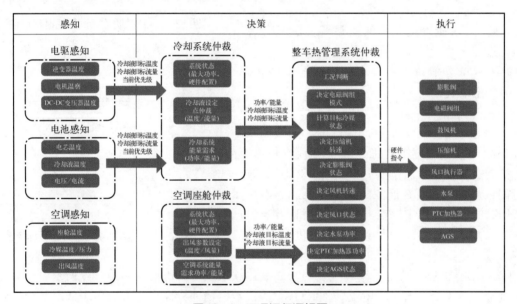

图12-4　工况运行逻辑图

AGS—主动进气格栅；DC-DC变压器—直流-直流变压器；PTC加热器—正温度系数加热器

12.2.2　整车热管理系统的分类

（1）空调系统的分类

纯电动汽车空调与传统内燃机车相比，制冷的主要区别在于传统内燃机车为非独立系统，由发动机带动皮带轮压缩机运行实现蒸汽压缩循环制冷，取暖则主要依赖发动机废热。另外，纯电动汽车的空调系统为独立系统，制冷由电动压缩机驱动实现蒸汽压缩循环制冷，制热主要分为电热加热与热泵加热两大类，同时根据传热介质的工作原理，这两类系统又可进一步细分，具体分析如下。

1）蒸汽压缩循环类型分类

① 常规蒸汽压缩循环。蒸汽压缩循环压焓原理可参考图12-5，特点是产业成熟度高，成本低，应用经验丰富，可适用于包括R134a、R1234yf、R32、R290等大多数制冷剂。

图中：

2s′-2s：表示制冷压缩机压缩后的制冷剂蒸气经过排气阀的压降过程。

2s-3：表示制冷剂蒸气经排气管进入冷凝器的冷却、冷凝和压降过程。

3-3′：表示制冷剂液体的过冷和压降过程。

3′-4′：表示制冷剂液体的非绝热节流过程。

4′-1：表示制冷剂在蒸发器中的汽化和压降过程。

1-1′：表示制冷剂蒸气的过热（有益或有害）和压降过程。

1′-2s′：表示制冷剂蒸气在制冷压缩机内实际的非等熵压缩过程。

② 补气增焓蒸汽压缩循环。补气增焓蒸汽压缩循环原理图如图12-6所示，通过增加补气回路，提高系统在极端温度下的工作效率与制冷制热能力，扩展空调系统的工作范围，可减少对辅助加热系统的依赖，但也存在产业成熟度较低、成本高、补气回路的设计与标定较难、专用压缩机的泄漏与耐久挑战大、关键零部件由少数零部件供应商掌握等挑战。

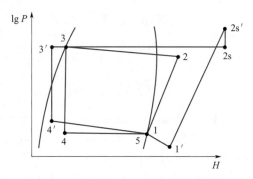

图12-5 蒸汽压缩循环压焓原理图

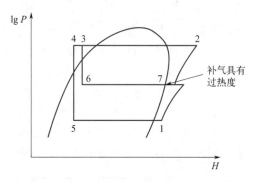

图12-6 补气增焓蒸汽压缩循环原理图

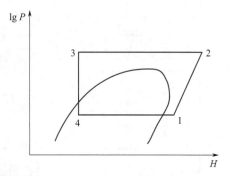

图12-7 二氧化碳跨临界循环压焓图

③ 跨临界循环。跨临界循环主要用于二氧化碳系统，其压焓图如图12-7所示。二氧化碳具备制冷剂成本低、自身环境友好、低GWP等优点，物理特性也适合应用于低温与极低温场景，但存在产业成熟度极低、系统压力极高、零部件供应商少、系统易泄漏、夏季制冷量大但制冷效率低、冬季制热量大但制热效率一般等缺点，推广仍存在较大挑战。

2）制热方式分类

① 电热加热，特点是稳定性好，易于控制，常见于中低端车及传统汽车制造商（OEM）前期开发的产品，主要包含：

a. 风热式。多为PTC元件加热，通过PTC元件直接将电能转化为热能，并通过空气传入舱内，优点是升温迅速，系统简单易于控制；缺点是能效低，高压器件进入座舱有较大的安全风险，不能兼容内燃机车的空调箱，需要进行针对性设计。

b. 水热式。有 PTC 元件加热与电热膜加热等多种形式，以 PTC 元件加热为主流，PTC 元件发热后加热冷却液，冷却液通过暖风芯体与室内空气换热，优点是与传统内燃机车系统兼容性好，高压器件无需进入座舱，可以兼具加热电池功能，控制简单；缺点是能效较风热式更低，升温具有迟滞性，短途行程能耗更高。

② 热泵加热，特点是能效高，正逐渐成为市场的主流，但也有控制困难、系统泄漏点多、随气温降低效率与制热量降低的缺点，各家系统达到的能耗水平也参差不齐，且由于低温时（尤其低于−10℃后）制热能力不足，普遍需要增加辅热系统（注：如无特别说明，本文所述热泵皆指从空气中获取能量的空气源热泵）。图 12-8 介绍了四种热泵加热形式下车内换热原理。

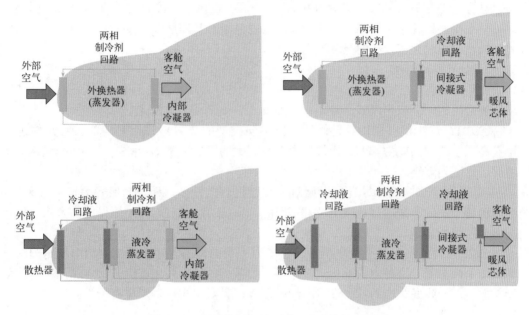

图12-8　四种热泵加热形式下车内换热原理图

a. 空气至冷媒（制冷剂）至空气直接式。在室内侧与室外侧均直接由冷媒与空气进行换热，实现座舱加热。其优点是无需载冷剂参与，理论传热损失最小，效率高，热响应速度快，系统接口数量较少，泄漏风险低；缺点是冷媒直接进入车内，换热器温度均匀性较差，较难获得良好的出风温度均匀性，高压冷媒容易产生较高的噪声，对于 R290 与 CO_2 这类具备潜在风险（可燃、极高压）的冷媒，有额外的安全挑战，热泵热量不足时，需设置风热 PTC 元件补热，无法与电池系统共用水热 PTC 元件（如电池采用水冷/热方案）。

b. 空气至冷媒至冷却液至空气式。在室外侧由冷媒与空气直接换热，冷媒此后经由板式换热器与冷却液换热（此时该板式换热器起蒸发器作用），室内侧由冷却液通过暖风芯体与室内空气换热实现加热。其优点是室内侧空调箱设计可与燃油车型共用，有利于车企零部件平台化，冷却液经由暖风芯体换热，温度均匀性较好，噪声低，热泵制热量不足时，可与电池水热系统共用水热 PTC 元件补充热量。缺点是增加了额外的传热过程，产生额外的传热温差与传热效率损失；系统加热座舱前需要先加热冷却液，热响应度较差，短途旅程时存在较多的热量损失；管道连接较多，增加泄漏风险。

c. 空气至冷却液至冷媒至空气式。在室外侧由冷却液与空气换热，冷媒经由水冷冷凝器与冷却液换热，室内侧直接由冷媒与室内空气换热实现加热。其优点是室外侧只需要设置一个换热器，有利于汽车前端设计；室内侧直接与空气换热，热响应度好；冷却液回路连通电池与电驱，便于废热利用。缺点是增加了额外的传热过程，产生额外的传热温差与传热效率损失；热泵热量不足时，需设置风热PTC元件补热，不便于使用水热PTC元件补热；冷媒直接进入车内，换热器温度均匀性较差，较难获得良好的出风温度均匀性，高压冷媒容易产生较高的噪声，对于R290与CO_2这类具备潜在风险（可燃、极高压）的冷媒，有额外的安全挑战；管道连接较多，增加泄漏风险。

d. 空气至冷却液至冷媒至冷却液至空气式。室内侧与室外侧均由冷却液与空气换热，冷媒在蒸发侧与冷凝侧都需要与冷却液换热。其优点是冷媒循环系统可以高度集成，采用全焊接结构，大幅减少泄漏风险，实现平台标准化；更换冷媒类型时，车辆只需设计微调；热管理系统开发可以独立于车辆开发；便于使用R290与CO_2等存在风险的冷媒。缺点是双二次循环，传热温差与效率损失为各系统最高，系统效率最低；系统加热座舱前需要先加热冷却液，热响应度较差；短途旅程时存在较多的热量损失。

3）辅助加热系统分类

辅助加热系统是指在热泵系统中为了弥补低温制热能力不足而采用的一种补偿措施。表12-3列举了四种常见的辅助加热模式，具体特性如下。

① 风热PTC元件和水热PTC元件加热。不同类型的热泵会采用对应的PTC元件进行补热，以提高系统的制热能力。PTC元件与电热系统中的发热体基本一致，但其功率通常会根据实际情况进行适当缩小。

② 电驱系统余热回收。尽管电机相对于发动机高效许多，但运转时也会产生额外热能，尤其当车辆处于制动、减速、行驶上坡等情况时。系统可以通过回收电驱系统的余热，以实现座舱与电池系统的加热。

③ 电驱低效运行产热。有些车型在加热能力不足的情况下，会通过主动降低电驱动系统的效率来增加产热量。这种方式的优点在于不需要额外的硬件投入，但其缺点是效率普遍低于PTC元件加热，会降低车辆的行驶性能和续驶里程，且对电机的寿命也有较大的影响。最早见于特斯拉的Model 3。

④ 电池包储热。电池包是车内热容最大的零部件之一。在特定工况下，空调系统可以通过热泵系统抽取电池包的热量，实现电池包冷却和车内加热。另外，在特定的短途行程中，还可以充分利用电池包的储热能力，以提高车辆的整体能效，减少热能在停放过程中的自然耗散。

各大OEM的空调系统基本都可以看作以上几类系统的排列组合，前面提及的所有技术路线在不同的车型和品牌中都有应用。当然，由于不同汽车制造商的技术水平和研发重点的不同，它们在具体的系统设计和实现上可能会有所不同。例如，一些豪华品牌的高端车型可能会配备更加复杂的辅助加热系统，采用多种加热方式的组合，以达到更高的加热效果和更好的驾乘体验。

表12-3　四种常见的辅助加热模式

蒸汽压缩循环	主要制热	电池热管理系统	辅助加热
常规	风热PTC元件	风冷	风热PTC元件
补气增焓	水热PTC元件	水冷	水热PTC元件
跨临界循环	A-R-A式热泵	制冷剂直冷直热	电驱系统余热回收+水热PTC元件
	A-R-W-A热泵	浸没式	电驱低效运行产热
	A-W-R-A热泵	相变材料蓄热	电池包储热
	A-W-R-W-A热泵		

注：A—空气；R—制冷剂；W—水。

（2）集成式与分布式系统

整车热管理系统根据其分布特性可以分为集成式与分布式两大类，以及部分集中的过渡状态，各个主机厂会基于各自的设计理念、工程能力、历史路线等因素选择合适自己当前状态的技术路线。

1）集成式热管理系统

图12-9介绍了集成式热管理系统，该系统将整个车辆需要热管理的各个子系统集成在一起，在软件上甚至硬件上实现各子系统的统一控制，系统根据所有传感器返回的信号进行工况判断与仲裁，统一控制和调节电池组、电机和车内的温度。该系统具有高度的自动化和智能化特点，可以根据车辆的状态和环境来自动调节热管理系统的工作状态。此外，由于集成式系统减少了独立模块的数量，因此具有更高的可靠性和更低的维护成本，但对应地，开发难度更大，系统变更灵活性相对更低，尤其是硬件集成式，与传统系统尤其难以兼容。

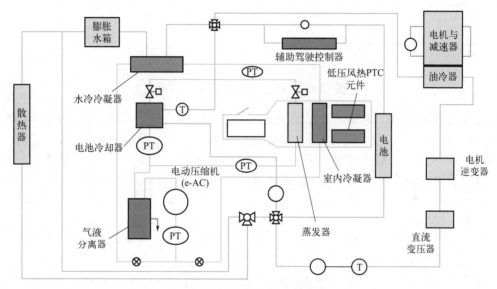

图12-9 集成式热管理系统

2）分布式热管理系统

图12-10是典型的分布式热管理系统，是将热管理系统按子系统，甚至二级子系统进行拆分，每个子系统拥有自己的控制器和传感器，可以独立完成特定的功能，同时根据系统要求将部分原始数据或处理过后的特征数据传输给其他子系统，通过协同工作来实现整个车辆热管理的目的。分布式系统优点是具备较好的兼容性，可以复用已经设计好的传统模块，配合优秀的架构设计，也会有利于各个子系统进行技术迭代，降低系统的耦合程度。但缺少优秀架构设计时，也容易导致传感器重复设置，系统复杂度提升，增加车辆布置难度，标定工作繁杂，生产、物流、物料和维护成本提升。

特斯拉是业内率先使用集成式热管理系统的电动汽车品牌，集成的设计思路在Model 3上首先通过超级水壶的方式应用，在Model Y上热泵系统达到成熟。图12-11展示了特斯拉Model Y集成热管理模块，通过八通阀的换向实现不同条件下的系统工况切换，系统的能量可以在电驱、电池、座舱间灵活地转运，系统的设计思路非常先进，具体性能表现上还未能对分布式系统实现质变级的提升，但通过标定优化的空间依然巨大，且组装时间、单件成本已获得巨大优势，虽然有稳定性尚待验证、质量表现挑战大等风险，但依旧是非常成功的工程方案。

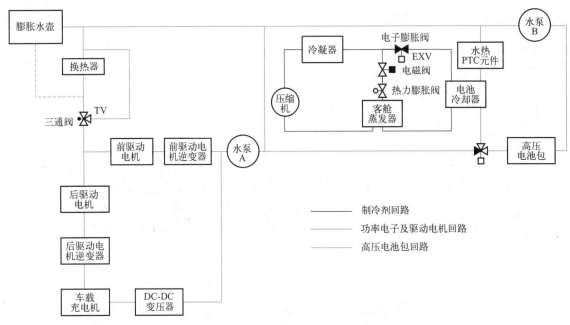

图12-10　典型的分布式热管理系统

　　宝马作为传统OEM中电动化积累较早较深的企业，宝马i3作为集团在2014年推出的首款量产电动车型，采用了技术相对成熟的分布式系统。系统分为电池组冷却系统、驱动电机冷却系统与车内空调系统三个子系统，各自拥有自己的控制器与传感器，独立调节各子系统，实现了系统的稳定运行，对应地，系统成本很高，各系统孤立的情况下也难以达到最佳能效。

　　比亚迪海豚集成阀组保留了集成式与分布式系统各自优点的部分集成系统（如图12-12所示）。该系统通过集成阀组将电磁阀、电子膨胀阀、单向阀、PT传感器、板式换热器、气液分离器等通过新的装配方式和工艺进行高度模块化集成，实现了简化整车空间布局，减少前舱管路布局凌乱，降低成本；并同时能实现采暖、制冷、除湿、电池温控、电机温控等各种功能需求，而且压缩机、集液罐等部件依然保持独立，阀组本身通过改换流道、增减控制阀可以实现对不同系统的适配。e3.0车辆平台为冷媒直冷直热式热泵，同时，通过增加集成水路附件，也

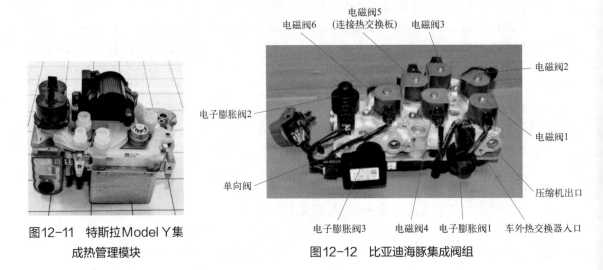

图12-11　特斯拉Model Y集
成热管理模块

图12-12　比亚迪海豚集成阀组

可以兼容水冷系统，灵活的架构使这套系统可以灵活适配于不同级别、不同类型的车型中。

12.3　热管理系统的功能安全设计

随着整车应用的芯片算力不断提升，控制系统可实现的功能越发丰富，特别是在功能安全方面，其地位在开发过程中变得更加重要。在笔者开发的热管理控制软件项目中，诊断功能占据了该系统模型量的40%以上，成为该系统的核心功能之一。本节将介绍热管理系统及其关键零部件的诊断功能开发思路。功能安全设计是根据失效模式与效应分析（FMEA）逐步完善的，由于各主机厂选择的零部件供应商不同，因此同一零部件失效的原因也可能不同。因此，本节提供的内容仅供参考，需要工程师根据实际情况进行创新和拓展。

12.3.1　诊断功能设计

诊断功能设计，需要依据《道路车辆——统一诊断服务（UDS）》（ISO 14229）开展。表12-4总结了几种常用的诊断服务，其中0x22服务通过标识符读取控制器变量信息，帮助分析车辆故障原因；0x2F服务则可以通过标识符对输入输出进行控制，改变传感器的输入或强制控制执行器的输出；0x31服务可通过标识符实现系统的一系列动作。此外，0x19服务还可以读取控制器的故障码（diagnostic trouble code, DTC），这是售后维修中常用的功能之一，后续的快照功能和跛行设计也是围绕故障处理开展的。

表 12-4　热管理常用诊断服务

SID	服务
0x22	按标识符读取数据
0x23	按地址读取内存
0x2E	按标识符写入数据
0x2F	按标识符输入输出控制
0x14	清除诊断信息
0x19	读取DTC信息
0x31	例程控制

12.3.2　零部件故障诊断

热管理系统中包含多种零部件，其中包括传感器和执行器，这些零部件可以根据信号来源分为硬线信号和LIN信号等。通常来说，传感器的故障诊断相对简单，需要硬件电路配合识别故障；执行器，特别是高压执行器的诊断则相对较为复杂，由执行器驱动识别，通过网络发送给控制器。本书附录附表1列举了热管理系统中常用的故障码。通过分析附录附表1所述热管理系统常用故障码，可以得到以下一些结论：

不同零部件的故障诊断之间存在一定共性，如传感器的诊断通常包括对电源短路、对地短路/开路等故障，执行器的诊断往往包含执行器超温、过压欠压、过流、卡滞等故障。

各个零部件之间存在信息的冗余，部分信息可以互相校验，但实际没有得到充分利用。例如，当车辆熄火静置一段时间后，所有温度传感器的数值应该趋于一致。如果有某个温度传感器的数值与其他温度传感器的数值有较大偏差，这可能是该传感器出现了故障。

对零部件正常运行和故障时关键参数的边界没有记录，这对于故障分析来说是一项重要的信息。如果记录这些信息并结合云服务，可以从统计学的角度分析故障，进而指导产品设计。

为了进一步优化诊断逻辑，可以考虑采用基于功能安全的零部件诊断策略。

根据《道路车辆功能安全》（ISO 26262）的要求，为了达到较高的功能安全标准，必须从不同的渠道获取诊断信息。基于功能安全标准，可以设计四种标准的零部件诊断，反馈高于限值、反馈低于限值、波动性检测和反馈合理性诊断。基于标准化诊断模型的策略，可以完全覆盖基于故障码的策略。

在实际开发过程中，由于反馈故障范围设置不合理、零部件供应商切换等因素的影响，误报码的情况时有发生，因此，临时关闭部分诊断对推动开发非常必要。四种标准诊断的介绍如下：

反馈高于限值 n 和反馈低于限值 m，需要确定反馈值的物理范围 $[m,n]$。反馈值超过物理范围一定时长 t_d，则需要反馈故障码。

波动性检测需要检测当前值 $P(t)$ 与上一时刻值 $P(t-1)$ 的差异，由于控制器的运算周期通常很短（毫秒级），因此物理量在周期内的变化量是有限的，如果变化过大，则认为反馈值波动过大；另外，需要对多个周期的当前值 $P(t)$ 与上一时刻值 $P(t-1)$ 的差值进行绝对值求和，如果求和结果过大，则认为稳定性较差。

反馈合理性诊断的功能是通过分析数值是否合理来进行诊断。为了满足功能安全要求，需要比对反馈值与不同来源的参数，如果差异过大，则需要反馈故障码。简单来说，在设计合理性诊断策略时，可以将控制器视为一位经验丰富的系统工程师。例如，在整车静置了一夜后，当刚上车没有打开空调时，所有传感器的实际温度应该都接近环境温度。此时，系统工程师可以使用数采设备读取车上的高压压力传感器和低压压力传感器的值，这两个值应该都接近当前环境温度对应的饱和压力。如果发现数值差异较大，就需要分析某个压力传感器是否存在异常。另一个例子是，在制冷工况下，如果发现系统过冷度非常大，且系统压力偏高，系统工程师就会怀疑是否制冷剂充注过多。总之，系统工程师可以通过系统参数得出的结论，都可以转化为诊断策略。未来，系统工程师的工作负担可能会大大减轻，甚至大部分初级系统工程师都不再被需要。

在进行合理性诊断时，首先需要确保反馈值相关的参数正常，以压缩机电流诊断为例，比如小电瓶的电压、压缩机的转速请求、电流有效性信号、压缩机转速有效性信号、低压压力有效性信号、高压压力有效性信号、高压电有效性信号、压缩机进口制冷剂温度有效性信号和电机电流有效性信号。总之，在进行合理性诊断时，需要保证系统运行相关参数的有效性和合理性。如果系统存在我们关注的反馈值以外的故障，是无法开展诊断工作的。此外，反馈值的异常要达到一定时长才能报故障，因为执行器响应控制目标值需要一段时间，一味追求目标值与反馈值的完全一致也是不合理的。

以上四种标准诊断可采用可复用的标准模型进行设计，以实现诊断模型的规范化和需求分析的标准化。基于一套模板从不同零部件供应商获取相应的产品信息，然后汇总归档，可以更好地管理诊断需求。未来，甚至可以开发专门的工具，通过导入收集到的信息，自动生成诊断模型或诊断代码，从而减少应用层的需求管理工作量。

下面详细介绍三种合理性诊断。

（1）高压执行器合理性诊断

热管理系统中最为关键的零部件无疑是压缩机，因此其诊断功能尤为全面和细致。以压缩机的电流传感器为例，可以通过建立物理模型，比如通过功率和电压计算电流值，与电流传感器的采集值进行比较；对于压缩机电压传感器，可以比较压缩机反馈的电压值与电池反馈的电压值；压缩机的中央处理器（CPU）、绝缘栅双极晶体管（IGBT）和电容温度，也可以互相比较；压缩机转速则需要在反馈转速和目标转速间比较，转速可能偏高或偏低。

另一个常用的高电压零部件是高压加热器，在大多数热管理架构中都会用作补充热源。通常高压加热器会内置测量出口水温的传感器，其反馈值可以与外置的高压加热器出口水温传感器进行比较，以判断水温的合理性；另一个思路是，在高压加热器停止加热且水泵运行一段时间后，通过比较内置的高压加热器出口水温与外置的高压加热器进口水温来判断其合理性。高压加热器反馈电流是另一个需要诊断的参数，对于进行功率控制的高压加热器，也可以采用类似方法，反馈电流与目标电流相比偏高或偏低都需要反馈故障码。

（2）低压执行器合理性诊断

在热管理系统中，大多数执行器都是通过电机来驱动的，其中也包括许多步进电机。对于步进电机的反馈位置与目标位置差异较大的情况，如果经过一段时间后未达到一致，就需要反馈故障码。此类执行器常见的有电子膨胀阀、多通水阀和风门电机等。另外，电子水泵在电动车中的应用也越来越广泛，由于布置不合理、冷却液充注等因素，故障也比较常见。在这种情况下，通常需要关注反馈电流和反馈转速。对于反馈电流，可以通过水泵转速和水温估算其电流的上下限进行比较；对于反馈转速，则需要比较反馈转速与目标转速。

（3）传感器合理性诊断

在进行传感器的诊断时，需要考虑整车浸车后的温度分布。例如，对于chiller出口制冷剂温度传感器，可以在压缩机停止运行且截止阀保持开启状态、电子膨胀阀开度大于一定步数一段时间后，比较低压压力传感器反馈值对应的饱和温度与chiller出口制冷剂温度传感器的反馈值。另外，对于温度传感器的合理性判断，在整车热源/冷源停止工作一段时间后，所有传感器的温度都应该与环境温度趋于一致。

在对压力传感器进行诊断时，可以在压缩机停止运行且截止阀保持开启状态、电子膨胀阀开度大于一定步数一段时间后，比较高压压力传感器与低压压力传感器的反馈值，确保它们趋于一致。

对于水温传感器，在压缩机、高压加热器停止运行一段时间，水泵以一定转速保持运行期间，比较各水温传感器的反馈值。

类似地，对于乘客舱中的各种传感器，如车内温度传感器、出风温度传感器都可以采用类似策略。在冷源/热源切断一段时间后，判断传感器间反馈值的差异，也可以和环境温度传感器比较，以进行合理性检验。

从以上描述可以看出，诊断功能可以进一步打散，比如温度诊断，包含温度传感器采集到的和执行器内温度传感器采集到的；电流诊断，主要是电机内的电流传感器/芯片采集到的；转速诊断；位置诊断；等等。前面已经介绍了不少诊断实例，对于一些没有提到的传感器、执行器，都可以采用类似的诊断逻辑。在开展基于功能安全的零部件诊断时可以参考本书附录附表2。

12.3.3 制冷系统诊断策略

目前热管理系统的诊断往往只有制冷剂泄漏诊断，而未来的系统级诊断可以从多个角度进行开发。对于热管理系统中存在多来源的同一参数，都可以开展系统诊断。比较典型的，在换热器计算中，利用两侧流体换热量相同的规律开展诊断，对电池冷却用板式换热器来说，可以从制冷剂侧和冷却液侧分别计算其换热量进行诊断；对蒸发器来说，可以从制冷剂侧换热量与空气侧换热量分别计算其换热量进行诊断。另外，对于制冷剂的质量流量，一方面可以根据压缩机进口制冷剂状态和压缩机转速计算，另一方面可以通过电子膨胀阀两侧压差和通流面积计算，二者对比开展制冷剂质量流量诊断。对于系统性能参数在短时间内迅速下降的零部件，可以诊断出系统零部件发生故障；对系统性能参数在较长时间尺度下缓慢下降的，可以诊断出系统零部件逐渐老化。此外，通过对系统参数的监测，可以对系统制冷剂充注量是否合适进行诊断。

要开展较为细致的系统诊断，需要在控制算法中建立较为精确的物理模型，特别是制冷剂流量，甚至需要根据实验建立较为复杂的经验模型。这样的系统级诊断可以帮助优化系统性能，提高热管理系统的可靠性和稳定性，对于未来的智能化、自主化、安全化、绿色化发展也具有重要意义。

12.3.4 故障出现后的处理

（1）故障后的执行器动作

在出现故障后，部分执行器需要执行动作。比如，在执行器故障影响乘客舱除霜功能后，需要将温度风门驱动至全热位置，将模式风门驱动至吹窗位置。在步进电机位置故障后，让步进电机先开到最大位置，再关到最小位置的动作，称为双端初始化。以上动作可能会消除步进电机位置故障。还有一种让步进电机关到最小位置的动作，称为单端初始化，可以在每次上电后执行该动作，可以保证步进电机的位置精度。以上两种动作指令可以由应用层在出现故障后发出，也可以由步进电机的驱动自行诊断并执行动作。我们建议所有诊断功能都由应用层进行判断并发出动作指令。常见的步进电机执行器有电子膨胀阀、多通水阀和风门电机等。

（2）数据快照功能

随着热泵系统在热管理领域的广泛应用，热管理系统在相当宽泛的环境温度区间内都在运行，并在不同工况下对应着各种各样的运行模式。因此，在系统发生故障时记录系统运行的关键参数是必要的，我们称这种记录关键参数的功能为数据快照功能。这些关键参数包括环境温度、车内温度、阳光强度、高压压力、低压压力、压缩机转速、压缩机电流、电子膨胀阀开度、高压加热器出口温度、水泵转速、各制冷剂温度传感器温度、各冷却液温度传感器温度、空调箱风门位置、鼓风机转速、制冷系统运行模式、多通阀位置和水回路运行模式等。特别是出现较大规模故障时，通过对系统参数的分析，可以发现一些共性问题，从而锁定故障原因。另外，如果能够存储故障前后一段时间的系统参数，对于分析问题会更为有利，但目前的诊断协议尚不支持这种设计。随着云服务技术的发展，车辆会将部分运行中的数据上传到云端，这部分数据可以与本地存储的快照数据结合起来分析故障原因，起到事半功倍的效果。

（3）传感器虚拟化与跛行模式设计

在过去相当长的一段时间里，热管理电控的创新工作部分集中在传感器的虚拟化方面，即通过理论分析结合实验数据，取消传感器以降低物料成本。据笔者所知，出风温度传感器（吹面、吹脚）、车内温度传感器、带高度角方位角输入的阳光传感器都出现过相应的虚拟化方案。传感器的虚拟化虽然能节省成本，但终究不能在所有指标上与实际的传感器达到一致。

在开发功能安全的诊断策略过程中，笔者在思考，如果开发没有功能安全要求的项目，这些合理性诊断信息是否还能加以利用？顺着这　思路，诸多虚拟化方案进入了笔者跛行模式设计的视野中。跛行，顾名思义，腿跛了仍坚持行走，近期在仰望 U8 上展示了某个轮胎故障，依赖另外三个轮子行驶的创新技术，就是一种典型的跛行模式。以车内温度传感器为例，一种常见的跛行方案是在故障时停止乘客舱舒适性控制功能，或者用一个常用值（如25℃）或故障前最后一个有效值代替传感器输入值参与运算。然而，这些方案都存在缺陷，前一种直接影响用户使用，后一种可能会导致与实际偏差较大的能量输出，从而影响用户体验。相比之下，如果在故障时用虚拟车内温度传感器代替实际的传感器，可以较好地解决这个问题，待用户依赖跛行功能到达售后网点后再对故障进行排除。此外，当前制冷系统中往往有多个制冷剂温度压力传感器。在某些模式下，即使部分传感器，如压力传感器发生故障也可以从其他压力传感器中获取数据以部分满足系统的运行需求，而不是直接将制冷系统停止运行。

从整车角度梳理各种信号之间的关联，也会对整车的诊断功能有所加强。例如，在冷却液流动时，靠近冷却液出口处的电芯温度，与电池冷却液出口温度是有物理关系的；电池中的大气压力传感器，可以与地图传来的当前海拔建立物理关系；阳光传感器的输入，可以与全球定位系统传来的位置信息、天气信息、地图传来的建筑物遮挡信息建立物理关系。这些信息都像宝藏一样埋藏于整车软件系统中，等待我们一起发掘！

12.3.5　例程控制（0x31routine）

为了手动控制各执行器，通常会在软件中预留手动控制指令，随着热管理系统回路的复杂性不断增加，出现了一些需要一连串指令控制的动作，这种动作我们称之为组合动作指令。善用这一功能，可以给工程师带来不小的便利，下面试举两例。

在为三电系统提供冷却的水回路中，有多个水泵和阀件。在充注冷却液的过程中，需要按照特定的次序开启和关闭水泵、阀件，以确保回路中没有气泡。为此，可以编制如表 12-5 所示的控制开关水泵和阀件的次序和时长的程序。控制器在收到这一组合动作指令后，将控制各执行器顺序执行这些动作。这种指令不仅可以减轻开发工程师的工作量，还可以用于生产线或售后服务中的冷却液充注过程，从而明显提高效率和质量。

表 12-5　冷却液充注例程控制示例

阶段	运行时间/min	水阀状态	采暖水泵	电池水泵	电驱水泵
加注 1	2.0	模式 1	80%	50%	60%
排气 1	0.5	模式 3	50%	50%	80%
加注 2	1.0	模式 2	60%	80%	50%
排气 2	1.5	模式 5	60%	60%	60%
排气 3	0.5	模式 1	80%	50%	80%

热泵系统经常面临的一个问题是，当压缩机停止运转时，制冷剂会因各个零部件的温度不同重新分布。特别是对于热泵模式下存在两个并联冷凝器的系统来说，在冬季时，前端散热器因直接暴露在外，制冷剂会在前端换热器中大量堆积。当压缩机再次启动，从三电系统回收热量时，前端散热器不参与循环，这部分制冷剂也不能立即参与到系统循环中。从参数上看，系统会呈现制冷剂不足的特征。为了解决这一问题，设计了一个组合动作指令，使前端散热器参与循环，待系统参数恢复正常后再停止这个动作。这样在排查问题时先排除这一常见故障。值得一提的是，为避免上述问题，目前大多数系统更愿意在系统中串联一个作为阻力的换热器，而不是采用并联方案。

12.4 热管理的典型工况与案例分析

12.4.1 热管理系统的典型工况

纯电动汽车热管理系统的典型工况是指在不同的环境温度、行驶状态、电池状态和充电模式下，热管理系统需要满足温度控制和能耗要求，清晰明确的工况定义是开展系统设计的前提与验收依据，对于开发出高效的系统至关重要。

（1）车辆常规的行驶工况

① 城市通勤工况　这种工况下，车辆主要在低中速行驶，并频繁走停，极速低，加减速工况较多，行驶总里程少，平均速度低，单程时长通常在0.5h以内，超过1h的行程占比较低。

② 长途高速工况　这种工况下，车辆以高速行驶，车速普遍超过100km/h，且行程时间通常超过1h，根据公路学会2022年12月23日发布的《中国交通运输2021》，全年高速公路平均速度为85.98km/h。

③ 激烈驾驶工况　常见于性能取向车，在赛道或其他道路上进行激烈驾驶，伴随有频繁的剧烈加减速行为，此情况下能耗为非主要指标，热管理系统的主要目的为加强散热以保证车辆性能与安全，特斯拉的Model 3p的赛道模式，福特的Mustang Mach-E GT Performance的不羁+都属于此类。

④ 山区行驶工况　该工况下，车辆会长时间处于高功率的爬坡工况，电池系统的热负荷显著增加，热管理系统需保证车辆的动力性与安全性。

⑤ 自动驾驶工况（现阶段需求不突出，预计L4级自动驾驶普及后出现）　该工况下，热管理系统需额外保障自动驾驶系统硬件工作在合适的温度范围内，包括感知的各种传感器（如高功率激光雷达）、决策与规控的自动驾驶控制器，避免系统因温度波动而失效或降级运行，自动驾驶工况下热管理系统的功能安全等级也会进一步提高。

在行驶工况之外，决定热管理系统工况的要素还包括环境温度、充放电行为等，又因纯电动汽车热管理系统包括空调系统、电池系统、电驱动系统、功率电子系统等子系统，每个子系统都有各自的典型工况，子系统彼此之间又存在着复杂的相互作用和影响，设计中需要做好需求拆解，才能保证整体系统的高效。

（2）空调系统的典型工况

空调系统是纯电动汽车中最大的耗能系统之一，通常仅次于驱动系统。在典型的高低温工况下，受车辆类型、环境温湿度、驾驶工况、空调系统类型、空调参数设置等因素影响而波动，空调系统的能耗占整车能耗的10%～20%，极端情况下甚至能超过40%，超过驱动系统的能耗，主要负责对乘员舱进行制冷或加热，以提供舒适的温湿度环境。

① 高温急速降温工况　这种工况下，车辆在高温环境下停放一段时间后，车内温度远高于乘员舒适温度，空调系统需要在短时间内将车内温度降低到合适的范围，同时消除车内的高湿度和异味，这种工况下空调系统的制冷功率和风机功率都较大，噪声较高，现今车辆大多支持空调远程启动，车辆载人与否时，空调对出风温度、风速、风向、内外循环的控制可以适当做出区别，以最大化能效，如：同样车内温度40℃，环境温度30℃，车内有人时，为了维持舒适性，出风目标温度应至少为20℃以下，风速不宜过大以避免高噪声；车内无人时，可以最大风速，出风目标温度也可以适当提高，较高的蒸发温度也有利于提高系统能效，在检测到开门或解锁后再切换工况即可。

② 低温急速升温工况　这种工况下，车辆在低温环境下停放一段时间后，车内温度远低于乘员舒适温度，空调系统需要在短时间内将车内温度升高到合适的范围，同时防止其间可能出现的起雾现象，这种工况下空调系统的制热功率和风机功率都较大，对电池的能耗影响较大。对于支持远程启动的车辆，车辆载人与否时，空调也可以有差异化的控制，对于热泵系统，如能让系统运行在不超过热泵系统最大制热量的工况下，避免低COP辅热系统的开启，可大幅提升能效，较低的冷凝目标温度也有利于提高热泵系统的能效与提高制热能力。

③ 高温稳态维持工况　这种工况下，车辆在高温环境下行驶一段时间后，车内温度已经达到乘员舒适温度，空调系统需要根据车内外的温湿度变化，自动调节制冷功率和风机功率，以保持车内温湿度稳定，这种工况下空调系统的能耗相对较低，但仍然占有一定比例，该工况的核心为避免车内温度发生过大的扰动，带来不适感。

④ 低温稳态维持工况　这种工况下，车辆在低温环境下行驶一段时间后，车内温度已经达到乘员舒适温度，空调系统需要根据车内外的温湿度变化，自动调节制热功率和风机功率，以保持车内温湿度稳定，这种工况下空调系统的能耗相对较低，但仍然占有一定比例，该工况的核心为避免车内温度发生过大的扰动，带来不适感。

⑤ 除湿工况　这种工况下，车辆在潮湿环境下行驶或停放时，车内外的湿度差导致挡风玻璃或其他玻璃上出现雾气或水珠，影响乘员视线或舒适感，空调系统需要根据雾气或水珠的程度和位置，自动调节除湿功率和风机方向，以快速清除雾气或水珠，并保持车内相对干燥。

⑥ 露营模式等特殊工况　随着电动汽车应用场景的扩展，特殊的模式诸如露营、小憩也给空调系统带来了新的需求，如露营模式下，空调需要为后排、后备箱外接扩展帐篷提供空调效果，而对前排空调需求较低，相对不在意起雾问题，更在意噪声。

定义完整且清晰的工况可以为提高空调系统的能效和舒适性提供理论指导和实验数据。空调系统是影响纯电动汽车续驶里程和乘员体验的重要因素之一。因此，针对不同的工况，采用合理的控制策略和参数调节，是提升纯电动汽车用户体验和市场占有率的关键。

（3）电池热管理系统的典型工况

动力蓄电池是纯电动汽车运行中能量的唯一来源，其中锂离子电池对温度变化尤为敏感，当在低温环境中时电池化学活性降低，内阻增大，充放功率与容量窗口均受限；高温时，电池内部活性物质损失，SOH衰退加速。目前，推荐的锂离子电池理想的工作温度范围在15～35℃之间，可靠的电池热管理系统不仅对车辆能耗、性能、蓄电池寿命有着重大的影响，而且还关乎车辆使用的安全性，避免热失控等造成人身财产安全受损的严重后果。蓄电池系统具备极大的热容，温度变化响应慢，也会增加系统设计的难度。电池热管理系统的典型工况包括：

① 温和环境低功率放电　此类工况下，电池工作在合适的温度下，发热量较小，通常不需要进行额外冷却，电池热管理系统主要起均温作用，延长电池的寿命，此工况下应以能耗最低为设计目标。

② 高温环境放电　当电池系统在高温环境下工作时，叠加电池系统的产热，可能超过电芯的理想工作温度，导致电池性能下降、寿命缩短，严重时可能触发热失控。需要进行冷却，控制电芯温度在合适的范围，此工况下需平衡能耗与安全性。

③ 高功率放电　汽车在激烈驾驶与爬坡、极高速行驶等工况时，动力蓄电池长时间进行高功率放电，发热量激增，此时车辆可能发生热失控，或为防止过温，BMS会限制电池包的最大功率，从而影响车辆性能，为避免此等风险，热管理系统在识别出此类工况时，应将安全性作为第一优先控制目标，可以降低甚至放弃能效方面的性能要求，部分系统也具备提前降温准备的能力，在获知系统即将进入高功率放电工况时，提前对电池进行冷却，利用电池的热容提前蓄冷，避免出现性能断崖式下降，影响用户体验。

④ 超充及超充预备　高功率充电提供的补能是纯电动车长途出行的关键要素，而高功率充电时，电池必须处于合适的温度，过高或过低的温度都会影响电池的寿命乃至安全性，系统将不得不对充电功率进行限制，从而影响客户的使用体验，这在高温夏季与低温冬季尤为明显，鉴于车辆的热管理系统功率有限，又要兼顾座舱空调的负荷需求，因此在开发时应尽量考虑超充预备功能，提前对电池组进行冷却/加热，利用电池组的热容来保证超充的性能。

⑤ 低功率充电　常见于日常补能，电池系统发热量较小，通常不需要均温以外的额外热管理，当环境温度过高或过低时进入保温模式，将电池温度控制在理想区间，延长电池的寿命，也让客户在用车时可获取最佳性能。

需要注意的是，不同类型的电池，如三元锂电池、磷酸铁锂电池、磷酸铁锰锂电池等具有不同的性能特点和温度特性。因此，不同类型的电池需要根据其特点启用相应的热管理控制策略。

（4）法规测试工况

法规测试工况是指纯电动汽车在进行续驶里程、能量消耗、排放等方面的标准化测试时所采用的工况。不同的国家和地区会根据本土的路况、气候、驾驶习惯等因素设定对应的测试工况。常见的工况包括：

① NEDC（新欧洲驾驶工况）　是基于ECE R15法规在1980年左右成型并开始推行的一种测试标准，主要针对欧洲生产的汽车，并结合普遍的使用环境，对乘用车进行的一个燃油经济性测试。它也曾被中国工业和信息化部选用作为电动车测试的标准之一。它由城市循环和郊区循环两个部分组成，总测试时间为20min，平均速度为33.35km·h^{-1}，最高速度为120km·h^{-1}，测试距离为11km。它被认为是过于理想化和不真实的测试标准，因为它在约25℃的室温下进行，没有风阻和坡度等因素影响，并且要求关闭所有负载和电子设备。它也没有考虑到不同驾驶者的行为和习惯，目前已很少被采用，NEDC没有针对低温开启空调的测试工况。

② WLTP（世界轻型车测试规程）　是欧洲开发出的新标准，于2019年9月1日起在欧盟国家实施。它适用于内燃机、混合动力车及电动车等乘用车辆，并获得污染物排放、二氧化碳排放、燃油消耗量等各种参数。它比NEDC更贴近真实的驾驶习惯，包括更长的时间、更多样化的速度曲线、更高的最高时速和平均时速。分为低速、中速、高速和超高速四个部

分，总测试时间为3min，平均速度为46.5km·h⁻¹，最高速度为131.3km·h⁻¹，测试距离为23.25km。由于WLTP更严格，所以使用WLTP测试的电动车续驶里程会比使用NEDC测试的低15%～20%。但同样没有针对低温开启空调的测试工况。

③ CLTC-P（中国轻型车测试工况）　是由中国汽车技术研究中心牵头，基于全国41个城市的路况、使用3832辆采集车、行驶了3278万公里后的大数据进行模拟而编制而成的一种新的测试标准，于2021年10月正式实施。它适用于传统乘用车、轻型商用车和新能源汽车，可获得能量消耗量和续驶里程等参数。分为城市工况、郊区工况、高速工况三大情景模式，总测试时间为30min，平均速度为32.5km·h⁻¹，最高速度为120km·h⁻¹，测试距离为16.5km。它相比NEDC和WLTP更贴近中国的实际路况和驾驶习惯，但也有一些不足，比如缺少超高速段测试等。CLTC存在高低温空调测试工况，高温测试是在环境温度（30±2）℃、太阳辐射强度850W·m⁻²左右的条件下进行，车内温度尽快降低到25℃，并保持在23～25℃之间；低温测试是在环境温度（−7±3）℃的条件下进行，车内温度尽快达到20℃，且保持在20～24℃之间。图12-13展示了常规工况法测试流程，适用于续驶里程不超过8个CLTC工况循环里程的车辆，以及仲裁试验。

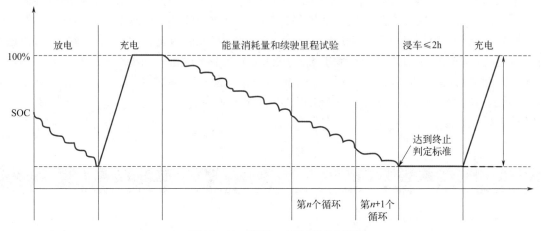

图12-13　常规工况法测试流程

④ SAE J1634（美国环保局联邦测试程序）　是美国环保局（EPA）制定的一种测试标准，一直在美国实施。它由五个循环组成：典型城市循环（UDDS），典型高速循环（HWFET），激烈驾驶循环（US06），高温运行循环（SC03），低温运行循环（cold UDDS）。它覆盖了不同的驾驶场景和环境条件，包括了高速、低温、高温、空调等因素。被认为是最全面和最严格的测试标准之一，也更接近真实的驾驶情况。它的平均速度为48.3km·h⁻¹，最高速度为129.2km·h⁻¹，总测试时间为31.2min，总测试距离为18.8km。EPA存在高低温空调测试工况，高温运行工况SC03是在环境温度35℃、太阳辐射强度1000W·m⁻²的条件下进行，车内温度保持在22.2℃。低温运行工况（cold UDDS）是在环境温度−7℃的条件下进行，车内温度保持在21.1℃。整体测试工况是上述几类标准中最严苛的，测试出的续驶里程通常也最低。

值得注意的是，EPA与CLTC目前对冬季续航的测试方法均为从100% SOC跑至空电，该方法存在一些缺陷［跑至空电测试法，测试时间会持续6～10h，而半小时后就进入了热平衡的稳态工况，空调系统能耗显著降低（升温段5～7kW，稳定后1～2kW），真实环境下鲜少有人会连续低速驾驶如此长的时间］，测得的冬季续航与现实情况有较大差距，普遍高于真实续航，EPA已经确定自2025年开始的车辆均需使用缩短法进行测试，这样的测试结果会更具参考价值，笔者相信CLTC也会尽快跟进。

（5）极端恶劣与小负荷工况

除了典型工况与法规测试工况外，纯电动汽车在实际使用过程中还会遇到一些极端恶劣工况（极高温、极低温）和小负荷等挑战工况，这些工况对纯电动汽车的整车热管理系统提出了更高的要求。

① 极高温运行　车辆在极高温环境下工作，如环境温度超过40℃，叠加日照（超过1800W·m^{-2}），地表温度可以接近70℃，此时电池极易突破安全温度，热管理系统制冷能力下降，系统应在能力允许范围内（冷媒不超温、超压），以最高优先度保证电池工作在安全温度以内，此情形下安全性为第一优先级，性能、能效乃至座舱舒适性均可让步。

② 极低温启动　车辆在极低温（-20℃以下，甚至-40℃）环境下停放较久时，电池活性极低，性能和寿命均受到严重影响，此时热管理系统需对电池进行加热，让电池进入较为合适的工作温度，以保证性能与寿命，根据即将进入工况的不同，加热手段、加热目标与加热速度等也应做合理区分。

③ 小负荷工况　是指纯电动汽车在温度相对温和环境下运行时，所需的制冷或制热能力远低于空调系统的额定能力，且随着环境参数与座舱环境的波动，制热与制冷需求可能发生跃变。这种情况下，空调系统会频繁地开关与切换工况，导致能效降低、设备寿命缩短、舒适度降低等问题。因此，热管理系统需要能够在小负荷工况下实现精确和平滑的控制，并且尽量减少无谓的能量浪费，可以实现的手段有通过滤波、增加阻尼等抑制传感器数值变化的速率，降低波动性；使用相变材料蓄热蓄冷或利用电池包作为热容、平稳系统等。表12-6给出了三种小负荷工况下的温度、相对湿度和日照强度的测试参数。

表12-6　小负荷示例工况

测试工况	环境温度/℃	相对湿度/%	日照强度/（W·m^{-2}）
A	16～24	40～60	0～800
B	8～12	—	0～800
C	25～30	40～60	0～800

除了各个子系统各自的典型工况外，整个热管理系统还应当考虑具体的用车场景，去适配最优的控制策略，如冬季城市通勤工况就可以参考本章第12.2.1小节的控制策略，其他诸如冬季低电量启动、跨市通勤等工况，也均可匹配合适的控制策略。

12.4.2　经典案例分析

（1）特斯拉Model Y

特斯拉Model Y采用一套高度集成的热管理系统，该系统实现了座舱、电池、电机和逆变器等器件的统一控制，开创了业内先河。系统主要由冷媒回路集管、冷却液回路集管、八通阀、歧管等组成，其工作原理如图12-14所示。系统类型为空气至冷却液至冷媒至空气式热泵，冷媒为R134a/R1234yf，使用铝制歧管将冷媒回路与冷却液回路的主要零部件集成安装，并通过八口五位的八通阀改变冷却液回路实现驾驶过程工况的切换。该系统的集成化思路是基于冷却液回路的集成，简化冷媒回路，并通过复杂的冷却回路实现能量统一控制，支持的工况如下：

① 制冷模式

a. 乘员舱单冷，电机散热无需求；

b. 电池组单冷，电机散热无需求；

c. 乘员舱及电池组冷却，电机散热无需求。

② 制热模式

a. 乘员舱单热；

b. 电池组单热；

c. 乘员舱及电池组加热；

d. 环境温度较高，空气源热泵能力覆盖加热需求时，空气源热泵单独提供；

e. 环境温度降低，空气源热泵能力不能覆盖加热需求时，空气+电机热回收+低效压缩机协同；

f. 环境温度低于−10℃，R134a空气源热泵无法从空气中获得热量时，电机热回收（必要时堵转）+低效压缩机。

③ 混合模式

a. 乘员舱制冷，电池制热（小概率）；

b. 乘员舱制热，电池制冷。

④ 除湿模式

⑤ 特殊模式

a. 超充及超充预备；

b. 赛道模式（performance版本特有）；

c. 座舱热能回收。

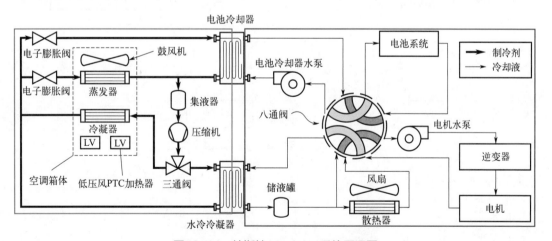

图12-14　特斯拉Model Y系统原理图

蓝色框内为冷媒回路，红色框内为冷却液回路

特斯拉的系统设计思路领先，作为集成化统一管理热量的先驱，特斯拉的系统具备高度集成化、紧凑、创新、便于总装的特点，它可以在不同的工况下，灵活地调整能量的流向，上限较高，但需要匹配很好的控制策略，在实际测试结果中，能耗表现为平均水平，未展现出显著优势，可能也与现阶段特斯拉出于系统稳定性的原因考量，标定参数偏保守，后续通过OTA，

应还有上升空间。

（2）比亚迪（BYD）e3.0

图12-15所示的BYD的e3.0系统也是一套高度集成的热管理系统，系统制热类型也为空气至冷却液至冷媒至空气式热泵，冷媒使用R134a/R1234yf。比亚迪e3.0系统虽然是高度集成化的系统，但与特斯拉以冷却回路转运能量的思路不同，其思路为基于冷媒的集成化，简化冷却回路，通过冷媒回路实现各系统能量的转运，铝制歧管将冷媒回路的主要零部件都集成安装成集成阀岛，通过阀组切换冷媒的回路完成工况的切换。由于采用冷媒直接加热和冷却电池，理论上较间接式的水冷系统具备更高的能效。在CLTC低温测试工况下表现突出，也经历了市场的考验，是一套堪称标杆的优秀系统，相信后续随着标定的进一步优化，真实使用环境下的能效还有进一步提高的空间。该系统具备通过增加附件兼容水冷电池系统的能力，支持工况如下：

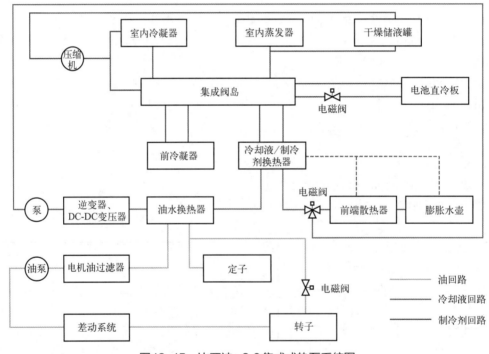

图12-15　比亚迪e3.0集成式热泵系统图

① 制冷模式

a. 乘员舱单冷；

b. 电池组单冷；

c. 乘员舱及电池组冷却。

② 制热模式

a. 乘员舱单热；

b. 电池组单热；

c. 乘员舱及电池组加热；

d. 环境温度较高，空气源热泵能力覆盖加热需求时，空气源热泵单独提供；

e. 环境温度降低，空气源热泵能力不能覆盖加热需求时，空气+电机热回收+低效压缩机协同；

f. 环境温度低于−10℃，R134a空气源热泵无法从空气中获得热量时，电机热回收（必要时堵转）+低效压缩机。

③ 混合模式

a. 乘员舱制冷，电池制热（小概率）；

b. 乘员舱制热，电池制冷。

④ 除湿模式

⑤ 特殊模式

低SOC主动电池加热（快充准备）。

比亚迪e3.0集成式热泵方案设计思路领先，与特斯拉的系统分属集成化思路的不同分支，其基于冷媒的集成化设计相对于特斯拉基于冷却液系统在能效和工作范围上具有更高的上限。根据中国汽车技术研究中心的测试结果，使用e3.0热管理系统的车辆确实获得了更高的低温续驶里程。当然，基于冷媒的直冷直热设计也存在诸多挑战，例如冷媒充注量更大、系统防泄漏难度增加、环保压力增加以及电池直冷板设计难度高等问题。不过，比亚迪也在针对该系统做进一步的优化和扩展，旨在追求更高的能效和增强其泛用性。

（3）大众ID4

大众的ID系列具备二氧化碳热泵系统与PTC加热系统两套热管理系统，鉴于二氧化碳系统成熟度较低，有较大的泄漏问题和夏季能效偏低（COP＝1.2～1.4）问题，导致市场反响不高，在中国销售的ID车型中搭载该系统的寥寥无几，故本书只分析其PTC加热系统。大众ID系列的热管理系统为典型的分布式系统，3个子系统各自独立，除在温和环境下可以串联电池与电机回路共用散热器散热外，各子系统间的能量无法复用，零部件亦独立安装，无阀岛式设计，存在较多的零散管路。电池水路采用独立的水PTC加热器，座舱采暖采用独立的风PTC加热器，如图12-16所示。在混合工况下会产生显著的能量浪费（一侧请求冷却，一侧请

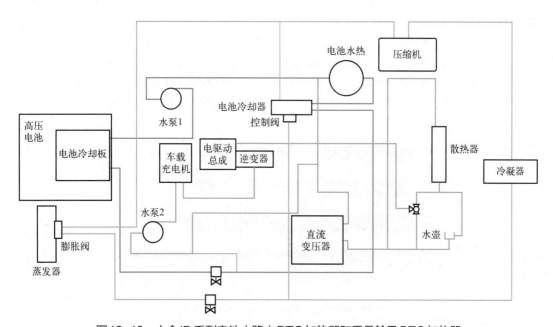

图12-16　大众ID系列电池水路水PTC加热器和乘员舱风PTC加热器

求加热，同时消耗电池能量），且系统设置加热器件时，需要按各个子系统的最大需求独立设计，相比统一加热的系统，容易产生冗余设计。分布式系统的优点是开发方式与传统生产内燃机汽车的OEM组织架构匹配度好，传统OEM无需进行大规模组织调整即可顺利完成开发，同时系统简单，控制难度低，故障模式少，方便较快地投入市场，故常见于传统内燃机汽车OEM与中外新造车公司的第一代产品，支持的工况如下：

① 制冷模式

a. 乘员舱单冷；

b. 电池组单冷；

c. 乘员舱及电池组冷却。

② 制热模式

a. 乘员舱加热（风PTC加热器）；

b. 电池组加热（水PTC加热器）。

③ 除湿模式

作为大众集团进军电动化领域的先锋，ID系列采用了分布式系统这一相对保守的设计并不出人意料。除去首款车为了保证系统可靠性与积累应用经验外，也是传统的OEM在电动化时代普遍会遇到的转型之痛，传统的OEM在电动汽车时代，由于其在内燃机汽车领域高度细分的组织架构和文化传统，很难适应新形势。从系统架构到应用层的软硬件开发，都会受到部门壁垒和权责划分的限制。过去成熟的供应链合作模式也会面临挑战。而对二氧化碳热泵系统的开发，充分展现了其面对挑战的决心。尽管二氧化碳系统存在较多不足，未能大规模推广，但其作为先行者的尝试，值得尊重。相信随着对电动化领域持续大规模投资，大众集团将成为传统车企中转型最早、最成功的公司之一。

（4）各品牌对比案例

【案例1】 特斯拉Model Y和BYD海豹对比

从图12-17中国汽车技术研究中心的低温CLTC实测结果来看，采用了e3.0集成式热泵的海豹续航达成率一骑绝尘，是唯一突破70%的车型，而采用e2.0平台的汉表现也颇为优秀，使用PTC加热器的汉续航达成率超过了采用热泵的Model Y，ID3使用PTC加热器续航达成率略低于Model Y。图12-18进一步分析对比Model Y与汉测试中的功率与温度曲线，可以看到汉在测试过程中温度与加热功率都更平稳，而Model Y可能由于间接热泵在−7℃环境下能力有限，需要使用低效压缩机补热导致效率不甚理想，单位时间加热能耗高于汉，此外车身导热，汉前

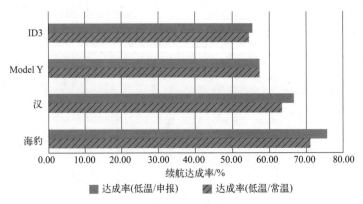

图12-17　续航达成率

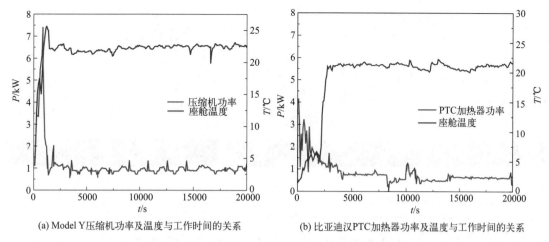

(a) Model Y压缩机功率及温度与工作时间的关系　　　(b) 比亚迪汉PTC加热器功率及温度与工作时间的关系

图12-18　Model Y与汉测试中的功率与温度曲线

段加热速度偏慢也都对实验结果有一定影响，但不至于导致如此明显的差距。Model Y的热泵通过合理的标定，应还有较大的上升空间。

图12-19是适宇科技进行的低温取暖测试时特斯拉Model Y的排气压力和吸气压力。从图中可以看出在加热工况时高压侧压力达到并保持在28.6bar（1bar=0.1MPa），对于R134a冷媒来说，这不是一个理想的工作压力，佐证了Model Y系统效率不理想与标定参数的设定有密切关系。

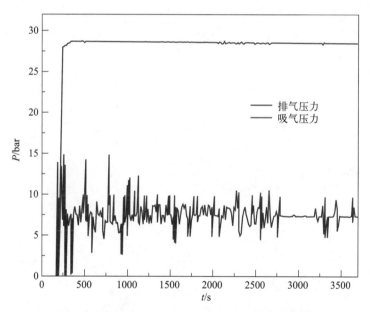

图12-19　适宇科技针对Model Y进行的取暖测试结果图

【案例2】YouTu露营模式Model Y与Model 3过夜对比

YouTu露营模式Model Y与Model 3过夜对比的具体测试过程如下，在开始测试之前，将Model Y和Model 3插入电源，空调设置为21℃进行预热；选择"露营模式"，并将目标温差设为2.78℃，即如车厢$T<18.33$℃，则空调系统会开启，以保持车厢T在18.33～21.11℃之间。将Model Y和Model 3并排停放一夜（大部分时间低于0℃）。

从表12-7所示的测试结果看，没有热泵的Model 3的平均电耗是采用热泵的Model Y的3.4倍，热泵本身的效率在0℃的环境下没有这么大的差异，产生如此巨大的差异的可能在于Model Y在预热时，电池温度也预热到了较高温度，而Model Y的热管理系统允许热泵从电池组吸热来加热座舱，利用电池组的热容实现了蓄热利用，特斯拉的专利图中也显示了这一工况的可行性。当然该实验是非严格受控的实验，仅用于参考。

表12-7　测试结果表　　　　　　　　　　　　　　　　　　单位：km

项目	Model Y	Model 3
加热减少的总行驶里程	22	74
单位时间加热减少的里程	2	6.73

新的电子电气架构使热管理系统的软硬解耦成为大势所趋，专注于提供热管理控制软件开发或系统方案的公司开始涌现，热管理控制软件有望如同语音识别、人脸识别等成为标准的软件服务，其核心部分为通用的软件功能，开箱即用，只需针对特定的系统增减部分功能模块与适配接口信息即可，同时具备通过OTA等手段持续改进的能力。热管理系统需要更加精细地控制车内温度、湿度等参数，以提高能效和舒适性。

同时，热管理系统也需要适应更高功率的动力系统、更高密度的电池等要求，提高整车的性能和安全性。电动汽车市场的竞争将越来越激烈，热管理系统也将成为电动汽车竞争的重要方向之一。具备前沿技术和商业化落地能力的企业将在热管理市场中具有更大的竞争优势和发展潜力。

第 **13** 章

其他动力运载工具

13.1 飞行汽车

随着交通运输业的迅猛发展，城市交通拥堵问题已成为全球许多大城市面临的共同挑战。传统道路建设、隧道工程等举措难以从根本上解决城市交通拥堵问题，因此城市空中交通（urban air mobility, UAM）的概念应运而生。谈及空中交通，不得不提飞行汽车的理念。传统飞行汽车指的是既能在地面行驶，又具备空中飞行功能的汽车，是一种陆空两栖交通工具。随着城市空中交通理念的崛起，为解决城市交通堵塞问题，电动垂直起降飞行器（electric vertical takeoff and landing, eVTOL），又被称为飞行汽车，成为热门话题。飞行汽车概念的内涵被拓展为具有陆空两栖功能或用于城市空中交通的运载工具，它也从最初个人梦想的小范围实践发展到受到航空和汽车两大领域的广泛关注，成为资本市场和新兴科技公司瞩目的焦点。随着智能驾驶和通信网络等技术的进步，飞行汽车似乎已具备了较好的技术基础，但却仍然"只欠东风"，近年来随着电动汽车行业的快速发展，动力电池技术发展也十分迅猛，而正是动力电池这一关键技术的成熟成了开拓飞行汽车行业的重要契机。在电动汽车行业发展到一定程度后，飞行汽车的电动智能化是一种必然的发展趋势，这一未来产业将会对经济和社会产生巨大影响。

13.1.1 飞行汽车的分类

飞行汽车拥有在空中飞行的能力，它与传统的拥有地面行驶功能的汽车不同，它要想成为城市空中交通工具，就必须满足城市噪声和排放控制的要求，并且还具备垂直起降的能力，所以飞行汽车与一般的航空飞行器也有着不同之处。如图13-1所示，飞行汽车按照起降方式可分为滑跑起降飞行汽车和垂直起降飞行汽车两大类，按照动力形式又可分为燃动飞行汽车和电动飞行汽车。

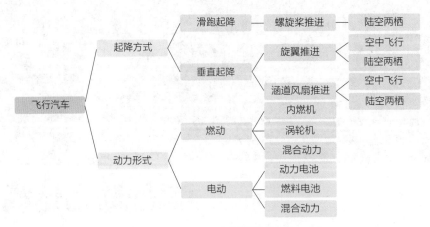

图13-1 飞行汽车分类

13.1.2 飞行汽车发展的瓶颈问题和核心技术

虽然现在已经有了比较成熟的技术，但飞行汽车想要在市场中站稳脚跟，还需要解决一些复杂的问题。飞行汽车在城市空中交通及未来交通领域的应用，还将面对其性能、适航性、空中交通管理及市场推广等方面的瓶颈与制约。

规则和技术是飞行汽车发展面临的主要问题。飞行汽车发展涉及航空器、汽车和交通等不同领域的规则问题。飞行汽车作为电动航空器，从空中飞行的角度，应进行适航审定认证，包括航空器设计的型号合格证和航空器制造的生产许可证，还有单机适航证等；从交通运行管理角度，涉及空域管理和空中行驶规则，包括航线的制定、事故责任划分以及空中执法手段等一系列问题。飞行汽车作为陆空两栖运载工具，除了飞行功能外，从道路行驶的角度，应有机动车出厂合格证，满足汽车道路行驶的安全性技术标准。现有航空器或汽车的相关管理规则没有考虑飞行汽车的新技术应用，难以直接套用于飞行汽车这一新型交通载运工具，需要研究和制定相应的法规标准和监管体系。当前飞行汽车主要分为eVTOL和陆空两栖汽车，这两者本质上来说均为垂直起降飞行器，这是因为城市结构和噪声管控使得滑跑起降飞行汽车很难在城市中被应用，对于现有的飞行汽车来说多旋翼和多涵道风扇的分布式推进是主流设计方案，这样的设计能够大幅减小推进系统尺寸和噪声，提高推进效能并保证安全冗余度，有助于大幅提高飞行汽车近地飞行安全性。该方案需要基于高推力场的分布式驱动和高性能电动驱动的高功率密度的电推进技术作为基础，但归根结底高度成熟的动力电池技术是实现飞行汽车高效、低噪声、垂直起降及驱动的核心关键。

载荷航程、适航安全性和陆空相容性是飞行汽车发展面临的关键瓶颈。飞行汽车作为一种城市交通工具，载荷和航程是绕不开的问题。飞行汽车按载荷可分为轻型、中型和重型三大类，轻型飞行汽车的有效载荷为100～200kg，可乘坐1～2人，中型飞行汽车的有效载荷为300～500kg，可乘坐4～5人，重型飞行汽车的有效载荷则可达1000kg以上。飞行汽车若用于城市内或城乡间载物或出行，航程需要100km左右；若是希望应用于城际间载物或出行等应用场景，航程需要大于500km。当前主流电动汽车的续航能力已经达到500km以上，但其动力电池用于载1～2人的eVTOL，续航时间可能只有20min左右。这样的载荷和续航水平还远远达不到实用化的标准，因此载荷小、航程短的问题是必须突破的关键瓶颈。飞行汽车作为飞行器必须满足适航安全性要求，目前对电机、电池等关键系统的安全性与适航性的研究十分缺乏，而且从现有的航规级安全性需求出发，目前已有的车规级电动系统也无法达到要求，因此飞行汽车无人智能驾驶的适航安全问题是该行业面临的一个崭新课题。飞行汽车不只是飞行器与汽车的简单融合，它既需要飞行器的灵活操控性，又需要汽车的行驶性能和碰撞安全性，同时结合运行管理实现陆空两栖的高度兼容。只有突破了陆空相容性的瓶颈，才能实现真正的城市智慧立体交通。

动力技术、平台技术和交通技术是飞行汽车发展的三大核心技术。动力技术是决定飞行汽车载荷航程的核心技术，对飞行汽车适航安全性具有重要影响。飞行汽车动力按照其型号大小可分为混电推进和纯电推进两大类型新能源动力系统。与电动汽车类似，纯电推进系统中电机和电池等同样是飞行汽车的核心零部件，现阶段的主要技术及产品主要依托于电动汽车行业的技术发展，除此之外飞行汽车还要面对低高空的复杂气象问题、陆空工况等适应性问题以及电动汽车也无法避免的热电安全等一系列问题。平台技术是决定飞行汽车适航安全性和陆空相容性的关键技术，平台技术主要包括飞行汽车的总体设计、结构设计和智能驾驶系统等技术。要实现飞行汽车的高升力和高推力必须依靠分布式的旋翼、风扇等多种推进的综合气动布局和平台构型，这对总体技术有较高的要求。飞行汽车结构设计的核心在于轻质车体或机体结构设计技术，主要包括车身或机身轻量化等。智能驾驶系统则需要合理应对在复杂交通环境下的一切突发状况，需要更加智能的决策与控制能力。高升力构型、轻质结构、高适应性的智能化陆空两栖平台技术的发展，能够在飞行中有效提高升力、降低气动阻力、提升多维抗撞性、大幅度优化轻量化结构，这些都与飞行汽车的发展趋势不谋而合，是飞行汽车平台技术的研究重点和主要发展方向。交通网络是支撑飞行汽车实际使用的关键。要构建城市空中交通网络就不可避免地需要建立起相应的交通网络系统，同时要保障城市物流和出行的安全就必须要有包括气象信息在内的低空智能交通网络等基础设施以及运营管理体系的支持。安全高效的智能空中交通技术是未来的研究重点和主要发展方向。

13.1.3　动力电池热管理技术在飞行汽车上的应用

飞行汽车能飞起来，必须依靠动力推升。随着电动汽车行业的高速发展，高能量密度的电池技术逐渐崭露头角，该技术凭借清洁高效的优势得到了资本的青睐。即使目前市场中仍然存在油电混动的动力体系，但由于飞行汽车的特殊性，纯电推进将会成为主流选择。要构建高效安全的城市空中交通网络，传统的跑道助飞模式恐怕难成为最佳选择，在初期设想中垂直起降的飞行汽车被广泛看好，但要实现以电池为动力同时完成续航任务和垂直起降功能，对电池的热管理系统是一个不小的挑战。

相对于电动汽车，快速充放电和大容量是飞行汽车实现大规模实用化的前提。一般情况下，一辆飞行汽车的电池需要一年进行1600次的充放电循环，也就是说，一辆续航里程400km的电动车，一年要跑640000km。从这一点上就可以看出飞行汽车在充电能力、储能能力、循环寿命等方面的要求都要比普通的电动汽车更高。其中，高能量、高功率、快速充电、长循环、高安全等是制约飞车动力电池发展的瓶颈，然而最大的挑战在于基于现有的电池热管理技术无法同时满足这些需求，甚至一些需求的冲突性会给热管理系统造成巨大的负担。

为了满足飞行汽车大容量和快充的需求不少针对性的技术相继出现。宾夕法尼亚州立大学电化学发动机中心主任王朝阳提出了一种热调控快速充电技术。自加热快充技术可以缩短电池处于高温的时间，进而避免材料老化、增长电池的循环寿命。不可避免地，动力电池由于材料本身的局限性致使实现快速充电很可能减少充放电循环寿命，而高能量密度的电池充电速度将会变慢，在实现市场需求的同时导致电池的一些功能相互限制，这也是目前电动汽车领域面临的挑战。该技术则将微型镍箔安装在电池中以帮助电池快速加热至对充放电有利的设定温度。自加热技术并不复杂，但却能够帮助飞行汽车在复杂的空中交通情况中实现悬停、着陆任务时快速释放电池能量以满足高功率需求，该技术能够使电池温度每秒升高 $1 \sim 5$℃，而仅通过消耗 0.8% 的电池能量就能使温度升高 10℃，加热时间可以忽略不计，致使快速充电获得的利益最大化。据悉按照容量自加热电池分为 $215W \cdot h \cdot kg^{-1}$、$271W \cdot h \cdot kg^{-1}$ 两种。在 80km 的飞行模拟场景下 $215W \cdot h \cdot kg^{-1}$ 电池可在 5min 内完成充电，循环次数高达 3800 次，$271W \cdot h \cdot kg^{-1}$ 电池则只需 10min 就能达到充电要求，整体循环寿命可达 2000 次左右。在实际应用中，自加热电池快速充电的优势使其适用于飞行出租车，如要满足私人出行的需求则需要在自加热电池的基础上开发出能量密度更高的电池以实现长续航。即使是实现快速加热这一需求也花费了数年的时间，在电池系统、电池材料与功率集成，以及电池轻量化技术方面都面临着不同的问题，对于飞行汽车来说电池热管理系统对安全的保障比电动汽车更为重要，因此飞行汽车行业仍然需要突破性的技术发展。

13.1.4　飞行汽车的发展前景

虽然飞行汽车行业目前仍然处于发展阶段，但随着国内外对飞行汽车产业的不断重视证明了飞行汽车这一行业巨大的发展潜力，除了用于商业方向上，飞行汽车在勘探救援、军事运输、私人交通等领域都具有广泛的应用前景。2022 年交通运输部、科学技术部联合印发的《交通领域科技创新中长期发展规划纲要（2021—2035 年）》（以下简称《纲要》），首次将"飞行汽车"写入《纲要》，强调"部署新型载运工具研发"。其中"部署飞行汽车研发，突破飞行器与汽车融合、飞行与地面行驶自由切换等技术"，无疑给飞行汽车赛道注入了一针"强心剂"，使得飞行汽车的技术路径和应用场景变得愈加明朗。虽然在技术、交通规则管控等现实条件下，飞行汽车的发展仍然有许多问题需要解决，但随着产业的不断成熟、环境的不断完善，相信在不久的将来飞行汽车将变为现实。

13.2　电动船舶

2021 年 10 月，国家发布了《2030 年前碳达峰行动方案》，明确提出要促进我国"双碳"目标的实现，并要求交通运输/航运业推动运输装备低碳转型，在沿海和内河中进行绿色智能船的示范，到 2030 年，新能源和清洁能源驱动的交通工具所占比重要超过 40%。随着全球变暖的加剧，电动船舶作为一种新兴的交通工具，其零污染、零排放的特性使其成为一种可行的解决方案，可以避免 NO_x、SO_x、$PM_{2.5}$ 等有毒气体和 CO_2 等温室气体的污染，从而达到更高的环境标准。以"绿色电力"为核心的纯电动船舶已成为实现"双碳"目标，特别是内河航运实现"减碳"目标的重要手段和关键环节。

欧洲一些国家，如挪威、英国等，在 2010 年前后就开始了从国家层面进行电动船舶产业研究，到目前为止已有几艘纯电动船舶投入使用。主要应用在旅游景点的游船、内河货船、救援艇、巡逻艇、港口拖轮等作业公务船舶市场上，主要为了满足人们对舒适和零排放的需求。其中，丹麦的纯电池动力渡船 E-ferry 于 2018 年正式运营，它能有效减少 CO_2 排放量 2000t、SO_2 排放量 1.5t、NO_x 排放量 42t 以及粉尘排放量 2.5t，是一种可以完全实现"零污染、零排放"

的环保电动船。与国外成熟的应用技术相比，我国在电动船舶方面的研究和应用尽管起步比较晚，但是由于在电动汽车领域的技术积累和丰富的水域应用场景，近年来，我国电动船产业发展势头良好，具有许多示范项目，应用船型也十分丰富，如2019年世界首艘2000t级内河电动船"河豚"号，2022年搭载7500kW·h磷酸铁锂电池的"长江三峡1号"游轮，等等。与此同时，全国各大江河湖泊都在大力推进船舶燃油改电，长江渡轮和珠江渡轮等正在开展纯电动示范性船舶工程，大型商船也在积极探索开发全电驱动的技术路线。近年来，越来越多的学者开始关注内陆河流流域的船舶电动化问题。另外，鉴于未来电动船舶市场前景看好，宁德时代、比亚迪、亿纬锂能、中创新航等国内领先的电池厂商，也都在积极开拓船舶动力电池业务，为未来电动船舶的发展做出贡献。

13.2.1 电动船舶结构

纯电动船舶动力部分主要包括了动力电池组系统、配电系统、推进系统和控制系统，系统之间用电缆代替轴系进行连接，从而简化了船舶系统。在保证满足适航、规范要求的前提下，扩大船舶甲板作业面积，提高船舶甲板作业效率，实现船舶工作区与生活区分布更加合理。图13-2显示了纯电动船舶动力部分的电流流向框图。船舶动力电池推进系统包括动力电池、配电系统、变频器和配电板。动力电池作为全船动力的能量源，但因其容量小、电压低等特点，目前多以串并联的方式将其组合成大容量的动力电池，为船舶动力设备及负荷供电。配电系统主要由变流器、变频器和配电板组成。变流器主要实现电

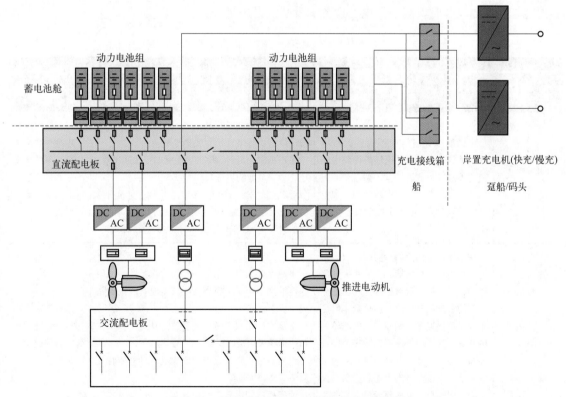

图13-2 纯电动船舶动力部分的电流流向框图

DC—直流电；AC—交流电

力传输与控制环节中的电源隔离、电压电流变换和电能分配等作用；变频器主要实现对负载的控制，并实现电能向直流电转换；配电板主要实现配电系统中的电流电压检测和保护功能。推进系统中的推进器多采用螺旋桨作为驱动船舶前进的核心，存在能耗高、推进效率低等问题。随着技术的不断进步，吊舱推进器、无轴轮缘驱动器和磁流体推进器等将被应用于船上。电池管理系统（battery management system, BMS）则是与对储能动力电池状况进行控制的系统相结合，其目的是通过对每个动力电池模块实现智能控制和保护，防止动力电池发生过充电和过放电，以便延长动力电池的使用寿命，从而对动力电池的状况实施有效控制。

13.2.2　电动船舶电池系统及安装规范

随着市场对电池动力船舶大功率和长续航需求的与日俱增，具有高能量密度、高循环稳定性的锂离子动力电池备受关注。当前，在新能源船舶动力模块中，以锂离子电池为主的绿色能源成为主流。宁德时代、中创新航、亿纬锂能等主流电池企业的磷酸铁锂电池产品均已通过中国船级社（CCS）认证，并在多艘电动船舶上得到了应用。

按中国船级社《船舶应用电池动力规范》（2023年版）的规定（见表13-1）。对于船用电池电力组，需要注意的问题有：电池的安装，电池的更换、检查和测试，电池组的清洁。电池箱（柜）或电池舱内的电池包与舱壁及甲板之间的距离至少为150mm，并尽可能与船舶舷侧保持一定的距离，以防止碰撞。通过对不同类型的锂离子电池的长期使用寿命和效果的研究，得出了一个合理的长期工作温度范围，通常是：充电 $0 \sim 45℃$，放电 $-20 \sim 55℃$。在计算各蓄电池之间的通风率时，应该把电气设备的发热量考虑进去。

表13-1　国内外船级社关于船用电池系统的规范要求

船级社	规范要求		
	布置	通风	消防
中国船级社（CCS）	中国船级社电池舱不应设置与电池无关的热源装置。电池舱内除电池装置外应避免放置设备，如需要放置时，也应尽量避免蓄电池，并应在电池舱通风率设计时考虑设备的发热	电池舱应使用机械通风或其他温度控制的设备，以防止蓄电池周围温度过高；采用机械通风时，除考虑舱室的正常通风外，还应考虑电池的热交换；针对安全技术等级为一级的蓄电池，可设有单独的无火花式紧急排气装置，紧急排风量可通过评估确认，但不能低于每小时10次的换气频率	电池舱也应配备灭火系统；电池室必须安装固定的消防装置以确保安全
美国船级社（ABS）	关于电池舱内的热量监控，一旦在电池舱内有其他热量或安装有失火危险的物品，将采取措施保证在电池热失控的意外状态下，上述热量和物品不致对重要设备产生冲击。电池舱内的装置、线缆和管道不应该安装在其他与推进、转舵、应急装置有关的主要系统中，以防止当上述装置出现火灾后，因为有失火危险而对上述主要装置产生干扰	电池室必须有一个功能性的通风系统，以便在电池室出现异常时将气体从电池室疏散到露天甲板上；电池室应具有机械通风装置，其进气和排气口位于露天甲板的安全区；进气和排气应无火灾、爆炸或有毒气体对人员造成伤害的危险；通风机应能满足每小时至少换气6次的需要	蓄电池室应该配备蓄电池生产商推荐的固定式消防系统

船级社	规范要求		
	布置	通风	消防
挪威船级社（DNV）、德国船级社（GL）	电池室中仅可设置与电池室有关的装置，装置必须符合二级危险区域的装置要求	电池舱应设有机械通风装置，该装置一般是单独的，满足电池组内部的设计需要；如果是在电池热失控的时候，会将释放出来的气体直接排放到电池舱中，那么在电池舱中应该安装一个负压抽风机，其换气频率不少于每小时6次，这要根据电池系统的设计而定	在电池组中应该设置固定的消防系统

13.2.3　动力电池热管理技术在电动船舶上的应用

与电动汽车的电池容量以及在陆地上的使用环境相比，电动船舶的电池容量要比电动汽车大几十倍甚至几百倍，在海洋环境中，诸如交变湿热、盐雾以及摇摆振荡等极端环境对锂离子电池的适用性提出了更大的挑战。再者，船用蓄电池是一个高压、大容量、混合结构的复杂动力系统，其组合会加剧一致性问题。中国船级社要求船用蓄电池系统必须配备具有均衡功能的电池管理系统，以保证船用蓄电池组的安全性、可靠性和使用寿命。宁德时代在安全性、续航里程、大功率、寿命等方面取得了实质性的进展，利用的电池组技术具有IP67以上的防护等级，能够有效避免水蒸气、盐雾、粉尘等因素对电池造成的影响。并在全寿命周期对IP级别的要求下，更加适合在船舶等极端工作条件下使用。

由于锂离子电池的使用寿命和安全性跟电池的温度有很大的关系，如果环境温度太高或太低，都会对电池造成损害，而且还存在很大的安全隐患。电池热管理技术是一种对动力电池进行全过程热管理的技术，其目的是保证动力电池在适宜的工作温度下运作。高效的电池组热管理技术是解决运载船对各种航行环境适应性、延长电池组服役寿命、提高电池组热安全性的关键。当前，国内外主要围绕动力电池系统的冷却和加热展开相关研究。

船用电池系统的冷却降温主要通过空冷和液冷两种方式，并已在实船上得到了体现。特别是在极端温度环境下工作的纯电动船舶，在温度过高时可以利用空调增加通风。电池舱的通风空调系统通常将温度保持在一个安全范围内，以防止电池过热。当电池热失控时产生的有毒和可燃气体也会被排出舱外，以防止其积聚。在大多数情况下。可以通过机械通风或安装空调来控制电池舱的温度。在选择设备时，应考虑到电池和舱间内其他电气设备之间的散热问题。尽管电池可以承受的温度范围很广，但通常认为25℃是最佳储存温度。建议最好安装空调，因为长期暴露在高温和潮湿的环境中会缩短电池的寿命。需要建立机械通风，以防电池出现热失控。应根据电池的内部设计、其产生的气体类型和数量，以及船级社对通风类型、空气交换量、进气口和出气口的位置及排气管道位置具体规定来选择。当观察到可燃气体产生时，紧急通风口应能自动打开，一般情况下，它可以持续运转，但是也要考虑到对空调效果的影响。

图13-3介绍了一种用周围水冷却的电动船。电池供电的电动机在流道中推动船用螺旋桨，螺旋桨将水带入流道并向相反方向排出。电池被放在一个防水的或不透水的铝制外壳内，并与外壳和循环水导热接触。当电机功率较大时，电池会产生大量的热量，这些热量可以被可靠地以热对流和热传导的方式传输到水中，从而实现水冷式电池热管理的目的。

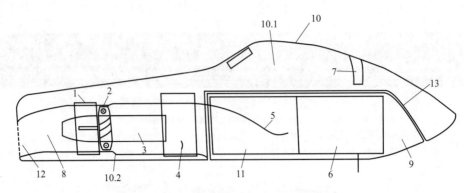

图13-3　一种用周围水冷却的电动船侧视图

1—水流定子；2—船用螺旋桨；3—电动机；4—电动机控制器；5, 6—电池；7—手柄；8—流动通道；9—防水外壳；
10—船体（10.1—上半壳；10.2—下半壳）；11—入流口；12—流出口；13—凹槽

图13-4和图13-5介绍了一种纯电动船电池舱通风系统。该系统通过夹层温度传感器、蓄电池组传感器采集温度信号并反馈至可编程逻辑控制器（PLC），由PLC具体控制空调机、引风机、电磁阀一和电磁阀二的启闭，从而通过进风管一与进风管二将冷空气送入电池舱内，保持电池舱温度在适宜范围内，保证蓄电池组的正常工作，延长其使用寿命。

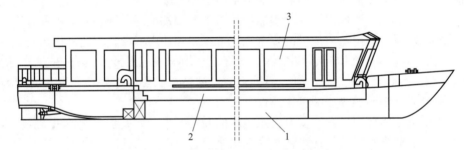

图13-4　一种纯电动船电池舱通风系统的结构示意图

1—电池舱；2—夹层；3—客舱

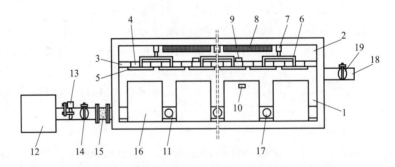

图13-5　一种纯电动船电池舱通风系统的结构透视图

1—电池舱；2—夹层；3—隔板；4—热交换口；5—底板；6—U形杆；7—伸缩气缸；8—热交换器；
9—夹层温度传感器；10—蓄电池组温度传感器；11—进风管一；12—空调机；13—引风机；14—电磁阀一；
15—除湿过滤装置；16—蓄电池组；17—进风管二；18—出风管；19—电磁阀二

图13-6介绍了一种电动船用动力电池保温装置。该系统通过温度传感器检测保护外壳内的温度，当温度较低时电热丝开始工作，对保护外壳内进行加热，电池导热连接板对动力电池自身产生的热量进行保温和传输，电机驱动导热扇叶转动，使保护外壳内的热空气流动，达到

对电池低温时加热保温的目的。当温度检测过高时，侧液压机推动移动封堵板，使得降温舱底壁的透孔与移动封堵板上的透孔重合，降温扇叶对保护外壳内进行吹风降温，保护外壳内的热气从透孔散出，达到对电池高温时散热冷却的目的。

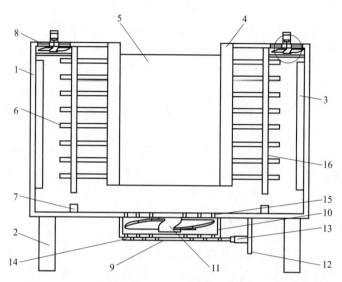

图13-6　一种电动船用动力电池保温装置的整体结构图

1—保护外壳；2—支撑柱；3—电热丝；4—电池导热连接板；5—动力电池；6—导热杆；7—温度传感器；8—导热保温装置；
9—降温组件；10—降温舱；11—降温扇叶；12—侧固定板；13—侧液压机；14—移动封堵板；15—透孔；16—固定隔板

13.2.4　电动船舶发展前景与展望

鉴于电池热管理技术的有效性将直接影响到舰船动力电池的综合性能，目前国内外虽已开展了大量研究，但受限于热管理效率、安全性及技术成熟程度，鲜有可推广的技术方案。针对运输船舶上使用的动力电池，由于其体积大、运行工况复杂，单一的热管理方法很难满足需求，因此，综合利用多项热管理方法是解决运输船舶大容量动力电池系统热安全问题的重要方向。

此外，在目前的电池体系下，锂离子电池材料性能和内部工作机制表现出较强的温度依赖性，且随着能量密度上升和水上工况应用场合的拓展，由热量引起的性能衰退和安全性问题日益突出，严重限制了电池动力船舶的发展和推广。此外，船用工况下交变湿热、盐雾环境及摇摆振荡等极端条件，必然会增加电池的电气滥用和机械滥用的风险，导致产生过量的热量引起热积累，最终造成热失控，这将带来火灾甚至爆炸，电池动力船舶在海上难以逃生，严重危及整个船上乘客的安全。因此，有必要开展有效的阻燃型电池热管理系统的研究，使电池保持在理想的温度范围内，并防止热失控和进一步的燃烧爆炸，从而提高电池动力船舶的热安全性。

13.3　电动无人机

伴随着社会的发展、科技的进步，无人机这种利用遥控器和机身上的控制程序进行无人飞行的机器人，越来越多地出现在人们的生活中。通过对其进行持续的改进和优化，现代无人机的性能更好，操作更简单，飞行更灵活，携带更方便，处理能力更强，可以更好地实现对复杂环境下的飞行控制。由于具有以上优势，无人驾驶飞机在许多高风险、高难度作业中得到了广泛的应用。与此同时，随着无人驾驶飞机的不断发展，更多的科学家开始关注无人驾驶飞机的飞行控制问题。

电动无人机按用途主要分为民事与军事应用等方面。其最早是应用在军事中，是为了作为练习用的靶机，但慢慢地应用到了其他领域中，侦察、诱敌等危险任务中也频频出现，能够作为眼睛提供远程信息。现代战争中也成了更加重要的角色，能够降低伤亡，其发展水平也能衡量国家的军事力量。无人机在民事方面多应用于工业方面。工业方面也是使用无人机去完成一些高危工作，其中包括海洋环境检测、电力故障检测、草地物种识别、植物保护、建筑物检测、地震搜救等。

电动无人机按动力模型主要分为旋翼和固定翼，表13-2列出了各种动力模型无人机的参数。固定翼一般被应用在民用飞机和战斗机上，它的特点是机翼是固定的，结构简单，续航时间长，适用于长距离的飞行，通过系统的推力，可以产生向前的速度，从而克服自身的重力。从20世纪50年代开始，固定翼机在空中作战中一直扮演着重要角色，虽然它的技术已经很成熟了，但它的缺点就是无法在空中自由滑翔，只能在跑道上滑翔，或者是弹射。而旋翼机在起步阶段发展比较慢，但是随着时间的推移，随着传感器和处理器的不断完善，旋翼机的发展已经成为一股不可阻挡的潮流。

表13-2 各种动力模型无人机的参数

特征	固定翼	单旋翼	多旋翼
动力来源	机翼、发动机	机翼、发动机	旋翼、螺旋桨
续航能力	强	中	弱
载重能力	强	中	弱
起落方式	助跑、弹射	中	弱
驱动特性	全驱动	全驱动	欠驱动
结构特征	复杂	复杂	简单
自身稳定	自稳定	非自稳定	非自稳定

旋翼类又可以根据旋翼数量进行分类，分为单旋翼、双旋翼、多旋翼。单旋翼和有人驾驶的差不多，都是采用了尾部推进器，这是一种比较成熟的技术，可以将常规无人机的控制技术运用到单旋翼上。但是，它的结构比较复杂，维修费用比较高，而且持续时间不长。双旋翼机采用的无尾螺旋桨，具有耦合系数小、结构紧凑、控制系统设计简单、悬停性能好等优点。多旋翼有三个和三个以上之分，它的结构简单，维修费用低，容易操作，种类很多，其中使用最多的是四旋翼。其他多转子和四转子只是在每台马达上对牵引力和力矩的分配计算上有不同，但在本质上是一样的。

四旋翼飞机是一种具有多个旋翼的新型飞机，其转子结构为非共轴盘状，四个旋翼呈十字形对称分布。四旋翼飞行器比普通的单旋翼飞行器有很多优势，比如四个旋翼可以相互抵消旋转的效果，还可以省去单旋翼的后部，既节约能源，又减小了飞机的体积。四旋翼飞机是利用四个旋翼的旋转速度对飞机进行姿态调整，避免了单旋翼飞机所需的螺旋桨倾斜机构，使飞机的机构设计更为简单。四旋翼飞行器是一类具有强耦合、非线性和欠驱动特性的复杂系统，其飞行控制难度较大，是制约其飞行性能的关键因素。所以，一个好的控制系统就显得尤为重要。

13.3.1　无人机能源控制系统

（1）实时监测预警设计

不同类型的锂电池对充放电电压、电流的高低以及使用环境等的要求都比较苛刻。同时，这对电池的稳定性方面存在一定影响。当超过设定电流进行充放电、工作温度变化或者发生了严重的物理撞击以及刺穿时，聚合物锂电池很容易出现鼓包、爆裂及强烈的着火现象。所以，利用嵌入式装置来实现锂电池的整个寿命周期的实时监控就显得更加重要了。采用STC12X单片机，对工作状态下的锂电池进行检测，保证无人机在执行任务和落地时能够保持健康的状态。我国学者研制了一套用于无人机动力锂电池的实时监测硬件系统，此系统以STC12C5A60S2单片机为基础，通过对电芯采集程序、温度信号采集、图像及文字的显示、数据传输程序等多个功能模块进行集成，其中最重要的是对电池电压、温度进行监控以及在异常时进行报警。

如图13-7所示，软件设计初期为保证电池能被嵌入式系统实时监测，程序内部每个功能程序都会模块化处理，各个功能程序都可以相互嵌套、相互调用。对于整个程序来说，不再有无用的子程序，此举在反复调试后执行效率有很大提升，也缩短了电池异常时报故障的响应时间。通电后，硬件系统会对DS18B20、模数转换（ADC）模块及单片机自身进行检测，另外，温感器模块也会进行检测，保证在工作中温感器能够准确读取温度，防止即将过热不预警。当自测程序多次未通过时，蜂鸣器就会发出故障声响。

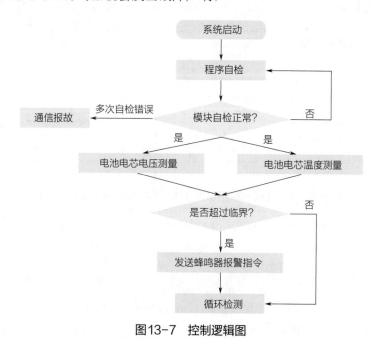

图13-7　控制逻辑图

（2）电源功率分配

复合电源能量管理策略指的是在两种电源之间，对功率进行合理的分配，以保证电源的输出功率能够满足不同工况下无人机的飞行需求，同时可以使各电源的能量相互补充，从而使动力系统的寿命得到延长。逻辑门限值控制指的是以无人机目前的状况为基础，利用逻辑门限值来对事先设计好的电源系统的受限工作状态进行控制和管理。该方法具有结构简单、易于实施的特点，但是未考虑到电源之间的电力分布，而且在开关过程中存在着暂态的电流脉动。

功率随着控制指令改变指的是以电源启动状态以及负载需求功率作为基础，对其他需要能量的部件进行能量分配，使其输出之和与负载功率相等。这种控制方法把需要功率的供需两方即时状态都考虑在内，同时覆盖上两个电源所有可能的输出组合。但是，对不同种情况需要有很严谨的分类及判定条件，而且对主电源有过分的依赖，从而辅助电源的作用就不及预期了。

基于最优控制的研究方法，即通过采集负荷工作的全过程数据，并以此为基础寻找最优的电力分配方案，该方法虽然具有很强的通用性，但很难在工程上实施。模糊控制就是根据预先设定的模糊规则，模拟人类的思维模式，通过模糊推理来达到智能化。北京理工大学的研究人员将燃料电池组和锂电池组作为无人机（UAV）的组合电源，使用了根据锂电池组的荷电状况进行模糊控制，但是由于没有考虑到燃料电池组的实时状况，所以无法对UAV的供电进行全面的规划；四川宇航系统工程研究所的学者们对UAV复合动力系统的架构进行了研究，并给出了相应的能量管理策略，提出了图13-8所示的一种基于模糊控制的UAV超级电容利用率提升方案。该方案综合考虑UAV和UAV两个电源的不同荷电状态，并在两个电源之间建立了UAV的功率平衡模型，实现UAV在UAV/UAV条件下的功率平衡；在UAV/UAV条件下，设计能够感知和适应UAV和UAW之间的动态变化的控制方法，其与UAV混合动力系统的动态响应特性相结合，以降低UAV运行电流，使UAV输出稳定；在电源系统结构的层面上，因为锂电池具有足够的容量，并且荷电状态的变化幅度很小，所以当超级电容器荷电状态很低时，通过对超级电容器充电让它保持在一个良好的状态，为下一次需要大功率输出时提供充足的空间。这种锂电池可以由一个单向的DC-DC转换器和DC母线连接，使其在负荷端和蓄电池端之间形成一个稳定的、以蓄电池为核心的电源系统；该超级电容采用双向DC-DC转换器，不仅可以对其进行稳定化处理，还可以对其进行充放电。

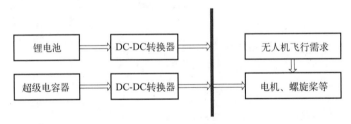

图13-8　一种基于模糊控制的UAV超级电容利用率提升方案

当太阳能无人机在空中飞行的时候，由于飞行时间跨度较大，因此机翼上的太阳能电池阵列就会处于不同的飞行环境下，例如，温度变化、太阳光照强度变化，大型太阳能无人机甚至还会遇到由于云层遮挡而导致的局部阴影状况。上述情况下，机载太阳能电池阵列的输出功率会因为输出电压以及输出电流的波动而偏离最大功率点。

MPPT控制器，即最大功率点跟踪（maximum power point tracking，MPPT）控制器，是能源系统的重要组成部分，是用来监测太阳能电池阵列输出电压和输出电流并对其进行调节的电子器件，通过与脉冲宽度调制（PWM）组合使用可以调节DC-DC变压器的占空比，进而控制太阳能电池阵列的输出电压和输出电流，可以使太阳能电池阵列保持最大的功率输出状态，提高其工作效率。用于跟踪最大功率点（maximum power point，MPP）的控制算法是MPPT控制器的核心组成部分，MPPT控制器对太阳能电池阵列输出电压以及输出电流的控制就是通过其控制算法完成的。常用的MPPT控制算法分为常规算法和智能算法，常规算法主要包括固定电压法（consistent voltage，CV）、扰动观察法（perturbation and observation，P&O）、电导增量法（incremental conductance，INC）及其组合变形算法；智能算法具体包含了粒子群算法、遗传算法、神经网络算法、模糊控制算法等。在智能算法中，存在着大量的经验公式，这对计算机的性能有很高的要求，并且因为迭代次数多，所以计算过程功耗大、时间长。因此，小型太阳能无人机MPPT控制器多采用常规算法，这样可以减少MPP跟踪过程所需的功耗进而提高太阳能无人机飞行过程中能源系统的能量供给水平。

随着无人机技术的不断发展和应用，对电池的需求也将不断增加。未来，无人机能量管理系统将会向更高效、更安全、更环保的方向发展。为了实现这一目标，无人机能量管理系统需要具备以下几个方面的能力：智能化，通过使用先进的传感器和智能控制算法，实现对电池能量使用情况的实时监测和自动调节，从而提高电池的效率和安全性；自适应化，通过优化电池的设计和制造工艺，提高电池的能量利用率和使用寿命，从而进一步提高无人机能量管理系统的性能和安全性；环保性，研究使用更加环保的能源进行无人机充电，例如太阳能、风能等，从而减少对环境的影响；安全性，加强对电池的保护和管理，防止电池出现过充、过放等情况，保证无人机的安全飞行。总之，无人机能量管理系统的未来前景非常广阔，随着技术的不断进步和创新，无人机能量管理系统将会不断发展和完善，为无人机技术的应用和发展提供更加可靠和高效的支持。

13.3.2　电池热管理系统

（1）太阳能无人机热管理系统

太阳能无人机是用太阳辐射作为动力来源的无人机，该类无人机往往有超长续航能力和能够在高空飞行的能力，能够完成部分低轨卫星执行的任务。太阳能无人机生产成本比卫星低，使用要求更简单，同时在维护方面，无人机维护更加便捷，可修复性强。太阳能无人机已经是现今各国发展的重点。针对太阳能无人机的热管理系统，受起飞质量等各方面因素影响，热管理系统一般为风冷系统、液冷系统、混合系统。

① 风冷系统　风冷系统的原理如图13-9所示，空气通过电动风机直接导入周围环境中，对电机、蓄电池、电子设备等进行冷却。电脑控制风扇速度，调整风量，以确保所需的冷量。此系统结构简单，但由于不具备废热回收功能，故需在高空作业时额外增加装置。

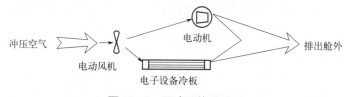

图13-9　风冷系统原理图

② 液冷系统　液冷系统的原理如图13-10所示，系统中液态循环工质用于制冷，并通过一个表层热交换器把各发热量排出到外部。计算机收集装置表面的温度，通过控制阀的开度来调整载冷剂的流量，以确保冷量的传输，并判断蓄电池组的保温效果。在高空作业时，可利用电动机与电子器件的废热、液流循环等为电池保温供热。

③ 混合系统　图13-11展现了混合系统的工作原理，其中电池与设备都是通过循环液体进行冷却，电机则是通过空气强制对流进行冷却，程序采集设备各部分的温度，通过控制阀门开度和风机转速调节流体流量，从而保证热量能顺畅排出。

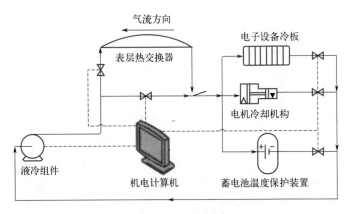

图13-10　液冷系统原理图

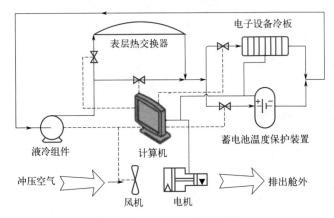

图13-11　混合系统原理图

（2）燃料电池无人机热管理系统

　　根据冷却方式的不同，燃料电池可以分为风冷型和水冷型两类。与水冷型燃料电池相比，风冷型燃料电池的结构较为简单，它依靠空气进行降温，无需设置其他额外的燃料电池冷却装置，更适合在无人机中应用。图13-12是一个典型的风冷型燃料电池系统结构图。此系统中燃料电池电堆由众多的燃料电池单体组成，但它无法单独工作，而是需要与储氢瓶、减压阀等一系列辅助装置组合形成一个完整的燃料电池系统才能应用于混合动力无人机中为无人机提供电能。

（3）锂电池无人机热管理系统

　　目前，对于无人机用锂离子电池的研究还很少，商业小型无人驾驶飞机主要是在电池舱内打开通风孔来对电池进行散热。该技术存在着两个缺点：一是在高倍率下没有足够的散热性能；二是打开通风孔会导致电池直接接触到外部环境，在潮湿、腐蚀、烟尘等恶劣条件下运行存在一定的安全隐患，亟须对其进行改造。在散热需求上，无人机锂离子电池既有共性，又有其特殊性，可以研究相似的应用场景，为无人机电池散热设计提供参考。

　　国内针对无人机的结构特点和散热要求，在实验数据的基础上，对该冷却系统进行了热工模拟，同时根据模拟结果，对不同放电倍率下的冷却效果进行了评估。根据该方法的有效性，对铜板及机身材质的热导率对散热器散热效果的影响进行了分析。用热流分析法来评估组件在热量散失中的作用。

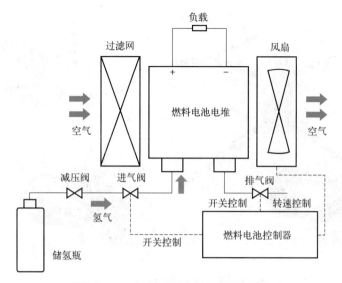

图13-12　风冷型燃料电池系统结构图

热管是一种具有极高热导率的传热元件，是通过在全封闭的真空管内的液体蒸发和凝结来进行热量的交换，并利用了毛细作用等流体原理，就像是冰箱一样。所谓的热管，就是通过蒸发制冷，产生较大的温差，能量在温差驱动力驱动下进行传导。热管由管壳、吸液芯、端盖组成，将热管内部抽至负压，加入合适沸点的液体，并利用毛细孔状的物质组成管壁使它具有吸液核心。热管分为两段，一段蒸发，一段冷凝，热管在蒸发段吸收热量，热管内工质会迅速蒸发并流向冷凝段，在冷凝段与冷源进行换热，管内工质重新凝结成液态并在毛细作用下回到蒸发段，如此形成一个不断循环的过程。通常热管安装在机体主板上，但因为热管材料都是金属铜，放在主板上很容易导致主板电路发生故障等异常情况。所以为了消除这一现象，可使用双层的ABTCP800系列导热绝缘硅薄膜覆盖。散热装置通常由多叶散热扇构成，并放置于无人机的航空器尾部。

在无人侦察机正常启动的时候，无人侦察机的动力会带动尾端的冷却风扇旋转，使热管的尾端温度下降，从而形成一个温差，然后热管就会进行热传导，再加上无人侦察飞机起飞前的气流，从尾端的散热口中将机身和云台摄像头的热能全部排出，这样就能确保无人侦察机在持续工作中不会因为高温而失效。图13-13展示了无人机在安装散热系统前后的电池温度数据。从图中可以看出，安装散热系统后，无人机的电池温度比没有散热系统的无人机降低了5.5℃，表明安装散热系统能够显著降低电池温度，进而改善无人机的运行环境。

无人机电池在高倍率放电时，热量急剧增多，鉴于热管和电池、机身都有明显的接触热阻，而机身热导率又极低，在电池和热管接触的两个面以及机身和热管接触的那一面加一层很薄的厚度只有0.1mm的石墨膜，由于石墨膜面内热导率很高，此设计相当于增大了热管和电池、热管和机身的接触面积，增大了传热速率，也弥补了机身热导率低的缺陷。在机身端沿着旋翼的方向再增加4条热管，形成一个十字形结构，即机身端热管的热端与电池端热管的冷端相连接，而机身端热管的冷端位于靠近旋翼处，旋翼处的涡流也提高了热管的工作效率，而电池端热管的热端与电池贴近。构建了从电池经电池端热管，再到机身端热管，最后到无人机机身表面的低热阻通道，从电池内部经石墨膜、热管、石墨膜、机身再到环境可以引入一条线进行热阻分析，在进入机身后，沿着垂直的两条路径分别向机身最短处和最长处展开。基于"热管传热+石墨膜均热+机身强制对流"的散热系统可以使无人机用动力电池组的过热现象得到有效控制。

(a) 安装前   (b) 安装后

图13-13　无人机散热系统安装前后电池温度对比图

　　未来，无人机电池热管理系统将会向更加智能化和自适应化的方向发展。例如，通过使用先进的传感器和智能控制算法，可以实现对电池温度的实时监测和自动调节，从而提高电池的安全性和稳定性。此外，还可以通过优化电池的设计和制造工艺，提高电池的热效率和延长电池的使用寿命，从而进一步提高无人机电池的性能。无人机电池热管理系统的未来前景非常广阔，随着技术的不断进步和创新，无人机电池热管理系统将会不断发展和完善，为无人机技术的应用和发展提供更加可靠和高效的支持。

参考文献

[1] 张扬军. 飞行汽车发展的战略意义与未来愿景[J]. 交通建设与管理，2022(3): 26-33.

[2] 张扬军，钱煜平，诸葛伟林，等. 飞行汽车的研究发展与关键技术[J]. 汽车安全与节能学报，2020, 11(1): 1-16.

[3] 王超. 飞行汽车的发展难题[J]. 中国工业和信息化，2022(1): 18-23.

[4] 刘博文，郑泽兴，方伟豪，等. 飞行汽车的研究现状及发展方向[J]. 高科技与产业化，2020(1): 70-73.

[5] 陶赫. 飞行汽车的分类研究与未来展望[J]. 中国新通信，2019, 21(1): 105-107.

[6] 赵德力. 小鹏汇天：坚持做"路空一体"飞行汽车的探索者[J]. 交通建设与管理，2022(3): 60-63.

[7] 王力波. 我国电动船舶产业现状与发展对策研究[J]. 航运视界，2022, 8: 65-68.

[8] 杨发财，李世安，沈秋婉，等. 绿色航运发展趋势和燃料电池船舶的应用前景[J]. 船舶工程，2020, 42(4): 1-7.

[9] 杜睿，陈涛，翟毅. 船舶推进锂电池应用探讨[J]. 船舶，2018, 176: 146-150.

[10] 李虎. 交通行业碳达峰愿景下电动船舶的发展[J]. 船舶工程，2022, 44(11): 76-79.

[11] 李华玲，杜育军. 纯电动力在小型海巡船艇上的应用展望[J]. 中国海事，2022, 8: 38-40.

[12] 瞿小豪，袁裕鹏，范爱龙. 动力电池系统在运输船舶上的应用现状与展望[J]. 船舶工程，2019, 41(10): 98-104.

[13] 于尔根·格里梅森. 用周围的水冷却的电动船：CN101039839A[P]. 2007-09-19.

[14] 梁志涛. 一种纯电动船电池舱通风系统：CN209905035U[P]. 2020-01-07.

[15] 高琰，高蕾，许璐，等. 一种电动船用动力电池保温装置：CN213340516U[P]. 2021-06-01.

[16] 唐礼辉. 磷酸铁锂电池作为电推船舶动力源的应用分析[J]. 江苏科技信息，2019, 22: 49-51.

[17] 顾伫颖. 锂电池系统介绍及其在船舶上的应用 [J]. 工程应用，2020, 3: 31-32.

[18] 张禹，胡敏芝. 锂电池动力船舶的轮机系统设计 [J]. 科技论坛，2021, 2: 73-79.

[19] 杨喆. 电容耦合式无线能量传输机理的研究 [D]. 哈尔滨：哈尔滨理工大学，2019.

[20] 相亮亮. 无人机在军事中的应用与发展 [J]. 科技展望，2016, 26(14): 292.

[21] Otto A, Agatz N, Campbell J, et al. Optimization approaches for civil applications of unmanned aerial vehicles (UAVs) or aerial drones: A survey[J]. Networks, 2018, 72(4): 411-458.

[22] Mofid O, Mobayen S. Adaptive sliding mode control for finite-time stability of quad-rotor UAVs with parametric uncertainties[J]. ISA transactions, 2018, 72: 1-14.

[23] Lu X H,Zhan S, Yu W, et al. Disturbance error correction algorithm for UAV flight control based on adaptive backstepping integral [C]. 2016 2nd International Conference on Advances in Mechanical Engineering and Industrial Informatics, IEEE, 2016.

[24] 李元旭，乔培玉，彭发醇. 复合电源型无人机能量管理策略研究 [J]. 电源技术，2022, 46(6): 672-675.

[25] 王翔宇. 太阳能动力的球载投放无人机总体设计及能效优化设计 [D]. 合肥：中国科学院大学（中国科学院工程热物理研究所），2021.

[26] 高峰，朱德润. 太阳能无人机热管理系统设计及优化 [J]. 制冷与空调，2016, 16(11): 32-37.

[27] 程智博. 四旋翼无人机燃料电池混合动力系统研究 [D]. 吉林：吉林大学，2022.

[28] 杨子睿. 基于制冷剂直冷方式的动力电池热管理研究 [D]. 武汉：华中科技大学，2021.

[29] Mayordomo I, Drager T, Spies P, et al. An overview of technical challenges and advances of inductive wireless power transmission[J]. Proceedings of the IEEE, 2013, 101(6): 1302-1311.

附录

附表 1　热管理常用故障码

故障码名称	类型	故障码名称	类型
车内温度传感器对地短路	硬线	低压 PT 传感器压力反馈开路/对电源短路	硬线
车内传感器开路/对电源短路	硬线	低压 PT 传感器温度反馈对地短路	硬线
环境温度传感器对地短路	硬线	低压 PT 传感器温度反馈开路/对电源短路	硬线
环境温度传感器开路/对电源短路	硬线	电池包入口温度传感器温度反馈对地短路	硬线
吹面温度传感器对地短路	硬线	电池包入口温度传感器温度反馈开路/对电源短路	硬线
吹面温度传感器开路/对电源短路	硬线	前电机入口温度传感器温度反馈对地短路	硬线
吹脚温度传感器对地短路	硬线	前电机入口温度传感器温度反馈开路/对电源短路	硬线
吹脚温度传感器开路/对电源短路	硬线	暖风出水口温度传感器温度反馈对地短路	硬线
蒸发器温度传感器对地短路	硬线	暖风出水口温度传感器温度反馈开路/对电源短路	硬线
蒸发器温度传感器开路/对电源短路	硬线	温度风门电机反馈对地短路/开路	硬线
高压 PT 传感器压力反馈对地短路	硬线	温度风门电机反馈对电源短路	硬线
高压 PT 传感器压力反馈开路/对电源短路	硬线	温度风门电机驱动端开路	硬线
高压 PT 传感器温度反馈对地短路	硬线	温度风门电机驱动端对电源短路	硬线
高压 PT 传感器温度反馈开路/对电源短路	硬线	温度风门电机驱动端对地短路	硬线
低压 PT 传感器压力反馈对地短路	硬线	温度风门电机堵转	硬线

故障码名称	类型	故障码名称	类型
温度风门电机运行超时	硬线	冷却风扇控制模块温度失效	LIN
模式风门电机反馈对地短路/开路	硬线	冷却风扇启动错误	LIN
模式风门电机反馈对电源短路	硬线	冷却风扇电流传感器错误	LIN
模式风门电机驱动端开路	硬线	冷却风扇硬件关闭	LIN
模式风门电机驱动端对电源短路	硬线	冷却风扇MOS短路	LIN
模式风门电机驱动端对地短路	硬线	冷却风扇控制模块内部故障	LIN
模式风门电机堵转	硬线	冷却风扇供电电压过高	LIN
模式风门电机运行超时	硬线	主驾阳光传感器故障	LIN
进气循环风门电机反馈对地短路/开路	硬线	副驾阳光传感器故障	LIN
进气循环风门电机反馈对电源短路	硬线	车内后视镜处温度传感器故障	LIN
进气循环风门电机驱动端开路	硬线	车内后视镜处湿度传感器故障	LIN
进气循环风门电机驱动端对电源短路	硬线	电子膨胀阀响应错误	LIN
进气循环风门电机驱动端对地短路	硬线	电子膨胀阀初始化状态	LIN
进气循环风门电机堵转	硬线	电子膨胀阀故障状态	LIN
进气循环风门电机运行超时	硬线	电子膨胀阀电压状态	LIN
制冷剂截止阀驱动开路或对电源短路故障	硬线	电子回路水泵LIN响应错误	LIN
制冷剂截止阀输出过流或对地短路故障	硬线	电子水泵电机状态故障	LIN
鼓风机短路到地故障	硬线	电子水泵干运行	LIN
鼓风机开路或短路到电源故障	硬线	电子水泵供电电压故障状态	LIN
冷却风扇控制模块温度过高	LIN	电子水泵控制器内部温度状态	LIN
冷却风扇控制模块电压过高	LIN	多通水阀供电电压过低	LIN
冷却风扇堵转	LIN	多通水阀供电电压过高	LIN

故障码名称	类型	故障码名称	类型
多通水阀温度过高	LIN	高压加热器IGBT短路故障	LIN
多通水阀LIN反馈故障	LIN	高压加热器高压侧MCU故障	LIN
多通水阀电机锁止故障	LIN	压缩机高电压过压故障	LIN
多通水阀电流过大	LIN	压缩机高电压欠压故障	LIN
高压加热器驱动故障状态	LIN	压缩机母线电流过流故障	LIN
高压加热器开路故障	LIN	压缩机过载故障	LIN
高压加热器短路故障	LIN	压缩机驱动过温故障	LIN
高压加热器高压互锁故障	LIN	压缩机LIN通信故障	LIN
高压加热器低压电欠压故障	LIN	压缩机缺相故障	LIN
高压加热器低压电过压故障	LIN	压缩机低电压异常故障	LIN
高压加热器进水口传感器故障	LIN	压缩机硬件电流过流故障	LIN
高压加热器进水口水温过温故障	LIN	压缩机驱动电压故障	LIN
高压加热器出水口传感器故障	LIN	压缩机温度传感器故障	LIN
高压加热器出水口水温过温故障	LIN	压缩机转子位置故障	LIN
高压加热器PCB温度传感器故障	LIN	控制器与压缩机通信丢失	—
高压加热器PCB过温故障	LIN	控制器与高压加热器通信丢失	—
高压加热器IGBT温度传感器故障	LIN	控制器与电子水泵通信丢失	—
高压加热器IGBT过温故障	LIN	控制器与电子膨胀阀通信丢失	—
高压加热器LIN接收超时故障	LIN	控制器与多通水阀通信丢失	—
高压加热器高压电过压故障	LIN	控制器与冷却风扇通信丢失	—
高压加热器高压电欠压故障	LIN	控制器与光雨量传感器通信丢失	—
高压加热器过流故障	LIN		

附表2　基于功能安全的热管理常用故障码

零部件名称	被诊断信号	判定条件
车内温度传感器	温度反馈高于限值	温度>标定值
	温度反馈低于限值	温度<标定值
	温度合理性检验	|浸车车内温度－浸车环境温度|>标定值
	温度波动性检验	Σ|此刻温度－上一时刻温度|>标定值
吹面温度传感器	温度反馈高于限值	温度>标定值
	温度反馈低于限值	温度<标定值
	温度合理性检验	|浸车吹面温度－浸车车内温度|>标定值
	温度波动性检验	Σ|此刻温度－上一时刻温度|>标定值
左阳光强度传感器	阳光强度反馈高于限值	阳光强度>标定值
	阳光强度反馈低于限值	阳光强度<标定值
	阳光强度合理性检验	|左阳光强度－右阳光强度|>标定值
	阳光强度波动性检验	Σ|此刻阳光强度－上一时刻阳光强度|>标定值
蒸发器温度传感器	温度反馈高于限值	温度>标定值
	温度反馈低于限值	温度<标定值
	温度合理性检验	|蒸发器温度－低压压力对应的饱和温度|>标定值
	温度波动性检验	Σ|此刻温度－上一时刻温度|>标定值
高压压力传感器	压力反馈高于限值	压力>标定值
	压力反馈低于限值	压力<标定值
	压力合理性检验	|浸车高压压力－浸车低压压力|>标定值
	压力波动性检验	Σ|此刻压力－上一时刻压力|>标定值
电池冷却器出口制冷剂温度传感器	温度反馈高于限值	温度>标定值
	温度反馈低于限值	温度<标定值
	温度合理性检验	|浸车压力对应饱和温度－浸车反馈温度|>标定值
	温度波动性检验	Σ|此刻温度－上一时刻温度|>标定值

续表

零部件名称	被诊断信号	判定条件
温度风门	风门位置高于限值	风门位置>标定值
	风门位置低于限值	风门位置<标定值
	风门位置合理性检验	|目标位置−反馈位置|>标定值
鼓风机	转速反馈高于限值	转速>标定值
	转速反馈低于限值	转速<标定值
	转速合理性检验	|目标转速−反馈转速|>标定值
	转速波动性检验	Σ|此刻转速−上一时刻转速|>标定值
	风门位置波动性检验	Σ|此刻位置−上一时刻位置|>标定值
压缩机	电流反馈高于限值	电流>标定值
	电流反馈低于限值	电流<标定值
	电流合理性检验	|模型电流−反馈电流|>标定值
	电流波动性检验	Σ|此刻电流−上一时刻电流|>标定值
	电压反馈高于限值	电压>标定值
	电压反馈低于限值	电压<标定值
	电压合理性检验	|电池电压−反馈电压|>标定值
	电压波动性检验	Σ|此刻电压−上一时刻电压|>标定值
	转速反馈高于限值	转速>标定值
	转速反馈低于限值	转速<标定值
	转速合理性检验	|目标转速−反馈转速|>标定值
	转速波动性检验	Σ|此刻转速−上一时刻转速|>标定值
	CPU温度反馈高于限值	温度>标定值
	CPU温度反馈低于限值	温度<标定值
	CPU合理性检验	|IGBT温度−CPU温度|>标定值

零部件名称	被诊断信号	判定条件
压缩机	CPU 温度波动检验	Σ|此刻温度−上一时刻温度|>标定值
	IGBT 温度反馈高于限值	温度>标定值
	IGDT 温度反馈低于限值	温度<标定值
	IGBT 合理性检验	|IGBT 温度−电容温度|>标定值
	IGBT 温度波动检验	Σ|此刻温度−上一时刻温度|>标定值
	电容温度反馈高于限值	温度>标定值
	电容温度反馈低于限值	温度<标定值
	电容合理性检验	|CPU 温度−电容温度|>标定值
	电容温度波动检验	Σ|此刻温度−上一时刻温度|>标定值
高压加热器	温度反馈高于限值	温度>标定值
	温度反馈低于限值	温度<标定值
	温度合理性检验	|暖风芯体进口水温−反馈温度|>标定值
	温度波动性检验	Σ|此刻温度−上一时刻温度|>标定值
	电流反馈高于限值	电流>标定值
	电流反馈低于限值	电流<标定值
	电流合理性检验	|目标电流−反馈电流|>标定值
	电流波动性检验	Σ|此刻电流−上一时刻电流|>标定值
电子膨胀阀	位置高于限值	位置>标定值
	位置低于限值	位置<标定值
	位置合理性检验	|目标位置−反馈位置|>标定值
	位置波动性检验	Σ|此刻位置−上一时刻位置|>标定值
电子水泵	转速反馈高于限值	转速>标定值
	转速反馈低于限值	转速<标定值

续表

零部件名称	被诊断信号	判定条件
电子水泵	转速合理性检验	|目标转速－反馈转速|>标定值
	转速波动性检验	Σ|此刻转速－上一时刻转速|>标定值
	电流反馈高于限值	电流>标定值
	电流反馈低于限值	电流<标定值
	电流合理性检验	|模型电流－反馈电流|>标定值
	电流波动性检验	Σ|此刻电流－上一时刻电流|>标定值
多通水阀	位置高于限值	位置>标定值
	位置低于限值	位置<标定值
	位置合理性检验	|目标位置－反馈位置|>标定值
	位置波动性检验	Σ|此刻位置－上一时刻位置|>标定值
冷却风扇	转速反馈高于限值	转速>标定值
	转速反馈低于限值	转速<标定值
	转速合理性检验	|目标转速－反馈转速|>标定值
	转速波动性检验	Σ|此刻转速－上一时刻转速|>标定值